新編諸子集成

潛夫論箋校正

〔漢〕王符 著
〔清〕汪繼培 箋
彭 鐸 校正

中華書局

圖書在版編目(CIP)數據

潛夫論箋校正/(漢)王符著;(清)汪繼培箋;彭鐸校正.—北京:中華書局,1985.9(2020.4重印)
(新編諸子集成)
ISBN 978-7-101-09949-2

Ⅰ.潛… Ⅱ.①王…②汪…③彭 Ⅲ.①古典哲學-中國-東漢時代②政論-中國-東漢時代③《潛夫論》-研究 Ⅳ.B234.934

中國版本圖書館 CIP 數據核字(2014)第 014365 號

一版責編:李元凱
二版責編:徐真真

新編諸子集成

潛夫論箋校正

〔漢〕王　符　著
〔清〕汪繼培　箋
彭　鐸　校正

＊

中 華 書 局 出 版 發 行
(北京市豐臺區太平橋西里 38 號　100073)

http://www.zhbc.com.cn
E-mail:zhbc@zhbc.com.cn
北京瑞古冠中印刷廠印刷

＊

850×1168 毫米 1/32·20⅜印張·2 插頁·389 千字
1985 年 9 月第 1 版　　2014 年 4 月第 2 版
2020 年 4 月北京第 8 次印刷
印數:23701-25200 冊　　定價:68.00 元
ISBN 978-7-101-09949-2

新編諸子集成出版説明

子書是我國古籍的重要組成部分。最早的一批子書産生在春秋末到戰國時期的百家爭鳴中，其中不少是我國古代思想文化的珍貴結晶。秦漢以後，還有不少思想家和學者寫過類似的著作，其中也不乏優秀的作品。

二十世紀五十年代，中華書局修訂重印了由原世界書局出版的諸子集成。這套叢書匯集了清代學者校勘、注釋子書的成果，較爲適合學術研究的需要。但其中未能包括近幾十年特別是一九四九年後一些學者整理子書的新成果，所收的子書種類不够多，斷句、排印尚有不少錯誤，爲此我們從一九八二年開始編輯出版新編諸子集成，至今已出滿四十種。

新編諸子集成所收子書與舊本諸子集成略同，是一般研究者經常要閱讀或查考的書。每一種都選擇到目前爲止較好的注釋本，有的書兼收數種各具優長的注本。出版以來，深受讀者歡迎，還有不少讀者提出意見建議，幫助我們修訂完善這套書，在此謹致

謝忱。

本套書目前以平裝本行世，每種單獨定價。近期我們還將出版精裝合訂本，以滿足不同層次讀者的需求。

後續整理的重要子書，將納入新編諸子集成續編陸續刊出，敬請讀者關注。

中華書局編輯部

二〇一〇年一月

潛夫論箋校正目録

出版説明

王符，字節信，安定臨涇（今甘肅鎮原）人，東漢後期進步思想家。其生平事跡不可詳考。據後漢書本傳等有關材料推斷，王符大約生於和、安之際，卒於桓、靈之際，其活動年代在黃巾起義之前。當時東漢社會的各種矛盾已經日趨嚴重，朝政的腐敗黑暗，貴族官僚與豪族地主的貪婪和殘暴，加上連年的自然災害，造成了社會動盪民不聊生的局面。王符由於「耿介不同於俗」終身不仕，於是隱居著書，譏評時政。

其所著潛夫論十卷三十六篇，大多是討論治國安民之術的政論文章，少數涉及哲學問題。他對東漢後期社會政治的批判是廣泛的尖銳的。他歷數當時經濟、政治、社會風俗等方面本末倒置、名實相違的黑暗情形，指出，此「皆衰世之務」，並引用許多歷史教訓來警告統治者。他把社會禍亂的根源歸之於統治者的昏暗不明，把治理亂世的希望寄託在明君和賢臣的身上，他嚮往賢才治國，希望明君尊賢任能，信忠納諫，這樣就能天下太平。針對當時「富者乘其財力，貴者阻其勢要」，豪族權貴朋黨爲奸虛造空美的情況，他鮮明地提出「君子未必富貴，小人未必貧賤」的命

一

題，並要求統治者「論士必定於志行，毀譽必參於效驗」，建議採取考功、明選等實際措施來改革吏治，強烈反映了庶族地主的參政要求。他的政論中最突出的是同情人民重視人民的思想。他曾反復強調「國以民爲基，貴以賤爲本」，即使談到天命，他也是説：「天以民爲心；民之所欲，天必從之。」這種思想是對先秦時期「民本」思想的繼承。在經濟政策上，他要求崇本抑末，重視和發展農桑，愛惜民力。他還談到要重視邊遠地區的防禦和建設等。

王符的自然觀是二元論的。他認爲：「道者，氣之根也；氣者，道之使也。」必有其根，其氣乃生；必有其使，變化乃成。」道與氣既是不同的，又是二位一體的，前者是後者的根本，後者是前者的使用。在這樣的前提下，討論到事物的運動變化時，他常常只講到氣，認爲：「何非氣然？」「莫不氣之所爲也。」王符的哲學思想就是這樣在唯物與唯心之間徘徊不定，不過，就其思想體系的總的傾向來看，他更着重於唯物主義。又如，在談到卜筮、巫祝、看相、占夢等迷信活動時，他雖然承認天命，同時也認爲「在於己者，固可爲也；在於天者，不可知也」因而重視個人修身慎行的能動作用。在認識論方面，王符一方面認爲知識來源於先聖所制的經典，另一方面又強調學，強調主觀可以在積習中改造。他雖曾把學習過程説成是「聖人以其

心來造經典，後人以經典往合聖心」，同時又斷言：「雖有至聖，不生而知；雖有至材，不生而能。」並說：「上聖『猶待學問……而況於凡人乎』。其勉勵爲學的用意是十分明顯的。王符認爲「五代不同禮，三家不同教，非其苟相反也，蓋世推移而俗化異也」，因此，政策法制要「各隨時宜」。這一觀點是樸素的辯證的。可是，他又從「德化」的角度把歷史看做是倒退的，社會風俗是一代不如一代。他美化古聖先賢時的治世，以此作爲批判現實社會的武器。他還從世界觀的高度強調了「和」，強調了「興道而致和」。他在論述「天以民爲心」的同時，也論述了「民以君爲統」。在他看來，國君如能「和德氣以化民心，正表儀以率羣下」，那將是最理想的政治局面。在東漢後期社會矛盾日趨激化的情況下，王符的這種主張反映了他企圖勸統治者做些改良以緩和階級矛盾、穩定統治秩序的願望。

潛夫論舊刻以湖海樓叢書的清汪繼培箋注本爲善，舊稱「引證詳覈，深得旨趣」。西北師院彭鐸同志，據以標點分章，並在文字訓詁方面做了補充闡釋的工作，附注於汪箋之後，以供進一步研究參考。

中華書局編輯部

一九七九年五月

凡 例

一 此書爲清蕭山汪繼培箋本，鉤稽乙注，眇極繭絲。雖稍涉冗繁，未爲大病。今爲補苴罅漏，標點分章，略具解題，取便循覽。

一 原書流傳日久，准別滋多。汪氏据元大德新刊，校以漢魏叢書程榮、何鏜二本，幾復舊觀，厥功尤偉。亦有但著其說，仍存本文者，蓋其愼也。今取北京圖書館所藏黃丕烈士禮居舊藏明刻本、馮舒校影宋寫本（即四部叢刊所收述古堂本）及明刻兩京遺編本，並諸類書舊注所引覆校之，附識箋末，從汪後例，不改正文。

一 汪箋本正文偶有湖海樓叢書誤刻者，亦有四部備要、諸子集成誤排者，如讚學篇「捐家出身」家、身互易之類，於始見時說明之，他皆徑改。

一 注文之顯誤者，若遏利篇「公孫詭、羊勝見史記梁孝王世家」詭、勝互錯，明闇篇「魚爛本僖十九年公羊傳」誤「廿九年」，考績篇引漢書武帝紀元朔元年詔「二千石官長紀綱人倫」「紀綱」字倒，思賢篇引招魂「酎清涼些」「酎」誤「酎」，同篇王

凡例

一

宗炎引易蒙初六誤「九二」，大畜六四誤「九四」，愛日篇正文引四牡詩注「皇皇者華」之類，改同上例。

一　箋舊夾行，令移各章之後，原處標以號碼，俾正文連貫醒目。

一　凡補引各家校釋，悉着一圈隔開，鄙説復加「鐸按」字樣別之，以清眉目。

一　凡甄采舊説，不没主名。引書必著篇名卷數，藉利尋檢。

一　草創者難爲功，糾摘者易爲力，續貂見笑，附驥增榮。討論多疏，徵引不備，同志進教，曷勝佇遲！

潛夫論箋校正卷一

讚學〔一〕第一

天地之所貴者人也〔二〕，聖人之所尚者義也〔三〕，德義之所成者智也，明智之所求者學問也〔四〕。雖有至聖，不生而知〔五〕；雖有至材，不生而能〔六〕。故志曰〔七〕：黃帝師風后〔八〕，顓頊師老彭，帝嚳師祝融〔九〕，堯師務成〔一〇〕，舜師紀后，禹師墨如〔一一〕，湯師伊尹〔一二〕，文、武師姜尚〔一三〕，周公師庶秀，孔子師老聃〔一四〕。若此言之而信，則人不可以不就師矣〔一五〕。夫此十一君者，皆上聖也，猶〔一六〕待學問，其智乃博，其德乃碩〔一七〕，而況於凡人乎〔一八〕？

〔一〕○鐸按：諸子多勉人爲學。尸子、荀子、大戴禮記、賈子皆有勸學篇，抱朴子有勖學，顏氏家訓有勉學。「讚」與「贊」同。贊，進也（漢書東方朔傳、孔光傳師古注）。亦勸勵、勗勉之意。

〔二〕孝經：「子曰：『天地之性人爲貴。』」春秋繁露人副天數篇云：「天地之精所以生物者，莫貴於人。」荀子王制篇云：「水火有氣而無生，草木有生而無知，禽獸有知而無義。人有氣，有生，有知，亦且有義，故最爲天下貴者也。」

〔三〕論語：「子曰：『君子義以爲上。』」「尚」與「上」通。

〔四〕漢書董仲舒傳云：「彊勉學問，則聞見博而知益明。」「知」與「智」通。

〔五〕論語：「子曰：『我非生而知之者，好古敏以求之者也。』」

〔六〕說苑建本篇：「子思曰：『學所以益才也。』」

〔七〕〇鐸按：國語楚語上：「教之故志。」高注：「故志，謂所記前世成敗之書。」

〔八〕史記五帝紀云：「黃帝舉風后。」

〔九〕鄭語：史伯曰：「黎爲高辛氏火正，以淳燿惇大天明地德，光照四海，故命之曰祝融。」韋昭注：「高辛，帝嚳。黎，顓頊之後也。」

〔一〇〕白虎通辟雍篇云：「帝堯師務成子。」按荀子大略篇云：「堯學於君疇，舜學於務成昭。」新序雜事五又作務成跗。

〔一一〕盧學士文弨云：「『墨如』疑是『墨台』。」繼培按：路史後紀四云：「禹有天下，封怡以紹烈山，是爲默台。」國名紀一云：「怡，一曰默怡，即墨台。」禹師墨如，或云墨台。

〔一二〕呂氏春秋尊師篇云：「湯師小臣。」高誘注：「小臣，謂伊尹。」白虎通云：「湯師伊尹。」

〔三〕呂氏春秋云：「文王、武王師呂望。」白虎通云：「文王師呂望，武王師尚父。」史記齊世家云：「太公望呂尚者，本姓姜氏。從其封姓，故曰呂尚。」

〔四〕白虎通云：「孔子師老聃。」

〔五〕昭十九年穀梁傳云：「羈貫成童，不就師傅，父之罪也。」

〔六〕○鐸按：「猶」羣書治要作「由」。太平御覽六百七引同，古字通用。

〔七〕博、碩韻。淮南子泰族訓云：「人莫不知學之有益于己也。然而不能者，嬉戲害人也。人皆多以無用害有用，故智不博而日不足。」詩簡兮云「碩人俣俣」毛傳：「碩人，大德也。」

〔八〕呂氏春秋云：「此十聖人、六賢者，未有不尊師者也。今尊不至于帝，智不至于聖，而欲無尊師，奚由至哉？」新序云：「此十一聖人，未遭此師，則功業不著乎天下，名號不傳乎千世。」此言十一君，名與新序同。

是故工欲善其事，必先利其器〔一〕；士欲宜其義，必先讀其書〔二〕。易曰：「君子以多志前言往行以畜其德〔三〕。」是以人之有學也，猶物之有治也〔四〕。故夏后之璜〔五〕，楚和之璧〔六〕，雖有玉璞下和之資〔七〕，不琢不錯〔八〕，不離礫石〔九〕。夫瑚簋之器〔一〇〕，朝祭之服，其始也，乃山野之木、蠶繭之絲耳〔一一〕。使巧倕〔一二〕加繩墨而制之以斤斧，女

工加五色而制之以機杼，則皆成宗廟之器，黼黻之章〔三〕，可羞於鬼神，可御於王公〔四〕。而況君子敦貞之質，察敏之才〔五〕，攝之以良朋〔六〕，教之以明師〔七〕，文之以禮、樂〔八〕，導之以詩、書，讚之以周易，明之以春秋〔九〕，其不有濟乎〔一〇〕？

〔一〕論語。

〔二〕「書」舊作「智」，據魏徵羣書治要改。孟子云：「誦其詩，讀其書。」說文云：「讀，誦書也。」〇俞樾曲園雜纂云：「詩牆有茨篇『不可讀也』毛傳曰：『讀，抽也。』方言曰：『抽，讀也。』蓋『讀』與『抽』聲近而義通。『讀其智』即『抽其智』，謂士欲宣明其義，必先抽引其智也。治要作『必先讀其書』，此不達其義而臆改，不可從也。」〇鐸按：或曰：此篇勉人以讀書爲學，故曰：「文之以禮、樂，導之以詩、書，讚之以周易，明之以春秋。」又云：「道成於學而藏於書。」又云：「索道於當世者，莫良於典。」皆反復申明讀書之要，蓋士之書，猶工之器，故以「讀其書」與「利其器」對言。若使「抽其智」可以「宣義」，則是「賢人君子」皆可「抱質而行」，不假「自託於物」矣。俞說失之。

〔三〕大畜象詞。「志」王弼本作「識」。釋文云：「劉作『志』。」〇鐸按：志氏姓篇引此「志」作「識」，「畜」作「蓄」。「志，古文『識』。」

〔四〕韓詩外傳二云：「玉不琢，不成器；人不學，不成行。家有千金之玉不知治，猶之貧也。良工宰之，則富及子孫。君子學之，則爲國用。」

〔五〕定四年左傳云:「分魯公以夏后氏之璜。」淮南子精神訓云:「有夏后氏之璜者,匣匱而藏之,寶之至也。」○鐸按:爾雅釋器:「肉倍好謂之璧。」

〔六〕韓非子和氏篇云:「楚人和氏得玉璞。文王使玉人理其璞而得寶焉,遂命曰和氏之璧。」

〔七〕史記鄒陽傳云:「卞和獻寶。」○鐸按:治要無此句,蓋以意刪之。治要引書,有刪無增。

〔八〕說文云:「厝,厲石也。」經典多假借用「錯」。

〔九〕楚辭惜誓云「相與貴夫礫石」,王逸注:「小石爲礫。」○鐸按:蔡邕勸學:「寶玉不琢,不成璋珪。」即此意。

〔一〇〕哀十一年左傳云「胡簋之事」,杜注:「胡、簋,禮器名。夏曰胡,周曰簋。」按禮記明堂位云:「殷之六瑚,周之八簋。」○鐸按:「瑚」即「胡」之後出加旁字。

〔一一〕禮記月令云:「蠶事既登,分繭稱絲效功以共郊廟之服。」說文云:「繭,蠶衣也。絲,蠶所吐也。」

〔一二〕山海經海內經云:「義均是始爲巧,倕是始作下民百巧。」書堯典作「垂」。○鐸按:此

〔一三〕鹽鐵論殊路篇云:「孔子曰:『觚不觚,觚哉!觚哉!』故人事加則爲宗廟器。」淮南子說林訓云:「黼黻之美,在於杼軸。」羣書治要載尸子勸學篇云:「夫繭舍而不治,則腐蠹

而棄。使女工繅之以爲美錦，大君服而朝之。」

〔四〕「羞」舊作「著」，據治要改。隱三年左傳云：「可羞于王公，可薦于鬼神。」

〔五〕大戴禮五帝德云：「長而敦敏。」

〔六〕詩既醉云：「朋友攸攝。」常棣云：「每有良朋。」○鐸按：既醉毛傳以「攝佐」連言，經義述聞卷七王引之曰：「『攝』即『佐』也。」

〔七〕漢書董仲舒傳云：「興太學，置明師，以養天下之士。」

〔八〕論語。

〔九〕治要「讚」上有「幽」字。王先生宗炎云：「『明』下有脱字，當與『幽讚』對。」○鐸按：上下皆五字句，作「幽讚」則句法參差矣。治要「幽」字蓋因易説卦「幽贊於神明而生蓍」句誤加，王説非是。

〔一〇〕「有」字舊脱，據治要補。程本作「不有」。晉語：「胥臣曰：『質將善而賢良贊之，則濟可竢。』」○鐸按：御覽六百七引作「有不」。

詩云：「題彼鶺鴒，載飛載鳴。我日斯邁，而月斯征。夙興夜寐，無忝爾所生〔一〕。」是以君子終日乾乾進德修業者〔二〕，非直爲博己而已也〔三〕，蓋乃思述祖考之令問，而以顯父母也〔四〕。

〔一〕小宛。「鶺鴒」今作「脊令」。○鐸按：此鄭樵所謂「飛禽安鳥」者是也。從詩作「脊令」為正。

〔二〕易乾文言。

〔三〕淮南子精神訓高誘注：「『直』猶『但』也。」「博己」即論語言「博我」。○鐸按：「博」即上文「其智乃博」之「博」，與論語「博我」義別。

〔四〕孝經云：「立身行道，揚名于後世，以顯父母。」引大雅云：「無念爾祖，聿修厥德。」按毛傳云：「聿，述。」

孔子曰：「吾嘗終日不食，終夜不寢，以思，無益，不如學也。」「耕也，餒在其中，學也，禄在其中矣。君子憂道不憂貧〔一〕。」箕子陳六極〔二〕，國風歌北門〔三〕，故所謂不憂貧也〔四〕。豈好貧而弗之憂邪？蓋志有所專，昭其重也。是故君子之求豐厚也〔五〕，非為嘉饌、美服、淫樂、聲色也〔六〕，乃將以底其道〔七〕而邁其德也〔八〕。

〔一〕論語。○鐸按：今本論語衛靈公篇「餒在其中」下有「矣」字。

〔二〕書洪範。

〔三〕詩衛風。○鐸按：邶風。凡後有引書顯誤者，徑改之，不復注明。

〔四〕俞樾云：「箕子陳六極，國風歌北門，非不憂貧之謂。『故所謂不憂貧也』，當作『何故

謂不憂貧也」。蓋承上文引孔子『君子憂道不憂貧』句而言。箕子陳六極，國風歌北門，古人未嘗不以貧爲憂，何故而言憂道不憂貧邪？乃反言以起下文。今作『故所謂』，則於義不可通矣。」○鐸按：或曰：如俞說，則兩句皆成疑問語，不免複沓。經傳釋詞卷四云：「『也』猶『者』也」。不煩改作。

〔五〕僖廿四年左傳云：「豐厚可也。」

〔六〕莊子至樂篇云：「所樂者，身安厚味、美服、好色、音聲也。」

〔七〕孫侍御志祖云：「『底』與『致』同。論語云：『君子學以致其道。』」○鐸按：論語皇疏云：「致，至也。」

〔八〕莊八年左傳：「夏書曰：『皋陶邁種德。』」○鐸按：『邁』即上引詩『我日斯邁』之『邁』，毛傳：「邁，行也。」「邁德」猶言「進德」。

夫道成於學而藏於書，學進於振而廢於窮〔一〕。是故董仲舒終身不問家事〔二〕，景君明經年不出戶庭〔三〕，得銳精其學〔四〕而顯昭其業者，家富也；富佚若彼，而能勤精若此者，材子也〔六〕。倪寬賣力於都巷〔七〕，匡衡自鬻於保徒者〔八〕，身貧也；貧陋若彼，而能進學若此者，秀士也〔九〕。當世學士〔一0〕恆以萬計，而究塗者〔一一〕無數十焉，其故何也？ 其富者則以賄玷精，貧者則以乏易計，或以喪亂嬰其年歲〔一二〕，此其所以

逮初喪功而及其童蒙者也〔一三〕。是故無董、景之才，倪、匡之志，而欲强捐家出身曠

日師門者〔一四〕，必無幾矣〔一五〕。夫此四子者，耳目聰明，忠信廉勇，未必無儔也〔一六〕，而

及其成名立績〔一七〕，德音令問不已〔一八〕，而有所以然，夫何故哉〔一九〕？徒以其能自託

於先聖之典經〔二〇〕，結心於夫子之遺訓也〔二一〕。

〔一〕王侍郎紹蘭云：「『振』當作『賑』。説文云：『賑，富也。』賑、窮對文。下文『家富也』『身

貧也』是其證。」○鐸按：或曰：王説大誤。下文明言景、匡『貧阨若彼而能進學若此』，

又言『富者則以賄玷精』，則貧未必不能進學，而富反足以廢學矣。説文：『振，一云奮

也。』文選甘泉賦注引薛君韓詩章句亦曰：『振，奮也。』禮記儒行『儒有博學而不窮』，

注：『不窮，不止也。』淮南子原道訓『並應無窮』，注：『窮，已也。』振，謂奮發自勵，即下

文所謂『勤精』；窮，謂惰弛自畫，即下文所謂『無倪、匡之志』。學進於振而廢於窮，猶韓

愈進學解『業精於勤荒於嬉』耳。

〔二〕見漢書。凡史記、兩漢書有列傳者，云『見某書』。

〔三〕漢書：「京房，字君明。」賢難篇、考績篇並稱京房。景、京古通用。急就篇有景君明。

○鐸按：賢難篇稱「先師京君」。漢人稱師為君。

〔四〕方言後劉子駿與揚雄書云：「經年銳精以成此書。」

〔五〕漢書董仲舒傳云：「蓋三年不窺園，其精如此。」呂氏春秋博志篇云：「蓋聞孔子、墨翟，

讚學第一

九

書日諷誦習業，夜親見文王、周公曰而問焉，用志如此其精也。」高誘注：「精，微密也。」

〇鐸按：淮南子修務訓高注：「精，專也。」

〔六〕文十八年左傳云：「有才子八人。」「才」與「材」通。

〔七〕「巷」當作「養」。漢書云：「倪寬詣博士受業，貧無資用，常爲弟子都養。」顏師古注：「都，凡衆也。養，主給烹炊者也。」一切經音義六引蔡邕勸學注云：「傭，賣力也。」〇鐸

按：宣十二年公羊傳：「廝役扈養。」何休注：「炊烹者曰養。」釋文：「養，餘亮反。」

〔八〕漢書云：「匡衡好學，家貧，庸作以供資用。」窮困，賣庸于齊爲酒家保。」

孟康注：「保，庸也。可保信，故謂之保。」〇鐸按：孟子萬章下篇：「百里奚自鬻於秦養

牲者。」説苑善説篇作「百里奚自賣」。鬻、賣古字通。廣雅釋詁三：「賣，賣也。」

〔九〕禮記王制云：「命鄉論秀士升之司徒。」

〔一〇〕漢書董仲舒傳云：「學士皆師尊之。」

〔一一〕爾雅釋言云：「究，窮也。」究塗，言非半塗而廢也。

〔一二〕「耆」疑「稽」之誤。後漢書列女傳：「樂羊子妻曰：「稽廢時日。」〇俞樾云：「耆」與

「稽」通。荀子王霸篇「目欲綦色，耳欲綦聲。」楊倞注曰：「綦，極也。」字亦通作「期」。議

兵篇：「已耆三年，然後民可信也。」宥坐篇：「綦三年而百姓往矣。」兩篇文義正同，是

「耆」與「期」通也。或以喪亂耆其年歲，言窮極其年歲也。」〇鐸按：或曰：耆、期字同。

莊子寓言篇郭注：「期，待也。」以喪亂莟其年歲，言因喪亂而待其就學之歲月也。汪改「莟」為「稽」，意尚不隔。如俞說，則是其人不復有究塗之時矣。殊未允。又按韓愈與馮宿論文書：「近李翱從僕學文，頗有所得，然其人家貧多事，未能卒其業。」此所謂「以乏易計」也。

〔三〕「及」疑「反」之誤。荀子不苟篇云：「獨行而不舍則濟矣。濟而材盡，長遷而不反其初，則化矣。」楊倞注：「既濟則材性自盡。長遷而不反其初，謂中道不廢也。」王先生云：「『逮』疑『違』。」○鐸按：或謂「逮」疑「肆」之誤。然肆習於初不得省言「肆初」。王疑當作「違初」，蓋謂違其欲學之初衷，其說差近。「及」疑當作「終」。終，古文作「夂」，因誤為「及」。大戴禮記本命篇：「女終日乎閨門之內。」今本「終」訛「及」。（俞樾羣經平議說）是其例矣。或「及」本為「既」，俗音訛。既，終也。

〔四〕鹽鐵論相刺篇云：「七十子之徒，去父母，捐室家，負荷而隨孔子。」漢書酷吏傳：「郅都曰：『已背親而出身，固當奉職。』」韓信傳云：「曠日持久。」後漢書桓榮傳：「顯宗報書云：『去家慕鄉，求謝師門。』」○鐸按：原文「家」、「身」二字互易，而注不誤，今改正。凡正文顯誤者，徑改之，不復注明。

〔五〕「幾」讀為「冀」。韓非子姦劫弒臣篇云：「負千鈞之重，陷於不測之淵，而求生也，必不幾矣。」○鐸按：爾雅釋詁：「幾，近也。」潛歎篇：「亦必不幾矣。」義同。本書「無」與「不」

多互文。又程本「必」上有「是」字。裴學海古書虛字集釋云：「是，則也。見爾雅。晉

語：『若更君而周訓之，是易取也。』經傳釋詞訓『是』爲『則』。」

〔六〕爾雅釋詁云：「仇，匹也。」「儔」爲「仇」之假借。○鐸按：「儔」有二音二義。說文：「儔，

翳也。」讀大到切。玉篇、廣韻並云：「儔，侶也。」讀直流切或直由切。此文用「儔侶」之

義，則不必定爲「仇」借。然唐以前，「儔侶」字皆作「疇」，無作「儔」者。（段玉裁說文注

說）疑此本作「疇」，後人以「侶」義通行而改之。

〔七〕韓非子功名篇云：「明君之所以立功成名者四。」爾雅釋詁云：「績，功也。」

〔八〕詩南山有臺云：「德音不已。」文王云：「令聞不已。」釋文：「聞，音問。」漢北海淳于長夏

承碑作「令問不已」。○鐸按：此書多以「問」爲「聞」，詳過利篇注。

〔九〕漢書賈誼傳云：「誼具道所以然之故。」

〔一〇〕禮記文王世子云：「凡始立學者，必釋奠於先聖先師。」漢書蔡義傳云：「竊以聞道於先

師，自託於經術也。」後漢書胡廣傳云：「稽之典經。」

〔一一〕禮記祭義云：「結諸心。」周語云：「必聞於遺訓。」

是故造父疾趨，百步而廢，自〔二〕託乘輿〔二〕，坐致千里；水師泛軸〔三〕，解維則

溺〔四〕，自託舟楫，坐濟江河。是故君子者，性非絕世，善自託於物也〔五〕。人之情性，

未能相百，而其明智有相萬也。此非其真性之材也，必有假以致之也〔六〕。君子之性，未必盡照〔七〕，及學也，聰明無蔽，心智無滯，前紀帝王，顧定百世〔八〕。此則道之明也，而君子能假之以自彰爾。

〔一〕「自」舊作「而」，何本改作「使」，並誤。

〔二〕孟子云：「今乘輿已駕矣。」

〔三〕周語云「水師監濯」，韋昭注：「水師，掌水。」「軸」當作「舳」，謂舳艫也。説文云：「漢律名船方長爲舳艫。」王先生云：「軸，車軸，所以持輪者也。」○俞樾云：「如此則舳即舟楫矣。『軸』仍當讀『車軸』之本字。蓋車軸不可以濟水，故一解其維，即沈溺也。」

〔四〕方言云：「維之謂之鼎。」郭注：「繫船爲維。」

〔五〕荀子勸學篇云：「假輿馬者，非利足也，而致千里。假舟檝者，非能水也，而絕江河。君子生非異也，善假於物也。」大戴禮勸學篇「生」作「性」。韓非子姦劫弑臣篇云：「託於犀車良馬之上，則可以陸犯阪阻之患。乘舟之安，持檝之利，則可以水絕江河之難。」此「託」字所本。

〔六〕韓詩外傳四云：「人同材鈞，而貴賤相萬者，盡心致志也。」説苑建本篇云：「質性同倫，而學問者智。」

〔七〕史記李斯傳云：「陛下富於春秋，未必盡通諸事。」徐廣曰：「『通』或宜作『照』。」

〔八〕荀子儒效篇云：「鄉也效門室之辨，混然曾不能決也。俄而原仁義，分是非，圖回天下於掌上而辨白黑，豈不愚而智矣哉！」不苟篇云：「君子審後王之道，而論於百王之前，若端拜而議。」

夫是故〔一〕道之於心也，猶火之於人目也〔二〕。中穿深室，幽黑無見，及設盛燭，則百物彰矣〔三〕。此則火之燿也，非目之光也，而目假之，則爲己明矣〔四〕。天地之道，神明之爲〔五〕，不可見也。學問聖典，心思道術〔六〕，則皆來覩矣。此則道之材也〔七〕，非心之明也，而人假之，則爲己知矣。

〔一〕○鐸按：御覽六百七引無「是故」二字。

〔二〕墨子經説下篇云：「智以目見，而目以火見。」

〔三〕禮記仲尼燕居云：「譬如終夜有求於幽室之中，非燭何見？」

〔四〕舊脱「己」字，依下文例補。

〔五〕易繫辭下傳云：「陰陽合德，而剛柔有體，以體天地之撰，以通神明之德。」

〔六〕荀子哀公篇：「孔子曰：『所謂士者，雖不能盡道術，必有率也。』」鄭注：「〔術〕猶〔藝〕也。」禮記鄉飲酒義云：「古之學術道者，將以得身也。」

〔七〕○鐸按：御覽脱「道之材也」四字。

是故索物於夜室者，莫良於火〔一〕；索道於當世者，莫良於典。典者，經也〔二〕。先聖之所制，先聖得道之精者以行其身，欲賢人自勉以入於道。故聖人之制經以遺後賢也〔三〕，譬猶巧倕之爲規矩準繩以遺後工也〔四〕。

〔一〕管子君臣上篇云：「猶夜有求而得火也。」

〔二〕太平御覽六百八引釋名云：「經，徑也；常典也。」

〔三〕漢書翼奉傳云：「臣聞之於師曰：天地設位，懸日月，布星辰，分陰陽，定四時，列五行，以視聖人，名之曰道。聖人見道，然後知王治之象，故畫州土，建君臣，立律曆，陳成敗，以視賢者，名之曰經。賢者見經，然後知人道之務，則詩、書、易、春秋、禮、樂是也。」

〔四〕事物紀原七引尸子云：「古者倕爲規矩準繩，使天下傚焉。」

昔倕之巧，目茂圓方〔一〕，心定平直，又造規繩矩墨以誨後人。試使奚仲、公班之徒〔二〕，釋此四度，而傚倕自制，必不能也〔三〕。凡工妄匠〔四〕，□規秉矩〔五〕，錯準引繩〔六〕，則巧同於倕也〔七〕。是故倕以其心來制規矩〔八〕，後工以規矩〔九〕往合倕心也，故度之工〔一〇〕，幾於倕矣〔一一〕。

〔一〕「茂」當作「成」。禮記仲尼燕居云「目巧之室」，鄭注：「目巧，謂但用巧目善意作室，不由法度。」韓非子有度篇云：「巧匠目意中繩。」皆「目成圓方」之意。○鐸按：作「成」是也。「成」亦「定」也。呂氏春秋仲冬紀「以待陰陽之所定」，淮南子天文訓「秋分而禾薰定」，高誘注並曰：「定，成也。」周語下「聽無聳，成也」，晉語二「謀既成矣」，四「民無成君」，吳語「吳、晉爭長未成」，韋昭注並曰：「成，定也。」皆成、定二字同義之證。本書明忠篇「治勢一成」，敍錄作「一定」，則此爲互文明矣。

〔二〕定元年左傳云：「奚仲居薛以爲夏車正。」公班即禮記檀弓公輸般。○鐸按：世本作篇：「奚仲作車。」

〔三〕淮南子修務訓云：「無規矩，雖奚仲不能以定方圓；無準繩，雖魯般不能以定曲直。」

〔四〕○鐸按：「妄」亦「凡」也。漢書李廣傳張晏注：「『妄』猶『凡』也。」

〔五〕空格程本作「執」，蓋以意補之。他皆做此。

〔六〕説文云：「措，置也。」經典多假借用「錯」。

〔七〕韓非子用人篇云：「去規矩而妄意度，奚仲不能成一輪。廢尺寸而差短長，王爾不能半中。拙匠守規矩尺寸，則萬不失矣。」

〔八〕舊脱「故」字、「其」字，依下文例補。

〔九〕以上五字舊脱，盧學士補。

〔一〇〕「度」上脱一字。王先生云：「疑脱『信』字。」孟子云：『工不信度。』○鐸按：邵孟遳校本臆補「循」字。

〔一一〕王先生云：「『幾』上疑脱『巧』字。」

先聖之智，心達神明，性直道德，又造經典〔一〕以遺後人。試使賢人君子，釋於學問，抱質而行〔二〕，必弗具也；及使從師就學，按經而行〔三〕，聰達之明，德義之理，亦庶矣。是故聖人以其心來造經典〔四〕，後人以經典〔五〕往合聖心也〔六〕，故修經之賢〔七〕，德近於聖矣。

〔一〕漢書孫寶傳云：「著於經典。」

〔二〕淮南子繆稱訓云：「懷清抱質。」

〔三〕後漢書班彪後固傳東都賦云：「案六經而校德。」李固傳云：「俯案經典。」「按」與「案」通，依也。

〔四〕「造」程本作「就」。

〔五〕以上五字盧補。

〔六〕舊脱「也」字，依上文例補。

〔七〕漢書儒林傳序云：「諸儒始得修其經學。」

讚學第一

一七

勳績揚光烈者〔三〕，莫良於學矣。

詩云：「高山仰止，景行行止〔一〕。」「日就月將，學有緝熙於光明〔二〕。」是故凡欲顯

〔一〕車鞏。

〔二〕敬之。○鐸按：淮南子修務訓云：「知人無務，不若愚而好學。」自人君公卿至於庶人，

不自彊而功成者，天下未之有也。」此詩高誘注：「詩頌敬之之篇。言日有所成就，月有所

奉行，當學之是行。此勉學之謂也。」

〔三〕書立政云：「以觀文王之耿光，以揚武王之大烈。」漢書外戚傳班倢伃賦云：「揚光烈之

翕赫兮。」

務本〔一〕第二

凡爲治之大體〔二〕，莫善於抑末而務本，莫不善於離本而飾末〔三〕。夫爲國者以富

民爲本〔四〕，以正學爲□〔五〕。民富乃可教〔六〕，學正乃得義，民貧則背善〔七〕，學淫則詐

僞〔八〕，人學則不亂〔九〕，得義則忠孝。故明君之法，務此二者，以爲成太平之基，致休

徵之祥〔一〇〕。

〔一〕〇鐸按：古以農爲本，商爲末。文選永明十一年策秀才文注引漢書詔曰：「農，天下之大本也。」而人或不務本而事末，故生不遂。」李奇曰：「本，農也；末，賈也。」推言之，則凡事皆有本末。此篇極陳漢世離本飾末之弊，與遏利、浮侈諸篇相表裏，又與鹽鐵論本議篇旨意同，可參看。

〔二〕「治」舊作「人」，據治要改。傳云：「明於國家之大體。」北堂書鈔三十九引亦作「治」。韓非子有大體篇。漢書鼂錯

〔三〕呂氏春秋孝行覽云：「凡爲天下治國家，必務本而後末。」

〔四〕管子治國篇云：「凡治國之道，必先富民。民富則易治也，民貧則難治也。」

〔五〕禮記學記云：「古之王者，建國君民，教學爲先。」史記儒林傳：「轅固曰：『公孫子務正學以言，無曲學以阿世。』」空格程本作「基」。〇鐸按：書鈔三十九引作「基」。

〔六〕論語：「冉有曰：『既富矣，又何加焉？』子曰：『教之。』」說苑建本篇：「河間獻王曰：『管子稱倉廩實，知禮節，衣食足，知榮辱。夫穀者，國家所以昌熾，士女所以姣好，禮義所以行，而人心所以安也。尚書五福，以富爲始。子貢問爲政，孔子曰：富之，即富乃教之也。此治國之本也。』」漢書食貨志云：「食足貨通，然後國實民富而教化成。」

〔七〕鄧析子無厚篇云：「凡民有穿窬爲盜者，有詐僞相迷者，此皆生於不足，起於貧窮。」

〔八〕呂氏春秋知度篇云：「至治之世，其民不好淫學流説。」高誘注：「不學正道為淫學。」古

〔九〕○俞樾云：「上云『民富乃可教，學正乃得義』。此承上文而言，當作『可教則不亂』。古『學』字作『斅』，故教、學字相近易誤。『教』誤作『學』，因臆改作『入學』耳。」○鐸按：句自可通，不煩改作。

〔10〕禮記仲尼燕居云：「天下太平。」書洪範曰：「休徵。」漢書董仲舒傳云：「諸福之物，可致之祥，莫不畢至。」楚元王傳劉向封事云：「百異消滅，而衆祥並至，太平之基，萬世之利也。」藝文類聚五十二引此文「祥」作「隆」。

夫富民者，以農桑為本，以游業為末〔一〕；百工者，以致用為本〔二〕，以巧飾為末〔三〕；商賈者，以通貨為本〔四〕，以鬻奇為末〔五〕。三者守本離末則民富，離本守末則民貧，貧則阨而忘善，富則樂而可教。教訓者，以道義為本，以巧辯為末；辭語者，以信順為本，以詭麗為末〔六〕；列士者〔七〕，以孝悌為本〔八〕，以交遊為末〔九〕；孝悌者，以致養為本〔10〕，以華觀為末〔二〕；人臣者，以忠正為本〔三〕，以媚愛為末〔三〕；五者守本離末則仁義興，離本守末則道德崩〔四〕。慎本略末猶可也，舍本務末則惡矣。

〔一〕管子五輔篇云：「明王之務，在於強本事，去無用，然後民可使富。」治國篇云：「先王知

衆民強兵廣地富國之必生於粟也，故禁末作，止奇巧，而利農事。」牧民篇云：「務五穀則食足，養桑麻育六畜則民富。」漢書文帝紀二年詔曰：「農，天下之大本也，民所恃以生也。而民或不務本而事末，故生不遂。」昭帝紀元平元年詔曰：「天下以農桑爲本。」

〔二〕易繫辭上傳云：「備物致用，立成器以爲天下利。」

〔三〕周禮司市：「凡市僞飾之禁，在工者十有二。」胥師「察其詐僞飾行價慝者」，鄭注：「玄謂飾行價慝，謂使人行賣惡物於市，巧飾之，令欺誑買者。」禮記月令云「毋或作爲淫巧」，鄭注：「淫巧，謂僞飾不如法也。」

〔四〕周禮太宰：「九職任萬民，六曰商賈，阜通貨賄。」

〔五〕類聚「貨」作「乏」，「奇」作「貨」。按漢書食貨志云：「通財鬻貨曰商。」

〔六〕漢書揚雄傳云：「諸子各以其知舛馳，大氐詆訾聖人，即爲怪迂、析辯、詭辭以撓世事，雖小辯，終破大道而或衆。」王褒傳云：「辭賦大者與古詩同義，小者辯麗可喜。」風俗通論士云：

〔七〕荀子大略篇云：「子贛、季路，故鄙人也，被文學，服禮義，爲天下列士。」風俗通論士云：「列士百不易之分。」見意林。

〔八〕論語云：「子貢問士，子曰：『宗族稱孝焉，鄉黨稱弟焉。』」

〔九〕禮記曲禮云：「交遊稱其信也。」

〔一〇〕禮記祭義云：「曾子曰：『衆之本教曰孝，其行曰養。』」

〔一一〕孟子云:「非直爲觀美也。」○鐸按:浮侈篇:「競爲華觀。」

〔一二〕六韜盈虛篇云:「吏忠正奉法者,尊其位。」淮南子主術訓云:「人主貴正而尚忠。忠正在上位,執正營事,則讒佞姦邪無由進矣。」

〔一三〕晉語云:「其臣競諂以求媚。」詩假樂云「媚於天子」,鄭箋:「媚,愛也。」

〔一四〕興、崩韻。

夫用天之道,分地之利〔一〕,六畜生於時,百物聚於野,此富國之本也〔二〕。游業末事,以收民利〔三〕,此貧邦之原也〔四〕。忠信謹慎,此德義之基也。虛無譎詭,此亂道之根也。故力田所以富國也〔五〕。今民去農桑,赴游業,披采眾利,聚之一門,雖於私家有富,然公計愈貧矣〔六〕。百工者,所使備器也〔七〕。器以便事爲善〔八〕,以膠固爲上〔九〕。今工好造彫琢之器〔一〇〕,巧僞飭之,以欺民取賄〔一一〕,雖於姦工有利,而國界愈病矣。商賈者,所以通物也〔一二〕,物以任用爲要,以堅牢爲資〔一三〕。今商競鬻無用之貨〔一四〕、淫侈之幣〔一五〕,以惑民取產,雖於淫商有得,然國計愈失矣〔一六〕。此三者,外雖有勤力富家之私名〔一七〕,然內有損民貧國之公實〔一八〕。故爲政者,明督工商,勿使淫僞,困辱游業,勿使擅利〔一九〕,寬假本農,而寵遂學士〔二〇〕,則民富而國平矣。

〔一〕孝經。

〔二〕管子立政篇云：「桑麻殖於野，五穀宜其地，六畜育於家，瓜瓠、葷菜、百果備具，國之富也。」

〔三〕昭廿六年左傳云：「大夫不收公利。」後漢書朱暉傳云：「往來市珍寶，收采其利。」

〔四〕兩「也」字並據治要補。

〔五〕漢書文帝紀十二年詔曰：「力田，爲生之本也。」

〔六〕管子治國篇云：「民舍本事而事末作，則田荒而國貧矣。」禁藏篇云：「民多私利者其國貧。」○鐸按：荀子富國篇：「是知國計之極也。」「公計」與「國計」義同。漢書黃霸傳注：「計，謂出入之數也。」

〔七〕考工記云：「審曲面執，以飭五材，以辨民器，謂之百工。」

〔八〕鹽鐵論國病篇云：「器足以便事。」

〔九〕爾雅釋詁云：「膠，固也。」

〔一〇〕漢書王吉傳云：「古者，工不造琱琢，商不通侈靡。」「彫琢」義與「琱琢」同。淮南子齊俗訓云：「車輿極於雕琢，器用逐於刻鏤。」

〔一一〕漢書禮樂志云：「桑間、濮上、鄭、衞、宋、趙之聲並出，巧僞因而飾之，以營亂富貴之耳目。庶人以求利，列國以相閒。」「巧僞飾之」治要作「僞飾之巧」，其義亦通，見上「以巧飾

〔二〕爲「末」句注。○鐸按：飭、飾古字通。禮記樂記：「復亂以飭歸。」史記樂書「飭」作「飾」。

〔三〕以上二十字舊脫，據治要補。「界」當依上下文作「計」。計，界聲相近。漢書地理志琅邪郡計斤，顏師古注：「即春秋左氏傳所謂介根也，語音有輕重。」此其比也。白虎通商賈篇云：「『商』之爲言『商』也，商其遠近，度其有亡，通四方之物，故謂之『商』也。『賈』之爲言『固』也，固其有用之物，以待民來，以求其利者也。」

〔三〕禮記月令云：「命工師效功，必功致爲上。」淮南子時則訓作「堅致爲上」，高誘注：「堅致，功牢也。」鹽鐵論力耕篇云：「工致牢而不僞。」

〔四〕尚書大傳云：「聖人在位，其商不通無用之物。」

〔五〕「淫」下舊有「極」字，即「淫」之駁文，據治要刪。

〔六〕後漢書桓譚傳注引東觀漢記載譚言云：「賈人多通侈靡之物，羅紈綺繡，雜綵玩好，以淫人耳目，而竭盡其財，是爲下樹奢媒，而置貧本也。求人之儉約富足，何可得乎？」齊策云：「爲國計者過矣。」高誘注：「過，誤失也。」

〔七〕漢書高帝紀云：「不能治產業，不如仲力。」服虔曰：「力，勤力也。」疏廣傳云：「令子孫勤力其中。」易家人六四：「富家大吉。」○鐸按：勤力、富家、損民、貧國相對，則「力」爲名詞。說文云：「治功曰力。」

〔一八〕「實」治要作「費」。○鐸按：名、實相對，作「實」是。勸將篇「上不聞弔唁嗟歎之榮名，下又無祿賞之厚實」，其例也。

〔一九〕史記平準書云：「高祖令賈人不得衣絲乘車，重租稅以困辱之。」

〔二〇〕晉語云：「通商寬農。」漢書翟方進傳云：「可少寬假，使遂其功名。」此以寬假、寵遂連言，蓋即本於彼。○鐸按：楚語注：「寵，榮也。」禮記緇衣注：「『遂』猶『達』也。」寵遂，謂使之榮達耳。

夫教訓者，所以遂道術而崇德義也。今學問之士，好語虛無之事〔一〕，爭著彫麗之文〔二〕，以求見異於世，品人鮮識〔三〕，從而高之〔四〕，此傷道德之實，而或矇夫之大者也〔五〕。詩賦者，所以頌善醜之德〔六〕，洩哀樂之情也，故溫雅以廣文〔七〕，興喻以盡意〔八〕。今賦頌之徒，苟爲饒辯屈蹇之辭〔九〕，競陳誣罔無然之事，以索見怪於世，愚夫戇士〔一〇〕，從而奇之，此悖孩童之思〔一一〕，而長不誠之言者也〔一二〕。盡孝悌於父母，正操行於閨門〔一三〕，所以爲列士也〔一四〕。今多務交游以結黨助，偷世竊名〔一五〕以取濟渡〔一六〕，夸末之徒，從而尚之，此逼貞士之節〔一七〕，而眩世俗之心者也〔一八〕。養生順志，所以爲孝也〔一九〕。今多違志儉養，約生以待終〔二〇〕，終沒之後，乃崇飾喪紀以言

孝〔二二〕，盛饗賓旅以求名〔二三〕，誣善之徒〔二三〕，從而稱之，此亂孝悌之真行，而誤後生之痛者也〔二四〕。忠正以事君，信法以理下，所以居官也〔二五〕。今多姦諛以取媚〔二六〕，撓法以便佞〔二七〕，苟得之徒〔二八〕，從而賢之，此滅貞良之行〔二九〕，而〔三〇〕開亂危之原者也〔三一〕，五者，外雖有振〔三二〕賢才之虛譽〔三三〕，內有傷道德之至實。

〔一〕漢書揚雄傳贊：「桓譚曰：『昔老聃著虛無之言兩篇，薄仁義，非禮學，然後世好之者，尚以為過於五經。』」

〔二〕後漢書樊宏後準傳云：「儒者競論浮麗。」

〔三〕「品人」猶言「眾人」。晏子春秋外篇云：「今品人飾禮煩事，羨樂淫民，崇死以害生……三者，聖王之所禁也。」○鐸按：說文：「品，眾庶也。」

〔四〕○鐸按：「高」治要作「尚」，複下文。

〔五〕論衡量知篇云：「人未學問曰矇。」「或」與「惑」通，程本作「惑」。○鐸按：潛歎篇「或君則不然」，亦以「或」為「惑」。

〔六〕周禮太師鄭注：「『頌』之為言『誦』也，『容』也。」

〔七〕漢書揚雄傳云：「司馬相如作賦，甚弘麗溫雅。」

〔八〕周禮太師注：「興，見今之美，嫌於媚諛，取善事以喻勸之。」

〔九〕「饒」疑「撓」之誤。淮南子齊俗訓云：「祗文者處煩撓以為慧，爭為佹辯，久稽而不訣。」

〇鐸按：「饒」當作「譊」。衆經音義二十引倉頡篇：「譊，訟聲也。」「譊辯」二字平列。

「屈蹇」猶「蹇吃」，並雙聲。一切經音義引通俗文：「言不通利，謂之蹇吃。」

〔一〇〕説文云：「戁，愚也。」淮南子氾論訓云「愚夫戁婦」，高誘注：「戁亦愚」，無知之貌也。」「戁」與「戁」通。

〔一一〕説文云：「諆，亂也。」或從心作「悖」。孟子云：「孩提之童。」

〔一二〕韓非子難二云：「言語辨聽之説不度於義者，必不誠之言也。」史記高祖紀云：「人乃以嫗爲不誠。」

〔一三〕「盡」舊作「内」，據治要改。鹽鐵論孝養篇云：「閨門之内盡孝焉，閨門之外盡悌焉。」

〔一四〕舊脱「爲」字，「列」作「烈」，據治要補、改。〇鐸按：烈、列古或通用，韓策二：「乃其姊者亦列女也。」史記刺客傳作「烈」。不改亦得。

〔一五〕「世」治要作「勢」。按管子牧民篇云：「偷取一世。」韓非子詭使篇云：「巧言利辭，行姦軌以倖偷世者數御。」「世」字似不誤。〇鐸按：治要作「勢」，誤。勢、世聲近多相亂，韓非子孤憤篇「處勢卑賤」，乾道本「勢」作「世」，鹽鐵論論儒篇「無勢位，舜、禹不能治萬民」，一本「勢」作「世」，是其例。

〔一六〕「濟渡」以涉水爲喻。詩匏有苦葉毛傳：「舟子，舟人，主濟渡。」

〔一七〕漢書匈奴傳贊云：「城郭之固，無以異於貞士之約。」王先生云：「逼疑「違」。」

〔一八〕「眩」舊作「衒」，據治要改。淮南子原道訓高誘注：「眩，惑也。」

〔一九〕禮記內則：「曾子曰：『孝子之養老也，樂其心，不違其志，樂其耳目，安其寢處，以其飲食忠養之。』」孟子云：「曾子養曾晳，必有酒肉，將徹，必請所與，問有餘，必曰有。若曾子則可謂養志也。」

〔二〇〕韓詩外傳一：「曾子曰：『窘其身而約其親者，不可與語孝。』」

〔二一〕禮記月令云：「飭喪紀。」文王世子鄭注：「『紀』猶『事』也。」

〔二二〕晉語云「禮賓旅」，韋昭注：「旅，客也。」

〔二三〕○鐸按：易繫辭下傳：「誣善之人其辭游。」

〔二四〕鹽鐵論散不足篇云：「古者事生盡愛，送死盡哀，故聖人為制節，非虛加之。今生不能致其愛敬，死以奢侈相高，雖無哀戚之心，而厚葬重幣者則稱以為孝，顯名立於世，光榮著於俗。故黎民相慕效，至於發屋賣業。」羣書治要載崔寔政論云：「送終之家，亦無法度，至用檽梓黃腸，多埋寶貨，烹牛作倡，高墳大寢。是可忍也，孰不可忍？」而俗人多之，咸曰健子，天下企慕，恥不相逮。念親將終，無以奉遺，乃約其供養，豫修亡歿之備，老親之飢寒，以事淫佚之華稱。竭家盡業，甘心而不恨。」後漢書趙咨傳云：「廢事生而榮終亡，替所養而為厚葬，豈云聖人制禮之意乎？」意與此同。

〔二五〕魯語：「臧文仲曰：『居官者當事不避難。』」

〔一六〕昭七年左傳云：「從政有所反之，以取媚也。」

〔一七〕漢書酷吏甯成傳云：「所愛者撓法活之，所憎者曲法滅之。」論語云：「友便佞。」治要作「玩法以便已」。

〔一八〕舊脱「徒」字。淮南子人間訓云：「忠臣事君也，計功而受賞，不爲苟得。」繆稱訓云：「小人之從事也曰苟得，君子曰苟義。」○譯按：「徒」與「從」隸書形近而脱。北京圖書館藏黃丕烈士禮居舊藏明刊本正作「苟得之徒，從而賢之」。

〔一九〕史記秦始皇紀琅邪臺刻石辭云：「姦邪不容，皆務貞良。」

〔二〇〕「而」字舊脱。

〔二一〕舊脱「者」字，據治要補。

〔二二〕「振」與「震」同。

〔二三〕管子明法解云：「羣臣以虛譽進其黨。」

凡此八者，皆衰世之務，而闇君之所固也〔一〕。雖未即於篡弑〔二〕，然亦亂道之漸來也。

〔一〕荀子王霸篇云：「闇君必將急逐樂而緩治國。」孔安國論語注：「固，蔽也。」

〔二〕○譯按：宣元年公羊傳注：「即，近也。」

夫本末消息之爭〔一〕，皆在於君，非下民之所能移也。夫民固隨君之好〔二〕，從利以生者也〔三〕。是故務本則雖虛僞之人皆歸本，居末則雖篤敬之人〔四〕皆就末。且凍餒之所在，民不得不去也；溫飽之所在，民不得不居也〔五〕。故衰闇之世，本末之人，未必賢不肖也〔六〕，禍福之所〔七〕，勢不得無然爾。故明君蒞國〔八〕，必崇本抑末〔九〕，以過亂危之萌。此誠治之危漸〔一〇〕，不可不察也。

〔一〕易豐彖曰：「與時消息。」「爭」疑「事」。○鐸按：「爭」猶「辨」。襄二十九年左傳：「辯而不德。」杜注：「『辯』猶『爭』也。」「辯」與「辨」同。

〔二〕管子法法篇云：「凡民從上也，不從口之所言，從情之所好者也。」○鐸按：韓非子二柄篇：「越王好勇，而民多輕死。楚靈王好細腰，而國中多餓人。」外儲說左上篇：「齊桓公好服紫，一國盡服紫。」是其事。

〔三〕商子君臣篇云：「臣聞道民之門，在上所先。故民可令農戰，可令游宦，可令學問，在上所與。上以功勞與則民戰，上以詩、書與則民學問。民之於利也，若水於下也，四旁無擇也。民徒可以得利而爲之者。」此下舊有「故君子曰」一段，凡二百卅七字，今考定入過利篇。

三〇

〔四〕論語云：「行篤敬。」

〔五〕論語云：「富與貴，是人之所欲也，不以其道得之，不處也。貧與賤，是人之所惡也，不以其道得之，不去也。」鹽鐵論褒賢篇、論衡問孔篇、刺孟篇、高誘注呂氏春秋有度篇、後漢書陳蕃傳「處」並作「居」。漢書敍傳幽通賦云：「物有欲而不居兮，亦有惡而不避。」用論語文。抱朴子博喻篇亦云：「不以其道，則富貴不足居。」

〔六〕○俞樾云：「「人」字乃「失」字之誤，「賢」字乃「皆」字之誤。言衰闇之世，本末之所以失者，未必皆不肖之故，乃爲禍福所迫，不得不然也。」○鐸按：如俞改，則與上文不相應。不可從。

〔七〕「所」下有脫字。

〔八〕晏子春秋諫下云：「苾國子民。」

〔九〕鹽鐵論本議篇云：「王者崇本退末。」

〔一〇〕「治之危漸」當作「治亂之漸」。危、亂字形相近，又誤倒「之」字於上也。○鐸按：汪說近是。邵本改作「爲治之漸」，不成語。

遏利〔一〕第三

世人之論也，靡不貴廉讓而賤財利焉，及其行也，多釋廉甘利。之於人〔二〕徒知

彼之可以利我也，而不知我之得彼，亦將爲利人也〔三〕。知脂蠟之可明鐙也〔四〕，而不知其甚多則冥之。知利之可娛己也，不知其稱而必有也〔五〕。前人以病，後人以競〔六〕，庶民之愚而衰闇之至也〔七〕。予故歎曰：何不察也？願鑒于道，勿鑒于水〔八〕。象以齒焚身，蚌以珠剖體〔九〕，匹夫無辜，懷璧其罪〔一○〕。嗚呼問哉〔一一〕！無德而富貴者，固可豫弔也〔一二〕。

〔一〕○鐸按：廣雅釋詁：「遏，止也。」此篇論世人當明義利之辨，并歷舉前代好利而亡，好義而彰者以證之，故以「遏利」名篇。

〔二〕文有脱誤。王先生云：「疑是『多釋廉而甘利』。釋、舍通。『之於』字衍，『人』字屬下句。」

〔三〕「利人」疑倒。宣十四年左傳：「晏桓子曰：『貪必謀人。謀人，人亦謀己。』」

〔四〕説文云：「鐙，錠也。」徐鉉曰：「錠中置燭，故謂之鐙。」鐙、燈正俗字。

〔五〕文有脱誤。疑當作「不知其積而必有禍也」。襄廿八年左傳：「晏子曰：『利過則爲敗。』」昭十年傳：「晏子謂桓子曰：『蘊利生孽。』」皆此意也。

〔六〕僖七年左傳云：「諺有之曰：『心則不競，何憚於病？』」此用其文。楚辭離騷云：「衆皆競進而貪婪兮。」○鐸按：説文：「競，逐也。」此文當取競逐之訓。

〔七〕春秋繁露云：「民之皆趨利而不趨義也，固其所闇也。」

〔八〕吴語：『申胥云：「王其盍亦鑒於人，無鑒於水！」』○鐸按：書酒誥：『古人有言曰：「人無于水監，當于民監。」』史記蔡澤傳：『鑒於水者，見面之容，鑒於人者，知吉與凶。』古諺相傳語異。

〔九〕襄廿四年左傳云：『象有齒以焚其身，賄也。』淮南子說林訓云：『蜯、象之病，人之寶也。』高誘注：『蜯，大蛤，中有珠，象牙還以自疾，故人得以爲寶。』本經訓云「摛蜯蜃」，高注：『「摛」猶「開」也，開以求珠也。』

〔一〇〕桓十年左傳。「宰」今作「罪」。

〔一一〕「問」疑「閭」。○鐸按：「問」當作「聞」。古字「聞」與「問」通，論語公冶長篇：「聞一知十。」「聞」本或作「問」；禮記檀弓上篇：「問喪於夫子乎？」「問」本亦作「聞」：俱見經典釋文。「聞哉」者，呼而欲人聞之，猶欲人勿忘而言「識之哉」耳。此書「令聞」字多作「問」（本篇及讚學篇是）。寫者因以意改之。若作「閭」，則與上文「愚而衰閭之至」相複。

〔一二〕「貴者」二字舊空，據程本補。漢書景十三王傳贊云：「亡德而富貴，謂之不幸。」○鐸按：古謂「死」爲「不幸」，故曰「可豫弔」。

且夫利物莫不天之財也〔一〕。天之制此財也，猶國君之有府庫也。故人有無德而富貴，是凶民之竊官位盜府庫者也，終必有眾寡，民豈得強取多哉？賦賞奪與，各

遏利第三

三三

覺，覺必誅矣。盜人必誅，況乃盜天乎？得無受禍焉〔二〕？鄧通死無簪〔三〕，勝、跪伐

其身〔四〕。是故天子不能違天富無功，諸侯不能違帝厚私勸〔五〕。非違帝也，非違天

也。帝以天爲制，天以民爲心，民之所欲，天必從之〔六〕。是故無功庸於民而求盈者，

未嘗不力顚也〔七〕；有勳德於民而謙損者，未嘗不光榮也〔八〕。自古於今，上以天子，

下至庶人〔九〕，蔑有好利而不亡者，好義而不彰者也〔一〇〕。

〔一〕 「莫不」猶言「莫非」。周語：「芮良夫曰：「夫利，百物之所生也，天地之所載也。」

〔二〕 漢書朱博傳云：「得無不宜？」顏師古注：「『得無』猶言『無乃』也。」○鐸按：忠貴篇：

「夫竊人之財，猶謂之盜，況偷天官以私己乎？以罪犯人，必加誅罰，況乃犯天，得無咎

乎？」與此同爲左氏舊説。

〔三〕 見史記佞幸傳。

〔四〕 「跪」當作「詭」，公孫詭、羊勝見史記梁孝王世家。王先生云：「『伐』疑『戕』。」○鐸按：

公孫詭、羊勝事，亦見漢書文三王傳。廣雅釋詁一：「伐，殺也。」義自可通。

〔五〕 王先生云：「『私勸』疑是『私歡』。」○鐸按：昭九年左傳注、漢書王莽傳注引「歡」並作

「勸」。彼可謂之假借，此則字訛。

〔六〕 襄卅一年左傳：「太誓云：『民之所欲，天必從之。』」

〔七〕 周禮司勳：「國功曰功，民功曰庸。」晉語：「穆子曰：『無功庸者不敢居高位。』」王先生

云：「力」當作「立」。周語：「高位實疾顛。」「疾顛」即「立顛」也。〇繼培按：「力」蓋「危」字之壞。管子宙合篇云：「高爲其居，危顛莫之救。」淮南子人間訓云：「天下有三危：少德而多寵，一危也；才下而位高，二危也；身無大功而受厚禄，三危也。」呂氏春秋務大篇云：「嘗試觀於上志，三王之佐，其名無不榮者，其實無不安者，功大故也。俗主之佐，其欲名實也與三王之佐同；其名無不辱者，其實無不危者，無功故也。」〇鐸按：立、力俗音訛，王説近是。

〔八〕韓詩外傳八：「孔子曰：『天道虧盈而益謙，地道變盈而流謙，鬼神害盈而福謙，人道惡盈而好謙。謙者，抑事而損者也。持盈之道，抑而損之。』」又云：「德行寬容而守之以恭者榮。」

〔九〕「至」舊作「止」，據程本改。禮記大學云：「自天子以至於庶人。」

〔一〇〕荀子榮辱篇云：「先義而後利者榮，先利而後義者辱。」

昔周厲王好專利〔一〕，芮良夫諫而不入，退賦桑柔之詩以諷〔二〕，言是大風也，必將有隧〔三〕，是貪民也，必將敗其類。王又不悟，故遂流死於彘〔四〕。虞公屢求以失其國〔五〕，公叔戌崇賄以爲罪〔六〕，桓魋不節飲食以見弑〔七〕，此皆以貨自亡也。楚鬬子文三爲令尹，而有飢色，妻子凍餒，朝不及夕〔九〕；季文子相四君，用財自滅〔八〕，馬不餼粟，

妾不衣帛〔一〇〕，子罕歸玉〔二一〕，晏子歸宅〔二二〕。此皆能棄利約身〔二三〕，故無怨於人〔二四〕，世厚天祿〔二五〕，令問不止〔二六〕。伯夷、叔齊餓於首陽〔二七〕、白駒〔二八〕、介推〔二九〕遯逃於山谷、顏、原、公析〔三〇〕困饉於郊野，守志篤固〔三一〕，秉節不虧，寵祿不能固，威勢不能移〔三二〕，雖有南面之尊〔三三〕，公侯之位，德義有殆，禮義不班〔三四〕，撓志如芷，負心若芬〔三五〕，固弗爲也。是故雖有四海之主弗能與之方名，列國之君不能與之鈞重〔三六〕；守志於□〔三七〕廬之內，而義溢乎九州之外，信立於千載之上，而名傳乎百世之際〔三八〕。

〔一〕見周語。

〔二〕毛傳序云：「桑柔，芮伯刺厲王也。」

〔三〕「隧」舊作「遂」。按：班祿篇作「隧」，與今詩同。○鐸按：初學記一引詩亦作「遂」。馬瑞辰毛詩傳箋通釋云：「『遂』即『隧』之省借。」

〔四〕周語。

〔五〕桓十年左傳。

〔六〕定十三年左傳。

〔七〕哀十四年左傳云：「宋桓魋之寵害於公，公使夫人驟請享焉，而將討之。」「弒」當爲「討」。王先生云：「公羊昭廿五年傳：『昭公謂子家駒曰：季氏爲無道，僭於公室久矣。吾欲

弑之何如？」是上殺下亦可謂之「弑」也。

〔八〕老子云：「多藏必厚亡。」楚語云：「積貨滋多，蓄怨滋厚，不亡何待？」○鐸按：以、用互文。史記貨殖列傳：「以末致財，用本守之，以武一切，用文持之。」是其例。

〔九〕「子文」舊作「文子」。楚語云：「鬭子文三舍令尹，無一日之積。」楚策：「莫敖子華曰：『令尹子文，朝不謀夕。』」

〔一〇〕成十六年左傳云：「季孫於魯，相二君矣，妾不衣帛，馬不食粟。」杜注：「二君，宣、成。」襄五年「季孫行父卒」，傳云：「季文子之忠於公室也，相三君矣，而無私積。」疏云：「行父以文六年見經，則爲卿久矣。宣八年仲遂卒後，始文子得政，故至今爲相三君也。」此云「四君」，蓋并文公數之。○鐸按：此疑本作「三君」。古三、四字皆積畫，故多相亂。

〔一一〕襄十五年左傳。

〔一二〕昭三年左傳。按：「宅」與夕、帛韻。○鐸按：此三字在鐸部，與德部之「色」亦可合韻。晏子春秋問下篇同，外篇誤作「四量」，是其例。

〔一三〕老子云：「絕巧棄利。」吳語云：「身自約也。」漢書王莽傳云：「克身自約。」論語「克己復禮爲仁」，馬融注：「克己，約身也。」皇侃疏云：「言能自約儉己身。」

〔一四〕禮記中庸云：「正己而不求於人，則無怨。」鄭注：「無怨，人無怨之者也。」論語云：「放

於利而行，多怨。」

〔一五〕論語云：「天祿永終。」

〔一四〕「止」疑「亡」。○鐸按：周語中：「令聞不忘。」韋注：「言德及後代也。」問、聞、亡、忘並古字通用。或曰：即詩「令聞不已」。

〔一三〕論語。

〔一二〕詩小雅。

〔一一〕僖廿四年左傳。

〔一〇〕顏回、原憲、公析哀也。史記游俠傳云：「季次、原憲，讀書懷獨行君子之德，義不苟合當世，終身空室蓬戶，褐衣疏食不厭，死而已。」季次，哀字也。

〔九〕爾雅釋詁云：「篤，固也。」○鐸按：「篤固」見交際篇。

〔八〕孟子云：「富貴不能淫，貧賤不能移，威武不能屈。」「固」疑「回」之誤，「回」猶「移」也，昭卅一年左傳云：「不爲利回。」逸周書官人解云：「深導以利，而心不移。」或云：「固」讀爲「蠱文夫人」之「蠱」，惑也。○鐸按：作「回」是也。「回」字蓋涉上「固」字而誤。

〔七〕易說卦傳云：「聖人南面而聽天下。」

〔六〕「班」與「辨」通。孟子云：「萬鍾則不辨禮義而受之。」

〔五〕「負」當是「熏」。易艮九三「厲熏心」，馬融注：「熏灼其心。」漢書路溫舒傳云：「虛美熏

心。」按「熏」說文作「熏」。熏、負字形相近。○鐸按：「負心」與「撓志」相對。撓，曲也。

負，背也。兩句即「撓如芷之志，負若芬之心」，倒之以使「殆」與「芷」、「班」與「芬」叶韻

耳。篆書「熏」字與「負」形遠，汪説失之。

〔二六〕荀子儒效篇云：「彼大儒者，雖隱於窮閭漏室，無置錐之地，而王公不能與之爭名。」禮記

投壺鄭注：「『鈞』猶『等』也。」

〔二七〕空格程本作「一」。○鐸按：程本是也，當據補。

〔二八〕孟子云：「奮乎百世之上。百世之下，聞者莫不興起也。」

故君子曰〔一〕：財賄不多，衣食不贍，聲色不妙，威勢不行，非君子之憂也。行善

不多，申道不明，節志不立，德義不彰，君子恥焉。是以賢人智士之於子孫也〔二〕，屬

之以志，弗屬以詐〔三〕，勸之以正，弗勸以詐；示之以儉，弗示以奢〔四〕；貽之以言，弗

貽以財〔五〕。是故董仲舒終身不問家事，而疎廣不遺賜金〔六〕。子孫若賢，不待多富，

若其不賢，則多以徵怨〔七〕。故曰：無德而賄豐，禍之胎也。

〔一〕「君」字疑誤。

〔二〕呂氏春秋察微篇云：「智士賢者。」

〔三〕「訏」字與下複，何本作「辭」。按三略云：「屬之以辭。」○鐸按：下文「訏」字，士禮居舊藏明刊本作「邪」，則與此不相複。「辭」即「言」也。如何本，則與下文「貽之以言」乖刺矣。

〔四〕禮記檀弓：「曾子曰：『國奢則示之以儉。』」

〔五〕説苑雜言篇：「晏子曰：『吾聞君子贈人以財，不若以言。』」

〔六〕並見漢書。「疏」漢書作「疏」。廣韻九魚「疏」字注云：「疏姓，漢有太子太傅東海疏廣，俗作『疎』。」按晉書束晳傳云：「漢太子太傅疎廣之後也。王莽末，廣曾孫孟達避難，自東海徙居沙鹿山南，因去『疎』之『足』，遂改姓焉。」是漢時已以「疎」為「疏」矣。

〔七〕漢書疏廣傳云：「賢而多財，則損其志。愚而多財，則益其過。且夫富者，眾人之怨也。吾既亡以教化子孫，不欲益其過而生怨。」昭卅二年左傳云「無徵怨於百姓」，杜注：「徵，召也。」

昔曹羈有言：「守天之聚，必施其德義。德義弗施，聚必有闕〔一〕。」今□〔二〕家賑而貸乏〔三〕，遺賑貧窮，恤矜疾苦〔四〕，則必不□〔五〕居富矣〔六〕。易曰：「天道虧盈以沖謙〔七〕。」故以仁義□於彼者，天賞之於此〔八〕，以邪取於前者，衰之於後。是以持盈之道，抑而損之〔九〕，則亦〔一〇〕可以免於亢龍之悔、乾坤之愆矣〔一一〕。

〔一〕晉語：「僖負羈言於曹伯曰：『守天之聚，將施於宜。宜而不施，聚必有闕。』」韋昭注：「宜，義也。」

〔二〕空格程本作「或」。

〔三〕爾雅釋言云：「賑，富也。」

〔四〕周禮大司徒：「以保息六養萬民，三曰振窮，四曰恤貧，五曰寬疾。」鄭注：「振窮，抍捄天民之窮者也。」漢書文帝紀元年詔曰：「分貧振窮，長孤幼，養老疾。」杜注：「振，救也。」「振」聲誤為「賑」。「其議所以振貸之。」顏師古注：「振，起也。諸『振救』、『振贍』，其義皆同。今流俗作字從『貝』者，非也。」

〔五〕空格程本作「久」。

〔六〕句有誤字。説苑雜言篇：「孔子曰：『夫富而能富人者，欲貧而不可得也。』」説叢篇云：「賑窮救急，何患無有？」○鐸按：「不」疑當作「可」。「必可久居富」，即「欲貧而不可得」之意。

〔七〕謙象詞。「以冲」王弼本作「而益」。

〔八〕空格程本作「費」，「以仁義」舊作「仁以義」。按墨子天志中云：「此仁也，義也，愛人利人，順天之意，得天之賞者也。」此文本之。襄廿八年左傳：「叔孫穆子曰：『善人富謂之賞。』」

〔九〕見上。「挹」與「抑」同。○鐸按：文選爲幽州牧與彭寵書注引蒼頡篇：「挹，損也。」言損之又損之也。

〔一〇〕「亦」舊作「不」。

〔一一〕易乾上九：「亢龍有悔。」象曰：「亢龍有悔，盈不可久也。」「故君子曰」至此，舊錯入務本篇，今移正。

論榮〔一〕第四

所謂賢人君子者，非必高位厚祿富貴榮華之謂也〔二〕，此則君子之所宜有，而非其所以爲君子者也。所謂小人者，非必貧賤凍餒辱阨窮之謂也〔三〕，此則小人之所宜處，而非其所以爲小人者也。

〔一〕○鐸按：此篇首明君子小人之辨，繼論寡德高位之人不足以爲榮，而終之以人惟其任。

〔二〕漢書董仲舒傳云：「身寵而載高位，家溫而食厚祿，因乘富貴之資力，以與民爭利於下。」敍傳答賓戲云：「據徼乘邪，以求一日之富貴，朝爲榮華，夕而蕉瘁。」

〔三〕「辱」上脫一字。程本「辱」作「困」。○鐸按：疑本作「困辱」，諸本脫「困」字，程本脫「辱」

奚以明之哉？夫桀、紂者，夏、殷之君王也，崇侯、惡來，天子之三公也〔一〕，而猶

不免於小人者，以其心行惡也。伯夷、叔齊，餓夫也〔二〕，傅說胥靡〔三〕，而井伯虞虜

也〔四〕，然世猶以爲君子者，以爲志節美也〔五〕。

〔一〕見史記殷本紀。

〔二〕法言淵騫篇云：「西山之餓夫。」

〔三〕呂氏春秋求人篇云：「傅説，殷之胥靡也。」高誘注：「胥靡，刑罪之名也。」

〔四〕「井伯虞虜」舊作「井白處虜」。僖五年左傳云：「執虞公及其大夫井伯。」史記晉世家

「執」作「虞」。

〔五〕漢書云敞傳云：「車騎將軍王舜高其志節。」

故論士苟定於志行〔一〕，勿以遭命，則雖有天下不足以爲重，無所用不足〔二〕以爲

輕，處隸圉〔三〕不足以爲恥，撫四海不足以爲榮。況乎其未能相縣若此者哉〔四〕？故

曰：寵位不足以尊我〔五〕，而卑賤不足以卑己〔六〕。

〔一〕淮南子原道訓云：「士有一定之論。」管子八觀篇云：「商賈之人，不論志行而有爵禄。」荀子榮辱篇云：「志行修，臨官治。」

〔二〕「足」舊作「可」。

〔三〕哀二年左傳云：「人臣隸圉免。」周語云「湮替隸圉」，韋昭注：「隸，役也。圉，養馬者。」

〔四〕荀子王制篇云：「是其爲相縣也亦遠矣。」

〔五〕「以」下舊衍「爲」字。

〔六〕新書大政上篇云：「紂自謂天王也，桀自謂天子也，已滅之後，民以相罵也。以此觀之，則位不足以爲尊，而號不足以爲榮矣。」

夫令譽從我興，而二命自天降之〔一〕。詩云：「天實爲之，謂之何哉〔二〕！」故君子未必富貴，小人未必貧賤〔三〕，或潛龍未用，或〔四〕亢龍在天〔五〕，從古以然。今觀俗士之論也，以族舉德，以位命賢〔六〕，茲可謂得論之一體矣，而未獲至論之淑真也〔七〕。

〔一〕禮記祭法疏引援神契云：「命有三科：有受命以保慶，有遭命以謫暴，有隨命以督行。」卜列篇云：「命有遭隨。」御覽三百六十引春秋元命苞云：「命者，天之令也。所受於帝，行正不過，得壽命——壽命，正命也。起九八十一。有隨命者，隨行爲命也。有遭命——遭命者，行正不誤，逢世殘賊，君上逆亂，辜咎

下流，災譴並發，陰陽散忤，暴氣雷至，滅日動地，絕人命，沙鹿襲邑是也。」○俞樾云：「上
文云：「寵位不足以尊我，而卑賤不足以卑己」然則「二命」即謂此二者也。下文「君子
未必富貴，小人未必貧賤」，富貴、貧賤，此即所謂「二命」。汪氏不本上下文爲説，而泛舉
援神契之遭命、隨命以説此『二命』，失之。」○鐸按：俞説是。上文「勿以遭命」，亦非緯
之「遭命」也。

〔二〕北門。○鐸按：「謂之何」即「奈之何」，訓見經傳釋詞卷三。

〔三〕論衡命禄篇云：「才高行厚，未必保其必富貴，智寡德薄，未必信其必貧賤。故夫臨事知愚，操行清濁，性與才也；或時才高
行厚，命惡廢而不進，智寡德薄，命善興而超踰。故夫臨事知愚，操行清濁，性與才也；
仕宦貴賤，治産貧富，命與時也。」

〔四〕「或」字舊脱，據程本補。

〔五〕易乾。

〔六〕仲長統昌言云：「天下士有三俗：選士而論族姓閥閲，一俗。」見意林。

〔七〕「真」程本作「貞」，誤。淮南子有俶真訓。説文云：「俶，善也。」經典多通用「淑」。

堯，聖父也，而丹凶傲〔一〕；舜，聖子也，而叟頑惡〔二〕；叔嚮，賢兄也，而鮒貪暴〔三〕；
季友，賢弟也，而慶父淫亂〔四〕。論若必以族，是丹宜禪而舜宜誅，鮒宜賞而友宜夷

也。論之不可必以族也若是。

〔一〕書皋陶謨。

〔二〕堯典。

〔三〕昭元年、十三年、十四年左傳。○鐸按：亦見晉語九。

〔四〕莊卅一年、閔二年左傳。

昔祁奚有言：「鯀殛而禹興，管、蔡爲戮，周公祐王〔一〕。」故書稱「父子兄弟不相及〔二〕」也。幽、厲之貴，天子也，而又富有四海〔三〕。顏、原之賤，匹庶也，而又凍餒屢空〔四〕。論若必以位，則是兩王是〔五〕爲世士〔六〕，而二處爲愚鄙也。論之不可必以位也，又若是焉〔七〕。

〔一〕襄廿一年左傳。「祐」今作「右」。

〔二〕昭廿年左傳：「苑何忌曰：『在康誥曰：父子兄弟，罪不相及。』」疏云：「此非康誥之全文，引其意而言之。」○鐸按：僖三十三年左傳晉臼季引康誥曰：「父不慈，子不衹，兄不友，弟不共，不相及也。」後漢書章帝紀元和元年詔引同。或謂康誥闕文。

〔三〕墨子非命下篇云：「桀、紂、幽、厲，貴爲天子，富有天下。」新書過秦下篇云：「貴爲天

子，富有四海。」

〔四〕論語。

〔五〕「是」字疑衍。

〔六〕治要載尸子勸學篇云：「使賢者教之以爲世士。」

〔七〕莊子盜跖篇：「子張曰：『勢爲天子，未必貴也；窮爲匹夫，未必賤也。貴賤之分，在行之美惡。』」

故曰：仁重而勢輕，位蔑而義榮〔一〕。今之論者，多此之反，而又以九族，或以所來，則亦遠於獲真賢矣〔二〕。

〔一〕春秋繁露云：「今人大有義而甚無利，雖貧與賤，尚榮其行。」新語本行篇云：「賤而好德者尊，貧而有義者榮。」桑柔鄭箋云：「『蔑』猶『輕』也。」程本「蔑」作「辱」，誤。

〔二〕漢書貢禹傳云：「求士不得真賢。」

昔自周公不求備於一人〔一〕，況乎其德義既舉，乃可以它故而弗之采乎？由余生於五狄，越蒙產於八蠻〔二〕，而功施齊、秦，德立諸夏〔三〕，令名美譽〔四〕，載於圖書〔五〕，

至今不滅。張儀，中國之人也；衛鞅，康叔之孫也〔六〕，而皆讒佞反覆，交亂四海〔七〕。

由斯觀之，人之善惡，不必世族，性之賢鄙，不必世俗〔八〕。中堂生負苞〔九〕，山野生蘭

芷〔一〇〕。夫和氏之璧，出於璞石，隋氏之珠，產於蜃蛤〔一一〕。詩云：「采葑采菲，無以

下體〔一二〕。」故苟有大美可尚於世，則雖細行小瑕曷足以爲累乎〔一三〕？

〔一〕 論語。○鐸按：實貢篇：「周公不求備。」

〔二〕 「蒙」舊作「象」。史記鄒陽傳云：「秦用戎人由余而霸中國，齊用越人蒙而彊威、宣。」索

隱云：「越人蒙未見所出。漢書作『子臧』，張晏云：『子臧或是越人蒙字也。』」○鐸按：

俞樾茶香室續鈔亦謂「越象」當是「越蒙」。

〔三〕 閔元年左傳云「諸夏親暱」，杜注：「諸夏，中國也。」○鐸按：論語八佾篇包注同。

〔四〕 襄廿四年左傳云：「非無賄之患，而無令名之難。」周語云：「爲令聞嘉譽以聲之。」

〔五〕 韓非子用人篇云：「書圖著其名。」大體篇云：「豪傑不著名於圖書。」

〔六〕 並見史記。

〔七〕 詩青蠅云：「讒人罔極，交亂四國。」史記蘇秦傳云：「左右賣國反覆之臣。」按：漢書息

夫躬傳，王嘉言「寵、躬皆傾覆，有佞邪材，恐必撓亂國家」，亦用青蠅詩義。

〔八〕 王先生云：「『族』承上『或以九族』言，『俗』承上『或以所來』言。」

〔九〕 王先生云：「『堂』是『唐』之誤。『中唐』見詩防有鵲巢。『苞』當爲『匊』，爾雅云：『蕡，王

芻」是也。古者多言「負芻」。○俞樾云:「「中堂」當作「中唐」。詩防有鵲巢傳:「中,中

庭也。唐,堂塗也。」此即用其語。「負」當作「萯」,説文:「萯,王萯也。」苞,南陽

以爲鸝履。」萯、苞二草。下文「山野生蘭芷」,蘭、芷亦二草也。爾雅釋草:「菉,王萯。」

不云「萯,王芻」,王説殊誤。至春秋有曹伯負芻,史記有楚王負芻,孟子云:「昔沈猶有

負芻之禍。」趙注云:「時有作亂者曰負芻。」則負芻自是人名,不可以説此也。」○鐸按:

俞説是。

〔一〇〕史記日者傳云:「蘭芷芎藭,棄於廣野。」

〔一一〕「隋氏」當作「隋侯」。漢書敍傳答賓戲云:「隨氏之璧,韞於荊石,隋侯之珠,藏於蚌

蛤。」顏師古注:「隨,古和字。」淮南子覽冥訓云:「隋侯之珠,和氏之璧。」高誘注:「隋

侯,漢東之國,姬姓諸侯也。」御覽九百四十一引墨子云:「申徒狄謂周公曰:『賤人何可

薄耶?周之靈珪,出於土石,隋之明月,出於蚌蜄。』」○鐸按:此義古人多知之,世説

新語言語門載蔡洪答洛中人問亦本答賓戲。

〔一二〕谷風。○鐸按:春秋繁露竹林篇:「取其一美,不盡其惡。」亦引邶風谷風此二句證之。

〔一三〕漢書陳湯傳:「劉向曰:『論大功者不錄小過,舉大美者不疵細瑕。』」淮南子氾論訓

云:「夫人之情,莫不有所短。誠其大略是也,雖有小過,不足以爲累。」

是以用士不患其非國士〔二〕，而患其非忠〔三〕，世非患無臣，而患其非賢〔三〕。蓋無
羈縻〔四〕。陳平、韓信，楚俘也，而高祖以爲藩輔〔五〕，實平四海，安漢室，衛青、霍去
病，平陽之私人也〔六〕，而武帝以爲司馬，實攘北狄〔七〕，郡河西。唯其任也〔八〕，何卑遠
之有？然則所難於非此土之人，非將相之世者，爲其無是能而處是位，無是德而居
是貴〔九〕，無以我尚而不秉我勢也〔一〇〕。

〔一〕成十六年左傳云：「伯州犂以公卒告王，苗賁皇在晉侯之側，亦以王卒告：『國士
　　在，且厚，不可當也。』」按「國士」謂本國之士，即下所云「此土之人」也。若呂氏春秋忠廉
　　篇，王子慶忌謂要離「天下之國士」，不侵篇豫讓曰：「智氏國士畜我。」長利篇戎夷曰：
　　「我國士也，爲天下惜死。」「國士」皆謂士蓋一國者。故漢書韓信傳「國士無雙」，顏師古
　　注以「國士」爲「國家之奇士」，與左傳義別。後世習用「國士」以爲美稱，而於「本國」之義
　　微矣。

〔二〕「忠」舊作「中」。

〔三〕王先生云：「『世非患無臣』當作『非患無世臣』，此四語亦族、俗分承言之。」

〔四〕未詳。史記司馬相如傳云：「天子之於夷、狄也，其義羈縻勿絕而已。」王先生云：「『羈
　　縻』當是『羈旅』，以下文『非此土之人』知之。」○鐸按：此有脫文，不可強說。

〔五〕史記漢興以來諸侯王年表序云：「蕃輔京師。」

〔六〕詩大東云「私人之子」，毛傳：「私人，私家人也。」漢書賈誼傳云：「自丞尉以上，徧置私人。」

〔七〕詩采薇毛傳：「玁狁，北狄也。」鄭箋云：「北狄，今匈奴也。」漢書匈奴傳：「揚雄云：『北狄，真中國之堅敵也。』」

〔八〕陳平、韓信、衞青、霍去病並見史記。

〔九〕白虎通京師篇云：「有能然後居其位，德加於人然後食其禄。」荀子王制篇云：「無德不貴，無能不官。」

〔一〇〕「不」字疑衍。「秉」或「乘」之誤。韓非子八説篇云：「以智士之計，處乘勢之資，而爲其私急，則君必欺焉。」難勢篇云：「乘不肖人於勢，是爲虎傅翼也。」外儲説左下篇：「東郭牙曰：『以管仲能乘公之勢以治齊國，得無危乎？』」

賢難〔一〕第五

世之所以不治者，由賢難也。所謂賢難者，非直體聰明服德義之謂也。此則求賢之難得爾，非賢者之所難也。故所謂賢難者〔二〕，乃將言乎循〔三〕善則見妬，行賢則見嫉〔四〕，而必遇患難者也。

〔一〕○鐸按：此篇論蔽賢之爲害，傷直道之難行。世不患無賢，而患賢者之不見察，故曰「賢難」。

〔二〕舊脫「難」字。

〔三〕循當作「脩」，古書循、脩多相亂。○鐸按：隸續云：「循、脩二字，隸法只爭一畫。」例

〔四〕楚辭離騷云：「各興心而嫉妒。」「嫉」下舊有「也」字，據諸子品節刪。

虞舜之所以放殛〔一〕，子胥之所以被誅〔二〕，上聖大賢猶不能自免於嫉妒，則又況乎中世之人哉〔三〕？此秀士所以雖有賢材美質〔四〕，然猶不得直道而行〔五〕，遂成其志者也。

〔一〕孟子云：「舜往於田，號泣於旻天。」又云：「父母使舜完廩，捐階，瞽瞍焚廩。使浚井，出，從而揜之。」「放殛」謂此。○俞樾云：「虞舜放殛，即指蒼梧之崩。其意謂舜德衰，爲禹所放，故遠狩蒼梧而死。即劉知幾惑經、疑古之見也。史通所引囚堯、偃朱諸說，皆出汲冢，乃王符已有此言，則此說相傳，漢世已有之矣。汪箋引『完廩浚井』以證放殛事，恐非其旨。」○古書「殛」或作「極」，書洪範「鯀則殛死」，多方「我乃其大罰殛之」，釋文並云：「『殛』本作『極』。」蓋極亦流放之義，非謂殺也。汪知此句主語「虞舜」爲受事，

與下句一律，而不知「完廪浚井」不得謂之「放殺」，則儒家傳統之説惑之也。考「舜侶堯，禹侶舜」，韓非子説疑篇亦嘗言之，此必傳之自古。特漢崇儒術，人莫敢置疑耳。自當取史通疑古篇所引汲冢瑣語以説此。

〔二〕哀十一年左傳。

〔三〕「況」字舊脱，程本有「況」無「又」。按本書「則又況」數見，今補正。

〔四〕白虎通辟雍篇云：「其有賢才美質知學者，足以開其心。」

〔五〕論語。

處士不得直其行〔一〕，朝臣不得直其言〔二〕，此俗化之所以敗〔三〕，闇君之所以孤也〔四〕。齊侯之以奪國〔五〕，魯公之以放逐〔六〕，皆敗績厭覆於不暇〔七〕，而用及治乎〔八〕？故德薄者惡聞美行，政亂者惡聞治言，此亡秦之所以誅偶語而坑術士也〔九〕。

〔一〕管子問篇云：「處士修行，足以教人。」荀子非十二子篇楊倞注：「處士，不仕者也。」文選鵩鳥賦李善注引風俗通云：「處士者，隱居放言也。」

〔二〕管子明法篇云：「國無人者，非朝臣之衰也。」淮南子覽冥訓云「大夫隱道而不言」，高誘注：「隱仁義之道，不正諫直言也。」論語云：「國無道，危行言遜也。」

〔三〕漢書董仲舒傳云：「習俗化之變。」貨殖傳云：「傷化敗俗。」

〔四〕「闇君」見務本篇注。管子法法篇:「正言直行之士危,則人主孤而毋内。人主孤而毋内,則人臣黨而成羣。」

〔五〕哀十四年左傳。○鐸按:齊簡公不聽諸御鞅之言而爲陳恒所弒,亦見史記齊世家、田完世家。

〔六〕謂昭公、哀公。程本「以」上並有「所」字,誤。下云:「三代之以覆,列國之以滅。」即其例。亦見本訓篇。史記吳世家云「商之以興」,蓋此例所本。○鐸按:魯昭公不聽子家駒之言而爲孟氏所攻,出奔,死於晉之乾侯,見昭二十五年、三十二年左傳及史記魯世家。

〔七〕襄卅一年左傳子産語。

〔八〕○鐸按:「用」讀爲「庸」。「庸」猶「何」也,説見經傳釋詞卷三。

〔九〕見史記秦始皇本紀。○鐸按:說文:「儒,術士之稱。」

今世俗之人,自慢其親而憎人敬之,自簡其親而憎人愛之者不少也〔一〕。豈獨品庶〔二〕,賢材時有焉。鄧通幸於文帝,盡心而不違,吮癰而無怍色〔三〕。帝病不樂,從容曰:「天下誰最愛朕者乎?」鄧通欲稱太子之孝,則因對曰:「莫若太子之最愛陛下也。」及太子問疾,帝令吮癰,有難之色,帝不悦而遣太子。既而聞鄧通之常吮癰也,乃慚而怨之。及嗣帝位,遂致通罪而使至於餓死〔四〕。故鄧通其行所以盡心力而無

害人〔五〕，其言所以譽太子而昭孝慈也。太子自不能盡其稱，則反結怨而歸咎焉〔六〕。稱人之長，欲彰其孝，且猶爲罪，又況明人之短矯世者哉〔七〕？

〔一〕孝經云：「愛親者不敢惡於人，敬親者不敢慢於人。」○鐸按：漢書谷永傳注：「簡，謂輕慢也。」

〔二〕説文云：「品，衆庶也。」漢書賈誼傳服賦云：「品庶每生。」史記伯夷傳作「衆庶馮生」。説苑反質篇：「墨子曰：『夫品庶非有心也，以人主爲心。』」

〔三〕方言云：「悷、恨也。」悷、恀正俗字。○鐸按：説文「吝，恨惜也。」「悷」即「吝」之後出加旁字。

〔四〕見史記佞幸傳。

〔五〕昭十九年左傳云：「盡心力以事君。」「其」字舊脱，依下文例補。

〔六〕桓十八年左傳云：「無所歸咎。」

〔七〕説苑政理篇：「孔子曰：『言人之善者，有所得而無所傷也；言人之惡者，無所得而有所傷也。』」荀子臣道篇云：「言其所長，不稱其所短。」漢書楊王孫傳云：「將以矯世也。」

且凡士之所以爲賢者，且以其言與行也〔一〕。忠正之言，非徒譽人而已也，必有觸焉；孝子之行，非徒吮癰而已也，必有駮焉〔二〕。然則循行〔三〕論議之士〔四〕，得不遇

於嫉妒之名〔五〕，免於刑戮之咎者，蓋其幸者也〔六〕。比干之所以剖心，箕子之所以爲奴〔七〕，伯宗之以死〔八〕，郤宛之以亡〔九〕。

〔一〕王先生云：「『且』字衍。」

〔二〕韓非子外儲説左下篇云：「雖有駁行，必得所利。」詩裳裳者華云：「裳裳者華，或黄或白。」鄭箋：「興明王之德時有駁而不純。」「純駁」注詳實貢篇。○鐸按：漢書谷永傳：「解偏駁之愛。」注：「駁，不周普也。」

〔三〕漢書陳湯傳云「司隸奏湯無循行」，宋祁曰：「『循』疑當作『脩』。」此「循」亦當爲「脩」。高帝紀：「二年，令舉民年五十以上，有脩行能帥衆爲善，置以爲三老。」行，讀如字。○鐸按：漢北海相景君碑陰：「故循行都昌台邱遷。」金石録云：「案後漢書百官志注，河南尹官屬有循行一百三十人，而晉書職官志，州縣吏皆有循行。今此碑陰載故吏都昌台邱遷而下十九人，皆作脩行。他漢及晉碑數有之，亦與此碑陰所書同。豈循、脩字畫相近，遂致訛謬邪？」隸續曰：「循、脩二字，隸法只争一畫。書碑者好奇，所以從省借用。」然則漢官有循行，無脩行，而「行」讀去聲。

〔四〕漢書諸葛豐傳云：「使論議士譏臣無補，長獲素餐之名。」漢書百官公卿表，光禄勳屬官有大夫掌論議。龔勝傳：「御史中丞劾奏勝吏二千石，常位大夫，皆幸得給事中，與論議。」漢時多以「論議」稱人，蓋功令有其文。平當傳：「公卿薦當論議通明。」師丹傳：

「丞相方進、御史大夫孔光舉丹論議深博。」蕭望之傳：「宣帝察望之經明持重，論議有餘，材任宰相。」傳喜傳：「太后下詔曰：『高武侯喜姿性端愨，資質淑茂，道術通明，論議正直，秉心有常。』」楚元王後向傳：「元帝詔河東太守堪論議忠直。」皆據令文言之。息夫躬傳云：「論議亡所避，衆畏其口。」王商傳云：「王鳳顓權，行多驕僭，商論議不能平鳳。鳳知之，亦疏商。」京房傳云：「數以論議爲大臣所非。」則此所云「不能免於刑戮」者也。

〔五〕史記鄒陽傳云：「不能自免於嫉妒之人。」楚辭九辨云：「何險巇之嫉妒兮！被以不慈之偽名。」或云：此「名」當爲「害」。○鐸按：「名」字自可通，不煩改作。

〔六〕論語云：「免於刑戮。」又云：「幸而免。」

〔七〕史記殷本紀。

〔八〕成十五年左傳。○鐸按：晉伯宗好直言，三郤譖而殺之。事亦見晉語五。

〔九〕昭廿七年左傳。○鐸按：楚郤宛直而和，國人說之。費無極譖郤宛，宛自殺。事亦載韓非子內儲說下篇。

夫國不乏於妒男也，猶家不乏於妒女也。近古以來，自外及內，其爭功名妒過己者豈希也〔二〕？予以唯兩賢爲宜不相害乎〔三〕？然也，范雎絀〔四〕白起，公孫弘抑董

仲舒〔四〕，此同朝共君寵禄争故耶〔五〕？唯殊邦異途利害不干者爲可以免乎？然也，

孫臏修能於楚〔六〕，龐涓自魏變色，誘以刑之；韓非明治於韓，李斯自秦作思，致而殺

之〔七〕。嗟乎士之相妒豈若此甚乎！此未達於君故受禍邪？唯見知爲可以將信乎？

然也，京房數與元帝論難，使制考功而選守，晁錯雅爲景帝所知〔八〕；使條漢法而不

亂〔九〕。夫二子之於君也，可謂見知深而寵愛殊矣，然京房寃死而上曾不知，晁錯既

斬而帝乃悔〔一〇〕。此材明未足衛身〔一一〕故及難邪〔一二〕？夫體至行仁義〔一五〕，據南面師尹卿士，且猶不

帝乙以義故囚〔一三〕，文王以仁故拘〔一四〕。能無難，然則夫子削迹〔一六〕，叔嚮縲紲〔一七〕，屈原放沈，賈誼貶黜〔一八〕，鍾離廢替〔一九〕，何

敝束縛〔二〇〕，王章抵罪〔二一〕，平阿斥逐〔二二〕，蓋其輕士者也〔二三〕。

〔一〕列女傳魯季敬姜云：「其所與遊者，皆過己者也。」

〔二〕史記季布傳云：「丁公爲項羽逐窘高祖彭城西，短兵接，高祖急，顧丁公曰：『兩賢豈相

厄哉？』」二〇鐸按：此與下「爲可以免乎」、「爲可以將信乎」、「爲能無累乎」，四「乎」字皆

説文所謂「語之餘」。晏子春秋諫上篇：「吾爲夫婦獄訟之不正乎？則泰士子牛存矣；

爲社稷宗廟之不享乎？則諸侯賓客莫之應乎？則行人子羽存矣；

爲國家之有餘不足聘乎？則吾子存矣。」四「乎」字用例與此同。今雖標問號，而審辭氣

者當知其非疑詞也。

〔三〕絀，「詘」之借。

〔四〕並見史記。

〔五〕「争」字上下有脱字。史記屈原傳云：「上官大夫與之同列，争寵而心害其能。」隱四年左傳：「石碏云：『寵禄過也。』」

〔六〕按史記孫子傳云：「臏生阿、鄄之間。」阿、鄄皆齊邑，見司馬穰苴傳。漢書藝文志兵權謀家亦云「齊孫子」，而呂氏春秋不二篇高誘注云：「孫臏，楚人，爲齊臣。」蓋別有所本。

〔七〕並見史記。「治」諸子品節作「法」。按非傳云：「非疾治國不務修明其法制。」○鐸按：邵本亦從品節作「法」，是也。

〔八〕史記高祖紀「雍齒雅不欲屬沛公」，集解：「服虔曰：『雅，故也。』蘇林曰：『雅，素也。』」漢書刑法志云：「張

〔九〕舊無「條」字，品節有「條」無「使」。按「使條」與「使制」對，今補正。

〔一〇〕並見漢書。

〔一一〕湯、趙禹之屬條定法令。」循吏傳顏師古注：「凡言條者，一一而疏舉之，若木條然。」

〔一二〕詩烝民云：「既明且哲，以保其身。」莊十六年左傳云：「君子謂『强鉏不能衞其足。』」淮南子繆稱訓云：「世治則以義衞身。」

〔一三〕閔二年左傳云：「周公弗從，故及於難。」

〔三〕易乾鑿度云：「易之帝乙爲成湯，書之帝乙六世王，同名不害以明功。」史記夏本紀云：「夏桀不務德而武，傷百姓，百姓弗堪，乃召湯而囚之夏臺。」

〔四〕淮南子道應訓：「崇侯虎曰：『周伯昌行仁義而善謀，請圖之。』屈商乃拘文王於羑里。」事詳史記周本紀。

〔五〕按「至」字疑衍。漢書東方朔傳答客難云：「太公體行仁義。」史記三王世家云：「躬親仁義，體行聖德。」莊子漁父篇云：「孔氏者，性服忠信，身行仁義。」

〔六〕莊子盜跖篇云：「削跡於衛。」

〔七〕襄廿一年左傳。

〔八〕並見史記。

〔九〕鍾離意也。○鐸按：鍾離意，明帝時爲尚書，直言極諫，帝知其誠而不能用，出爲魯相。詳後漢書本傳。離騷：「謇朝誶而夕替。」王逸注：「替，廢也。」

〔一〇〕並見後漢書。○鐸按：敞，和帝時爲尚書，數切諫，言諸寶罪過。寶憲等深怨之，出爲濟南太傅。後坐事免官。永元十一年復徵。常忿疾蔡倫，倫深憾之。元興中，倫奏敞詐病不齋祠廟，抵罪，卒於家。詳本傳。

〔一一〕見漢書。○鐸按：章，成帝時爲京兆尹，敢直言。王鳳專權，章奏鳳不可用，由是見疑，遂爲鳳所陷，死獄中。衆庶冤之。詳本傳及元后傳。

〔一二〕疑當作「蓋是其輕者也」。晉書華譚傳云：「仲舒抑於孝武，賈誼失於漢文，蓋復是其輕者耳。」用此例。

〔一三〕平阿侯名仁，王莽諸父。事詳漢書元后傳。

詩云：「無罪無辜，讒口敖敖〔一〕。」「彼人之心，于何不臻〔二〕？」由此觀之，妒媚之攻擊也〔三〕，亦誠工矣！賢聖之居世也，亦誠危矣！

〔一〕十月之交。○鐸按：「敖敖」今詩作「囂囂」，釋文引韓詩作「警警」。詩大雅板：「聽我囂囂。」釋文引舍人爾雅注：「謷謷，眾口毀人之貌。」明忠篇亦作「敖敖」。爾雅釋訓云：「敖敖，傲也。」「囂」即「敖」之借，「敖」為「傲」之省，與此合。

〔二〕菀柳。「不」今詩作「其」。○陳奐詩毛氏傳疏云：箋云：「彼人，斥幽王也。幽王之心，於何所至乎？言其轉側無常，人不知其所屆。」疑箋所據詩「其」作「不」。○鐸按：鄭箋詩不專主毛，作「不」者蓋本三家。

〔三〕「媚」當作「媢」。說文云：「媢，夫妒婦也。」史記五宗世家：「常山憲王王后以妒媚不常侍病。」索隱云：「媚，婦妒夫也。」鄒氏本作「媢」。媢、媚字形相近易誤也。黥布傳贊云：「妒媚生患。」顏氏家訓書證篇嘗辨之。○鐸按：隸書「眉」字或作「𦫼」，與「冒」逼似，故妒媚字多訛作「媚」。逸周書皇門篇：「媚夫有邇無遠。」今本「媚」作「媢」，亦其例。

故所謂賢難也者，非賢難也，免則難也。彼大聖羣賢，功成名遂〔一〕，或爵侯伯，
或位公卿，尹據天官〔二〕，柬在帝心〔三〕，宿夜侍宴〔四〕，名達而猶有若此〔五〕，則又況乎畎
畝佚民、山谷隱士〔六〕，因人乃達，時論乃信者乎〔七〕？此智士所以鉗口結舌〔八〕，括囊
共默而已者也〔九〕。

也。說見讀書雜志。

〔一〕老子文。

〔二〕漢書李尋傳云：「充備天官。」詳忠貴篇注。○俞樾云：「尹」字無義，疑「尸」字之誤。書
序：「康王既尸天子，遂誥諸侯。」此用「尸」字，即本書序文也。明闇篇：「尹其職而策不
出於己」，「尹」字亦當爲「尸」。」

〔三〕論語：「柬」今作「簡」。

〔四〕管子禁藏篇云：「宿夜不出。」按「宿」當作「佰」。說文云：「佰，早敬也。佰，亦古文夙
從人、丙。宿從此。」詩有駜云：「夙夜在公，在公載燕。」漢書嚴助傳云：「助侍燕從
容。」「宴」與「燕」通。

〔五〕王先生云：「「名達」下有脫字。」繼培按：論衡藝增篇：「詩云：「鶴鳴九泉，聲聞於天。」「名達朝
言鶴鳴九折之澤，聲猶聞於天，以喻君子修德窮僻，名猶達朝廷也。」「名達」亦謂「名達朝

廷」矣。

〔六〕漢書梅福傳云：「隱士不顯，佚民不舉。」莊子刻意篇云：「此山谷之士。」

〔七〕「時」義與「時其亡」之「時」同。○鐸按：時、待古字通。易歸妹九四「遲歸有時」，隱七年穀梁傳注引作「遲歸有待」，是「時」即「待」也。

〔八〕莊子田子方篇云：「口鉗而不欲言。」史記袁盎傳，盎說絳侯曰「君今自閉鉗天下之口」，漢書盎傳作「箝」。五行志又云：「臣畏刑而拑口。」箝、拑與「鉗」同。顏師古注並云：「箝也。」鄧析子轉辭篇云：「左右結舌。」漢書李尋傳云：「智者結舌。」杜周傳，杜業上書云：「尚書近臣皆結舌杜口。」○鐸按：箋「盎說絳侯」，當作「盎說丞相申屠嘉」。周書芮良夫篇云：「賢智箝口。」箋所引皆非其朔。

〔九〕易坤六四：「括囊，無咎無譽。」「共」讀爲「拱」。漢書鮑宣傳云：「以拱默尸祿爲智。」後漢書左雄傳云：「方今公卿以下，類多拱默。」

且閭閻凡品〔一〕，何獨識哉？苟望塵剽聲而已矣〔二〕。觀其論也，非能本閭閻之行迹〔三〕，察臧否之虛實也〔四〕，直以面譽我者爲智〔五〕，諂諛己者爲仁〔六〕，處姦利者爲行〔七〕，竊禄位者爲賢爾〔八〕。豈復知孝悌之原，忠正之直〔九〕，綱紀之化〔一〇〕，本途之歸哉？此鮑焦所以立枯於道左〔一一〕，徐衍所以自沈於滄海者也〔一二〕。

〔一〕説文云：「閭，里門也。」閻，里中門也。」漢書武帝子戾太子傳云：「江充布衣之人，間閻之隸臣耳。」

〔二〕後漢書馬融傳云：「羌胡百里望塵，千里聽聲。」「剽」舊作「僄」。按交際篇云：「苟剽聲以犖諛。」今據改。

〔三〕「闇」蓋「閤」之誤。爾雅釋宮云：「宮中之門謂之闈，其小者謂之閨。小閨謂之閤。」漢書朱博傳云「耳剽日久」，顏師古注：「剽，劫也，猶言行聽也。」淮南子主術訓云：「責之以閨閤之禮，奧窔之間。」史記汲黯傳云：「黯多病，卧閨閤內，不出。」漢書司馬遷傳答任安書云：「身直為閨閤之臣。」循吏文翁傳云：「使傳教令，出入閨閤。」顏師古注：「閨閤，內中小門也。」閨閤行迹，猶云「門內之行」也。漢書嚴朱吾丘主父徐嚴終王賈傳贊云：「察其行迹。」

〔四〕詩抑云：「未知臧否。」

〔五〕大戴禮文王官人篇云：「面譽者不忠。」

〔六〕孟子云：「與讒諂面諛之人居。」

〔七〕漢書張蒼傳云：「蒼任人為中候，大為姦利。」貢禹傳云：「謂居官而致富者為雄桀，處姦而得利者為壯士。」○鐸按：今人謂有能為「行」，蓋古語之遺也。

〔八〕周禮太宰：「八則治都鄙，四曰祿位以馭其士。」大戴禮曾子立事篇云：「無益而厚受祿，竊也。」論語云：「臧文仲其竊位者與？」文子上仁篇：「老子曰：『不以德貴，竊位

也〔八〕。」後漢書杜詩傳云：「久竊祿位。」

〔九〕「直」疑「真」。○鐸按：「直」疑「惪」之壞。

〔一〇〕詩棫樸云：「綱紀四方。」

〔一一〕説苑雜言篇云：「鮑焦抱木而立枯。」事見韓詩外傳一。○鐸按：亦見新序節士篇。

〔一二〕漢書鄒陽傳上吳王書云「徐衍負石入海」，服虔曰：「周之末世人也。」

諺曰：「一犬吠形，百犬吠聲〔一〕。」世之疾此固久矣哉〔二〕！吾傷世之不察真僞
之情也，故設虛義以喻其心曰：今觀宰司之取士也，有似於司原之佃也〔三〕。昔有司
原氏者，燎獵中野〔四〕。鹿斯東奔〔五〕，司原縱譟之〔六〕。西方之眾有逐豨者〔七〕，聞司原
之譟也，競舉音而和之〔八〕。司原聞音之眾，則反輟己之逐而往ხ，遇夫俗惡之
豨〔九〕。司原喜，而自以獲白瑞珍禽也〔一〇〕，盡篋橐單囷倉以養之〔一一〕。豨倦仰嚘呷〔一二〕，
爲作容聲，司原愈益珍之。居無何〔一三〕，烈風興而澤雨作〔一四〕，灌巨豕而惡〔一五〕，塗
渝〔一六〕，逐駭懼〔一七〕，真聲出，乃知是家之艾猳爾〔一八〕。此隨聲逐響之過也，眾遇之未
赴〔一九〕信焉。

〔一〕風俗通正失篇言淮南王事云：「後人吠聲，遂傳行耳。」又怪神篇言李君神事云：「目痛

小疾，亦行自愈。眾犬吠聲，因盲者得視，遠近翕赫。」晉書傅玄後咸傳云：「一犬吠形，羣犬吠聲。」皆本此諺。

〔二〕論語云：「久矣哉，由之行詐也！」

〔三〕襄四年左傳虞箴云：「獸臣司原。」易繫辭下傳云「以佃以漁」，釋文引馬融注：「取獸曰佃。」

〔四〕爾雅釋天云「宵田爲燎」，郭注：「即今夜獵載鑪照也。」「燎」與「獠」通。○鐸按：詩魏風伐檀箋「宵田曰獵」，即本爾雅，是「燎」即「獵」也。

〔五〕詩小弁云：「鹿斯之奔。」○鐸按：斯，語助也。説見經傳釋詞。

〔六〕御覽八百卅二作「從而譟之」。鄭語云「王使婦人不幃而譟之」，韋昭注：「譟，讙呼。」

〔七〕方言云：「豬，南楚謂之豨。」「豨」與「豨」同。

〔八〕楚辭離騷王逸注：「競，並也。」

〔九〕王先生云：「『俗惡』當作『浴堊』。堊，白土也。豕浴於堊則色白，故司原誤以爲白瑞。」及澤雨灌豕，堊塗渝敗，乃復艾猳之本質耳。」

〔一〇〕御覽九百十四引白虎通云：「禽者何？ 鳥獸之總名，明爲人所禽制。」

〔一一〕楚語云：「芻豢幾何？」韋昭注：「草養曰芻，穀養曰豢。」呂氏春秋仲秋紀高誘注：「圓曰困，方曰倉。」○鐸按：漢書谷永傳師古注：「殫，盡也。音單。」盡、單互文。

別矣。

〔一〕後漢書文苑趙壹賦云「伊優北堂上」，章懷注：「伊優，屈曲佞媚之貌。」「嚘咿」與「伊優」同。○鐸按：「嚘咿」蓋如後世所書「嚘呦」，鳴聲也。

〔二〕漢書陳平傳云「居無何」，顏師古注：「『無何』猶言『無幾時』。」

〔三〕王先生云：「『澤』疑『淫』。」繼培按：説苑辨物篇，越裳氏譯曰：「久矣，天之無烈風淫雨！」○鐸按：「澤雨」蓋謂山澤猝發之雨，非必字訛。

〔四〕「惡」當作「堊」。

〔五〕○鐸按：爾雅釋言：「渝，變也。」説文：「渝，變汙也。」下文「風雨之變」即承此言。

〔六〕定十四年左傳云：「盍歸我艾狶？」説文云：「狶，牡豕也。」「豭」與「狶」同。

〔七〕王先生云：「『逐』當爲『豕』。」

〔八〕「赴」疑「足」。○鐸按：説文：「赴，趨也。」史記伯夷列傳「趨舍有時」，朱駿聲説文通訓定聲謂「趨」借爲「取」。「赴信」猶言「取信」耳。

今世主之於士也，目見賢則不敢用，耳聞賢則恨不及〔一〕。雖自有知也，猶不能取，必更待羣司之所舉〔二〕，則亦懼失麟鹿而獲艾豭〔三〕。奈何其不分者也？未遇〔四〕風雨〔五〕之變者〔六〕故也。俾使一朝奇政兩集〔七〕，則險隘之徒〔八〕，闒茸之質〔九〕，亦將

〔一〕鬼谷子内揵篇云：「日進前而不御，遙聞聲而相思。」

〔二〕漢書韋賢傳，韋孟諫詩云：「明明羣司。」

〔三〕説文：「麟，大牝鹿也。」

〔四〕「遇」舊作「過」，據程本改。

〔五〕「雨」字舊脱。

〔六〕「者」字疑衍。○鐸按：涉上「者」字而衍。

〔七〕「兩」當作「雨」。論衡定賢篇云「文墨兩集」，誤與此同，其自紀篇云：「筆瀧漉而雨集。」

「雨集」本孟子。

〔八〕楚辭離騷云：「惟黨人之愉樂兮，路幽昧以險隘。」

〔九〕史記賈誼傳云：「闒茸尊顯。」

夫衆小朋黨而固位〔一〕，讒妒羣吠齧賢〔二〕，爲禍敗也豈希〔三〕？三代之以覆，列國之以滅〔四〕，後人猶不能革〔五〕，此萬官所以屢失守〔六〕，而天命數屢常者也〔七〕。詩云：

「國既卒斬，何用不監〔八〕！」嗚呼！時君俗主〔九〕不此察也。

〔一〕漢書楚元王傳劉向封事云：「衆小在位，而從邪議，歙歙相是，而背君子。」又云：「朋黨

比周，稱譽者登進，忤恨者誅傷。」翟方進傳云：「内求人主微指，以固其位。」

〔二〕楚辭懷沙云：「邑犬羣吠兮，吠所怪也。誹駿疑傑兮，固庸態也。」晏子春秋問上云：「公之狗猛，人挈器而入，且酤公酒，狗迎而噬之，此酒所以酸而不售也。」夫國亦有猛狗，用事者是也。有道術之士，欲干萬乘之主，而用事者迎而齕之，此亦國之猛狗也。」「齕」韓詩外傳七作「齧」。

〔三〕晉語云：「禍敗無已。」

〔四〕管子五輔篇云：「暴王之所以失國家，危社稷，覆宗廟，滅於天下，非失人者，未之嘗聞。」

〔五〕襄十四年左傳云「失則革之」，杜注：「革，更也。」晏子春秋諫上篇云：「行不能革。」

〔六〕楚語觀射父云：「五物之官，陪屬萬，爲萬官。」又云：「失其官守。」

〔七〕詩文王云：「天命靡常。」

〔八〕節南山。

〔九〕漢書藝文志論諸子云：「時君世主，好惡殊方。」呂氏春秋異寶篇云「其主俗主也」，高誘注：「俗主，不肖凡君。」

潛夫論箋校正卷二

明闇[一]第六

國之所以治者君明也，其所以亂者君闇也。君之所以明者兼聽也[二]，其[三]所以闇者偏信也[四]。是故人君通必兼聽[五]，則聖日廣矣，庸說偏信[六]，則愚日甚矣[七]。詩云：「先民有言，詢於芻蕘[八]。」

〔一〕○鐸按：爲國者兼聽則明，偏信則闇，爲此文大旨。而援古立論，要在懲秦二世之所以亡，故推原明之所起、闇之所生而爲篇。

〔二〕管子明法解云：「明主者兼聽獨斷。」漢書梅福傳云：「博覽兼聽，謀及疏賤，令深者不隱，遠者不塞，所謂闢四門，明四目也。」

〔三〕「其」字舊脫，據治要補。

〔四〕荀子不苟篇云：「公生明，偏生闇。」

〔五〕「必」疑當作「心」。僖二年穀梁傳云「宮之奇達心而懦」，新序善謀篇作「通心」。王先生云：「『必』疑『聰』，以下『通四聰』證之。」○鐸按：王說近是。蓋「聰」字漫漶，惟存右旁

〔六〕趙策：……馮忌曰：「言而不稱師，是庸説也。」王先生云：「説」疑「讒」，以下「靖言庸回」證之。」○鐸按：「説」字似不誤。潛歎篇：「反徒信亂臣之説。」「説」即「讒言」也。

〔七〕「愚」舊作「過」，據治要改。管子君臣上篇云：「夫民別而聽之則愚，合而聽之則聖。」史記袁盎傳：「盎謂申屠嘉曰：『上日聞所不聞，明所不知，日益聖智。君今自閉鉗天下之口，而日益愚。』」亦聖、愚並舉之證。

〔八〕板。○鐸按：荀子大略篇、説苑尊賢篇並引此詩以證博問博謀。

夫堯、舜之治，闢四門，明四目，通四聰[一]，是以天下輻湊而聖無不照[二]，故共、鯀之徒弗能塞也，靖言庸回弗能惑也[三]。秦之二世，務隱藏己[四]，而斷百僚[五]，隔捐[六]疏賤[七]而信趙高，是以聽塞於貴重之臣[八]，明蔽於驕妒之人[九]，故天下潰叛，弗得聞也[一〇]。皆高所殺[一一]，莫敢言之。周章至戲乃始駭，閻樂進勸乃後悔，不亦晚矣[一二]！故人君[一三]兼聽納下，則貴臣不得誣，而遠人不得欺也[一四]；慢賤信貴，則朝廷讜言無以至[一五]，而潔士奉身伏罪於野矣[一六]。

〔一〕書堯典。「通」舊作「達」，據治要改。史記五帝紀述尚書作「通」，漢書王莽傳同。韓詩

外傳六亦云：「牧者所以開四目，通四聰。」漢書鼂錯傳云：「近者獻其明，遠者通厥聰。」亦用尚書文。

〔二〕管子九守主明云：「目貴明，耳貴聰，心貴智。以天下之目視，則無不見也；以天下之耳聽，則無不聞也；以天下之心慮，則無不知也。」輻湊並進，則明不塞矣。」「照」舊作「昭」，據治要改。獨斷云：「皇者煌也，盛德煌煌，無所不照。」

〔三〕並見書堯典。「靖」今書作「靜」。漢書王尊傳、論衡恢國篇並與此同。○鐸按：吳志陸抗傳亦作「靖」，靖、靜同聲通用。

〔四〕鄧析子無厚篇云：「君者藏形匿影，羣下無私。」

〔五〕書皋陶謨云：「百僚師師。」

〔六〕「捐」舊作「損」。○俞樾云：「『隔』之與『捐』，義亦不倫。疑當作『限』。思賢篇曰：『限隔九州』，此云『隔限』，彼云『限隔』，其義一也。『限』與『損』字形微似，因而致誤。」

〔七〕管子明法解云：「疏遠鬲閉而不得聞。」「鬲」即「隔」之省。

〔八〕韓非子孤憤篇云：「智術能法之士用，則貴重之臣必在繩之外矣。」

〔九〕漢書谷永傳云：「抑遠驕妒之寵。」

〔一〇〕漢書賈捐之傳云：「天下潰畔，禍卒在於二世之末。」賈山傳云：「天下已潰，而莫之告。」

〔一一〕治要作「皆知高殺」，並有脫誤。

〔二〕「矣」治要作「乎」。事見史記秦始皇紀。

〔三〕「故人君」三字舊脫，據治要補。

〔四〕管子明法解云：「明主者兼聽獨斷，多其門戶，羣臣之道，下得明上，賤得言貴，故姦人不敢欺。」

〔五〕「言」字舊空，據程本補。孟子「禹聞善言則拜」，趙岐注引尚書曰：「禹拜讜言。」今書皐陶謨作「昌言」。漢書敍傳「今日復聞讜言」，顏師古注：「讜言，善言也。」○鐸按：「讜」即「昌」之後出形聲字。

〔一六〕「矣」字舊空，據程本補。襄廿六年左傳云：「義則進，否則奉身而退。」

夫朝臣所以統理〔一〕，而多比周則法亂〔二〕，賢人所〔三〕以奉己，而隱遯伏野則君孤。法亂君孤〔四〕而能存者，未之嘗有也〔五〕。是故明君莅眾〔六〕，務下言以昭外，敬納卑賤以誘賢也〔七〕。其無距言，未必言者之盡可用也，乃懼距無用而讓有用也〔八〕。其無慢賤，未必其人盡賢也，乃懼慢不肖而絕賢望也。是故聖王表小以厲大〔九〕，賞鄙以招賢，然後良士集於朝〔一〇〕，下情達於君也〔一一〕。故上無遺失之策〔一二〕，官無亂法之臣。此君民之所利，而姦佞之所患也。

（一）漢書孔光傳策云：「丞相者，朕之股肱，所與共承宗廟，統理海內。」薛宣傳云：「御史大

夫，內承本朝之風化，外佐丞相統理天下。」

（二）舊無「法」字，按文義當有，下云「官無亂法之臣」可證。管子任法篇云：「羣黨比周以立

其私，請謁任舉以亂公法。」王先生云：「『多』當是『朋』字之誤，下脫『黨』字。」○鐸按：

實貢篇：「是以舉世多黨而用私。」「多」亦「朋」字之誤。隸書「朋」字作**易**，故與「多」

相亂。

（三）「所」字舊空，據程本。○鐸按：述古堂景宋寫本亦有「所」字。

（四）以上四字舊脫。

（五）管子明法解云：「法廢而私行，則人主孤特而獨立，人臣羣黨而成朋，如此則主弱而臣

強，此之謂亂國。」

（六）易明夷象曰：「君子以莅眾。」

（七）治要「言」上有「之」字，「昭外」下有「也」字，疑衍。「昭」當作「照」。王先生云：「『納』字

當在「務」字下，「昭」當作「招」，觀下「無距言」、「無慢賤」平列可見。」○鐸按：下文又言

「賞鄙以招賢」，王說是。

（八）晏子春秋諫下云：「天下者，非用一士之言也。固有受而不用，惡有拒而不受者哉？」

「距」與「拒」通。新書大政下篇云：「古聖王君子不素距人。」「乃懼」以下十字舊脫，據治

要補。「讓」與「攘」通。曲禮「左右攘辟」，鄭注：「攘，卻也。」

〔九〕「表」舊作「責」，據治要改。新書大政下篇云：「聖王選舉也，以為表也。」

〔一〇〕書秦誓云：「番番良士。」

〔一一〕管子明法篇云：「下情求不上通，謂之塞。」

〔一二〕文子自然篇云：「因循任下，責成而不勞，謀無失策，舉無過事。」史記主父偃傳云：「謀無遺策。」

昔張祿一見而穰侯免〔一〕，袁絲進說而周教黜〔二〕。是以當塗之人〔三〕，恒嫉正直之士〔四〕，得一介言於君〔五〕以矯其邪也〔六〕，故上〔七〕飾偽辭以障〔八〕主心〔九〕，下設威權以固士民〔一〇〕。趙高亂政，恐惡聞上，乃豫要二世曰：「屢見羣臣眾議政事則黷，黷且示短，不若藏己獨斷，神且尊嚴。天子稱朕，固但聞名〔一一〕。」二世於是乃深自幽隱，獨進趙高。趙高入稱好言以說主，出倚詔令以自尊。天下魚爛〔一二〕，相帥叛秦。趙高恐懼，歸惡於君，乃使閻樂責而殺〔一三〕，願一見高不能而死〔一四〕。

〔一一〕見史記范雎傳。○鐸按：張祿，魏辯士范雎所更名。穰侯即魏冉，秦昭王母宣太后異母弟，相秦。昭王四十一年，聽范雎說而逐穰侯。事亦詳秦策三。

〔二〕見史記袁盎傳。「教」與「勃」同。

〔三〕「當塗之人」見韓非子孤憤篇。孟子「當路於齊」，趙注云：「得當仕路。」「當塗」猶言「當路」。

〔四〕詩小明云：「正直是與。」

〔五〕春秋繁露楚莊王篇云：「介以一言曰：王者必改制。」按「介」之言「間」也。漢書杜周後欽傳云：「毋使范雎之徒得間其説。」

〔六〕文選長笛賦李善注引蒼頡篇云：「矯，正也。」

〔七〕「上」字舊脱。

〔八〕「障」舊作「彰」。

〔九〕漢書董仲舒傳云：「百官皆飾空言虛辭。」

〔一〇〕秦策：「范雎曰：『臣聞善爲國者，内固其威，而外重其權。』」

〔一一〕○鐸按：「固」一作「固聞聲」，言天子常居禁中，聞其聲耳，不見其形也。史記秦始皇紀作「固不聞聲」。李斯傳記高之言曰：「天子所以貴者，但以聞聲，羣臣莫得見其面。」是「固」即「但」也。漢書王尊傳：「天下皆云：『固』亦『但』也。言但聞名，不使人見也。」索隱云：「『固』與『顧但』同。」參讀書雜志王念孫説。

〔一二〕史記秦始皇紀後班固論云：「河決不可復壅，魚爛不可復全。」按「魚爛」本僖十九年公

羊傳。

〔一三〕「殺」下當脫「之」字。

〔一四〕見史記秦始皇紀及李斯傳。

夫田常囚簡公〔二〕，踔齒懸泯王〔三〕，二世亦既聞之矣。然猶復襲其敗迹者〔三〕何也？過在於不納卿士之箴規〔四〕，不受民氓之謠言〔五〕，自以己賢於簡、泯，而趙高賢〔六〕於二臣也。故國已亂而上不知，禍既作而下不救〔七〕。此非衆共棄君，乃君以衆命繫趙高，病自絕於民也〔八〕。

〔一〕田常即陳恒。事見哀十四年左傳。○鐸按：賢難篇「齊侯之以奪國」，即此事。亦見史記齊世家、田完世家。

〔二〕秦策：「范睢曰：『淖齒管齊之權，縮閔王之筋，懸之廟梁，宿昔而死。』」事詳齊策。踔、淖，滑、湣，閔古字俱通用。史記田完世家作湣王。

〔三〕韓非子南面篇云：「襲亂之迹。」

〔四〕周語云：「師箴，近臣盡規。」

〔五〕晉語云：「風聽臚言於市，辨祅祥於謠。」後漢書蔡邕傳云「令三公謠言奏事」，章懷注引漢官儀曰：「三公聽採長吏臧否，人所疾苦，條奏之，是爲舉謠言者也。」劉陶傳云：「聽

後末世之君危何知之哉〔一〕?舜曰:「予違,汝弼。汝無面從,退有後言〔二〕。」故治〔三〕國之道,勸之使諫,宣之使言〔四〕,然後君明察而治情通矣。

〔一〕文有脫誤。○鐸按:此句與賢難篇「且閭閻凡品何獨識哉」同為更端以起下之辭,疑當作「後末世之君何危之知哉」,言末世之君何知拒諫之危也。傳寫誤倒,遂不可讀。

〔二〕書皐陶謨。

〔三〕「治」字舊脫,據治要補。

〔四〕周語:「邵公曰:『為民者宣之使言。』」

〔八〕書西伯戡黎云:「惟王淫戲用自絕。」

〔七〕「救」舊作「殺」。

〔六〕以上三字舊脫。

民庶之謠吟。」

且凡驕臣之好隱賢也〔一〕,既患其正義以繩己矣〔二〕,又恥居上位而明不及下,尹其職而策不出於己〔三〕。是以郤宛得眾而子常殺之〔四〕,屈原得君而椒、蘭搆讒〔五〕,耿

壽建常平而嚴延妒其謀〔六〕，陳湯殺郅支而匡衡校其功〔七〕。

〔一〕漢書谷永傳云：「驕臣悍妾。」孟子云：「進不隱賢。」○鐸按：此「隱賢」謂隱蔽賢人。

〔二〕史記商君傳云：「曰繩秦之貴公子。」

〔三〕治要載崔寔政論云：「其達者或矜名嫉能，恥善策不從己出，則舞筆奮辭以破其義，寡不勝衆，遂見屏棄。」○俞樾謂「尹」當爲「尸」，詳賢難篇「尹據天官」注。○鐸按：下篇云：「羣僚師尹，咸有典司，各居其職。」疑此「尹」字當作「居」。

〔四〕昭廿七年左傳。○鐸按：已見賢難篇。

〔五〕「撟」舊作「挺」，據治要改。新序節士篇云：「屈原者，名平，楚之同姓大夫，有博通之知，清潔之行，懷王用之。秦欲吞滅諸侯，并兼天下，屈原爲楚東使於齊以結強黨。秦國患之，乃使張儀之楚，貨楚貴臣上官大夫、靳尚之屬，上及令尹子蘭、司馬子椒，内賂夫人鄭袖，共譖屈原。屈原遂放於外，乃作離騷。」漢書揚雄傳反離騷云：「靈修既信椒、蘭之唼佞兮！」蘇林曰：「椒、蘭，令尹子椒、子蘭也。」按史記屈原傳不載子椒。

〔六〕見漢書酷吏嚴延年傳。○鐸按：耿壽昌、嚴延年各節一字。

〔七〕見漢書陳湯傳。「校」舊作「捄」，據治要改。○俞樾云：「捄」字無義。汪改作「校」，義亦迂曲。疑本是「佼」字。淮南覽冥訓：「鳳凰之翔至德也，雷霆不作，風雨不興，川谷不澹，草木不搖，而燕雀佼之，以爲不能與之爭於宇宙之間。」「佼」蓋輕慢之意。上文云：

明闇第六

「赤螭、青虬之遊冀州也，蛇鱓輕之，以爲不能與之爭於江海之中。」一云「輕之」，一云「佼之」，是「佼」與「輕」同。「佼其功」即「輕其功」也。「校」乃「佼」之誤，「捄」又「校」之誤耳。」○鐸按：捄、校並當讀爲「撓」。撓，屈也。撓其功，謂屈辭以減其功耳。湯傳云：「匡衡以湯擅與師矯制，如復加爵土，則後奉使者爭欲乘危，徼幸生事於蠻夷。爲國招難，漸不可開。」明非「輕其功」之謂。撓、校古音同部，與「捄」音亦相近。蓋求諸聲則得，求之形則遠矣。

由此觀之，處位卑賤而欲效善於君，則必先與寵人爲讎矣[一]。乘舊寵沮之於内[三]，而已接賤[三]欲自信於外，此[四]思善之君，願忠之士，所以雖並生一世，憂心相嘐，而終不得遇者也[五]。

〔一〕「矣」字據治要補。 韓非子八説篇云：「治國是非不以術斷，而決於寵人則臣下輕君而重於寵人矣。」

〔二〕「乘」舊作「恃」，據治要改。按「乘」猶「恃」也。 考績篇云：「富者乘其才力。」

〔三〕舊無「而已」二字，據治要補。按「接」當作「疏」。「疏」「疏」誤爲「跡」，又轉誤爲「接」也。 韓非子孤憤篇云：「處勢卑賤，無黨孤特。夫以疏賤與近愛信爭，其數不勝也。」此文本之。漢書趙充國傳「疏捕山間虜」，顏師古注：「『疏』字本作『跡』，言尋跡而捕之。」亦疏、跡相

〔四〕「此」字據治要補。

〔五〕「皦」疑「噭」。禮記曲禮鄭注：「噭，號呼之聲也。」王先生云：「皦，明白之貌。」○鐸按：汪說近是。

考績〔一〕第七

凡南面之大務，莫急於知賢〔二〕，知賢之近途，莫急於考功。功誠考則治亂暴而明〔三〕，善惡信則直〔四〕賢不得見障蔽〔五〕，而佞巧不得竄其姦矣〔六〕。

〔一〕○鐸按：虞書曰：「三載考績，三考黜陟幽明。」白虎通考黜篇云：「所以三歲一考績何？三年有成，故於是賞有功，黜不肖。」東漢政俗陵夷，黜陟不當，故節信探其本意而申論之。

〔二〕漢書谷永傳云：「王事之綱紀，南面之急務。」

〔三〕谷永傳云：「治天下者，尊賢考功則治，簡賢違功則亂。」○鐸按：廣雅釋詁四：「㬥，表也。」㬥、㬥聲近而義同。

〔四〕「直」疑「真」。

〔五〕漢書李尋傳云:「忠直進,不蔽障。」

〔六〕呂氏春秋審分覽云:「諂諛詖巧佞之人,無所竄其姦。」高誘注:「『竄』猶『容』也。」
○鐸按:字林:「竄,逃也。」此謂佞巧之人不得逃其姦耳。

夫劍不試則利鈍闇,弓不試則勁撓誣,鷹不試則巧拙惑,馬不試則良駑疑〔二〕。此四者之有相紛也,由不考試故得然也。今羣臣之不試也,其禍非直止於誣、闇、疑、惑而已,又必致於怠慢之節焉〔三〕。設如家人有五子十孫,父母不察精慤,則勤力者懈弛,而惰慢者遂非也〔三〕。耗業破家之道也〔四〕。父子兄弟,一門之計,猶有若此,則又況乎羣臣總猥治公事者哉〔五〕?傳曰:「善惡無彰,何以沮勸〔六〕?」是故大人不考功〔七〕,則子孫惰而家破窮;官長不考功〔八〕,則吏怠傲而姦宄興〔九〕,帝王不考功,則直〔一〇〕賢抑而□偽勝〔一一〕。故書曰:「三載考績,黜陟幽明〔一二〕。」蓋所以昭賢愚而勸能否也。

〔一〕韓非子顯學篇云:「授車就駕而觀其末塗,則臧獲不疑駑良。」藝文類聚五十七引班固擬連珠云:「臣聞馬伏皁而不用,則駑與良而爲羣;士齊僚而不職,則賢與愚而不分。」○鐸按:顯學篇上文云:「水擊鵠雁,陸斷駒馬,則臧獲不疑鈍利。」此文並本之。呂氏

〔二〕春秋知度篇「義則終爲天下撓」，高注：「撓，弱也。」利鈍、勁撓、巧拙、良駑並兩字對舉。

〔二〕荀子君道篇云：「百吏官人無怠慢之事。」漢書薛宣傳册免宣云：「有司法君領職解嫚，開謾欺之路。」

〔三〕漢書疏廣傳：「廣云：『顧自有舊田廬，令子孫勤力其中，足以共衣食，與凡人齊。今復增益之，以爲贏餘，但教子孫怠墮耳。』賈山傳云：『臣恐朝廷之解弛，百官之墮於事也。』佞幸董賢傳哀帝策免丁明云：『諸侯聞之，又必怠於政矣』，顏師古注：『「解」讀爲「懈」。』『將軍遂非不改。』按「也」字疑當作「此」，屬下句讀。

〔四〕舊無「破」字，不成句。按下云：「子孫惰而家破窮」，今據補。漢書嚴助傳云：「破家散業。」

〔五〕禮記月令云「寒氣總至」，鄭注：「『總』猶『猥卒』。」按「總猥」猶離騷言「總總」也。詩瞻卬云：「婦無公事。」○鐸按：孔疏云：「罰有罪所以止人爲惡，賞有功所以勸人爲善。」此蓋以義易其文，非左氏之舊。

〔六〕襄廿七年左傳。「善惡」作「賞罰」，「彰」作「章」。

〔七〕史記刺客傳云：「嚴仲子奉黃金百鎰，前爲聶政母壽，曰：『將爲大人麤糲之費。』正義引韋昭云：『古者名男子爲丈夫，尊父嫗爲大人。』漢書宣元六王傳：『王遇大人益解，爲大人乞骸去。』大人，憲王外祖母。」古詩「三日斷五匹，大人故言遲。」是也。」繼培按：

後漢書黨錮傳：「范滂白母曰：「惟大人割不忍之恩。」」亦稱母爲大人。然此本爲父母通稱，説苑建本篇：「曾皙擊曾子仆地，有頃蘇，進曰：「曩者參得罪於大人。」」史記高祖紀：「奉玉卮，起爲太上皇壽曰：「始大人常以臣無賴，不能治產業。」」越世家：「陶朱公長男曰：「家有長子曰家督，今弟有罪，大人不遣，乃遣少弟。」」漢書疏廣傳：「兄子受曰：「從大人議。」即日父子俱移病。」後漢書馬援傳：「援嘗有疾，梁松來候之，獨拜牀下。援不答。松去後，諸子問曰：「梁伯孫帝壻，貴重朝廷，公卿以下，莫不憚之，大人奈何獨不爲禮？」馮緄傳：「父煥爲幽州刺史，怨者詐作璽書譴責煥，賜以歐刀。煥欲自殺，緄止煥曰：「大人在州，志欲去惡，實無他故，必是凶人妄詐。」」朱暉傳云：「張堪卒，暉聞其妻子貧困，乃自往候視，厚賑贍之。暉少子頡怪而問曰：「大人不與堪爲友，平生未曾相聞，子孫竊怪之。」」崔駰後實傳：「實從兄烈問其子鈞曰：「吾居三公，於議者何如？」鈞曰：「大人少有英稱，歷位卿守，論者不謂不當爲三公。」傅燮傳：「子幹進諫曰：「國家昏亂，遂令大人不容於朝。」皇甫嵩傳：「從子酈説嵩曰：「能安危定傾者，惟大人與董卓耳。」」列女傳：「鮑宣妻曰：「大人以先生修德守約，故使賤妾侍執巾櫛。」」是皆以「大人」稱其父及父之兄弟，非獨父嫗也。○鐸按：古者大人之稱，施於父母伯叔，説亦見陔餘叢考卷三十七。

〔八〕漢書武帝紀元朔元年詔曰「二千石官長紀綱人倫」，顏師古注：「謂郡之守尉，縣之

令長。

〔九〕孟子云：「般樂怠傲。」書堯典云：「寇賊姦宄。」釋名釋言語云：「姦，奸也，言奸正法也。宄，佹也，佹易常正也。」

〔一〇〕「直」疑「真」。

〔一一〕空格程本作「詐」。漢書景帝紀後二年詔曰「或詐偽爲吏」，臣瓚曰：「律所謂矯枉以爲吏者也。」

〔一二〕堯典。○鐸按：此以「幽明」屬上讀，與尚書大傳、漢書谷永傳同，今文說也。

聖王之建百官也，皆以承天治地，牧養萬民者也〔一〕。是故有號者必稱於〔二〕典〔三〕，名理者必效於實〔四〕，則官無廢職，位無非人〔五〕。夫守相令長，效在治民〔六〕，州牧刺史，在憲聰明〔七〕；九卿分職，以佐三公〔八〕，三公總統，典和陰陽〔九〕：皆當考治以效實爲王休者也〔一〇〕。侍中、大夫、博士、議郎〔一一〕，以言語爲職，諫諍爲官〔一二〕，及選茂才〔一三〕、孝廉〔一四〕、賢良方正〔一五〕、惇樸〔一六〕、有道〔一七〕、明經〔一八〕、寬博〔一九〕、武猛〔二〇〕、治劇〔二一〕，此皆名自命而號自定〔二二〕，羣臣所當盡情竭慮稱君詔也。

〔一〕「牧」舊作「物」。按「牧養」本管子問篇。形勢解云：「主牧萬民。」漢書宣帝紀本始元年

詔：「郡國二千石，謹牧養民而風德化。」

〔二〕「於」字舊脫。

〔三〕春秋繁露深察名號篇云：「號爲天子者，宜視天如父，事天以孝道也。號爲諸侯者，宜謹視所候，奉之天子也。號爲大夫者，宜厚其忠信，敦其禮義，使善大於匹夫之義足以化也。士者，事也。民者，瞑也。士不及化，可使守事從上而已。五號自讚，各有分，分中委曲，曲有名，名衆於號，號其大全。名也者，名其別離分散也。」按「典名」二字疑倒。

〔四〕六韜舉賢篇：「文王曰：『舉賢奈何？』太公曰：『將相分職，而各以官名舉人，按名督實，選才考能，令實當其名，名當其實，則得舉賢之道也。』」

〔五〕漢書成帝紀鴻嘉二年詔曰：「古之選賢，傅納以言，明試以功，故官無廢事，下無逸民。」翼奉傳云：「有司各敬其事，在位莫非其人。」

〔六〕續漢書百官志云：「每郡置太守，每縣邑道大者置令，其次置長。侯國令長爲相。」注云：「皆掌治民。」

〔七〕百官志云：「每州刺史一人。」注：「武帝初置刺史，成帝更爲牧，建武十八年復爲刺史。」漢書朱博傳云：「何武爲大司空，與丞相方進共奏言：『古選諸侯賢者以爲州伯，書曰：咨十有二牧，所以廣聰明燭幽隱也。今部刺史居牧伯之位，秉一州之統，選第大吏，所薦位高至九卿，所惡立退，任重職大。』」按「憲」疑「悉」之誤。于定國傳云：「永執綱紀，務

悉聰明也。」王嘉傳云：「公卿股肱，莫能悉心務聰明。」顏師古注：「悉，盡也。務聰明者，廣視聽也。」

〔八〕百官志：「太常、光禄勳、衛尉、太僕、廷尉、大鴻臚、宗正、大司農、少府，皆卿一人。太尉、司徒、司空，皆公一人。」説苑臣術篇云：「九卿者，所以參三公也。」

〔九〕漢書丙吉傳云：「三公典調和陰陽。」陳平傳云：「宰相者，上佐天子理陰陽，順四時，下遂萬物之宜，外填撫四夷諸侯，内親附百姓，使卿大夫各得任其職也。」

〔一〇〕詩江漢云：「對揚王休。」○俞樾云：「此言自守相令長至三公，皆當考績以効實而進退之，賢則任用，不賢則罷斥。『王休』二字借用五行王相休囚之説，亦因上文言『三公典和陰陽』，故即從陰陽五行爲説也。淮南子地形篇：『木壯，水老，火生，金囚，土死。』無『王休』之文。太玄玄數篇：『五行用事者王，王所生相，故王廢。勝王囚王，所勝死。』其文有『王』無『休』。然論衡難歲篇云：『立春，艮王，震相，巽胎，離没，坤死，兑囚，乾廢，坎休。』則東漢時固已有此説。自王而相，而胎，而死，而囚，而廢，而休，故此文即用『王休』二字以寓進賢退不肖之意。汪箋引詩『王休』釋之，未得其義。相列篇：『五色之見，王廢有時。』彼云『王廢』，此云『王休』，其義一也。」

〔一一〕侍中屬少府，博士屬太常，大夫、議郎屬光禄勳。

〔一二〕漢書鮑宣傳云：「官以諫争爲職，不敢不竭愚。」

〔三〕 漢舊儀云：「刺史舉民有茂才者移名丞相，丞相考召，取明經一科，明律令一科，能治劇一科。」按「茂才」本稱「秀才」，後漢避光武帝諱改之。

〔四〕 漢書武帝紀：「元光元年，初令郡國舉孝廉。」

〔五〕 文帝紀二年詔「舉賢良方正能直言極諫者」，為此科之始。

〔六〕 後漢書左周黃列傳論二科並列，以為中興所增。按漢書元帝紀：「永光元年，詔舉質樸敦厚遜讓有行者，光祿歲以此科第郎、從官。」後漢書吳祐傳注引漢官儀稱「光祿四行，敦厚、質樸、遜讓、節儉」是也。成帝紀永始三年又云：「舉惇樸遜讓有行義者。」平帝紀元始元年：「舉敦厚能直言者。」後漢書獨行譙玄傳亦作「敦樸」，則敦樸、敦厚非有二事，且亦不始於東京矣。○鐸按：惇、敦同音，樸、厚同義，亦知為一事二名也。

〔七〕 後漢書安帝紀：「建光元年，令舉有道之士。」按「永初元年，詔舉賢良方正有道術之士，明政術，達古今，能直言極諫者。」「五年，詔舉賢良方正有道術，達於政化，能直言極諫之士。」「有道」即「有道術者」。

〔八〕 見上。

〔九〕 後漢書章帝紀：「建初元年，初舉孝廉、郎中寬博有謀，任典城者，以補長、相。」

〔一〇〕 後漢書安帝紀：「建光元年，詔舉武猛堪將帥者。」按漢書武帝紀：「元延元年，詔北邊

二十二郡舉勇猛知兵法者。」即「武猛」也。

〔一二〕見上。

〔一三〕史記晉世家：「師服曰『名，自命也；物，自定也』。」春秋繁露有深察名號篇。

今則不然，令長守相不思立功〔一〕，貪殘專恣〔二〕，不奉法令，侵冤小民〔三〕。州司不治，令遠詣闕上書訟訴〔四〕。尚書不以責三公〔五〕，三公不以讓州郡〔六〕，州郡不以討縣邑〔七〕，是以凶惡狡猾〔八〕易相冤也。侍中、博士諫議之官，或處位歷年，終無進賢嫉惡拾遺補闕之語〔九〕，而貶黜之憂〔一〇〕。羣僚舉士者，或以頑魯應茂才〔一一〕，以桀逆應至孝〔一二〕，以貪饕應廉吏〔一三〕，以狡猾應方正，以諛諂應直言，以輕薄應敦厚〔一四〕，以空虛應有道〔一五〕，以囂闇應明經〔一六〕，以殘酷應寬博，以怯弱應武猛，以愚頑應治劇，名實不相副〔一七〕，求貢不相稱〔一八〕。富者乘其材力〔一九〕，貴者阻其勢要〔二〇〕，以錢多為賢，以剛強為上〔二一〕。凡在位所以多非其人，而官聽所以數亂荒也〔二二〕。

〔一〕漢書郊祀志：「太誓曰：『正稽古立功立事，可以永年，丕天之大律。』」

〔二〕漢書鮑宣傳云：「公卿守相，貪殘成化。」楚元王傳劉向云：「尹氏世卿而專恣。」又云：「二世委任趙高，專權自恣。」

〔三〕漢書百官公卿表顏師古注引漢官典職儀云「刺史以六條問事」，其二條云：「二千石不
　　　奉詔書，遵承典制，倍公向私，旁詔守利，侵漁百姓，聚斂爲姦。」王莽傳云：「州牧數存
　　　問，勿令有侵冤。」

〔四〕漢書于定國傳云：「民多冤結，州郡不理，連上書者交於闕廷。」後漢書質帝紀本初元年
　　　詔云：「頃者，州郡輕慢憲防，競逞殘暴，造設科條，陷入無罪，至令守闕訴訟，前後
　　　不絕。」

〔五〕百官志尚書屬少府。後漢書虞詡傳：「詡謂諸尚書曰：『小人有怨，不遠千里，斷髮刻
　　　肌，詣闕告訴，而不爲理，豈臣下之義？』」

〔六〕說文云：「讓，相責讓。」

〔七〕說文云：「討，治也。」

〔八〕昭廿六年左傳云：「無助狡猾。」按漢時劾奏有云「狡猾」者，蓋律令文也。漢書陳湯傳：
　　　「弘農太守張匡坐臧百萬以上，狡猾不道。」翟方進傳：「劾紅陽侯立懷姦邪，亂朝政，欲
　　　傾誤主上，狡猾不道。」韓延壽傳：「公卿皆以延壽前既無狀，後復誣愬典法大臣，欲以
　　　解罪，狡猾不道。」王尊傳：「五官掾張輔繫獄，數日死，盡得其狡猾不道，百萬姦臧。」孫
　　　寶傳：「劾奏立，尚懷姦罔上，狡猾不道。」宣帝子淮陽憲王傳：「房漏洩省中語，博兄弟
　　　詿誤諸侯王，誹謗政治，狡猾不道。」皆其事也。

〔九〕藝文類聚四十八引應劭漢官云：「侍中便繁左右，與帝升降，卒思近對，拾遺補闕，百僚之中，莫密於茲。」漢書司馬遷傳云：「不能拾遺補闕。」

〔一〇〕漢書韋賢後玄成傳云：「自傷貶黜父爵。」詩蓼莪鄭箋：「『之』猶『是』也。」〇鐸按：論語爲政篇「父母唯其疾之憂」，句法同。

〔一一〕論衡命祿篇云：「頑魯而典城。」

〔一二〕後漢書安帝紀：「永初五年，詔舉至孝與眾卓異者。」桓帝紀延熹二年詔曰：「桀逆梟夷。」孔融傳云：「劉表桀逆放恣。」按說文云：「傑，傲也。」屰，不順也。」「桀逆梟」即「傑屰」假借字。

〔一三〕説文云：「饕，貪也。」文子上義篇云：「貪饕多欲之人，殘賊天下。」〇鐸按：賈子道術篇：「反廉爲貪。」

〔一四〕漢書酷吏尹賞傳云：「輕薄少年。」

〔一五〕論衡量知篇云：「空虛無德。」後漢書第五倫傳云：「以空虛之質，當輔弼之任。」

〔一六〕當作「瘖」。晉語：「胥臣曰：『嚚瘖不可使言。』」韋昭注：「口不道忠信之言爲嚚。瘖，不能言者。」〇鐸按：淮南子泰族訓「既瘖且聾」，文子符言篇「瘖」作「闇」，古字通用，不煩改作。

〔一七〕漢書王莽傳云：「名實不副。」

〔一八〕抱朴子審舉篇云:「靈、獻之世,臺閣失選用於上,州郡輕貢舉於下,故時人語曰:『舉秀才,不知書,察孝廉,父別居。寒素清白濁如泥,高第良將怯如雞。』」觀節信所言,則非獨靈、獻時爲然矣。

〔一九〕「材」當作「財」。漢書貨殖傳序云:「以財力相君。」

〔二〇〕呂氏春秋誠廉篇高誘注:「阻,依也。」○鐸按:阻、乘皆「恃」也。隱四年左傳:「夫州吁阻兵而安忍。」文選西征賦注引杜注云:「阻,恃也。」「乘」字已見上篇。

〔二一〕漢書貢禹傳云:「俗皆曰:『何以孝悌爲?財多而光榮。何以禮義爲?史書而仕宦。何以謹慎爲?勇猛而臨官。』故黥劓而髠鉗者,猶復攘臂爲政於世,行雖犬彘,家富執足,目指氣使,是爲賢耳。」

〔二二〕王侍郎云:「『官聽』疑是『官職』。」繼培按:作「職」是也。上云「官無廢職,位無非人」,此承其文言之。漢書景帝紀後二年詔曰:「其令二千石各修其職。不事官職耗亂者,丞相以聞,請其罪。」于定國傳云:「二千石選舉不實,是以在位多不任職。」又云:「勉察郡國守相羣牧非其人者。」後漢書和帝紀永元五年詔曰:「在位不以選舉爲憂,督察不以發覺爲負,非獨州郡也。是以庶官多非其人,下民被奸邪之傷。」史記夏本紀云:「非其人居其官,是謂亂天事。」

古者諸侯貢士，一適謂之好德，載適謂之尚賢，三適謂之有功，則加之賞。其不貢士也，一則黜爵，載則黜地，三黜則爵土俱畢。附下罔上者死，附上罔下者[二]刑，與聞國政而無益於民者斥，在上位而不能進賢者逐[三]。其受事而重選舉，審名實而取[三]賞罰也如此。故能別賢愚而獲多士[四]，成教化而安民氓[五]。三代[六]於世，皆致太平。聖漢踐祚[七]，載祀四八，而猶未者[八]，教不假[九]而功不考，賞罰稽而赦贖數也。諺曰：「曲木惡直繩，重罰惡明證[一〇]。」此羣臣所以樂總猥而惡考功也。

〔一〕以上六字舊脫。

〔二〕「古者諸侯」以下本武帝元朔元年有司奏議，見漢書本紀，事詳尚書大傳。「附下罔上」四語，說苑臣術篇以爲泰誓文，「斥」作「退」。○鐸按：此尚書大傳說泰誓之文，說苑題泰誓者，語有省略耳。後漢書左周黃傳論：「古者諸侯歲貢士，進賢受土賞，非賢貶爵土。」亦本大傳。

〔三〕「取」疑「嚴」。

〔四〕詩文王云：「濟濟多士。」

〔五〕漢書董仲舒傳云：「古者修教訓之官，務以德善化民。今世廢而不修，民以故棄行誼而死財利。」

〔六〕「代」舊作「有」。

〔七〕「祚」當作「阼」。大戴禮有武王踐阼篇。○鐸按：曹騰碑：「踐阼之初。」阼、阼同字，是祚、阼亦可通用。

〔八〕「未者」舊作「者末」。按新書數寧篇云「然又未也者」，語與此同。

〔九〕「假」當作「修」。○鐸按：假，至也。亦可通。

〔一〇〕鹽鐵論鹽鐵鍼石篇云：「語曰：『五盜執一良人，枉木惡直繩。』」韓非子有度篇云：「繩直而枉木斷。」申韓篇云：「曲木惡直繩，姦邪惡正法。」

夫聖人爲天口，賢人爲聖譯〔一〕。是故聖人之言，天之心也。賢者之所説，聖人之意也。先師京君〔二〕，科察考功〔三〕，以遺賢俊〔四〕，太平之基，必自此始〔五〕，無爲之化，必自此來也〔六〕。

〔一〕「譯」疑當作「鐸」。法言學行篇云：「天之道不在仲尼乎！」仲尼，駕説者也，不在兹儒乎！如將復駕其所説，則莫若使諸儒金口而木舌。」金口木舌，鐸也。論語云「天將以夫子爲木鐸」，皇疏云：「鐸用銅鐵爲之。若行武教，則用銅鐵爲舌。若行文教，則用木，謂之木鐸。」○俞樾云：「説文：『譯，傳譯四夷之言者。』天無言而聖人代之言，故曰『爲天口』。聖人之言，人不易曉，而賢者爲通其指趣，故曰『爲聖譯』。『譯』字不誤。」○鐸

按：下文「賢者之所説」，聖人之意也」，正釋「聖譯」二字，則「譯」爲「傳譯」明矣。

〔二〕漢書楚元王傳劉歆移書太常博士云：「至孝武皇帝，然後鄒、魯、梁、趙頗有詩、禮、春秋先師。」顏師古注：「前學之師也。」睦孟傳稱「先師董仲舒」，此其例也。

〔三〕漢書京房傳云「房奏考功課吏法」，晉灼曰：「令丞尉治一縣，崇教化亡犯法者輒遷。有盜賊滿三日不覺者，則尉事也。令覺之，自除，二尉負其辜。率相准如此法。」

〔四〕漢書元帝紀初元元年詔曰：「延登賢俊。」

〔五〕毛詩南山有臺序云：「得賢，則能爲邦家立太平之基矣。」

〔六〕詩卷阿鄭箋云：「孔子曰：『無爲而治者，其舜也與？恭己正南面而已。』」言任賢故逸也。」〇譯按：「化」疑本作「治」，唐人避高宗李治諱改，愛日篇「治國之日舒以長」，本傳作「化國」，是其例。

基、始、治、來韻。

是故世主不循考功而思太平，此猶欲舍規矩而爲方圓〔一〕，無舟楫而欲濟大水〔二〕，雖或云縱〔三〕，然不知循其慮度之易且速也〔四〕。羣僚師尹，咸有典司〔五〕，各居其職，以責其效；百郡千縣，各因其前，以謀其後；辭言應對，各緣其文，以□〔六〕其實，則奉職不解〔七〕，而陳言者不得誣矣〔八〕。書云：「賦納以言，明試以功，車服以庸，誰能不讓？誰能不敬應〔九〕？」此堯、舜所以養黎民而致時雍也〔十〕。

〔一〕「欲」字當在「爲」上。管子法法篇云:「倍法而治,是廢規矩而正方圓也。」韓非子姦劫弑臣篇云:「若無規矩而欲爲方圓也,必不幾矣。」

〔二〕管子七法篇云:「不明於計數而欲舉大事,猶無舟楫而欲經於水險也。」商子弱民篇云:「濟大川而無船楫。」

〔三〕「縱」疑「從」。○鐸按:縱、從古字通。小爾雅廣言云:「從,遂也。」

〔四〕「知」當作「如」。文選王褒四子講德論云:「膺騰撇波而濟水,不如乘舟之逸也;衝蒙涉田而能致遠,未若遵塗之疾也。」此意與彼同。

〔五〕文選班固西都賦云:「各有典司。」

〔六〕空格程本作「敷」。

〔七〕解,讀爲「懈」。

〔八〕韓非子主道篇云:「羣臣陳其言,君以其言授其事,以事責其功。功當其事,事當其言則賞;功不當其事,事不當其言則誅。明君之道,臣不陳言而不當。」備內篇云:「偶參伍之驗,以責陳言之實,執後以應前,按法以治衆,衆端以參觀。」

〔九〕書皋陶謨。今書「賦」作「敷」,「試」作「庶」。僖廿七年左傳趙衰書與此同。「能」今並作「敢」,無下「誰」字。○鐸按:今書作「敷納以言,明庶以功」,乃梅賾改本,說詳劉文淇春秋左氏傳舊注疏證。

思賢[一]第八

國之所以存者治也,其所以亡者亂也。人君莫不好治而惡亂,樂存而畏亡。然嘗觀上記[三],近古以來,亡代有三,穢國不數[三],夫何故哉[四]?察其敗,皆由君常好其所亂,而惡其所治;憎其所存,而愛其所以亡[五]。是故[六]雖相去百世,縣年一紀[七],限隔九州[八],殊俗千里[九],然其亡徵敗迹[一〇],若重規襲矩[一二],稽節合符[一三]。故曰:雖有堯、舜之美,必考於周頌[一三];雖有桀、紂之惡,必讒於版、蕩[一四]。殷鑑不遠,在夏后之世[一五]。

[一〇] 書堯典。○鐸按:書云「黎民於變時雍。」漢書成帝紀陽朔元年詔引「變」作「蕃」。應劭曰:「黎,眾也。時,是也。雍,和也。言眾民於是變化,用是大和也。」洪亮吉尚書今古文注疏云:「潛夫論以『養』釋『蕃』,云『致時雍』,疑又以『時』為『時代』之『時』。」

[一] ○鐸按:春秋以降,迄於漢世,分封同姓,不量能而授官,故亡國敗家相續,此望治者所以思得賢材共相舉救者也。故以「思賢」命篇。

[二] 呂氏春秋務本篇云「嘗試觀上古記」,高誘注:「上古記,上世古書也。」

〔三〕「穢」當作「滅」。賢難篇云：「三代之以覆，列國之以滅。」滅、穢字形相近。漢書食貨志：「彭吳穿穢貊、朝鮮」，史記平準書作「彭吳賈滅朝鮮」，誤正類此。呂氏春秋安死篇「不云「亡國不可勝數」，高誘注：「不可勝數，亡國多也。」〇鐸按：此「數」字讀去聲。「不數」即「無數」，與「有三」對。史記張釋之馮唐傳贊「不偏不黨，不黨不偏」，即書洪範「無偏無黨，無黨無偏」。襄三年左傳引商書「無偏無黨」，新序雜事一作「不偏不黨」。周語上「是以事行而不悖」，潛歎篇作「事行而無敗」。是「不」與「無」同也。此書無、不多互用，汪偶未照耳。

〔四〕「故」字舊脫，據治要補。

〔五〕「治要」「以」作「與」，「亂」、「治」上並有「以」字。「惡」舊作「忘」，據治要改。漢書董仲舒傳云：「人君莫不欲安存而惡危亡，然而政亂國危者甚衆，所任者非其人，而所繇者非其道，是以政日以仆滅也。」

〔六〕「故」字據治要補。

〔七〕續漢書律曆志劉昭注引樂叶圖徵云：「天元以甲子朔旦冬至，日月起於牽牛之初，右行二十八宿，以考王者終始。或盡一其歷數，或不能盡一，以四千五百六十爲紀，甲寅窮。」宋均注：「『紀』即『元』也。四千五百六十者，五行相代一終之大數也。王者即位，或過其統，或不盡其數，故一共以四千五百六十爲甲寅之終也。王者起必易元，故不復沿前

而終言之也。」

〔八〕新語道基篇云:「九州絶隔。」

〔九〕晏子春秋問上云:「古者百里而異習,千里而殊俗。」

〔一〇〕韓非子有亡徵篇。○鐸按:「敗迹」已見明闇篇。

〔一一〕爾雅釋山郭璞注:「『襲』亦『重』。」○鐸按:襲、疊古音同部,今習用「疊」字。

〔一二〕孟子云:「若合符節。」禮記儒行鄭注:「『稽』猶『合』也。」

〔一三〕荀子非相篇云:「欲知上世,則審周道。」淮南子精神訓高誘注:「考,觀也。」○鐸按:舊説周頌爲周室成功致太平之詩,故曰「必考於周頌」。

〔一四〕並詩大雅。「版」今作「板」,爾雅釋訓作「版」。禮記玉藻鄭注:「『幾』猶『察』也。」「讓」與「幾」同。○鐸按:管子小匡篇「關市幾而不正」,即孟子公孫丑上篇「關譏而不征」,是「譏」與「幾」同也。

〔一五〕詩蕩。

夫與死人同病者,不可生也;與亡國同行者,不可存也〔一〕。豈虛言哉〔二〕!何以知人之〔三〕且病也?以其不嗜食也。何以知國之將亂也?以其不嗜賢也〔四〕。是故病家之廚〔五〕,非無嘉饌也,乃其人弗之能食,故遂於死也。亂國之官,非無賢人

也，其君弗之能任，故遂於亡也〔六〕。夫生飲秔粱〔七〕，旨酒甘醪，所以養生也〔八〕，而病人惡之，以爲不若菽麥糠糟欲清者〔九〕，此其將死之候也。尊賢任能，信忠納諫，所以爲安也，而闇君惡之，以爲不若姦佞闒茸讒諛之〔一〇〕言者〔一一〕，此其將亡之徵也〔一二〕。

老子曰：「夫唯病病，是以不病。」易稱：「其亡其亡，繫于苞桑〔一三〕。」是故養壽之士，先病服藥；養世之君，先亂任賢，是以身常安而國永永也〔一四〕。

〔一〕韓非子孤憤篇文。○鐸按：淮南子説山訓：「與死者同病，難爲良醫，與亡國同道，難與爲謀。」亦此義。

〔二〕老子云：「古之所謂曲則全者，豈虛言哉！」

〔三〕「之」字舊脫。

〔四〕文子微明篇云：「人之將疾也，必先不甘魚肉之味；國之將亡也，必先惡忠臣之語。」○鐸按：且，將一聲之轉，故其文。

〔五〕説文云：「廚，庖屋也。」

〔六〕兩「於」字治平無。按定四年左傳云：「若楚之遂亡，君之士也。」説苑建本篇云：「民怨其上，不遂亡者，未之有也。」荀子正論篇云：「國雖不安，不至於廢易遂亡謂之君。」齊策：「蘇秦曰：『中山，千乘之國也，而敵萬乘之國三，再戰比勝，此用兵之上節也。然而國遂亡。』」皆「遂亡」連文之證。○鐸按：箋所引諸書「遂」字，或爲語詞，或與「墜」同，而

潛夫論箋校正

一〇〇

皆不足以説此。「於」猶「以」也。韓非子解老篇：「慈，於戰則勝，以守則固。」老子「於」

作「以」。「於死」、「於亡」猶言「以之死」、「以之亡」耳。治要無兩「於」字，蓋不得其義而

妄刪，不足據也。

〔七〕爾雅釋言釋文引字林云：「飵，飯食也。」玉篇以「飵」爲俗「飯」字。「生飯」未詳。鹽鐵

論散不足篇云：「豆羹白飯，縤膾熟肉。」「生飯」或「白飯」之誤。○鐸按：生、白形音俱

遠，無緣致誤。實貢篇云：「夫説粱飯食肉。」與此同謂美食也。若白飯則何美之有？

〔八〕莊子有養生主篇。淮南子泰族訓云：「肥肌膚，充腸腹，供嗜慾，養生之末也。」

〔九〕「欲」當作「飲」。楚辭招魂云：「挫糟凍飲，酎清凉些。」王逸注：「凍，冰也。」○鐸按：

「清」疑當作「清」，謂「寒水」也。蔡邕爲陳留縣上孝子狀：「臣爲設食，但用麥飯寒水。」

箋引招魂「挫糟凍飲」，則又以美食當惡食矣。莊子人間世：「爨無欲清之人。」釋文：

「清，七性反。」字當作清。

〔一〇〕「之」字舊脱。

〔一一〕漢書李尋傳云：「諸闒茸佞諂，抱虛求進。」

〔一二〕舊脱「也」字，據何本補。治要載尹文子曰：「凡國之將存亡有六徵。」韓非子亡徵篇云：

「亡徵者，非曰必亡，言其可亡也。」

〔一三〕否九五。

〔一四〕兩「永」字有誤。程本作「國脈永」。按「脈」字疑非是。素問四氣調神大論云:「聖人不治已病,治未病;不治已亂,治未亂。」淮南子説山訓云:「良醫者,常治無病之病,故無病。聖人者,常治無患之患,故無患。」〇俞樾云:「上『永』字不誤,下『永』字乃『禾』字之誤。禾,古文『保』字,見説文。『身常安』與『國永保』,兩文相對。」

上醫醫國,其次下醫醫疾〔一〕。夫人治國,固治身之象〔二〕。疾者身之病,亂者國之病也。身之病待醫而愈,國之亂待賢而治〔三〕。治身有黃帝之術〔四〕,治世有孔子之經〔五〕。然病不愈而亂不治者,非〔六〕鍼石之法誤〔七〕,而五經之言誣也,乃因〔八〕之者非其人。苟非其人〔九〕,則規不圓而矩不方,繩不直而準不平〔一〇〕,鑽燧不得火〔一一〕,鼓石不下金〔一二〕,驅馬不可以追速,進舟不可以涉水也〔一三〕。凡此八者,天之張道〔一四〕,有形見物,苟非其人,猶尚無功,則又況乎懷道術以撫民氓,乘六龍以御天心者哉〔一五〕?

〔一〕「下醫」二字衍。晉語:「醫和曰:『上醫醫國,其次疾人。』」〇鐸按:晉語「人」字衍,「醫」字蒙上省。此文「醫」字不省。

〔二〕吕氏春秋審分覽云:「夫治身與治國,一理之術也。」後漢書崔駰後寔傳政論云:「爲國

之法，有似理身。

〔三〕韓詩外傳三：「傳曰：太平之時，無痼、聾、跛、眇、尪蹇、侏儒、短折，父不哭子，兄不哭弟，道無襁負之遺育，然各以其序終者，賢醫之用也。故安止平正。除疾之道無他焉，用賢而已矣。」

〔四〕漢書藝文志：「醫經：黃帝內經十八卷，外經三十七卷。」

〔五〕白虎通五經篇云：「孔子定五經，以行其道。」

〔六〕「非」舊作「唯」。

〔七〕「鍼石」治要作「灸鍼」。素問 血氣形志篇云：「形樂志苦，病生於脈，治之以灸刺。形苦志樂，病生於肉，治之以鍼石。」八正神明論：「凡刺之法，必候日月星辰四時八正之氣。」氣定乃刺之。」

〔八〕疑「用」。

〔九〕易繫辭下傳云：「苟非其人，道不虛行。」

〔一〇〕呂氏春秋分職篇云：「為圓必以規，為方必以矩，為平直必以準繩。」

〔一一〕說文云：「鐮，陽鐮也。」論語云：「鑽燧改火。」「燧」與「鐮」同。○鐸按：禮記 內則鄭注所謂「木燧」是也。

〔一二〕論衡量知篇云：「銅錫未採，在眾石之間。工師鑿掘，鑪橐鑄鑠乃成器。未更鑄橐，名曰

積石。積石與彼路畔之瓦、山間之礫一實也。」昭廿九年左傳云「遂賦晉國一鼓鐵,以鑄
刑鼎」杜注:「令晉國各出功力,共鼓石爲鐵。」疏云:「冶石爲鐵。用橐扇火,動橐謂
之鼓。」

〔三〕「驪馬」、「進舟」舊作「金馬」、「土舟」,據治要改。鑽、鼓、驪、進同類。〇鐸按:驪馬、進
舟並行之疾者,不得其人而用之,則不可追速涉水,作金馬、土舟,則非其指。治要是也。

〔四〕「張」謂「張著」。漢書王莽傳云:「事勢張見。」〇鐸按:張、章同音,而義亦近,周語「其
飾彌章」,韋注:「章,著也。」

〔五〕易乾象曰:「時乘六龍以御天。」

夫治世不得真賢,譬猶治疾不得真藥也[一]。治疾當得[二]真人參[三],反得支羅
服[四],當得麥門冬,反得烝穬麥[五]。己而不識真[六],合而服之[七],病以侵劇[八],不自
知爲人所欺也。乃反謂方不誠而藥皆無益於療病[九],因棄後藥而弗敢飲[一〇],而
便[一一]求巫覡者,雖死可也[一二]。人君求賢,下應以鄙,與直不以枉。己不引真,受猥
官之[一三],國以侵亂,不自知爲下所欺也。乃反謂經不信而賢皆無益於救亂,因廢真
賢不復求進[一四],更任俗吏[一五],雖滅亡可也[一六]。三代以下,皆以支羅服、烝穬麥合

藥，病日痼而遂死也〔七〕。

〔一〕「真藥」舊作「良醫」，據治要、意林改。御覽數引並同。○鐸按：「治世」御覽數引作「理世」，避唐諱改。

〔二〕「得」字舊脫，據何本補。

〔三〕説文云：「薓，人薓，藥艸，出上黨。」「參」爲「薓」之借。○鐸按：御覽七三九、九九一引並有「得」字。

〔四〕意林及御覽七百卅九、九百九十一「蘿服」字皆從艸，無「支」字。御覽九百八十引正論云：「理世不得真賢，猶治病無真藥。當用人參，反得蘿菔根。」「支蘿菔」即「蘿菔根」也。

〔五〕「得」字舊脫，據御覽七百卅九補。「穬」舊作「横」，按證類本草六引陶隱居云：「根似穬麥，故名麥門冬。」今據改，下同。

〔六〕王先生云：「『而』字衍。」繼培按：「而」字非衍，勸將篇云：「己而不能以稱明詔」，是其例。○鐸按：汪説是也。而，乃古同聲而通用。史記淮陰侯傳：「相君之背，貴乃不可言。」漢書蒯通傳「乃」作「而」，是其證。説見經傳釋詞。

〔七〕墨子非攻中篇云：「今有醫於此，和合其祝藥之於天下之有病者而藥之。」周禮「疾，醫以五味、五穀、五藥養其病」，鄭注：「其治合之齊，則存乎神農、子儀之術云。」釋文：「合，如字，又音閤。」

〔八〕説文云：「侵，漸進也。」漢書哀帝紀贊云：「即位痿痹，末年寖劇。」王莽傳云：「太師王

舜，自莽篡位後，病痿寢劇死。」顏師古注並云：「寢，漸也。」寢，侵義通。史丹傳云「上疾稍侵」，師古注：「稍侵，言漸篤也。」又云：「上因納謂丹曰：『吾病寢加。』」師古注：

〔寢，漸也。〕藝文志論醫經云：「拙者失理，以瘉爲劇。」揚雄傳注：「鄭氏云：「劇，甚也。」

〔九〕舊脫「療」字，據御覽七百卅九補。說文云：「癢，治也。或從寮作療。」

〔一〇〕而弗敢飲　御覽作「弗敢復飲」。

〔一一〕便　御覽作「更」。○鐸按：下文「更任俗吏」，則作「更」是。

〔一二〕楚語云：「民之精爽不攜貳者，則明神降之。在男曰覡，在女曰巫。」史記扁鵲傳云：「信巫不信醫，六不治也。」素問五藏別論云：「拘於鬼神者，不可與言至德；惡於鍼石者，不可與言至巧。病不許治者，病必不治。」新語資質篇云：「衛人有病將死者，扁鵲至其家，欲爲治之。病者之父退而不用，乃使靈巫求福請命，對扁鵲而祝。病者卒死，靈巫不能治也。」

〔一三〕與直　以下，文有脫誤。王先生云：「大意言人君求賢與直，下應以鄙與枉，已不識真，猥受官之耳。儌倒脫誤，遂不可讀。」繼培按：此即漢書董仲舒傳所云「賢不肖渾殽，未得其真」也。○俞樾云：「『與』讀爲『舉』，古字通用。周官師氏職『王舉則從』，故書『舉』爲『與』，是其證也。『與直』即『舉直』也。『不』字乃『下』字之誤，『以』字上又脫『應』字，

當作「與直，下應以枉」，與上句「求賢，下應以鄙」相對成義。」又云：「引」字乃「別」字之

誤。「己不別真，受猥官之」，與上文説治疾曰「己不識真，合而服之」文義一律。「受猥官

之」四字亦疑有誤，但莫可訂正耳。〇鐸按：「受」當爲「授」。與下文「不量其材而受之

官」誤同。「猥」即「猥諸侯」，續漢書百官志：「舊列侯奉朝請在長安者，位次三公。中興

以來，唯以功德賜位特直者，次車騎將軍，賜位朝廷侯，次五校尉，賜位侍祠侯，次大

夫。其餘以肺腑賜及公主子孫奉祠墓於京都者，亦隨時見會，位在博士、議郎下。」劉昭注

引胡廣制度曰：「是爲猥諸侯。」字亦作「隈」，後漢書鄧禹傳章懷注引漢官儀云：「其次

曰：「隈」當作「猥」，事在獨斷。」賈子制不定篇：「特賴其尚幼倫、猥之數也。」(建本作

下土小國侯，以肺腑親，公主子孫奉墳墓於京師，亦隨時朝見，是爲隈諸侯者也。」)劉敞

「倫煖」，潭本作「倫煖」，「倫」字不誤。盧本作「偷猥」，「猥」字不誤)洪頤煊讀書叢録謂漢

官儀有限諸侯，「猥」與「限」同。唐仁壽亦云：「倫、猥即謂倫侯及猥諸侯。」孫詒讓札迻

七破例引之，歎其至確，而劉師培賈子新書斠補亦引續漢志以證之。然則此文「受猥官

之」，正謂授猥諸侯而官之。下文云：「皇后兄弟，主壻外孫，年雖童妙，未脱桎梏，由藉

此官職，功不加民，澤不被下，而取侯。」即承此文而申述之，是其明證矣。

〔一四〕呂氏春秋疑似篇云：「惑於似士者，而失於真士。」

〔一五〕以上文例之，當作「而更任俗吏者」。漢書賈誼傳云：「移風易俗，使天下回心而鄉道，類

非俗吏之所能爲也」。

〔一六〕管子八觀篇云:「離本國,徙都邑」,亡也。有者異姓,滅也。」

〔一七〕小爾雅廣名云:「疾甚謂之疧。」「疷」與「疧」同。

書曰:「人之有能,使循其行,國乃其昌〔一〕。」是故先王爲官擇人〔二〕,必得其材〔三〕,功加於民〔四〕,德稱其位〔五〕,人謀鬼謀,百姓與能〔六〕,務順以動天地如此〔七〕。三代開國建侯〔八〕,所以傳嗣百世〔九〕,歷載千數者也〔一〇〕。

〔一〕書洪範。今書作「人之有能有爲,使羞其行,而邦其昌」。史記宋世家「邦」亦作「國」,避高祖諱也。「循」當作「修」。修、羞聲相涉而誤。藝文類聚六十二引後漢李尤雲臺銘云:「人修其行,而國其昌。」其證也。○鐸按:桂馥札樸七亦云:「潛夫論引書『使羞其行』,『羞』作『循』。」案此無義可尋,蓋「羞」以聲誤爲「脩」,又因脩、循形近誤爲「循」耳。」又按羞、修古字通,儀禮鄉飲酒禮「乃羞無算爵」,禮記鄉飲酒義作「修爵無數」,是其例。

〔二〕書呂刑云:「在今爾安百姓,何擇非人?」○鐸按:本政篇引此經而説之云:「安其人者,必先審擇其人。故國家存亡之本,治亂之機,在於明選而已矣。

〔三〕淮南子泰族訓云:「英俊豪傑,各以小大之材處其位,得其宜。」

〔四〕「民」舊作「人」,據治要改。

〔五〕荀子富國篇云：「德必稱位。」

〔六〕易繫辭下傳。

〔七〕繫辭上傳云：「言行，君子之所以動天地也。」

〔八〕「三代」忠貴篇作「五代」。本傳注云：「謂唐、虞、夏、商、周也。」易屯初九：「利建侯。」師
上六：「開國承家。」

〔九〕治要「傳」上有「能」字。○鐸按：當據補。

〔一〇〕史記高祖功臣侯者年表序云：「尚書有唐、虞之侯伯，歷三代千有餘載，自全，以蕃衛
天子。」

自春秋之後，戰國之制，將相〔二〕權臣，必以親家〔三〕。皇后兄弟，主壻外孫，年雖
童妙〔三〕，未脫桎梏〔四〕，由〔五〕藉此官職，功不加民，澤不被下〔六〕而取侯〔七〕，多受茅土〔八〕，
又不得治民效能以報百姓，虛食重祿，素餐尸位〔九〕，而但事淫侈，坐作驕奢，破敗而
不及傳世者也〔一〇〕。

〔一〕「相」字舊脫。

〔二〕荀子非相篇云：「婦人莫不願得以爲夫，處女莫不願得以爲士，棄其親家而欲奔之者，比
肩而起。」「親」謂父母，「家」謂夫也。漢時則以「親家」爲「親戚」通稱。後漢紀：「明帝永

平元年，東海王彊薨，詔諸王京師親家皆詣東海奔喪。」後漢書東海王彊傳稱「親戚」，是其證也。後漢書馬皇后紀「諸姬主朝請」，列女傳作「諸王親家朝請」。又郭皇后紀云：「年六歲能書，親

「后弟況遷大鴻臚，帝數幸其第，會公卿諸侯親家飲燕。」竇皇后紀云：「年六歲能書，親

家皆奇之。」後漢紀：「章帝建初三年，竇憲兄弟親幸，自馬后侯及王主親家莫不畏憚。」「親

家李氏。」○鐸按：此「親家」謂族外親戚，與古以父母兄弟為親戚者義別。箋所引後漢

紀、後漢書「親家」，即續漢書禮儀志引獨斷所謂「凡與帝后有瓜葛者」。至汝南記所載，

續漢書禮儀志載上陵儀有百官四姓親家婦女。後漢書應奉傳章懷注引汝南記云：「親

乃男女姻家父母相呼之稱，「親」讀去聲，不當引以說此。

〔三〕「妙」讀為「眇」。書顧命云：「眇眇予末小子。」魏志陳思王植傳上疏求自試云「終軍以

妙年使越」，「妙」亦「眇」之借。

〔四〕王先生云：「易蒙初六：『發蒙，利用刑人，用脫桎梏。』周禮大司寇疏引鄭注：『木，在手

曰桎，在足曰梏。』又大畜六四：『童牛之告』，李氏集解引虞翻曰：『告謂以木楅其角。』

侯果曰：『楅，福也。以木為之，橫施于角，止其觝之威也。』書費誓『今惟淫舍牿牛馬』，

正義稱鄭注以『牿』為『桎梏』之『梏』，施梏於牛馬之腳，使不得走佚。詳稽經訓，並以『桎

梏』為拘囚之具，因而凡就拘制者皆謂之『桎梏』，故學校謂之『校』，荷校亦謂之『校』，取

義木囚，亦其例也。童蒙情識未定，宜用防閑，故脫桎梏則吝。此云『未脫桎梏』，正言不

離童幼耳。未可以關木之罪人，槩就塾之童子也。」○鐸按：此猶言「未離褓襁」耳。漢書王莽傳云：「孝武皇帝裂三萬戶以封衞青。青子三人，或在襁褓，皆爲通侯。」是其事。

〔五〕「由」字誤。○鐸按：詩王風君子陽陽傳：「由，用也。」

〔六〕毛詩車舝序云：「德澤不加於民。」

〔七〕漢書李廣傳云：「諸妄校尉以下，材能不及中，以軍功取侯者數十人。」又云：「廣之軍吏及士卒，或取封侯。」而「取侯」不辭，疑「侯」上脫「封」字。或云：「取侯」當爲「列侯」。

○鐸按：「侯」上脫「封」字，説近是。

〔八〕獨斷云：「天子太社，以五色土爲壇。皇子封爲王者，受天子之社土，以所封之方色，東方受青，南方受赤，他如其方色。苴以白茅授之。各以其所封方之色歸國以立社，故謂之受茅土。漢興，以王子封爲王者得茅土。其他功臣及鄉亭他姓公侯，各以其戶數租入爲限，不受茅土，亦不立社也。」

〔九〕白虎通京師篇云：「有能然後居其位，德加於人然後食其祿。」漢書朱雲傳云：「今朝廷大臣，上不能匡主，下無以益民，皆尸位素餐。」論衡量知篇云：「文吏空胸，無仁義之學，居位食祿，終無以效，所謂尸位素餐者也。素者，空也。空虛無德，食人之祿，故曰素餐。無道藝之業，不曉政治，默坐朝廷，不能言事，與尸無異，故曰尸位。」

〔一〇〕史記十二諸侯年表序云：「諸侯恣行，淫侈不軌。」漢興以來諸侯王年表序云：「諸侯或

驕奢怢，邪臣計謀爲淫亂，大者叛逆，小者不軌於法，以危其命，殞身亡國。」「破敗」上疑脱「此以」二字。

子產有言：「未能操刀而使之割，其傷實多〔二〕。」是故世主〔三〕之於貴戚也，愛其嬖媚之美，不量其材而授之官〔三〕，不使立功自託於民，而苟務高其爵位，崇其賞賜〔四〕，令結怨於下民〔五〕，縣罪於惡〔六〕，積過既成，豈有不顛隕者哉〔七〕？此所謂「子之愛人，傷之而已」哉〔八〕！

〔一〕襄卅一年左傳。

〔二〕「世」舊作「也」，何本作「人」，並誤。

〔三〕「授」舊作「受」。漢書董仲舒傳云：「量材而授官。」

〔四〕齊語云：「勸之以賞賜。」趙策：「左師觸讋見太后曰：『今媪尊長安君之位，而封之以膏腴之地，多予之重器，而不及今令有功於國，一旦山陵崩，長安君何以自託於趙？』」此文本之。

〔五〕漢書李尋傳云：「爲主結怨於民。」

〔六〕韓非子亡徵篇云：「懸罪而弗誅。」莊子寓言篇云「無所縣其罪」，郭注：「縣，係也。」漢書陳湯傳云「宜以時解縣通籍」，孟康曰：「縣，罪未竟也，如言縣罰也。」按「縣罪於」以下

當有二字，與「下民」對。此文大意與忠貴篇末段相同，彼云「下自附於民氓，上承順於天心」，此「惡」字蓋即「天心」之誤。志氏姓篇「於諸侯無惡」，晉語作「諸侯無二心」，亦一證。○俞樾云：「『縣罪於』下脫二字，當與上『結怨於下民』相對成文。『惡』下脫『既』字。『惡既積』，『過既成』，亦相對成文。」

〔七〕後漢書馮衍傳：「社稷顛隕。」按「隕」亦作「殞」，隗囂傳云：「妻子顛殞。」鄧析子轉辭篇云：「終顛殞乎混冥之中。」

〔八〕襄卅一年左傳。

先主之制，官民必論其材，論定而後爵之，位定然後禄之〔一〕。人君也此君不察〔二〕，而苟以親戚色官之人典官者〔三〕，譬猶以愛子易御僕〔四〕，以明珠易瓦礫〔五〕，雖有可愛好之情，然而其覆大車而殺病人也必矣〔六〕。書稱「天工人其代之」〔七〕，傳曰：「夫成天地之功者，未嘗不蕃昌也〔八〕。」由此觀之，世主欲無功之人而彊富之〔九〕，則是與天鬬也。使無德況之人〔一〇〕與皇天鬬，而欲久立，自古以來，未之嘗有也〔一一〕。

〔一〕禮記王制云：「凡官民，材必先論之。論辨然後使之，任事然後爵之，位定然後禄之。」○譯按：後漢書左周黃傳論云：「辯論其才，論定然後官之，任官然後禄之。」與此皆

〔二〕文有脫誤。賢難篇云：「時君俗主不此察也。」此蓋同於彼。或當云「人君世主不察」。

〇鐸按：此疑當作「今之君也不此察」。「今之君」對上「先主」言。「今」誤爲「人」，又脫「之」字，下「君」字涉上而衍，「不」字又倒在「此」字下，遂不可讀。

〔三〕「邑」舊作「邑」。按墨子尚賢中篇云：「王公大人有所愛其色而使其心，不察其知而與其愛。是故不能治百人者，使處乎千人之官，不能治千人者，使處乎萬人之官。此其故何也？曰：若處官者，爵高而禄厚，故愛其色而使之焉。」「色官」本於此。〇鐸按：此「親戚」謂子弟。呂氏春秋去私篇：「内舉不避子」，新序雜事一作「内舉不回親戚」，是其證。「色官」謂以面目姣好爲官者。典官，主官事也。

〔四〕詩出車毛傳云：「僕夫，御夫也。」正月鄭箋：「僕，將車者也。」

〔五〕呂氏春秋樂成篇云：「民聚瓦礫。」淮南子精神訓云：「視珍寶珠玉，猶石礫也。」〇鐸按：此明珠乃合藥者，易之以瓦礫則病不治，故曰「殺病人」。古以珠玉治疾，漢書王莽傳：「美玉可以滅瘢。」即其證。

〔六〕〇鐸按：古「大車」有二義：一爲大夫之車，詩王風大車傳「大車，大夫之車」是也；一爲牛車，晉語五「遇大車當道而覆」，韋注：「大車，牛車也。」是也。此取前義。

〔七〕皐陶謨。

〔八〕「功」舊作「力」。按鄭語：史伯曰：『夫成天地之大功者，其子孫未嘗不章。』本書忠貴篇亦云：「成天地之大功者，未嘗不蕃昌也。」閔元年左傳云：「其必蕃昌。」○鐸按：此所引乃尚書大傳逸文。汪引鄭語，蓋以傳爲春秋外傳，疏矣。

〔九〕○鐸按：「彊」字當在「欲」下。

〔一〇〕爾雅釋詁云：「既，賜也。」「況，賜也。」「況」與「既」同。漢書武帝紀元封元年詔曰「遭天地況施」，應劭曰：「況，賜也。」管子四時篇云：「求有德賜布施於民者而賞之。」「德況」猶言「德賜」。

〔一一〕按漢書鮑宣傳，宣上書言：「陛下上爲皇天子，下爲黎庶父母，奈何獨私養外親與幸臣董賢，多賞賜以大萬數？ 非天意也。」又言：「汝昌侯傅商亡功而封。官爵乃天下之官爵，取非其官，官非其人，而望天悦民服，豈不難哉？ 天不可久負，厚之如此，反所以害之也。宜爲謝過天地，解讎海内」云云，此篇大恉與彼同。

本政〔一〕第九

凡人君之治，莫大於和陰陽〔二〕。陰陽者，以天爲本。天以民爲心，民安樂則天心順〔三〕，民愁苦則天心逆。民以君爲統，君政則陰陽乖。

善則民和治，君政惡則民冤亂。君以恤民爲本〔四〕，臣忠良則君政善，臣姦枉則君政惡。以選爲本〔五〕，選實則忠賢進，選虛僞則邪黨貢。選以法令爲本，法令正則選舉實，法令詐則選虛僞。法以君爲主，君信法則法順行，君欺法則法委棄。君臣法令之功，必效於民。故君臣法令善則民安樂，民安樂則天心慰〔六〕，天心慰則陰陽和，陰陽和則五穀豐，五穀豐而民眉壽〔七〕，民眉壽則興於義，興於義而無姦行，無姦行則世平，而國家寧、社稷安、而君尊榮矣〔八〕。是故天心陰陽，君臣、民氓、善惡相輔至而代相徵也〔九〕。

〔一〕○鐸按：淮南子原道訓高注：「原，本也。」漢書薛宣傳「原心定罪」，師古注：「原謂尋其本也。」尋原爲「原」，故探本亦謂之「本」。此篇論政之本，題曰本政，猶呂氏春秋究生之本，而命其篇爲本生也。

〔二〕漢書董仲舒傳云：「天道之大者在陰陽。」魏相傳云：「陰陽者，王事之本，羣生之命，自古賢聖，未有不繇者也。」又云：「願陛下選明經通知陰陽者四人，各主一時。時至明言所職，以和陰陽。」元帝紀初元三年詔曰：「蓋聞安民之道，本繇陰陽。」成帝紀陽朔二年詔曰：「昔在帝堯，立義、和之官，命以四時之事，令不失其序。故書云『黎民於蕃時雍』，明以陰陽爲本也。」

〔三〕漢書鮑宣傳云：「天人同心，人心悦，則天意解矣。」

〔四〕「恤民」二字疑誤，按文義當云「得臣」，方與下合。

〔五〕「以選」上脱二字。

〔六〕「慰」舊作「愻」，據程本改，下同。按愻，俗總字，見廣韻一董。

〔七〕詩七月毛傳云：「眉壽，豪眉也。」〇鐸按：「而」「猶」「則」也，互文耳。下「而無姦行」同。

〔八〕漢書魏相傳云：「君動静以道，奉順陰陽，則日月光明，風雨時節，寒暑調和。三者得敍，則災害不生，五穀熟，絲麻遂，草木茂，鳥獸蕃，民不夭疾，衣食有餘。若是則君尊民説，上下亡怨，政教不違，禮讓可興。」按相所云，大恉本於董仲舒。張湯後安世傳：「相上封事云：『朝廷尊榮，天下鄉風。』」

〔九〕〇鐸按：説文：「代，更也。徵，召也。」陽、氓、徵、唐、登合韻。司馬相如封禪文煌與升、烝、乘叶，是其例。

夫天者國之基也〔一〕，君者民之統也，臣者治之材也。工欲善其事，必先利其器〔二〕。是故將致太平者，必先調陰陽；調陰陽者，必先順天心；順天心者，必先安其人；安其人者〔三〕，必先審擇其人。是故國家存亡之本，治亂之機，在於明選而已矣〔四〕。聖人知之，故以爲黜陟之首。書曰：「爾安百姓，何擇非人〔五〕？」此先王致太

平而發頌聲也〔六〕。

〔一〕「天」當作「民」。述赦篇云：「貞良善民，惟國之基。」救邊篇云：「國以民爲基。」皆其證也。漢書谷永傳云：「王者以民爲基。」

〔二〕漢書梅福傳云：「士者國之重器，得士則重，失士則輕。」王襃傳聖主得賢臣頌云：「夫賢者國家之器用也。」所祖所以厲世摩鈍也。孔子曰：『工欲善其事，必先利其器。』」顏師古注：「論語載孔子之言也。工以喻國政，利器喻賢才。」故爵祿束帛者，天下之砥石，高祖所以屬磨鈍也。孔子曰：『工欲善其事，必先利其器。』故工人之用鈍器也，勞筋苦骨，終日矻矻。及至巧冶鑄干將之樸，清水焠其鋒，越砥歛其咢，水斷蛟龍，陸剸犀革，忽若彗氾畫塗。如此則使離婁督繩，公輸削墨，雖崇臺五增，延袤百丈而不溷者，工用相得也。任賢則趨舍省而功施普，器用利則用力少而就效衆。故工人之用鈍器也，勞筋苦骨，終日矻矻。及至巧冶鑄干將之樸，清水焠其鋒，越砥歛其咢，水斷蛟龍，陸剸犀革，忽若彗氾畫塗。如此則使離婁督繩，公輸削墨，雖崇臺五增，延袤百丈而不溷者，工用相得也。此文大恉本於彼。治要載桓譚新論亦云：「材能德行者，治國之器也。」

〔三〕二「人」字當作「民」。○鐸按：此蓋後人避唐諱改。

〔四〕漢書京房傳云：「任賢必治，任不肖必亂，必然之道也。」

〔五〕呂刑。○鐸按：原文引見思賢篇「先王爲官擇人」注。

〔六〕鄭氏詩譜云：「周頌者，周室成功致太平德洽之詩。」漢書楚元王傳劉向封事云：「欲以成太平，致雅、頌。」論衡須頌篇云：「天下太平頌聲作。」

否泰消息，陰陽不竝〔一〕，觀其所聚，而興衰之端可見也〔二〕。稷、卨、皋陶聚而致雍熙〔三〕，皇父、㣄、踽聚而致災異〔四〕。夫善惡之象，千里合符，百世累迹，性相近而習相遠〔五〕。是故賢愚在心，不在貴賤；信欺在性，不在親疎。二世所以共亡天下者，丞相、御史也〔六〕。高祖所以共取天下者，繒肆、狗屠也；驪山之徒，鉅野之盜，皆爲名將〔七〕。由此觀之，苟得其人，不患貧賤；苟得其材，不嫌名迹〔八〕。

〔一〕劉向封事云：「讒邪進則眾賢退，羣枉盛則正士消，故易有否、泰。小人道長，君子道消，君子道消，則政日亂，故爲否。否者，閉而亂也。君子道長，小人道消，小人道消，則政日治，故爲泰。泰者，通而治也。」

〔二〕易萃象曰：「觀其所聚，而天地萬物之情可見矣。」

〔三〕「卨」即「契」字。後漢書方術傳第五倫令班固爲文薦謝夷吾曰：「臣聞堯登稷、契，政隆太平，舜用皋陶，政致雍熙。」○鐸按：程本「卨」作「禹」，訛。「稷卨」亦見三式篇。

〔四〕詩十月之交。「踽」今詩作「楀」。○鐸按：㣄、楀皆周幽王臣。「楀」集韻引詩作「捣」，漢書古今人表作「萬」。此作「踽」，蓋與「㣄」字相連而誤爲足旁。

〔五〕論語。

〔六〕見史記秦始皇紀。○鐸按：「以」猶「與」也，下句同。

〔七〕灌嬰、樊噲、黥布、彭越也。並見史記。

〔八〕漢書遊俠傳序云:「眾庶樂其名迹,覬而慕之。」

光武與漢之遺民棄士共誅。如貴人必賢而忠〔六〕,賤人必愚而欺,則何以若是?

由此觀之,貴寵之臣,未嘗不播授私人進姦黨也〔五〕。是故王莽與漢公卿牧守奪漢,

遠迹漢元以來〔二〕,驕貴之臣,每受罪誅〔三〕,黨與在位〔三〕,并伏辜者〔四〕,常十二三。

〔一〕漢書賈誼傳云「竊迹前事」,顏師古注:「尋前事之蹤跡。」「迹」與「跡」同。漢元,謂漢元年。漢書平帝紀元始五年詔曰:「漢元至今。」律曆志云:「黃帝調律曆,漢元以來用之。」

〔二〕漢書王嘉傳云:「往者,寵臣鄧通、韓嫣驕貴失度,逸豫無厭,小人不勝情欲,卒陷罪辜。」

〔三〕管子八觀篇云:「請謁得於上,則黨與成於下。」

〔四〕詩雨無正云:「既伏其辜。」

〔五〕管子明法解云:「羣臣以虛譽進其黨。」後漢書仲長統傳昌言法誡篇云:「權移外戚之家,寵被近習之竪,親其黨類,用其私人,內充京師,外布列郡。」

〔六〕呂氏春秋重己篇云「人主、貴人」,高誘注:「貴人,謂公卿大夫也。」

自成帝以降,至於莽,公卿列侯,下訖令尉〔一〕,大小之官,且十萬人,皆自漢所謂

賢明忠正貴寵之士也。莽之篡位，惟安衆侯劉崇、東郡太守翟義思事君之禮，義勇奮發[二]，欲誅莽。功雖不成，志節可紀[三]。夫以十萬之計，其能奉報恩[四]，二人而已。由此觀之，衰世羣臣誠少賢也，其官益大者罪益重，位益高者罪益深爾[五]。故曰：治世之德，衰世之惡，常與爵位自相副也。

〔一〕續漢書百官志云：「縣萬戶以上爲令，不滿爲長。尉大縣二人，小縣一人。」

〔二〕漢書陳湯傳云：「策慮愊億，義勇奮發。」

〔三〕漢書元后傳云：「莽爲攝皇帝，改元稱制，宗室安衆侯劉崇及東郡太守翟義等惡之，更舉兵欲誅莽。」義見翟方進傳。○鐸按：劉崇與相張紹謀誅莽，語在莽傳。

〔四〕「奉」下脫一字。按救邊篇云：「凡民之所以奉事上者，懷義恩也。」此當云「奉上報恩」。○鐸按：邵本臆補「國」字。

〔五〕鹽鐵論褒賢篇云：「其位彌高而罪彌重，祿滋厚而罪滋多。」

孔子曰：「國有道，貧且賤焉，恥也；國無道，富且貴焉，恥也[一]。」詩傷「皎皎白駒，在彼空谷」[二]。「巧言如流，俾躬處休」[三]。蓋言衰世之士，志彌潔者身彌賤，佞彌巧者官彌尊也。方以類聚，物以羣分[四]，同明相見，同聽相聞，惟聖知聖，惟賢

知賢(五)。

(一) 論語「國」俱作「邦」，此避高祖諱。列女傳柳下惠妻傳亦作「國」。

(二) 白駒。

(三) 雨無正。

(四) 易繫辭上傳。

(五) 分、聞、賢韻。韓詩外傳五云：「同明相見，同音相聞，同志相從，非賢者莫能用賢。」漢書元后傳：「成帝謂王章曰：『惟賢知賢，君試爲朕求可以自輔者。』」魏志杜襲傳：「襲曰：『夫惟賢知賢，惟聖知聖。』」蓋本此。

今當塗之人(一)，既不能昭練賢鄙(二)，然又卻於貴人之風指(三)，脅以權勢之屬託(四)，請謁闌門(五)，禮贄輻輳(六)，迫於目前之急，則且先之(七)。此正士之所獨蔽，而羣邪之所黨進也。

(一) ○鐸按：「當塗」注見明闇篇。

(二) ○鐸按：文選月賦注引埤蒼：「練，擇也。」爾雅釋詁：「柬，擇也。」「練」即「柬」之借。

(三) 「卻」當爲「劫」。「劫」與下「脅」字同義。禮記儒行云「劫之以衆」，鄭注：「劫，劫脅也。」

「劫」亦作「刦」。劫、刦、却字形相近，莊子田子方篇「盜人不得刦」，釋文：「元嘉本作

「却」。誤正類此。「風指」有二義。漢書何武傳云「大司空甄豐承莽風指」，顏師古注:

「風，謂風采也。指，意也。」王莽傳云:「莽色厲而言之，欲有所爲，微見風采，黨與承其

指意而顯奏之。」風，讀如字。孔光傳云:「莽所欲搏擊，輒爲草，以太后指風光，令上

之。」嚴助傳云:「迺令嚴助諭意，風指於南越。」顏氏並讀「風」爲「諷」。後漢書宦者傳

云:「蔡倫受竇后風旨，誣陷安帝祖母宋貴人。」章帝子清河孝王傳云:「使小黃門蔡倫

考實之，皆承諷旨，傅致其事。」西羌傳云:「王莽輔政，欲燿威德，以懷遠爲名，乃令譯諷

旨諸羌，使共獻西海之地。」皆用「諷」本字，此「風旨」當讀如字。

〔四〕漢書鄒陽傳云:「脅於位勢之貴。」蓋寬饒傳云「上無許、史之屬，下無金、張之託」，顏師

古注:「許氏、史氏有外屬之恩，金氏、張氏自託在於近狎也。屬，讀如本字。託同

義，顏說非也。尹翁歸傳云:「徵拜東海太守，過辭廷尉于定國。定國家在東海，欲屬託

邑子兩人。」佞幸淳于長傳云:「鳳且終，以長屬託太后及帝。」外戚傳:「孝武李夫人病

篤。上曰:『夫人病甚，殆將不起，一見我，屬託王及兄弟。』」馬援後嚴傳云:「年老，坐與

子孫縱誕多不法，遂交通輕薄，屬託郡縣，干亂政事。」翟酺傳云:「權貴共誣酺及尚書令高

宗正劉軼、少府丁鴻等更相屬托，徵拜太中大夫。」又云:「典郡四年，坐與

堂芝等交通屬託。」楊震傳云:「外交屬託，擾亂天下。」又云:「屬託州郡，傾動大臣。」白

虎通三綱六紀篇論朋友云:…「生不屬，死不託。」分合言之，其義一也。

〔五〕韓非子八姦篇云：「有左右之交者，請謁以爲重。」漢書申屠嘉傳云：「門不受私謁。」史記汲鄭列傳贊云「始翟公爲廷尉，賓客闐門」，漢書作「填」，顏師古注云：「填，滿也。」○鐸按：朱駿聲云「『闐』字本訓當與『填』略同。」

〔六〕説文云：「轂，輻所湊也。」湊，輳古今字。後漢書郎顗傳云：「今選舉皆歸三司，非有周、召之才，而當則哲之重，每有選用，輒參之掾屬，公府門巷，賓客填集，送去迎來，財貨無已。其當選者，競相薦謁，各遣子弟，充塞道路。開長姦門，興致浮僞，非所謂率由舊章也。」○鐸按：明闇篇：「天下輻湊。」輳，俗改旁字。

〔七〕禮記大傳云「聖人南面而聽天下，所且先者五」，鄭注：「且先，言未遑餘事。」

周公之爲宰輔也，以謙下士，故能得真賢〔一〕。祁奚之爲大夫也，舉讎薦子，故能得正人〔二〕。今世得位之徒，依女妹之寵以驕士〔三〕，藉亢龍之勢以陵賢〔四〕，而欲使志義之士，匍匐曲躬以事己，毀顏諂諛以求親，然後乃保持之〔五〕，則貞士採薇凍餒，伏死巖穴之中而已爾，豈有肯踐其闕而交其人者哉〔六〕？

〔一〕鹽鐵論刺復篇云：「昔周公之相也，謙卑而不鄰，以勞天下之士，是以俊乂滿朝，賢智充門。」事詳説苑敬慎篇及尊賢篇。○鐸按：亦見荀子堯問篇、尚書大傳、韓詩外傳三。

〔二〕襄三年左傳。○鐸按：亦見晉語七、呂氏春秋去私篇、新序雜事一。

〔三〕韓非子詭使篇云：「女妹私義之門，不待次而宦。」

〔四〕後漢書云：「陰興，光烈皇后母弟也。帝欲封之，興固讓。貴人問其故。興曰：『貴人不讀書記耶？亢龍有悔。夫外戚家苦不知謙退，嫁女欲配侯王，取婦眄睞公主，愚心實不安也。』」○鐸按：依箋例當云「後漢書陰識後興傳」。

〔五〕漢書元后傳：「王鳳云：『御史大夫音謹勅，臣敢以死保之。』楚元王後向傳：『上數欲用向爲九卿，輒不爲王氏居位者及丞相、御史所持，故終不遷。』顏師古注：『持，謂扶持佐助也。』荀子解蔽篇云：『鮑叔、甯戚、隰朋仁智且不蔽，故能持管仲，而名利福祿與管仲齊。召公、呂望仁知且不蔽，故能持周公，而名利福祿與周公齊。』楊倞注：『持，扶翼也。』晉書山濤傳云：『時人欲危裴秀，濤正色保持之。』石鑒傳云：『時大司馬汝南王亮爲太傅楊駿所疑，有告亮欲舉兵討駿，鑒以爲不然，保持之。』」

〔六〕漢書鄒陽傳云：「今欲使天下寥廓之士，籠於威重之權，脅於位勢之貴，回面汙行，以事諂諛之人，而求親近於左右，則士有伏死堀穴嚴藪之中耳，安有盡忠信而趨闕下者哉？」

潛歎[一]第十

凡有國之君[二]，未嘗不欲治也，而治不世見者，所任不賢故也[三]。世未嘗無賢

也，而賢不得用者，羣臣妒也〔四〕。主有索賢之心，而無得賢之術，臣有進賢之名，而無進賢之實，此以人君孤危於上〔五〕，而道獨抑於下也〔六〕。

〔一〕○鐸按：此篇傷惑君之信讒斷正，痛驕臣之進黨噬賢，與明闇、思賢二篇大旨彌近。至謂「正義之士與邪枉之人不兩立」，則與韓非論「智法之士與當塗之人不兩存」者意同。彼以孤憤爲書，此以潛歎標旨，雖時移世易，要有相承者焉。

〔二〕「君」下舊有「者」字，據治要刪。

〔三〕漢書京房傳云：「任賢必治，任不肖必亂。」○鐸按：治要作「所任不固也」，「固」與「故」同，「脱」「賢」字。

〔四〕楚策：「蘇子曰：『人臣莫難於無妒而進賢爲主。』」

〔五〕秦策：「范雎曰：『小者身以孤危。』」○鐸按：「此以」即「是以」。治要作「此所以」，蓋據誤本。

〔六〕「道」下脱一字。「獨」舊作「猶」，據治要改。

夫國君之所以致治者公也，公法行則軌亂絕〔一〕。佞臣之所以便身者私也，私術用則公法奪〔二〕。列士之〔三〕所以建節者義也，正節立則醜類代〔四〕。此姦臣亂吏無法之徒〔五〕，所爲〔六〕日夜杜塞賢君義士之間〔七〕，咸〔八〕使不相得者也〔九〕。

〔一〕「軌」治要作「充」，按本書皆作「軌」。

〔二〕管子任法篇云：「法者，上之所以一民使下也。」韓非子詭使篇：「本言曰：所以治者法也，所以亂者私也。法立則莫得爲私矣。」私者，下之所以侵法亂主也。」

〔三〕「之」字舊脫，據治要補。

〔四〕孫侍御云：「『代』疑『殆』。」王侍郎云：「『代』當作『伐』，與絕、奪爲韻。」繼培按：說苑政理篇：「孔子曰：『夫以不肖代賢，是爲奪也。以賢代不肖，是爲伐也。』」○鐸按：孫說非。

〔五〕「無法」治要作「思私」。按韓非子定法篇云：「臣無法則亂於下。」人主篇云：「大臣太貴，所謂貴者無法而擅行，操國柄而便私者也。」

〔六〕「爲」舊作「謂」，據治要改。

〔七〕「塞」治要作「隔」。管子明法解云：「人臣之力，能鬲君臣之間，而使美惡之情不揚聞。」按後漢書申屠剛傳云：「外戚杜隔，恩不得通。」又云：「親疏相錯，杜塞間隙。」塞、隔義同。

〔八〕「咸」治要作「㐆」。

〔九〕漢書王襃傳聖主得賢臣頌云：「聚精會神，相得益章。」

夫賢者之爲人臣，不損君以奉佞，不阿衆以取容〔一〕，不墮〔二〕公以聽私，不撓法以吐剛〔三〕，其明能照姦，而義不比黨〔四〕。是以范武歸晉而國姦逃〔五〕，華元反朝而魚氏亡〔六〕。故正義之士與邪枉之人不兩立〔七〕。而〔八〕人君之取士也，不能參聽民氓，斷之聰明，反徒信亂臣之説，獨用污吏之言〔九〕，此所謂與仇選使〔一0〕，令囚擇吏者也。

〔一〕呂氏春秋似順覽云「夫順令以取容者衆能之」，高誘注：「容，悅也。」漢書朱建傳云：「義不取容。」

〔二〕「墮」舊作「惰」，據治要改。○鐸按：大戴禮子張問入官篇：「墮怠者，時之所以後也。」以「墮」爲「惰」，猶此以「惰」爲「墮」，似不必改。

〔三〕詩烝民云：「剛亦不吐。」「撓法」見務本篇注。○鐸按：「吐剛」喻畏强暴。詩大雅烝民：「柔則茹之，剛則吐之。」

〔四〕禮記儒行云：「讒諂之民，有比黨而危之者。」

〔五〕宣十六年左傳。○鐸按：晉語五「范武子退自朝」，韋注：「武子，晉正卿士會。」

〔六〕成十五年左傳。○鐸按：説文：「亡，逃也。」楚語「子牟有罪而亡」，韋注：「亡，奔也。」魚氏亡，謂魚石、魚府等奔楚。

〔七〕韓非子孤憤篇云：「智術之士，明察聽用，且燭重人之陰情。能法之士，勁直聽用，且矯重人之姦行。故智術能法之士用，則貴重之臣必在繩之外矣。是智法之士與當塗之人

「不可兩存之仇也。」淮南子詮言訓云：「邪與正相傷，欲與性相害，不可兩立，一置一廢。」

〔八〕「立」下舊有「之」字，「而」作「夫」，據治要刪、改。

〔九〕孟子云：「暴君汙吏。」○鐸按：韓非子八說篇：「參聽無門戶，故智者不得欺。」

〔一〇〕「選」舊作「遷」，據治要改。

書云：「謀及乃心，謀及庶人〔一〕。」孔子曰：「衆好之，必察焉；衆惡之，必察焉〔二〕。」故聖人之施舍也〔三〕，不必任衆，亦不必專己〔四〕，必察彼己之爲〔五〕，而度之以義〔六〕，或舍人取己〔七〕，故舉無遺失而政〔八〕無廢滅也〔九〕。或君則不然〔一〇〕，己有所愛，則因以斷正，不稽於衆，不謀於心，苟眩於愛，惟言是從，此政之所以敗亂，而士之所以放佚者也。

〔一〕洪範。

〔二〕論語。○鐸按：今本論語衛靈公篇作「衆惡之，必察焉；衆好之，必察焉。」王肅注：「或衆阿黨比周，或其人特立不羣，故好惡不可不察也。」俞樾羣經平議云：「阿黨比周，解『衆好必察』之意；特立不羣，解『衆惡必察』之意。是王肅所據本，『衆好』句在『衆惡』句前。潛夫論引同。蓋漢時舊本如此，今傳寫誤倒耳。風俗通正失篇引孔子曰：『衆善

焉，必察之；衆惡焉，必察之。」雖文字小異，亦「善」在「惡」前，可據正。

〔三〕周語：「王孫說曰：『故聖人之施舍也，議之。』」韋昭注：「施，予也；舍，不予。」○經義
述聞十八王引之曰：「施舍，謂賜予窮困之人。」韋注：「施，予也；舍，不予也。」蓋古訓
之失傳久矣。」○鐸按：此文「施舍」承上「衆好」、「衆惡」言之，則是對舉，非一義也。

〔四〕漢書敍傳：「班彪云：『主有專己之威。』」後漢書陳元傳云：「博詢可否，示不專己。」

〔五〕「爲」治要作「謂」。

〔六〕周語：「王孫說曰：『主德義而已。』」

〔七〕孟子云：「舍己從人。」此反言之。中論慎所從篇云：「夫人之所常稱曰：『明君舍己而
從人，故其國治以安；闇君違人而專己，故其國亂以危。』乃一隅之偏說也，非大道之至
論也。凡安危之勢，治亂之分，在乎知所從，不在乎必從人也。」意與此同。

〔八〕「政」治要作「功」。

〔九〕見明闇篇。

〔一○〕「或」與「惑」同。荀子臣道篇云：「闇主惑君。」呂氏春秋知化篇云：「人主之惑者則不
然。」○鐸按：治要正作「惑」。

昔紂好色，九侯聞之，乃獻厥女。紂則大喜〔一〕，以為天下之麗莫若此也，以問姐

己。姐己懼進御而奪己愛也，乃僞俯而泣曰：「君王年即耆邪〔二〕？明既衰邪？何

貌惡之若此而覆謂之好也？」紂於是渝而以爲惡〔三〕。姐己恐天下之愈進美女者〔四〕，

因白：「九侯之不道也，自此之後，乃欲以此惑君王也。王而弗誅，何以革後？」紂則大怒，遂

脯厥女而烹九侯〔五〕。自此之後，天下之有美女者，乃皆重室畫閉〔六〕，惟恐紂之聞也。

趙高專秦，將殺二世，乃先示權於衆，獻鹿於君，以爲駿馬。二世占之曰：「鹿〔七〕。」

高曰：「馬也。」二世收目獨視〔八〕，曰：「丞相誤邪！此鹿也。」高終對以馬。問於朝

臣，朝臣或助二世而非高。高因白二世：「此皆阿主惑上，不忠莫大。」乃盡殺之。

自此之後，莫敢正諫〔九〕，而高遂殺二世於望夷，竟以亡〔一〇〕。

〔一〕「則」何本作「乃」。按「則」字是，與下「紂則大怒」相應。○鐸按：「乃」猶「則」也，互文
耳。莊二十八年左傳：「則可以威民而懼戎。」晉語「則」作「乃」，禮記月令：「豺乃祭獸
戮禽。」呂氏春秋季秋紀「乃」作「則」，是二字通用之證。詳經傳釋詞卷六、卷八。

〔二〕「即耆」御覽四百九十四作「既老」。按：當作「既耆」，曾子疾病篇云：「年既耆艾。」○鐸
按：耆、衰韻，作「老」則失其韻矣。即，就也，近也。上言「即」，下言「既」，此正古人修辭
之精，似不必改。

〔三〕詩羔裘毛傳：「渝，變也。」○鐸按：已見賢難篇「灌巨豕而至塗渝」注。

〔四〕○鐸按：「者」猶「也」，説見經傳釋詞卷九。

〔五〕淮南子俶真訓云：「醢鬼侯之女。」呂氏春秋行論篇高誘注：「梅伯説鬼侯之女美，令紂取之。紂聽妲己之譖曰以爲不好，故醢梅伯，脯鬼侯。」過理篇注同。鬼侯即九侯也。史記魯仲連傳云：「九侯有子而好，獻之於紂。紂以爲惡，醢九侯。」殷本紀又云：「九侯女不憙淫，紂怒，殺之。」○鐸按：趙策三亦作鬼侯。又呂氏春秋行論篇注「曰」字衍，當據過理篇注刪。

〔六〕禮記月令云：「審門閭，謹房室，必重閉。」鄭注：「重閉，外內閉也。」淮南子主術訓云：「閨門重襲。」

〔七〕方言云：「凡相竊視，南楚或謂之占。」按説文云：「覘，窺視。」引春秋傳：「公使覘之。」〔占〕即「覘」之省。○鐸按：説文：「占，視兆問也。」是「占」字本有視義。廣雅釋詁一：「占，視也。」王念孫疏證云：「『占』猶『瞻』也。」

〔八〕王侍郎云：「『收目』當作『扰目』，『扰』即説文『揹』字。」王先生曰：「『獨』疑『屬』。」○鐸按：爾雅釋詁：「收，聚也。」「收目」蓋謂聚集目力而視之耳。「獨」當作「屬」，讀爲「注」，韋注：「屬猶注也。」二字聲近而義同。

〔九〕説苑正諫篇云：「諫有五：一曰正諫。」○鐸按：説文：「証，諫也。」「正」與「証」同。呂氏春秋不苟篇云：「主有失敗，皆交爭証諫。」外傳九作「正諫」，是「正」即「証」也。

夫好之與惡效於目〔二〕，而鹿之與馬者〔三〕著於形者也〔三〕，已又定矣。還至讒如〔四〕

臣妾之飾僞言而作辭也〔五〕，則君王失己心，而人物喪我體矣。況乎逢幽隱囚人〔六〕，

而待校其信〔七〕，不若察妖女之留意也，其辨賢不肖也，不〔八〕若辨鹿馬之審固也〔九〕。

此二物者，皆得進見於朝堂，暴質於心臣矣〔一0〕。及歡愛、苟媚、佞説、巧辨之惑君

也，猶炫燿君目〔二〕，變奪君心，便以好爲〔三〕醜，以鹿爲馬，而況於郊野之賢、闕外之

士，未嘗得見者乎〔三〕？

〔一〕「效」舊作「放」。按禮記曲禮「效馬效羊」，鄭注云：「『效』猶『呈見』。」○鐸按：方言十

二：「效，明也。」與「著」互文見義。

〔二〕「者」字疑衍。○鐸按：即「著」之駮文。

〔三〕新語云：「馬鹿之異形，衆人所知也。」

〔四〕「如」疑當作「妬」，屬上讀。

〔五〕易遯九三：「畜臣妾，吉。」漢書董仲舒傳云：「百官皆飾空言虛辭。」韓非子詭使篇云：

「造言作辭。」○俞樾云：「作『妬』是也，屬上讀非也。『還』乃『遷』字之誤。方言、廣雅並

〔一0〕見史記秦始皇紀。新語辨惑篇載此事，以爲「趙高駕鹿」。

曰：「遝，及也。」「遝至」猶云「及至」。蓋承上言，好之與惡，鹿之與馬，本屬易辨，已又先

有定見，及至讒妬之臣妾飾言，則又爲之奪也。自「遝至」至「辭也」十四字作一句讀，不

當於「妬」字絕句。」○鐸按：俞訂「還」字，讀十四字爲句是也。讒妬臣妾，疑當作「讒妾

妬臣」，指妲己與趙高二人，猶「好惡效於目」、「鹿馬著於形」亦分承上文言之也。趙策

三：「彼又將使其子女讒妾爲諸侯妃姬。」荀子大略篇：「君有妬臣，則賢人不至。」是「讒

妾」、「妬臣」皆古人常語。已又定矣，「又」與「有」同，言好之與惡，鹿之與馬，皆已有定

也。俞氏以「已」爲「人已」之「已」，失之。

〔六〕幽、囚同義。荀子王霸篇云「公侯失禮則幽」楊倞注：「幽，囚也。」呂氏春秋驕恣篇

云：「厲公游於匠麗氏，樂書、中行偃劫而幽之。」高誘注：「幽，囚也。」秦策：「姚賈曰：『幽囚

「管仲，南陽之弊幽，魯之免囚』矣。」史記管晏列傳：「管仲曰：『吾幽囚受辱。』」「幽隱囚

人」亦猶言「幽囚」矣。○鐸按：幽、隱亦同義。說文：「幽，隱也。」幽、囚疊韻，幽、隱雙

聲。幽隱囚人，亦如桓六年左傳「嘉栗旨酒」，本書班祿篇「奢夸廓人」，皆疊三同義詞爲

定語耳。

〔七〕齊語韋昭注：「校，考合也。」○鐸按：此「覈」字之借。說文：「覈，實也。」

〔八〕「不」舊作「必」。

〔九〕禮記射義云：「持弓矢審固。」

〔一〇〕「心臣」未詳，程本作「廷臣」。按後漢書班彪後固賦西都賦云：「左右廷中朝堂，百僚之位。」「朝堂」注詳救邊篇。 王先生云：「「心臣」當是「心目」，以下文「君目」、「君心」定之。」

〔一一〕楚辭離騷云「世幽昧以眩曜兮」，王逸注：「眩曜，惑亂貌。」淮南子氾論訓云：「嫌疑肖象者，眾人之所眩耀。」炫燿、眩曜、眩耀並同。

〔一二〕「爲」字舊脫。

〔一三〕史記魏世家：「李克曰：「臣在闕門之外。」」趙策：「蘇秦說李兌曰：「造外闕，願見於前。」」

夫在位者之好蔽賢而務進黨也〔一〕，自古而然〔二〕。昔唐堯之大聖也，聰明宣昭〔三〕；虞舜之大聖也，德音發聞〔四〕。堯爲天子，求索賢人，訪於羣后，羣后不肯薦舜而反稱共、鯀之徒，賴堯之聖，後乃舉舜而放四子〔五〕。夫以古聖之質也，堯聰之明也，舜德之彰也，君明不可欺，德彰不可蔽也。質鮮爲佞，而位者〔六〕尚直若彼。今夫列士之行，其不及堯、舜乎達矣〔七〕，而俗之荒唐〔八〕，世法滋彰〔九〕。然則求賢之君，哀民之士，其相合也，亦必不幾矣〔一〇〕。文王遊畋，遇姜尚於渭濱，察言觀志，而見其心，不諮左

右，不諫羣臣〔二〕，遂載反歸〔三〕，委之以政，用能造周〔二二〕。故堯參鄉黨以得舜，文王參己以得呂尚〔二四〕，豈若殷辛、秦政〔二五〕，既得賢人，反決滯於讎〔二六〕，誅殺正直，而進任姦臣之黨哉？

〔一〕說苑政理篇：「孔子曰：『匿人之善者，是謂蔽賢也。』」君道篇：「太公曰：『多黨者進，少黨者退，是以羣臣比周而蔽賢，百吏羣黨而多姦。』」漢書李尋傳云：「微言毀譽，進類蔽善。」

〔二〕漢書趙充國辛慶忌傳贊云：「其風聲氣俗，自古而然。」

〔三〕詩文王云：「宣昭義問。」

〔四〕韓非子說疑篇云：「眾歸而民留之，以譽盈於國，發聞於主。」○鐸按：單言爲「聞」，複言爲「發聞」，齊語：「有居處爲義好學，慈孝於父母，聰慧質仁，發聞於鄉里者，則有以告。」管子小匡篇作「弟長聞於鄉里者」，是「發聞」即「聞」也。

〔五〕見書堯典。

〔六〕「位」上疑脫「在」字。

〔七〕「達」當作「遠」。

〔八〕莊子天下篇云：「荒唐之言。」○鐸按：荒唐、胡塗、混帳、混蛋，語之轉。

〔九〕老子云：「法令滋彰。」

〔一〇〕「幾」讀爲「冀」。○鐸按：已見讚學篇注。

〔一一〕○鐸按：爾雅釋詁：「咨、諏、訪、謀也。」諮、咨同。

〔一二〕見六韜。注詳卜列篇。

〔一三〕宣十五年左傳：「羊舌職曰：『士伯庸中行伯，君信之，亦庸士伯，此之謂明德矣。文王所以造周，不是過也。』」

〔一四〕說苑尊賢篇云：「堯、舜相見，不違桑陰。文王舉太公，不以日久。故賢聖之接也，不待久而親，能者之相見也，不待試而知矣。

〔一五〕晉語云「殷辛伐有蘇」，韋昭注：「殷辛，殷紂也。」漢書賈山傳云：「秦政力并萬國，富有天下。」按政，始皇名。

〔一六〕「決滯」猶言「去留」。周禮廛人注：「鄭司農云：『貨物沈滯於廛中不決。』」按決則不滯，義相覆也。或云：「決」即「沈」之誤。周語云：「氣不沈滯」，韋昭注：「沈，伏也。滯，積也。」後漢書崔駰傳達旨云：「胡爲嘿嘿而久沈滯也？」○鐸按：或說近是。

是以明聖之君於正道也，不專驅於貴寵，惑於變媚，不棄疏遠，不輕幼賤，又參而任之〔一〕。故有周之制也，天子聽政，使三公至於列士獻典〔二〕，良史獻書〔三〕，師箴，瞍賦，矇誦，百工諫，庶人傳語，近臣盡規，親戚補察，瞽史〔四〕教誨，耆艾修之，而後王

斟酌焉，是以事行而無敗〔五〕也。

〔一〕管子七法篇云：「論功計勞，未嘗失法律也。便辟、左右、大族、尊貴大臣，不得增其功焉。疏遠、卑賤、隱不知之人，不忘其勞。」漢書翼奉傳云：「古者，朝廷必有同姓，以明親親，必有異姓，以明賢賢，此聖王之所以大通天下也。同姓親而易進，異姓疏而難通，故同姓一，異姓五，迺爲平均。」按此即所謂「參而任之」也。

〔二〕「典」《治要》作「詩」。按周語云：「使公卿列士獻詩，瞽獻曲。」「曲」或誤爲「典」。王氏所用國語本與韋昭不同，未敢據彼以補此也。○鐸按：此仍當依今本國語作「使公卿至於列士獻詩，瞽獻曲」。韋注：「瞽，樂師。曲，樂曲也。」作「典」者訛字。史記周本紀及集解引韋注「曲」並作「典」，誤與此同。古書曲、典二字多相亂，荀子正論篇：「今子宋子嚴然而好說，聚人徒，立師說，成文曲。」王念孫曰：「『曲』當爲『典』，謂宋子十八篇也。」彼「典」誤爲「曲」，猶此「曲」誤爲「典」。「使三公至於列士獻典」，文有訛脫，非別本如此也。

〔三〕周語無「良」字。

〔四〕「史」舊作「叟」。

〔五〕「無敗」周語作「不悖」。

末世則不然〔一〕，徒信貴人驕妒之議，獨用苟媚〔二〕蠱惑之言，行豐禮者蒙儌咎〔三〕，

論德義者見尤惡，於是諛臣〔四〕又從以議訾之法〔五〕，被以議上之刑，此賢士之始困也〔六〕。夫諛訾之法者，伐賢之斧也，而驕妒者〔七〕，噬賢之狗也〔八〕。人君內秉伐賢之斧，權噬賢之狗〔九〕，而外招賢〔一〇〕，欲其至也〔一一〕，不亦悲乎！

〔一〕 易繫辭下傳云：「其當殷之末世。」

〔二〕 治要作「宿媚」。按「荀媚」亦見上文。

〔三〕 懲，俗慾字。見廣韻二仙。

〔四〕 說苑臣術篇云：「偷合苟容，與主爲樂，不顧其後害，如此者諛臣也。」治要「諛臣」下有「佞人」二字。

〔五〕 漢書哀帝紀云：「除誹謗訾欺法。」

〔六〕 漢書嚴安傳云：「此民之始苦也。」文與此同。治要「始」作「近」。近，遇也，義亦可通。○鐸按：日本尾張藩國本治要作「姤」，「姤」與「詬」同，恥也。「始」字誤耳。

〔七〕 「驕妒者」治要作「驕妒之臣」。○鐸按：當據治要補「之臣」二字。「驕妒之臣者」、「諛訾之法者」兩文相對。

〔八〕 即賢難篇所云「羣犬齧賢」。一切經音義一引三蒼云：「噬，齧也。」

〔九〕 「權」如「權兵」之「權」，注見勸將篇。○俞樾云：「『權』字無義，當作『讙』。」廣韻二十九換云：「喚，呼也。讙，上同。」然則「讙」即「喚」字，猶云『呼噬賢之狗』耳。」○鐸按：權、

秉互文。文選五等論注引賈逵國語注：「權，秉也。」勸將篇「權十萬之衆」，「權」亦秉持之義。考「曮」字見於荀子非十二子篇者，乃「讙」之別體。若大戴禮記易本命篇「咀曮者九竅而胎生」，「曮」乃「唯」字之訛。其用爲呼喚字，見抱朴子酒誡篇（「仰曮天墜，俯呼地陷」）而他篇則仍用「喚」字（如疾謬篇「主則望客而喚狗」）。是以「曮」爲「喚」，六朝時始偶見之。俞氏泥於「喚狗」之熟語，欲以後世之字改漢人之書，不可從也。

〔一〇〕以上九字，治要作「而外招噬賢之狗」。

〔一一〕治要「至」下有「理」字，蓋誤。

潛夫論箋校正卷三

忠貴[一]第十一

世有莫盛之福，又有莫痛之禍。處莫高之位者，不可以無莫大之功。竊亢龍之極貴者[二]，未嘗不破亡也。成天地之大功者，未嘗不蕃昌也[三]。

[一] 後漢書本傳作「貴忠」。○鐸按：本篇敘錄云：「位以德興，德貴忠立。」忠於一人而賊於兆民者，則不得謂之忠。蓋忠可貴，而有辨焉。賊於民者，天罰之。天罰之，實民罰之。凡言天者，託之以說教耳。

[二] 「者」字舊脫。

[三] 注見思賢篇。

帝王之所尊敬[一]，天之所甚愛者，民也[二]。今人臣受君之重位，牧天之所甚愛[三]，焉可以不安而利之，養而濟之哉[四]？是以君子任職則思利民[五]，達上則思進

賢〔六〕，功孰大焉？故居上而下不重也，在前而後不殆也〔七〕。書稱「天工人其代
之〔八〕，王者法天而建官〔九〕，自公卿以下，至於小司〔一〇〕，輒〔一一〕非天官乎？是故明主
不敢以私愛，忠臣不敢以誣能〔一二〕。夫竊人之財，猶謂之盜〔一三〕，況偷天官以私己
乎〔一四〕？以罪犯人，必加誅罰，況乃犯天，得無咎乎〔一五〕？

〔一〕本傳作「夫帝王之所尊敬者天也」。按春秋繁露郊義篇云：「天者，百神之君也，王者之
所最尊也。」○鐸按：當從本傳，天、民韻。

〔二〕襄十四年左傳：「師曠曰：『天之愛民甚矣！』」

〔三〕襄十四年左傳：「師曠曰：『天生民而立之君，使司牧之。』」漢書鮑宣傳云：「爲天牧養
元元。」

〔四〕漢書高帝紀十一年詔曰：「賢人已與我共平之矣，而不與吾共安利之可乎？」鼂錯傳
云：「知所以安利萬民，則海內必從矣。」易繫辭下傳云：「萬民以濟。」

〔五〕桓六年左傳云：「上思利民，忠也。」說苑建本篇云：「賢臣之事君也，苟有可以安國家利
民人者，不避其難，不憚其勞，以成其義。」政理篇云：「知爲吏者，奉法利民。」

〔六〕漢書楚元王傳劉向封事云：「賢人在上位，則引其類而聚之於朝。」楚策：「蘇子曰：『忠
臣之於君也，必進賢人以輔之。』」呂氏春秋贊能篇云：「功無大乎進賢。」

〔七〕文子道德篇：「老子曰：『居上而民不重，居前而眾不害。』」

〔八〕皋陶謨。○譯按：已見思賢篇。

〔九〕後漢書劉玄傳：「李淑云：『三公上應台宿，九卿下括河海，故天工人其代之。』」論衡紀妖篇云：「天官百二十，與地之王者無以異也。地之王者，官屬備具，法象天官，稟取制度。」桓八年公羊傳疏引春秋說云：「立三台以爲三公，北斗九星爲九卿，二十七大夫內宿部衞之，列八十一紀以爲元士，凡百二十官焉。」

〔一〇〕按後漢時有上司，小司之稱。中論譴交篇云：「下及小司，列城墨綬，莫不相商以得人，自矜以下士。」小司，謂官職之卑者。其稱上司者，皆謂司馬。光武改司馬爲太尉，故太尉稱上司，見後漢書郎顗、劉愷、楊震傳，及後漢紀章帝元和三年。若史弼傳云「承望上司，誣陷良善」，吳祐傳章懷注引陳留耆舊傳云「祐處同僚無私書之問，上司無賤檄之敬」，則皆以爲上官之通稱矣。

〔一一〕「輒」疑「孰」。

〔一二〕管子法法篇云：「明君不以祿爵私所愛，忠臣不誣能以干爵祿。」○譯按：誣能，謂本無能而自以爲能。荀子君道篇：「臣不能而誣能，則是臣詐也。」韓非子二柄篇：「君見好，則羣臣誣能。」語皆本於管子。

〔一三〕僖廿四年左傳介之推語。

〔一四〕○譯按：僖二十四年左傳「偷」作「貪」。俞樾云：「『貪』讀爲『探』。探，取也。『偷』亦

「取」也。」劉文淇曰：「偷天』或『左氏舊説』。」

〔五〕○鐸按：遏利篇云：「盜人必誅，況乃盜天乎？得無受禍焉？」注見彼。

五代建侯，開國成家，傳嗣百世，歷載千數〔一〕，皆以能當天官，功加百姓。周公東征，後世追思〔二〕，召公甘棠，人不忍伐〔三〕，見愛如是，豈欲私害之者哉〔四〕？此其後之封君多矣〔五〕，或不終身，或不期月，而莫隕墜，其世無者，載莫盈百，是人何也哉〔六〕？

〔一〕注見思賢篇。

〔二〕詩破斧。

〔三〕詩甘棠。

〔四〕史記商君傳集解引新序云：「昔周、召施善政，及其死也，後世思之，『蔽芾甘棠』之詩是也。嘗舍於樹下，後世思其德，不忍伐其樹，況其身乎？」今新序佚此文。

〔五〕史記樂書云：「封君世辟。」

〔六〕「而莫」以下，文有脫誤。按漢書高惠高后文功臣表敍引杜業説云：「昔唐以萬國致時雍之政，虞、夏以之多羣后饗共己之治。湯法三聖，殷氏太平。周封八百，重繹來賀。成王察牧野之克，顧羣后之勤，知其恩結於民心，功光於王府也，故追述先父之志，録遺老之

策，高其位，大其寓。至其没也，世主歉其功，無民而不思。所息之樹且猶不伐，況其廟乎？是以燕、齊之祀與周並傳，子繼弟及，歷載不墮。豈無刑辟？縣祖之竭力，故支庶賴焉。迹漢功臣，亦皆割符世爵，受山、河之誓。百餘年閒，而襲封者盡，或絕失姓，或乏無主，朽骨孤於墓，苗裔流於道。以往況今，甚可悲傷。」此文自「五代」以下，大恉本於彼。「是何也哉」見勸將篇，此「人」字亦疑衍。〇鐸按：「莫」下疑脫「不」字。「世無」疑當作「撫世」，語見下文及德化篇。「也」疑當作「在」。

五代之臣，以道事君〔一〕，以仁撫世、澤及草木〔二〕，兼利外內，普天率土〔三〕，莫不被德〔四〕，其所安全，真天工也。是以福祚流衍〔五〕，本枝百世〔六〕。季世之臣〔七〕，不思順天，而時主是諛，謂破敵者為賢，多殺者為賢。白起、蒙恬〔八〕，秦以為功，天以為賊。息夫、董賢〔九〕，主以為忠，天以為盜。此等之儔，雖見貴於時君，然上不順天心，下不得民意〔一〇〕，故卒泣血號咷，以辱終也〔一一〕。易曰：「德薄而位尊，智小而謀大，力少而任重，鮮不及矣〔一二〕。」是故德不稱其任，其禍必酷；能不稱其位，其殃必大。

〔一〕論語。

〔二〕漢書嚴助傳淮南王上書云：「恩至禽獸，澤及草木。」

〔三〕後漢書班彪後固傳明堂詩:「普天率土,各以其職。」章懷注:「詩小雅曰:『溥天之下,莫非王土,率土之濱,莫非王臣。』『普』亦『溥』也。」

〔四〕漢書禮樂志:「董仲舒云:『德化被四海。』」

〔五〕漢書敍傳王命論云:「福祚流於子孫。」

〔六〕詩文王。「枝」今作「支」。莊六年左傳引詩與此同。

〔七〕昭三年左傳:「晏子曰:『此季世也。』」

〔八〕並見史記。

〔九〕並見漢書。

〔一〇〕漢書元后傳:「王章云:『上順天心,下安百姓。』」王莽傳云:「承順天心,快百姓意。」

〔一一〕易屯上六:「泣血漣如。」旅上九:「旅人先笑後號咷。」淮南子繆稱訓云:「小人在上位,如寢關曝纊,不得須臾寧,故易曰:『乘馬班如,泣血漣如。』」言小人處非其位,不可長也。

〔一二〕易繫辭下傳。「少」今本作「小」,唐石經作「少」。按晉書山濤傳云:「德薄位高,力少任重。」後漢書朱馮虞鄭周列傳贊章懷注引易同。荀子儒效篇:「能小而事大,辟之是猶力之少而任重也。」亦用易語。錢宮詹大昕云:「三國志王修傳注引魏略:『力少任重。』漢書王章傳:『自知德薄位尊,力少任大。』今本『少』作『小』,惟北宋景祐本是『少』字。」○鐸

按：經義述聞二王念孫曰：「『少』與『小』形聲皆相似，又涉上句『知小』而誤耳。今本作『力小』，乃後人依俗本改之。集解引虞注尚未改。又潛夫論及羣書治要、顏師古漢書敍傳注引易並作『力少而任重』。明涂禎本鹽鐵論毀學篇『故德薄而位高，力少而任重』，即本繫辭傳文，張之象本復改『少』爲『小』。」

且夫竊位之人〔一〕，天奪其鑒〔二〕，神惑其心。是故貧賤之時，雖有鑒明之資〔三〕，仁義之志，一旦富貴，則背親捐〔四〕舊，喪其本心〔五〕。皆疎骨肉而親便辟〔六〕，薄知友而厚狗馬〔七〕。財貨滿於僕妾〔八〕，祿賜盡於猾奴〔九〕。寧見朽貫千萬，而不忍賜人一錢，寧積粟腐倉，而不忍貸人一斗〔一〇〕。人多驕肆〔一一〕，負債不償〔一二〕，骨肉怨望於家〔一三〕，細民謗讟於道〔一四〕。前人以敗，後爭襲之，誠可傷也。

〔一〕 注見賢難篇。

〔二〕 僖二年左傳云：「是天奪之鑒，而益其疾也。」○鐸按：晉語二作「天奪其鑒」。「其」猶「之」也。荀子君道篇：「然而求卿相輔佐，則獨不若是其公也。」韓詩外傳二「其」作「之」，是「其」與「之」同也。他例詳經傳釋詞卷五、卷九。

〔三〕 王先生云：「『鑒明』當依本傳作『明察』，鑒、察形近而譌。」繼培按：「鑒」蓋「賢」之誤，漢

書五行志云：「人君有賢明之材，畏天威命。」王褒傳云：「世必有聖知之君，而後有賢明之臣。」

〔四〕「損」舊作「捐」，據傳改。

〔五〕孟子云：「此之謂失其本心。」

〔六〕史記伍子胥傳云：「疎骨肉之親。」「辟」讀爲「僻」。漢書佞幸傳贊云：「咎在親便嬖。」

〔七〕鹽鐵論散不足篇云：「百姓或短褐不完，而犬馬衣文繡。」説苑正諫篇：「咎犯曰：『民有饑色，而馬有粟秩。』」

〔八〕史記孟嘗君傳云：「僕妾餘粱肉，而士不厭糟糠。」

〔九〕漢書貢禹傳云：「禄賜愈多，家日以益富。」一切經音義一引三蒼云：「猾，黠惡也。」史記貨殖傳云：「桀黠奴，人之所患也。」

〔一〇〕史記平準書云：「京師之錢累巨萬，貫朽而不可校。太倉之粟，陳陳相因，充溢露積於外，至腐敗而不可食。」高祖紀云：「實不持一錢。」田敬仲世家云：「田常復修釐子之政，以大斗出貸，以小斗收。」御覽八百四十一「斗」作「升」。按此文即墨子尚同上篇所云：「腐朽餘財，不以相分。」

〔一一〕管子霸言篇云：「富而驕肆者復貧。」

〔一二〕説文云：「償，還也。」「債」本書多作「責」，責、債古今字。○鐸按：漢書宣元六王傳淮

陽憲王傳：「舅張博言負貴數百萬，願王爲償。」師古注：「責，謂假貸人財物未償者也。」

漢時驕貴多假貸於民，其實勒索也。事亦見三式、斷訟篇。

〔三〕毛詩角弓序云：「骨肉相怨。」鄭玄詩箋云：「骨肉之親相疎遠，則以親親之望，易以生怨。」按怨、望同義，史記陳餘傳：「餘怒曰：『不意君之望臣深也。』」索隱云：「望，怨責也。」○鐸按：說文：「謹，責望也。」書傳通以「望」爲之。漢書文三王傳梁孝王傳：「上由此怨望於梁王。」景十三王傳江都易王傳：「建恐誅，與其后祝詛上，語怨望。」陳湯傳：「海內怨望。」「怨望」二字平列。

〔四〕晏子春秋諫下云：「不顧細民。」昭元年左傳云：「民無謗讟。」○鐸按：宣十二年左傳注：「讟，謗也。」「謗讟」亦二字平列。

歷觀前世貴人之用心也，與嬰兒等〔一〕。嬰兒有常病，貴臣有常禍〔二〕，父母有常失，人君有常過。嬰兒常病，傷飽也；貴臣常禍，傷寵也。父母常失，在不能已於媚子〔三〕；人君常過，在不能已於驕臣〔四〕。哺乳太多〔五〕，則必撍縱而生癇〔六〕；貴富太盛，則必驕佚而生過〔七〕。是故媚子以賊其軀者，非一門也；驕臣用滅其家者，非一世也〔八〕。或以背叛橫逆不道〔九〕，或以德薄不稱其貴。文昌奠功，司命舉過〔一○〕，觀惡

深淺，稱罪降罰，或捕格斬首〔一一〕，或拉脅擊胸〔一二〕，掊死深穽〔一三〕，銜刀都市〔一四〕，殭屍破家，覆宗滅族者，皆無功於民氓者也。而後人貪權冒寵，蓄積無極〔一五〕，思登顛隮之臺〔一六〕，樂循覆車之迹〔一七〕，願褲福祚〔一八〕，以備員滿貫者〔一九〕，何世無之？

〔一〕「與嬰」二字舊空，據程本。釋名釋長幼云：「人始生曰嬰兒。胸前曰嬰，抱之嬰前，乳養之也。」

〔二〕「貴臣」程本作「貴人」。按本傳及意林並作「貴臣」，下同。

〔三〕詩思齊毛傳：「媚，愛也。」

〔四〕後漢書陳元傳云：「人君患在自驕，不患驕臣。」

〔五〕漢書賈誼傳云「抱哺其子」，顏師古注：「哺，飤也。」

〔六〕說文手部：「撟，引縱曰撟。」广部：「瘛，小兒瘛瘲病也。」戴侗六書故云：「瘲瘛謂小兒風驚，乍掣乍縱。掣，搐也，縱則掣而乍舒也。」玉篇云：「瘛，小兒瘛瘲病。」按素問大奇論云：「瘛瘲筋攣。」〇鐸按：今謂小兒驚風，漢書藝文志有瘛瘲方三十卷，即治此病者。

〔七〕趙策：「公子牟曰：『貴不與富期而富至，富不與粱肉期而粱肉至，粱肉不與驕奢期而驕奢至，驕奢不與死亡期而死亡至。』累世以前，坐此者多矣。」成六年左傳云：「國饒則民驕佚。」〇鐸按：史記貨殖傳：「游媚貴富。」

〔八〕春秋繁露身之養重於義篇云：「忘義而殉利，去理而走邪，以賊其身，而禍其家。」「賊軀」

猶「賊身」。漢書梅福傳云：「漢興以來，社稷三危，呂、霍、上官，皆母后之家也。親親之道，全之爲右，當與之賢師良傅，教以忠孝之道。今迺尊寵其位，授以魁柄，使之驕逆，至於夷滅，此失親親之大者也。」此文意與彼同。

〔九〕橫逆不道，即述赦篇所云「大逆不道」也。漢書陳湯傳云：「不道無正法，以所犯劇易爲罪。」大逆，不道之劇者。

〔一〇〕史記天官書云：「斗魁戴匡六星曰文昌宮，四曰司命。」禮記祭法「司命」，鄭注：「司命主督察三命。」疏云：「皇氏云：『司命者，文昌宮星。』」白虎通壽命篇云：「隨命者，隨行爲命，欲使民務仁立義無滔天，滔天則司命舉過，言則用以弊之。」後漢書張衡傳章懷注引春秋佐助期曰：「司命神名爲滅黨，長八尺，小鼻，望羊，多髭，癯瘦，通於命運期度。」

〔一一〕後漢書劉盆子傳章懷注：「相拒而殺之曰格。」按漢書馮奉世後野王傳：「池陽令並素行貪汙，野王部督郵掾趙都按驗，得其主守盜十金罪，收捕。並不首吏，都格殺。」顏師古注：「不首吏，謂不伏從收捕。」

〔一二〕莊元年公羊傳「搚幹而殺之」，何休注：「搚，折聲也。」釋文：「『搚』亦作『拉』。」釋名釋姿容云：「搹，制也。制頓之使順己也。」鹽鐵論散不足篇云：「吏捕索搹頓，不以道理。」續漢書五行志載梁冀事云：「吏卒搹頓，折其要脊。」

〔一三〕周禮掌囚：「凡殺人者，踣諸市。」鄭注：「踣，僵尸也。」「掊」與「踣」同。「窀」傳作「牢」。

按「穽」蓋「牢」之誤。廣韻云:「穽」與「牢」同。漢碑「太牢」字多作「牢」。鹽鐵論褒賢篇云:「身在深牢,莫知恤視。」後漢書黨錮傳范滂傳論云:「幽深牢,破室族。」○鐸按:漢書谷永傳「又以掖庭獄大為亂穽」,顏注:「穿地為坑穽以拘繫罪人也。」「穽」與「阱」同,今謂地牢也。

〔四〕漢書王嘉傳云:「奉職負國,當伏刑都市,以示萬衆。」○鐸按:三式篇:「其耗亂無狀者,皆衔刀瀝血於市。」衔刀,謂以刀斷脰,猶今俗言「刀嵌頸」也。

〔五〕楚語:「鬭且廷見令尹子常,歸以語其弟曰:『令尹問蓄聚積實,如餓豺狼焉,殆必亡者也。』」文十八年左傳云:「貪於飲食,冒於貨賄,聚斂積實,不知紀極。」杜注:「冒」亦「貪」也。

〔六〕太玄經上次七:「升於顛臺。」

〔七〕新書連語:「周諺曰:『前車覆而後車戒。』」韓詩外傳五云:「前車覆而後車不誠,是以後車覆也。」後漢書隗囂傳云:「循覆車之軌。」

〔八〕詩采菽云「福祿腜之」,毛傳:「腜,厚也。」「祎」與「腜」同。儀禮覲禮鄭注:「『祎』之為言『埤』也。」詩北門毛傳:「埤,厚也。」

〔九〕史記平原君傳云:「秦之圍邯鄲,趙使平原君求救合縱於楚,約與食客門下二十人偕,得十九人,餘無可取者。門下有毛遂者,前自贊於平原君曰:『願君即以遂備員而行。』」張

丞相傳云：「自申屠嘉死之後，丞相皆以列侯繼嗣，娖娖廉謹，爲丞相備員而已。」宣六年左傳：「中行桓子曰：『使疾其民，以盈其貫，將可殪也。』」韓非子說林下云：「有與悍者鄰，欲賣宅而避之。人曰：『是其貫將滿也，子姑待之。』答曰：『吾恐其以我滿貫也。』」

○譯按：今猶謂數之極限爲「滿貫」，古語之遺也。

　　當呂氏之貴也，太后稱制而專政，祿、産秉事而握權，擅立四王，多封子弟，兼據將相，外內磐結，自以雖湯、武興、五霸作，弗能危也。於是廢仁義而尚威虐，滅禮信而務譎詐。海內怨痛，人欲其亡，故一朝摩滅而莫之哀也〔一〕。霍氏之貴，專相幼主，誅滅同僚，廢帝立帝，莫之敢違。禹繼父位，山、雲屏事，諸壻專典禁兵，婚姻本族〔二〕。王氏之貴，九侯五將〔三〕，朱輪二十三〔四〕。太后專政，秉權三世。莽爲宰衡，封安漢公，居攝假號，身當南面，卒以篡位，十有餘年，自以居之已久，威立恩行，永無禍敗，故遂肆心恣意，私近忘遠，崇聚羣小，重賦殫民，以奉無功，動爲姦詐，託之經義，迷罔百姓，欺誣天地。自以我密，人莫之知，皇天從上鑒其姦，神明自幽照其態，豈有誤哉〔五〕！

　　〔一〕事見漢書高后紀。晉語云：「一朝而滅，莫之哀也。」按方言云：「摩，滅也。」「摩」與「靡」

通。漢書司馬遷傳云：「古者富貴而名摩滅，不可勝紀。」字亦作「糜」，賈山傳云：「萬鈞之所壓，無不糜滅者。」

〔二〕事見漢書霍光傳。「屏」當作「秉」。魏相傳：「相奏封事言：『光死，子復爲大將軍，兄子秉樞機，昆弟諸壻據權執，在兵官。』」張禹傳云：「總秉諸事」，亦「秉事」之證。王先生云：「本族」疑「帝族」。○鐸按：上文「祿、產秉事」，足證「屏事」之誤。霍光傳：「茂陵徐生曰：『霍氏秉權日久。』」「秉事」即「秉權」也。「秉權」亦見下文。

〔三〕漢書王莽傳云：「家凡九侯五大司馬。」「五大」即「五大司馬」也。元后傳：「解光奏：『曲陽侯根宗重身尊，三世據權，五將秉政。』」五行志云：「五大司馬」「五將世權。」

〔四〕漢書楚元王傳劉向封事云：「王氏一姓，乘朱輪華轂者二十三人。」

〔五〕事見漢書王莽傳。按此言呂、霍、王氏事，大悖本劉向封事。

夫鳥以山爲卑而增巢其上，魚以淵爲淺而穿穴其中，卒所以得之者餌也〔一〕。貴戚懼家之不吉而聚諸令名〔二〕，懼門之不堅而爲作鐵樞〔三〕，卒其以敗者〔四〕，非苦禁忌少〔五〕而門樞朽也，常苦崇財貨而行驕僭〔六〕，虐百姓而失民心爾。

〔一〕曾子疾病篇文。大戴禮「增」作「曾」，「穿」作「廲」。說苑敬慎篇，談叢篇並作「穿」。○經義述聞十一。王念孫曰：「廲穴」與「曾巢」對文。廲者，穿也。言更於淵中穿土爲穴

也。廣雅曰：「欵，穿也。」欵、歷通。」○鐸按：荀子法行篇「檜」作「增」，「穿」作「堀」，並字異而義同。

〔二〕史記秦始皇紀云：「阿房宮成，欲更擇令名名之。」「聚」傳作「制」。按「聚」乃「製」之誤。西京雜記云：「初修上林苑，羣臣遠方各獻名果異樹，亦有製爲美名，以標奇麗。」「製名」亦一證。

〔三〕説文云：「樞，戶樞也。」

〔四〕本傳「其」下有「所」字，天中記十五同。○鐸按：本書雖或以「以」爲「所以」，然例以上文，則當作「所以」。

〔五〕漢書藝文志論陰陽家云：「拘者爲之，則牽於禁忌。」

〔六〕漢書貢禹傳云：「守相崇財利。」王商傳云：「王鳳顓權，行多驕僭。」○鐸按：「崇」與「叢」同，聚也。上文「崇聚」平列。

孔子曰：「不患無位，患己不立〔一〕。」是故人臣不奉遵禮法，竭精思職〔二〕，推誠輔君，效功百姓，下自附於民氓，上承順於天心，而乃欲任其私知，竊君威德，以陵下民，反戾天地，欺誣神明，偷進苟得，以自奉厚，居累卵之危，而圖泰山之安〔三〕，爲朝露之行〔四〕，而思傳世之功〔五〕，譬猶始皇之舍德任刑，而欲計一以至於萬也〔六〕。豈不

惑哉！

〔一〕論語作「患所以立」。○鐸按：劉寶楠論語正義謂此所引當是以義增成。

〔二〕漢書梅福傳云：「厲志竭精。」

〔三〕漢書枚乘傳諫吳王書云：「必若所欲爲，危於絫卵，難於上天。變所欲爲，易於反掌，安於泰山。」

〔四〕史記商君傳：「趙良曰：『君之危，如朝露。』」

〔五〕墨子所染篇云：「功名傳於後世。」漢書禮樂志郊祀歌云：「傳世無疆。」

〔六〕漢書賈山傳云：「古者聖王作謚，三四十世耳。秦皇帝曰：『死而以謚法，是父子名號有時相襲也。以一至萬，則世世不相復也。』故死而號曰始皇帝，其次曰二世皇帝者，欲以一至萬也。」

浮侈〔一〕第十二

王者以四海爲一家〔二〕，以兆民爲通計〔三〕。一夫不耕，天下必受其饑者，一婦不織，天下必受其寒者〔四〕。今舉世舍農桑，趨商賈，牛馬車輿，填塞道路，游手爲巧〔五〕，

充盈都邑，治本者少，浮食者衆〔六〕。商邑翼翼，四方是極〔七〕。今察洛陽〔八〕，浮末者什於農夫，虛僞游手者什於浮末。是則一夫耕，百人食之，一婦桑，百人衣之，以一奉百，孰能供之？天下百郡千縣，市邑萬數，類皆如此，本末何足相供？則民安得不饑寒？饑寒並至，則安能不爲非？爲非則姦宄，姦宄繁多，則吏安能無嚴酷？嚴酷數加，則下安能無愁怨？愁怨者多，則咎徵並臻，下民無聊，而〔九〕上天降災，則國危矣〔一〇〕。

〔一〕○鐸按：東漢浮僞，諸所譏刺，自衣食器用之靡，車輿廬舍之僭，下至游敖博弈之紛，俳倡戲弄之巧，巫覡祝禱之誕，婚姻禮節之繁，無巨細咸列舉之，而尤痛疾於喪葬祠祭之濫。蓋與鹽鐵論散不足篇所縷陳者，詳略互見焉。參合觀之，則兩京貧富不均之狀可知矣。

〔二〕漢書高帝紀七年：「蕭何曰：『天子以四海爲家。』」荀子王制篇云：「四海之內若一家。」

〔三〕閔元年左傳云：「天子曰兆民。」

〔四〕管子揆度篇云：「農有常業，女有常事。一農不耕，民有爲之饑者，一女不織，民有受其寒者。」呂氏春秋愛類篇云：「神農之教曰：『士有當年而不耕者，則天下或受其饑矣，

女有當年而不績者，則天下或受其寒矣。」新書無蓄篇云：「古人曰：『一夫不耕，或爲
之饑；一婦不織，或爲之寒。』」

〔五〕後漢書章帝紀元和三年詔曰：「務盡地力，勿令游手。」按漢書貨殖傳云「童手指千」，孟
康曰：「古者無空手游口，皆有作務。作務須手指，故曰手指。」「巧」舊作「功」，據本
傳改。

〔六〕漢書成帝紀陽朔四年詔曰：「閒者民彌惰怠，鄉本者少，趨末者衆。」地理志云：「漢興，
立都長安，郡國輻輳，浮食者多，民去本就末。」治要載崔寔政論云：「世奢服僭，則無用
之器貴，本務之業賤矣。農桑勤而利薄，工商逸而入厚，故農夫輟末而雕鏤，工女投杼而
刺文，躬耕者少，末作者衆。」

〔七〕詩殷武云：「商邑翼翼，四方之極。」漢書匡衡傳衡上疏引詩與今同，漢紀載衡疏作「京
邑翼翼，四方是則」。後漢書樊宏後準傳又引云「京師翼翼，四方是則」，章懷注謂出韓
詩。張衡東京賦「京邑翼翼，四方所視」，薛綜注云：「京，大也。大邑謂洛陽也。」此文引
詩以證洛陽，疑本作「京邑翼翼，四方是則」，後人據毛詩改之。○鐸按：此書引詩多三家，則本作「京邑
翼翼，四方是則」，漢紀之文本於衡疏，今本衡疏作「商邑翼翼，四方之極」，亦後人所改。
樊準傳作「京師」，因彼處下文「京師」字而誤。後魏書甄琛傳、白帖七十六兩引亦並作
「京邑翼翼，四方是則」，後魏時齊詩已亡，唐時韓詩尚存，則皆韓詩也。說詳經義述聞卷

七。又匡衡疏引詩以證長安，與此文引詩之旨合，作「四方是極」，則非其旨矣。後漢書魯恭傳恭引魯詩亦作「四方是則」。

〔八〕後漢書光武帝紀云：「建武元年冬十月，車駕入洛陽，遂定都焉。」按「洛」當依下文作「雒」。漢書地理志：「河南郡雒陽」，顏師古注：「魚豢云：『漢火德，忌水，故去洛水而加佳。』如魚氏說，則光武以後，改爲『雒』字也。」○鐸按：古字本作「雒」，非漢所改，明、清地理家多能辨之。

〔九〕「而」，舊作「則」，據傳改。○鐸按：「則」猶「而」也，不煩改作。

〔一〇〕管子八觀篇云：「主上無積而宮室美，氓家無積而衣服修，乘車者飾觀望，步行者雜文采，本資少而末用多者侈國之俗也。國侈則用費，用費則民貧，民貧則姦智生，姦智生則邪巧作。姦邪之所生，生於匱不足，匱不足之所生，生於侈，侈之所生，生於毋度。故曰：審度量，節衣服，儉財用，禁侈泰，爲國之急也。」墨子辭過篇云：「其民饑寒並至，故爲姦邪多。姦邪多則刑罰深，刑罰深則國亂。」説苑反質篇：「魏文侯問李克曰：『刑罰之源安生？』李克曰：『生於姦邪淫佚之行。』凡姦邪之心，飢寒而起。淫佚者，久饑之詭也。雕文刻鏤，害農事者也。錦繡纂組，傷女工者也。農事害，則饑之本也，女工傷，則寒之原也。飢寒並至，而能不爲姦邪者，未之有也。男女飾美以相矜，而能無淫佚者，未嘗有也。故上不禁技巧，則國貧民侈。國貧窮者爲姦邪，而富足者爲淫佚，則驅民而爲

邪也。民已爲邪，因以法隨誅之，不赦其罪，則是爲民設陷也。刑罰之起有原，人主不塞

其本而替其末，傷國之道也。」新書孽產子篇云：「百人作之，不能衣一人也，欲天下之

無寒，胡可得也？一人耕之，十人聚而食之，欲天下之無饑，胡可得也？饑寒切於民之

肌膚，欲其無爲姦邪盜賊，不可得也。漢書景帝紀後二年詔曰：「雕文刻鏤，傷農事者

也，錦繡纂組，害女紅者也。農事傷，則饑之本也；女工害，則寒之原也。夫饑寒並至，

而能亡爲非者寡矣。」按數家所言，意恉相同，此文所從出也。

夫貧生於富，弱生於强，亂生於治，危生於安〔一〕。是故明王之養民也，憂之勞

之〔二〕，教之誨之〔三〕，慎微防萌，以斷其邪〔四〕。故易美「節以制度，不傷財，不害

民〔五〕」，七月詩大小教之，終而復始〔六〕。由此觀之，民固不可恣也〔七〕。

〔一〕 孫子兵勢篇云：「亂生於治，怯生於勇，弱生於强。」

〔二〕 漢書董仲舒傳云：「憂勞萬民。」淮南子氾論訓云「以勞天下之民」，高誘注：「勞」猶

「憂」也。勞，讀「勞勑」之「勞」。

〔三〕 詩緜箋。

〔四〕 説苑雜言篇：「孔子曰：『中人之情，有餘則侈，不足則儉，無禁則淫，無度則失，縱欲則

敗。飲食有量，衣服有節，宮室有度，畜聚有數，車器有限，以防亂之源也。』」漢書王吉傳

云：「古者衣服車馬，貴賤有章，以褒有德，而別尊卑。周之所以能致治，刑措而不用者，以其禁邪於冥冥，絕惡於未萌也。今上下僭差，人人自制，是以貪財誅利，不畏死亡。」

〔五〕節象辭。

〔六〕幽風。

〔七〕淮南子主術訓云：「古之置有司也，所以禁民使不得自恣也。」

今民奢衣服，侈飲食，事口舌〔二〕，而習調欺〔三〕，以相詐紿〔三〕，比肩是也〔四〕。或以謀姦合任爲業〔五〕，或以游敖博弈爲事〔六〕，或〔七〕丁夫世不傳犂鋤〔八〕，懷丸挾彈，攜手遨游〔九〕。或取好土作丸賣之，於彈外不可以禦寇，內不足以禁鼠〔一０〕，晉靈好之以增其惡〔一一〕，未嘗聞志義之士喜操以游者也。惟無心之人，羣豎小子〔一二〕，接而持之，妄彈鳥雀，百發不得一，而反中面目，此最無用而有害也。或坐作竹簧〔一三〕，削銳其頭，有傷害之象，傅以蠟蜜，有甘舌之類〔一四〕，皆非吉祥善應。或作泥車、瓦狗、馬騎、倡排〔一五〕，諸戲弄小兒之具以巧詐〔一六〕。

〔一〕史記蘇秦傳云：「兄弟嫂妹妻妾竊皆笑之曰：『周人之俗，治產業，力工商，逐什二以爲務。今子釋本而事口舌，困不亦宜乎？』」

〔二〕廣雅釋詁云：「調，欺也。」一切經音義十二引通俗文：「大調曰諆。」蒼頡篇：「諆，欺也。」

〔三〕説文云：「諆，相欺詒也。」「詒」與「諆」通。

〔四〕晏子春秋雜下云：「臨淄三百閭，張袂成陰，揮汗成雨，比肩繼踵而在。」

〔五〕本傳注云：「合任，謂相合爲任俠也。」按「合」疑當作「會」，詳述赦篇。

「受賕報讎」，漢紀成帝永始三年作「受任報讎」，「任」即「合任」之「任」，疑漢書爲後人所改。○鐸按：「合任」即「會任」，謂并兼任俠也。史記貨殖列傳：「其在閭巷少年，攻剽椎埋，劫人作姦，掘塚鑄幣，任俠并兼，借交報仇。」即此所謂「以謀姦合任爲業」者也。

〔六〕漢書循吏召信臣傳云：「府縣吏家子弟好游敖，不以田作爲事，輒斥罷之。」

〔七〕或字疑衍。○鐸按：本傳無。

〔八〕「傳」本傳作「扶」，蓋本是「傅」字。尚書大傳云：「距冬至四十五日，始出學，傅農事。」釋名釋言語：「扶，傅也。」是漢世二字同音之證。

〔世〕當爲「卉」，説文云：「卉，三十并也。」○鐸按：「傳」當作「傅」。

〔九〕説文云：「彈，行丸也。」管子輕重丁云：「挾彈懷丸，遊水上，彈翡燕小鳥。」輕重戊云：「衆鳥居其上，丁壯者胡丸操彈居其下，終日不歸。」詩北風云：「攜手同行。」柏舟云：「以遨以遊。」文選王襃四子講德論云：「相與結侶，攜手俱游。」按北堂書鈔一百廿四引

東觀漢記詔曰：「三輔皆好彈，一大老從旁舉身曰：『噫嘻哉！』」東京時挾彈成俗，父老歎息，王氏所言爲不虛矣。

[一〇] ○鐸按：王紹蘭云：「『於』當爲『其』，御覽兵部引作：『其彈外不可禦盜，內不足禁鼷鼠。』」

[一一] 宜二年左傳。

[一二] 史記平原君傳：毛遂曰：「白起，小豎子耳。」

[一三] 「坐」疑衍，蓋即「作」字之駁文。釋名釋樂器云：「簧，橫也。以竹鐵作，於口橫鼓之。」○鐸按：「坐」字副詞，思賢篇「坐作驕奢」，是其用例。

[一四] 御覽五百八十一「傅」作「塞」，「甘」作「口」。○鐸按：按漢書五行志云：「有口舌之痾。」傅，謂塗附之，如漢書佞幸傳云「傅，脂粉也」。○鐸按：塞則不能鼓而出聲，傅蜜則有類甜言蜜語，傅、甘二字爲長。

[一五] 「排」何本作「俳」。說文云：「倡，樂也。俳，戲也。」漢書霍光傳云：「引內昌邑樂人擊鼓歌吹，作俳倡。」按俳、排古亦通用，莊子在宥篇云「人心排下而進上」，釋文：「『排』崔本作『俳』。」○鐸按：泥車、瓦狗、馬騎、倡俳，漢墓中多有之。

[一六] 漢書地理志云：「趙中山地薄人衆，作姦巧，多弄物，爲倡優。」成帝紀永始二年詔曰：「將作大匠萬年，妄爲巧詐。」新書瑰瑋篇云：「飾知巧以相詐利。」

詩刺「不績其麻，女也婆娑〔一〕」。今多不修中饋〔二〕，休其蠶織〔三〕，而起學巫祝，鼓舞事神〔四〕，以欺誣細民，熒惑百姓〔五〕。婦女羸弱〔六〕，疾病之家，懷憂憒憒〔七〕，皆易恐懼，至使奔走便時，去離正宅〔八〕，崎嶇路側〔九〕，上漏下濕〔一〇〕，風寒所傷〔一一〕，姦人所利，賊盜所中，益禍益祟〔一二〕，以致重者不可勝數。或棄醫藥，更往事神，故至於死亡，不自知爲巫所欺誤，乃反恨事巫之晚，此熒惑細民之甚者也〔一三〕。

〔一〕詩東門之枌。「女」今詩作「市」。按本傳亦作「市」。○鐸按：漢書地理志云：「周武王封舜後媯滿於陳，是爲胡公，妻以元女大姬。婦人尊貴，好祭祀，用史巫，故其俗巫鬼。陳詩曰：『東門之枌，宛丘之栩，子仲之子，婆娑其下。』此其風也。」此云「起學巫祝，鼓舞事神」，與班説合，皆本三家詩也。盧文弨、李富孫並謂作「女」爲三家異文是已。陳喬樅、陳奐以爲誤字，殆不然。

〔二〕易家人六二：「在中饋。」

〔三〕詩瞻卬。

〔四〕説文：「巫，祝也。女能事無形，以舞降神也。」鹽鐵論散不足篇云：「世俗飾僞行詐，爲民巫祝，以取釐謝，堅頜健舌，或以成業致富，故憚事之人，釋本相學。是以街巷有巫，閭

里有祝。」

〔五〕史記淮南王傳云：「熒惑百姓」，漢書作「營」，顏師古注：「營，謂回繞之。」按説文云：「營，惑也。」熒、營並與「營」通。周禮「凡以神仕者」，鄭注：「國語曰：『古者，民之精爽不攜貳者，而又能齋肅中正，其知能上下比義，其聖能光遠宣朗，其明能光照之，其聰能聽徹之，如是則神明降之。在男曰覡，在女曰巫。是以使制神之處位次主，而爲之牲器時服。』巫既知神如此，又能居以大濩，是以聖人用之。今之巫祝既闇其義，何明之見？何濩之行？ 正神不降，惑於淫厲，苟貪貨食，遂誣人神，令此道滅，痛矣！」

〔六〕説文云：「嬴，瘦也。」漢書匈奴傳云：「見其嬴弱。」

〔七〕方言云：「愁恚憒憒，毒而不發，謂之氏惆。」郭注：「『氏惆』猶『懊憹』也。」易林訟之升：「憒憒不説，憂從中出。」大有之蒙：「李梅零墜，心思憒憒，懷憂少愧，亂我魂氣。」齊策：「孟嘗君曰：『文倦於事，憒於憂。』」

〔八〕漢時有避疾之事。漢書游俠原涉傳云：「人嘗置酒請涉。涉入里門，客有道涉所知母病，避疾在里宅者。涉即往候。」後漢書來歙後歷傳云：「皇太子驚病不安，避幸安帝乳母野王君王聖舍。」魯恭後丕傳云：「趙王商嘗欲避疾，便時移住學官。丕止，不聽。」按漢書孝平王皇后傳顏師古注云：「便時，取時日之便也。」

〔九〕漢書司馬相如傳云：「民人升降移徙，崎嶇而不安。」史記作「陭嶇」。 按説文作「陭嶇」。

〔一〇〕莊子讓王篇云：「原憲居魯，環堵之室，上漏下濕。」

〔一一〕素問玉機真藏論云：「風者，百病之長也。今風寒客於人，使人豪毛畢直，皮膚閉而爲熱。」漢書王吉傳云：「冬則爲風寒之所暴薄。」匈奴傳云「邪支人衆中寒道死」，顏師古注：「中寒，傷於寒也。」敍傳云：「道病中風」，師古注：「中，傷也。爲風所傷。」

〔一二〕說文云：「禍，害也。祟，神禍也。」

〔一三〕史記扁鵲傳云：「信巫不信醫，不治也。」論衡辨祟篇云：「人之疾病，希有不由風濕與飲食者。當風臥濕，握錢問祟，飽飯饜食，齋精解禍，而病不治謂祟不得，命自絶謂巫不審，俗人之知也。」

或裁好繒〔一〕，作爲疏頭，令工采畫，雇人書祝〔二〕，虛飾巧言，欲邀多福〔三〕。或裂拆繒綵，裁廣數分，長各五寸，縫繪佩之。或紡綵絲而縻〔四〕，斷截以繞臂。此長無益於吉凶〔五〕，而空殘滅繒絲，縈悸小民〔六〕。或〔七〕剝削綺縠〔八〕，寸竊八采〔九〕，以成榆葉〔一〇〕、無窮〔一一〕、水波之紋〔一二〕，碎刺縫紩〔一三〕，作〔一四〕爲筍囊、裙襦、衣被〔一五〕，費繒百縑〔一六〕，用功十倍。此等之儔，既不助長農工女〔一七〕，無有益於世〔一八〕，而坐食嘉穀〔一九〕，消費白日〔二〇〕，毀敗成功，以完〔二一〕爲破，以牢爲行〔二二〕，以大爲小，以易爲難，皆宜禁者也〔二三〕。

〔一〕説文云：「繒，帛也。」

〔二〕「雇」程本作「顧」。漢書黽錯傳顏師古注：「顧，讎也。若今言雇賃也。」廣韻十一暮：「雇，九雇鳥也。相承借爲雇賃字。」周禮太祝：「掌六祝之辭，以事鬼神示，祈福祥，求永貞。」

〔三〕詩天保云：「詒爾多福。」

〔四〕説文云：「紡，網絲也。」王先生云：「『而』當作『爲』。」○鐸按：「爲」字古文作𦥑，與「而」相似，故誤。或曰：「而」猶「如」也。

〔五〕「長」字衍。下文云「此無益於奉終」，即其例。○鐸按：「長」乃「最」字之誤，上文：「此最無用而有害」，是其例。「最無益」與「空殘滅」相對，少一字則句法參差矣。箋説失之。

〔六〕「緊」與「熒」通。漢書酷吏田延年傳：「霍光因舉手自撫心曰：『使我至今病悸。』」韋昭云：「心中惴息曰悸。」御覽廿三引風俗通云：「夏至著五綵辟兵，題曰游光厲鬼，知其名者，無溫疾。五綵，辟五兵也。」又永建中京師大疫云：「厲鬼字野重，游光亦但流言，無指見之者。其後歲歲有病，人情愁怖，復增題之，冀以脱禍。今家人織新縑，辟兵及鬼，令人不病溫。」八百十四引云：「五月五日，以五綵絲繫臂者，辟兵及鬼，令人不病溫。」卅一引云：「五月五日，賜五色續命絲，俗説益人命。」此文所云，蓋即指絹二寸許繫户上，此其驗也。

〔七〕「或」字舊脱，據御覽八百十六引補。

〔八〕「剋」與「刻」通。説文云：「綺，文繒也。縠，細縛也。」

〔九〕「寸竊」當作「刌切」。説文云：「切，刌也。刌，切也。」御覽八十引春秋合誠圖「面八彩」，注云：「八彩，彩色有八也。」○鐸按：韋昭國語解敍「切不自料」，「切」即「竊」字，故此以「竊」爲「切」。寸切，蓋謂切之各長寸許耳。「作刌切」，則長度不明。上文「裂拆繒綵」，著其寬廣之度，是其例。

〔一〇〕方言云：「揄鋪、㡏帗、帗縷、葉輸、㲝也。」郭璞注：「今名短度絹爲葉輸。」輸玉篇作「褕」。「榆葉」疑即「葉輸」之誤。○鐸按：方言「葉輸」，戴氏疏證本已據玉篇改正。

〔一一〕廣雅釋器云：「無綟，綵也。」綟、窮聲相近。後漢書馬援傳章懷注引何承天纂文曰：「都致、錯履、無極，皆布名。」隸釋國三老袁良碑：「孝順時拜梁相，册云：『賜玉具劍佩、書刀、繡文印衣、無極手巾各一。』」「無極」亦「無窮」之義。

〔一二〕淮南子本經訓云「嬴鏤彫琢，詭文回波」，高誘注：「詭文，奇異之文也。回波，若水波也。」

〔一三〕説文云：「縫，以鍼紩衣也。紩，縫也。」又云：「綷，會五采繒色。綝，鍼縷所紩衣。」「刺」與「綝」通。「碎」疑當作「綷」。綷、綝、縫、紩四字同義。○鐸按：「碎刺」蓋謂細密刺之爲花紋，故下云「用功十倍」。

〔四〕「作」舊作「詐」。

〔五〕「褕」舊作「褕」。按「褕」與「襦」同，周禮司服注鄭司農云「衣有襦裳者爲端」，釋文：「襦」本亦作「襦」。莊子外物篇云：「未解裙襦。」

〔六〕説文云：「縑，并絲繒也。」○鐸按：本傳作「單費百縑」。

〔七〕王侍郎云：「『長農』當作『良農』。」繼培按：「良」字是也。桓十四年穀梁傳云：「國非無良農工女也。」

〔八〕○鐸按：「無有」疑當作「又無」，上文「無益於吉凶」，是其例。上言「既」，故下言「又」，作「無有益於世」，則句不相承，而又累於詞矣。此書多以既、又連言，明閭篇：「既患其正義以繩己矣，又恥居上位而明不及下。」本篇下文：「既不生穀，又坐爲蠹賊也。」皆其證。

〔九〕書呂刑云：「農殖嘉穀。」

〔一〇〕漢書宣帝紀元康二年詔曰：「譬猶踐薄冰以待白日。」按禮記檀弓云：「殷人尚白，大事歛用日中。」鄭注：「日中時亦白。」凡言「白日」者義如此。

〔一一〕「完」舊作「見」。

〔一二〕傳作「破牢爲僞」。按古者謂物不牢爲「行」，治要載崔實政論云：「器械行沽。」周禮司市「害者使亡」，鄭注：「害，害於民，謂物行苦者。」胥師「察其詐僞飾行價慝者」，疏謂「後鄭以爲行濫」。行沽、行苦、行濫義並同。書舜典「朕墍讒説殄行」，史記五帝紀作「朕畏忌

讒說珍偽」，行、偽同訓，故傳易『行』爲『偽』。鹽鐵論力耕篇亦云：「工致牢而不偽。」○
經義述聞八王引之曰：「『行』與『牢』正相反。以牢爲行，猶言『以堅爲脆』耳。今京師人
謂貨物不牢爲『行貨』，古之遺語也。」○鐸按：今通言「行貨子」。

〔三三〕新書瑰瑋篇云：「雕文刻鏤，周用之物繁多，纖微苦窳之器日變而起，民棄完堅而務雕鏤
纖巧，以相競高。作之宜一日，今十日不輕能成，用一歲，今半歲而弊。作之費日挾巧，
用之易弊，不耕而多食農人之食，是天下之所以困貧而不足也。」

山林不能給野火，江海不能灌漏巵〔一〕。　孝文皇帝躬衣弋綈，足履革舄，以韋帶
劍，集上書囊以爲殿帷〔二〕，盛夏苦暑，欲起一臺，計直百萬，以爲奢費而不作也〔三〕。
今京師貴戚，衣服、飲食、車輿、文飾、廬舍，皆過王制，僭上甚矣〔四〕。從奴僕妾，皆服
葛子升越，箭中女布〔五〕，細緻〔六〕綺縠〔七〕冰紈〔八〕錦繡〔九〕。犀象珠玉，虎魄〔一〇〕瑇瑁，石
山隱飾〔一二〕，金銀錯鏤〔一三〕，麈麛履舄〔一三〕，文組綵緹〔一四〕，驕奢僭主，轉相誇詫，箕子所
唏，今在僕妾〔一五〕。富貴嫁娶，車軿各十〔一六〕，騎奴〔一七〕侍僮〔一八〕，夾轂節引〔一九〕。富者競
欲相過，貧者恥不逮及〔二〇〕。是故一饗之所費，破終身之本業〔二一〕。

〔一〕淮南子氾論訓云：「雷水足以溢壺榼，而江河不能實漏巵。」鹽鐵論本議篇云：「川源不

能實漏卮，山海不能贍溪壑。」

〔二〕見漢書東方朔傳。　按「弋綈」賈誼傳作「皁綈」。廣韻云：「黬，皁也。」「弋」即「黬」之省。

〔三〕漢書文帝紀贊云：「嘗欲作露臺，召匠計之，直百金。上曰：『百金，中人十家之產也。吾奉先帝宮室，常恐羞之，何以臺為？』」王嘉傳云：「孝文皇帝欲起露臺，惜百金之費，克己不作。」按「百萬」即「百金」，隱三年公羊傳「百金之魚」何休注：「『百金』猶『百萬』也。古者以金重一斤，若今萬錢矣。」

〔四〕漢書食貨志云：「宗室有土，公卿、大夫以下爭於奢侈，室廬車服，僭上亡限。」

〔五〕文選左思吳都賦云：「桃笙象簟，韜於筒中。蕉葛升越，弱於羅紈。」劉淵林注：「蕉葛，葛之細者。升越，越之細者。」按後漢書明德馬皇后紀章懷注：「白越，越布。」「越布」之名起此。華陽國志蜀志云：「安漢上下朱邑出好麻黃潤細布，有羌筒盛。」藝文類聚六一引揚雄蜀都賦云：「其布則筒中黃潤，一端數金。」本傳注：「荊州記曰：『秭歸縣室多幽閑，其女盡織布，至數十升。今永州俗猶呼貢布為女子布也。』」〇鐸按：布八十縷為「升」。

〔六〕釋名釋采帛云：「細緻，染縑為五色，細且緻，不漏水也。」

〔七〕綺縠，見上。

〔八〕漢書地理志云「齊地織作冰紈綺繡純麗之物」，臣瓚曰：「冰紈，紈細密，堅如冰者也。」顏師古曰：「如説非也。冰，謂布帛之細，其色鮮絜如冰者也。紈，素也。」按「冰」蓋即「綾」之古文。藝文類聚六十九引六韜云：「桀、紂之時，婦女坐以文綺之席，衣以綾紈之衣。」韓詩外傳七：「陳饒曰：『綾紈綺縠，靡麗於堂，從風而弊。』綾紈」即「冰紈」也。方言云：「東齊言布帛之細者曰綾。」釋名云：「綾，凌也。其文望之如冰凌之理也。」

〔九〕説文云：「錦，襄色織文也。繡，五采備也。」考工記云「五采備謂之繡」。

〔一〇〕「虎魄」舊作「琥珀」，據傳改。

〔一一〕本傳注云：「謂隱起爲山石之文也。」

〔一二〕説文云：「錯，金涂也。」爾雅釋器云：「金謂之鏤。」

〔一三〕急就篇云「麞、塵、麛、麀皮給履」。顏師古注：「麞，即今之麞也。」周禮屨人鄭注：「複下曰舄，禪下曰屨。」釋名釋衣服云：「履，複其下曰舄。禪下曰屨。古人言屨以通於複，今世言履以通於禪。」方言云：「自關而西謂之屨，中有木者謂之複舄。」履其通語也。

〔一四〕組，謂履組。文選陸士衡弔魏武帝文李善注引晏子春秋云：「景公爲履，黃金之綦，飾以組，連以珠。」「褖」當爲「屦」，説文云：「屦，履中薦也。」漢書賈誼傳云「今民賣僮者，爲之繡衣絲履偏諸緣」，服虔曰：「加牙絛以作履緣。」「組」即「牙絛」也。

〔一五〕淮南子説山訓云：「紂爲象箸而箕子唏。」方言：「哀而不泣曰唏。」鹽鐵論散不足篇
云：「箕子之譏，始在天子，今在匹夫。」○鐸按：「唏」史記十二諸侯年表序同，韓非子
喻老、説林上篇並作「怖」。

〔一六〕釋名釋車云：「輧車。輧，屏也；四面屏蔽，婦人所乘牛車也。」
詩鵲巢云「百兩御之」，毛傳：「百兩，百乘也。諸侯之子嫁於諸侯，送御皆百乘。」鄭箋：
「御，迎也。家人送之，良人迎之，車皆百乘。」此「十乘」亦其比也。或云：「各十」當爲
「駱驛」，漢書王莽傳云：「駱驛道路」，顏師古注：「駱驛，言不絕。」後漢書獨行范冉傳
云：「車徒駱驛。」

〔一七〕漢書何並傳云：「王林卿令騎奴還至寺門，持刀剝其建鼓。」

〔一八〕按説文云：「僮，未冠也。童，男有辠曰奴，奴曰童。」後世多以「僮」爲「童」，以「童」
爲「僮」。

〔一九〕文選羽獵賦李善注引春秋感精符云：「黄池之會重吳子，滕、薛夾轂。」周禮大馭「凡馭路
儀以鸞和爲節」，鄭注：「舒疾之法也。」漢書蕭望之傳云「少史冠法冠，爲妻先引」，文穎
曰：「先引，謂導車前。」

〔二〇〕鹽鐵論國病篇云：「葬死殫家，遣女滿車。富者欲過，貧者欲及。富者空減，貧者稱貸。」
漢書地理志云：「列侯貴人，車服僭上，衆庶放效，羞不相及，嫁娶尤崇侈靡，送死過度。」

〔三〕漢書地理志云：「好稼穡，務本業。」後漢書明帝紀永平十二年詔曰：「麋破積世之業，以供終朝之費。」

王吉傳云「聘妻送女無節，則貧人不及」，漢紀作「貧人恥不相及」。

古者必有命民，然後乃得衣繒綵而乘車馬〔一〕。今者既不能盡復古〔二〕，細民誠可不須，乃踰於古昔孝文〔三〕，衣必細緻，履必麛麂，組必文采〔四〕，飾襪必綸此〔五〕，校飾車馬〔六〕，多畜奴婢。

〔一〕尚書大傳云：「古之帝王，必有命民。民能敬長憐孤，取舍好讓，舉事力者，命於其君。」得命，然後得乘飾車駢馬，衣文錦。」

〔二〕漢書貢禹傳云：「承衰救亂，矯復古化，在於陛下。臣愚以為盡如太古難，宜少放古以自節焉。」荀子王制篇云：「衣服有制，宮室有度，人徒有數，喪祭、械用皆有等宜，聲則凡非雅聲者舉廢，色則凡非舊文者舉息，械用則凡非舊器者舉毀。夫是之謂復古。」

〔三〕大戴禮五帝德篇云：「女欲一日辯聞古昔之說。」禮記曲禮云：「必則古昔，稱先生。」王先生云：「『此』當作『眡』」。急就篇『服瑣綸帒與繒連』，顏注：『綸帒，緆布之尤精者也。』」繼培：按說文云：「綸，綸貲布

〔四〕「采」上作「綵」。

〔五〕說文云：「襪，足衣也。」「襪」與「韤」同，見廣韻十月。

〔六〕說文云：「綸，綸貲布

也。」繫傳本又作「繢紫」。

〔六〕史記司馬相如傳云「校飭厥文」，徐廣曰：「『校』一作『祓』，『祓』猶『拂』也。」漢書作「祓飭」。此「校」字疑「文」之誤，即上所云「車輿文飾」也。說苑反質篇侯生諫秦始皇亦云：「衣服輕煖，輿馬文飾，所以自奉，麗靡爛漫，不可勝極。」○鐸按：作「文飾」是。

〔七〕鹽鐵論散不足篇云：「宮室奢侈，林木之蠹也。器械雕琢，財用之蠹也。衣服靡麗，布帛之蠹也。狗馬食人之食，五穀之蠹也。口腹從恣，魚肉之蠹也。用費不節，府庫之蠹也。漏積不禁，田野之蠹也。喪祭無度，傷生之蠹也。」賊，謂蟊賊。詩瞻卬云「蟊賊蟊疾」，鄭箋：「其為殘酷痛病於民，如蟊賊之害禾稼。」

子曰「古之葬者，厚衣之以薪，葬之中野，不封不樹，喪期無時；後世聖人易之以棺槨」〔一〕，桐木為棺，葛采為緘，下不及泉，上不泄臭〔二〕。後世以楸梓槐柏杶樗〔三〕，各取方土所出，膠漆分致〔四〕，釘細要，削除鏟靡，不見際會〔五〕，其堅足恃，其用足任，如此可矣。其後京師貴戚，必欲江南檽〔六〕梓豫章梗枏〔七〕；邊遠下土〔八〕，亦競相倣傚〔九〕。夫檽梓豫章，所出殊遠，又乃生於深山窮谷〔一○〕，經歷山岑〔一一〕，立千步之高，百

丈之谿，傾倚險阻〔一一〕，崎嶇不便，求之連日然後見之，伐斫連月〔一三〕然後訖〔一四〕，會衆

然後能動擔〔一五〕，牛列然後能致水〔一六〕，油潰入海〔一七〕，連淮逆河〔一八〕，行數千里，然後到

雒〔一九〕。工匠雕治〔二〇〕，積累日月，計一棺之成，功將千萬。夫既其終用，重且萬斤，

非大衆不能舉，非大車不能輓。東至樂浪〔二一〕，西至敦煌〔二二〕，萬里之中，相競用之。

此之費功傷農〔二三〕，可爲痛心〔二四〕！

〔一〕易繫辭下傳。「時」王弼本作「數」，按傳亦作「數」。

〔二〕漢書楊王孫傳云：「昔帝堯之葬也，窾木爲匵，葛藟爲緘，其穿下不亂泉，上不泄殠，故聖
王生易尚，死易葬也。」

〔三〕「杧」舊作「杚」，據傳改。「槥」傳作「槾」。○鐸按：說文：「杚，杚木也。」或體作「櫬」。
山海經中山經…「成侯之山，其上多櫬木。」郭注：「似槾，材中車轅。」即今香椿也。說文
又云：「樗，樗木也。讀若華。」即今白樺。詩七月、我行其野毛傳並云：「樗，惡木。」即
今臭椿，不中爲棺。樗、樗同音，說文各本亦互訛，故此亦誤。

〔四〕新語道基篇云：「傅致膠漆丹青玄黃琦瑋之色。」詩泮水「戎車孔博」，鄭箋云：「博」當
作「傅」，甚傅緻者，言安利也。」致、緻古通用。

〔五〕江淹集銅劍讚云：「往古之事，棺皆不用釘，悉用細腰。」其細腰之法，長七寸，廣三寸，厚
二寸五分，狀如木枰，兩頭大而中央小，仍鑿棺際而安之，因普漆其外。一棺凡用細腰五

十四枚。大略如此。」按「細要」亦作「小要」，禮記檀弓云：「棺束縮二橫三，衽每束一。」

鄭注：「衽，今小要。」喪大記云：「君蓋用漆，三衽三束。大夫蓋用漆，二衽二束。士蓋

不用漆，二衽二束。」鄭注：「用漆者，塗合牝牡之中也。衽，小要也。」釋名釋喪制云：

「棺束曰緘。緘，函也。古者棺不釘也。旁際曰小要，其要約小也。又謂之衽。衽，任

也；任制際會使不解也。」魏志文帝終制云：「棺但漆際會三過。」周禮弁師鄭注：

「會，縫中也。」藝文類聚七十引後漢張紘環材枕賦云：「會緻密固，絕際無閒。」一切經音

義四引蒼頡篇云：「鑢，削平也。」「靡」當作「磨」。○鐸按：此「磨」字之壞，通「摩」，

研也。

〔六〕「檺」當作「栲」。○鐸按：王先謙後漢書集解引沈欽韓曰：「『檺』疑『栲』字之借。爾

雅：『栲，鼠梓。』郭注：『楸屬也。』今人謂之苦楸。」

〔七〕淮南子修務訓云：「梗柟豫章之生也，七年而後知，故可以為棺、舟。」

〔八〕漢書劉輔傳云：「新從下土來，未知朝廷體。」○鐸按：語亦見三式篇。

〔九〕漢書匡衡傳云：「今長安天子之都，親承聖化，然其習俗無以異於遠方。郡國來者，無所

法則，或見侈靡而放效之。」

〔一〇〕新書資質篇云：「梗柟豫章，天下之名木也。生於深山之中，產於谿谷之傍。」治要「柟」

作「梓」，文選劉公幹公讌詩注、司馬紹統贈山濤詩注引同。昭四年左傳云：「深山

窮谷。」

〔二〕漢書哀帝紀云：「經歷郡國。」按廣雅釋詁云：「俓、歷，過也。」「俓」與「經」通。爾雅釋山云：「山小而高，岑。」釋名釋山云：「岑，嶄也，嶄嶄然也。」

〔三〕成十三年左傳云：「踰越險阻。」

〔四〕詩甘棠毛傳：「伐，擊也。」說文伐、斫並訓擊。

〔五〕說文云：「訖，止也。」

〔六〕說文云：「儋，何也。」儋、擔正俗字。齊語「負任擔荷」韋昭注：「背曰負，肩曰擔。」管子八觀篇云：「大木不可獨伐也，大木不可獨舉也，大木不可獨運也。」○鐸按：「會眾」疑當作「眾會」，與「牛列」對。

〔七〕王先生云：『列』疑「引」，形近之誤。」繼培按：論衡效力篇云：「任車上坂，強牛引前。」○鐸按：上文「會眾」謂會合眾人，則「牛列」為次列多牛，本傳作「多牛而後致」，是其義。字不煩改。

〔八〕「油」當作「漕」。漢書趙充國傳云：「臣前部士入山伐材木，大小六萬餘枚，皆在水次，冰解漕下。」顏師古注：「漕下，以水運木而下也。」後漢書班彪後固傳西都賦云：「通溝大漕，潰渭洞河。」章懷注引蒼頡篇云：「潰，旁決也。」○俞樾云：「油潰」疑當作「潰油」。油，水名。說文云：「油水，出武陵孱陵西，東南入江。」「潰」即西都賦「潰渭洞河」之

「潰」。潰油入海，蓋從油水入江而由江入海也。大木之所出多在楚、蜀，運木者必取道荆、襄。江表傳稱：「劉備爲荆州牧，立營油口。」此即古油水故道，謂之油口，則其爲往來之所經歷可知。」○鐸按：「潰油入海」與「連淮逆河」，兩文相對，俞說近是。

〔八〕王先生云：「孟子『從流上而亡反謂之連』，此『連淮』之訓。」

〔九〕新語資質篇云：「梗枏豫章，因江河之道，而達於京師之下。」

〔一〇〕説文云：「雕，琢文也。」

〔一一〕漢書武帝紀云：「元封三年，朝鮮降，以其地爲樂浪、臨屯、玄菟、真番郡。」

〔一二〕武帝紀云：「元鼎六年，分武威、酒泉地置張掖、敦煌郡。」

〔一三〕鹽鐵論散不足篇云：「墮成變故傷功，工商上通傷農。」○鐸按：「此之費功傷農」，「之」猶「其」也。

〔一四〕成十三年左傳云：「痛心疾首。」呂氏春秋禁塞篇云：「世有興主仁士，深意念此，亦可以痛心矣。

古者墓而不崇。仲尼喪母，冢高四尺，遇雨而墮，弟子請治之。夫子泣曰：「禮不修墓〔二〕。」鯉死，有棺而無槨〔二〕。文帝葬於芷陽〔三〕，明帝葬於洛南〔四〕，皆不藏珠寶，不造廟，不起山陵〔五〕。陵墓雖卑而聖高〔六〕。今京師貴戚，郡縣豪家〔七〕，生不極養，死

乃崇喪〔八〕。或至刻金鏤玉〔九〕，襦梓梗椇，良田造塋〔一〇〕，黄壤致藏，多埋珍寶偶人車馬〔一一〕，造起大冢，廣種松柏，廬舍祠堂，崇侈上儹〔一二〕。寵臣貴戚，州郡世家〔一三〕，每有喪葬，都官〔一四〕屬縣〔一五〕，各當遣吏齎奉〔一六〕，車馬帷帳，貸假待客之具，競爲華觀。此無益於奉終，無增於孝行，但作煩擾擾，傷害吏民〔一七〕。

〔一〕禮記檀弓，「崇」作「壙」，「隆」作「崩」，「禮」作「古」。本傳與記同。○鐸按：此皆節信以意易之，非別本如是。傳則據禮記改。

〔二〕論語。

〔三〕「芒碭」舊作「芒碭」，據傳改。史記將相名臣年表云：「孝文帝九年，以芒陽鄉爲霸陵。」

〔四〕後漢書章帝紀章懷注引帝王世紀云：「明帝顯節陵，故富壽亭也。西北去雒陽三十七里。」

〔五〕事見漢書文帝紀、後漢書明帝紀。

〔六〕「聖高」傳作「德最高」。

〔七〕管子輕重甲云：「吾國之豪家。」史記呂不韋傳云：「子楚夫人，趙豪家女也。」

〔八〕即務本篇所云「約生以待終」，注詳前。

〔九〕後漢書梁統後商傳云：「賜以東園朱壽之器，銀鏤黄腸玉匣。」章懷注：「壽器，棺也。以朱飾之，以銀鏤之。」續漢書禮儀志劉昭注引漢舊儀云：「帝崩，以玉爲襦，如鎧狀，連縫

之，以黃金爲鏤，腰以下以玉爲札，長一尺二寸，半爲柙，下至足，亦縫以黃金縷。」

〔一〇〕禮記檀弓云：「公叔文子升於瑕邱，蘧伯玉從。文子曰：『樂哉斯邱！死則我欲葬焉。』伯玉曰：『吾子樂之，則瑗請前。』」鄭注：「刺其欲害人良田。」又云：「孔子曰：『古也墓而不墳。」鄭注：「墓，謂兆域，今之封塋也。」

〔一一〕鹽鐵論散不足篇云：「古者，明器有形無實，示民不用也。及其後，則有醯醢之藏，桐馬偶人彌祭，其物不備。今厚資多藏，器用如生人。」漢書韓延壽傳云「賣偶車馬下里僞物」，顏師古注：「偶，謂木土爲之，象眞車馬之形也。偶，對也。」〇鐸按：「黃壤」疑當作「黃腸」。漢書霍光傳「賜便房黃腸題湊各一具」，蘇林曰：「以柏木黃心致累棺外，故曰黃腸。」後漢書梁商傳：「賜銀鏤黃腸玉匣什物二十八種。」周禮方相氏鄭注云：「天子之椁，柏黃腸爲裏，而表以石焉。」蓋「黃腸」本天子之器，貴家非受賜而用之者則爲僭，故治要載崔寔政論云：「送終之家，亦無法度，至用檽梓黃腸，多藏珍寶。」「黃腸致藏」者，「致」與「緻」同，密也。言用黃腸緻密而藏之。若作「黃壤」，則無以見其侈矣。　藉黃壤爲薄葬，見後漢書趙咨傳。

〔一二〕鹽鐵論散不足篇云：「古者不封不樹，反虞祭於寢，無壇宇之居，廟堂之位。及其後則封之，庶人之墳半仞，其高可隱。今富者積土成山，列樹成林，臺榭連閣，集觀增樓。中者祠堂屏閣，垣闕罘罳。」

〔三〕漢書食貨志云「世家子弟」，如淳曰：「世家，謂世世有祿秩家也。」

〔四〕後漢書郎顗傳云：「洛陽都官。」按漢書宣帝紀顏師古注云：「中都官，凡京師諸官府也。」

〔五〕漢書薛宣傳云：「歷行屬縣。」

〔六〕周禮小祝「及葬，設道齋之奠」，注：「杜子春云：『齋當爲粢，道中祭也。漢儀，每街路輒祭。』」後漢書桓榮後曄傳云：「父鸞卒，楊賜遣吏奉祠，因縣發取祠具，曄拒不受。」

〔七〕易節象曰：「不傷財，不害民。」

今按鄗、畢之郊，文、武之陵〔一〕，南城之壘，曾析之冢〔二〕。周公非不忠也，曾子非不孝也，以爲褒君顯父〔三〕，不在聚財，揚名顯祖〔四〕，不在車馬。孔子曰：「多貨財傷於德，弊則沒禮〔五〕。」晉靈厚賦以雕牆，春秋以爲非君〔六〕。華元、樂呂厚葬文公，春秋以爲不臣〔七〕。況於羣司士庶，乃可僭侈主上，過天道乎〔八〕？

〔一〕漢書楚元王傳：「劉向云：『文、武、周公葬於畢。』」史記周本紀集解引皇覽云：「文王、武王、周公冢，皆在京兆長安鎬聚東社中。」正義引括地志云：「武王墓在雍州萬年縣西南三十八里畢原上。」崔實政論：「文、武之兆，與平地齊。」

〔二〕傳注云：「南城山，曾子父所葬，在今沂州費縣西南。」按續漢書郡國志，泰山郡有南城

縣,注:「故屬東海。」漢書地理志東海郡作「南成」。曾參,論語作曾皙,孔安國曰:「曾

〔三〕參,父也。名點。」○鐸按:名點字皙,名字相應。析,省借字。

〔四〕白虎通諡篇云:「人臣之義,莫不欲褒稱其君。」孝經云:「以顯父母。」

〔四〕禮記祭統云:「顯揚先祖,所以崇孝也。」

〔五〕儀禮聘禮云:「多貨則傷於德,弊美則沒禮。」荀子大略篇引聘禮志作:「幣厚則傷德,財侈則殄禮。」此以爲孔子語,而文又異,或別有所本。

〔六〕宣二年左傳。○鐸按:程本「以」作「之」,「之」字當在「爲」下,「爲之」即「謂之」也。或據閔二年左傳:「衣之尨服,遠其躬也;佩以金玦,棄其衷也。」漢書五行志「之」作「以」,謂「之」猶「以」,不可從也。

〔七〕成二年左傳「呂」作「舉」,呂氏春秋安死篇高誘注引傳作「呂」。按文十八年、宣二年傳並作「呂」。○鐸按:魏志文帝紀作「樂呂」,呂、莒、舉古同聲而通用。

〔八〕漢書貢禹傳云:「後世爭爲奢侈,轉轉益甚,臣下亦相放效,衣服履綺刀劍,亂於主上。主上時臨朝入廟,衆人不能別異,甚非其宜。然非自知奢僭也,猶魯昭公曰『吾何僭矣?』今大夫僭諸侯,諸侯僭天子,天子過天道,其日久矣。」

景帝時,武原侯衞不害坐葬過律奪國〔一〕。明帝時,桑民摍陽侯坐冢過制髡

削〔三〕。今天下浮侈離本，儳奢過上，亦已甚矣〔三〕！

〔一〕見史記高祖功臣侯者年表。舊脫「武」字，據表補。

〔三〕未詳。周禮冢人鄭注：「漢律曰：『列侯墳高四丈，關內侯以下至庶人各有差。』」

〔三〕○鐸按：周禮考工記：「輪已崇，則人不能登也。」注：「已，太也。」

凡諸所譏，皆非民性，而競務者，亂政薄化使之然也〔一〕。王者統世，觀民設教，乃能變風易俗，以致太平〔三〕。

〔一〕崔實政論云：「王政一傾，普天率土莫不奢儳者，非家至人告，乃時勢驅之使然。」漢書匡衡傳云：「此非其天性，有由然也。」

〔三〕易觀象曰：「先王以省方觀民設教。」漢書嚴安傳云：「變風易俗，化於海內。」地理志云：「凡民函五常之性，而其剛柔緩急音聲不同，繫水土之風氣，故謂之風，好惡取舍動靜亡常，隨君上之情欲，故謂之俗。」孔子曰：「移風易俗，莫善於樂。」言聖王在上，統理人倫，必移其本而易其末。此混同天下，壹之虖中和，然後王教成也。」按此篇大恉本鹽鐵論散不足篇。東、西京風俗靡敝略同，詔告頻煩，莫爲衰止，今錄兩書詔文，以明王氏之意。漢書成帝紀永始四年詔曰：「聖王明禮制以序尊卑，異車服以章有德，雖有其財，而無其尊，不得踰制，故民興行，上義而下利。方今世俗奢僭罔極，靡有厭足。公卿列

侯，親屬近臣，四方所則，未聞修身遵禮，同心憂國者也。或迺奢侈逸豫，務廣第宅，治園池，多畜奴婢，被服綺縠，設鍾鼓，備女樂，車服嫁娶葬埋過制。吏民慕效，寖以成俗，而欲望百姓儉節，家給人足，豈不難哉？ 其申飭有司，以漸禁之。」後漢書光武帝紀建武七年詔曰：「世以厚葬爲德，薄終爲鄙，至於富者奢僭，貧者單財，法令不能禁，禮義不能止，倉卒乃知其咎。 其布告天下，令知忠臣孝子慈兄悌弟薄葬送終之義。」明帝紀永平十二年詔曰：「昔曾、閔奉親，竭歡致養，仲尼葬子，有棺無椁。 喪貴致哀，禮存寧儉。今百姓送終之制，競爲奢靡，生者無擔石之儲，而財力盡於墳土，伏臘無糟糠，而牲牢兼於一奠，糜破積世之業，以供終朝之費，子孫饑寒，絕命於此，豈祖考之意哉？ 又車服制度，恣極耳目，田荒不耕，游食者衆。 有司其申明科禁宜於今者，宜下郡國。」章帝紀建初二年詔曰：「比年陰陽不調，饑饉屢臻。 深惟先帝憂人之本，詔書曰：『不傷財，不害民』，誠欲元元去末歸本。 而今貴戚近親，奢縱無度，嫁娶送終，尤爲僭侈。 有司廢典，莫肯舉察。 今自三公，並宜明糾非法，宣振威風。 其科條制度所宜施行，在事者備爲之禁，先京師而後諸夏。」和帝紀永元十一年詔曰：「吏民踰僭，厚死傷生，是以舊令節之制度。 頃者，貴戚近親，百僚師尹，莫肯率從，有司不舉，怠放日甚。 又商賈小民，或忘法禁，奇巧靡貨，流積公行。 其在位犯者，當先舉正。 市道小民，但具申明憲綱，勿因科令，加虐羸弱。」安帝紀……永初元年詔三公明申舊令，禁奢侈，毋作浮巧之物，殫財厚葬。 元初五

年詔曰：「舊令制度，各有科品，欲令百姓務崇節約。遭永初之際，人離荒厄，朝廷躬自菲薄，去絕奢飾，食不兼味，衣無二綵。比年雖獲豐穰，尚乏儲積，而小人無慮，不圖久長，嫁娶送終，紛華靡麗。至有走卒奴婢，被綺縠，著珠璣。京師尚若斯，何以示四遠？設張法禁，懇惻分明，而有司惰任，訖不奉行。秋節既立，鷙鳥將用，且復重申，以觀後效。」桓帝紀永興二年詔曰：「輿服制度，有踰侈長飾者，皆宜損省。郡縣務存儉約，申明舊令，如永平故事。」

慎微〔一〕第十三

凡山陵之高，非削成而崛起也〔二〕，必步增而稍上焉。川谷之卑，非截斷而顛陷也〔三〕，必陂池而稍下焉〔四〕。是故積上不止，必致嵩山之高〔五〕，積下不已，必極黃泉之深〔六〕。

〔一〕○鐸按：「盡小者大，積微者著。」然積善未必昌，而積惡則必致危亡。論政者所以尤戒慎於積惡也。賈子審微既揭其旨於前，節信此篇復申其義於後，慎微之教，亦幾於備矣。

〔二〕「成而」舊倒。山海經西山經：「太華之山，削成而四方。」漢書敘傳班彪王命論云：「未

見運世無本，功德不紀，而得屈起在此位者也。」文選作「倔起」，李善注云：「坤蒼曰：
「倔，特起也。」「崛」與「倔」同。

〔三〕説文云：「陷，高下也。」「一曰陜也。」

〔四〕史記司馬相如傳云「陂池貏豸」，索隱引郭璞曰：「陂池，旁積之貌。」按池，讀爲「陁」。傳
又云：「罷池陂陁。」即「貏豸陂池」也。○鐸按：亦作「陂陀」，爾雅釋地「陂者曰阪」，郭
注「陂陀不平」是也。陂池、貏豸、罷池、陂陁、陂陀，並以疊韻表義，故無定字。

〔五〕釋名釋山云：「山大而高崧。」釋文：「『崧』又作『嵩』。」郝懿行義疏云：「嵩、崧並見釋詁，或説古
山：「山大而高曰嵩。嵩，竦也，亦高稱也。」按「嵩」古作「崈」。○鐸按：爾雅釋
無「嵩」字，非也。」

〔六〕隱元年左傳云：「不及黃泉。」史記鄭世家集解引服虔注：「天玄地黃，泉在地中，故曰
黃泉。」漢書揚雄傳解嘲云：「深者入黃泉。」

非獨山川也，人行亦然，有布衣〔一〕積善不息〔二〕，必致顏、閔之賢〔三〕，積惡不休，必
致桀、跖之名〔四〕。非獨布衣也，人臣亦然〔五〕，積正不倦，必生節義之志，積邪不止，必
生暴弒之心。非獨人臣也，國君亦然，政教積德〔六〕，必致安泰之福〔七〕，舉錯數失，必
致危亡之禍〔八〕。故仲尼曰：湯、武非一善而王也，桀、紂非一惡而亡也。三代之廢

興也,在其所積〔九〕。積善多者,雖有一惡,是謂過失,未足以亡。積惡多者,雖有一善,是謂誤中,未足以存。人君聞此,可以悚惕〔一〇〕。布衣聞此,可以改容〔一一〕。

〔一〕鹽鐵論散不足篇云:「古者庶人耋老而後衣絲,其餘則麻枲而已,故命曰布衣。」王先生云:「三字不辭,疑有脫誤。」○鐸按:「有」蓋「布」之駁文,無脫字。

〔二〕禮記曲禮云:「敦善行而不怠。」

〔三〕論語云:「德行:顏淵,閔子騫。」

〔四〕荀子榮辱篇云:「爲桀、跖則常危辱。」

〔五〕趙策:「蘇秦曰:『天下之卿相人臣乃至布衣之士。』」

〔六〕王先生云:「『德』當作『得』,與下『失』字對文。」○鐸按:義對而文無取相對,「德」字不誤。

〔七〕老子云:「往而不害,安平泰。」

〔八〕易繫辭上傳云:「舉而措之天下之民,謂之事業。」「錯」與「措」通。趙策:「客見趙王曰:『今治天下舉錯非也,國家爲虛戾而社稷不血食。』」漢書董仲舒傳云:「人君莫不欲安存而惡危亡。」

〔九〕漢書賈誼傳云:「安者非一日而安也,危者非一日而危也,皆以積漸然,不可不察也。」

〔一〇〕漢書董仲舒傳云:「積善在身,猶長日加益而人不知也;積惡在身,猶火之銷膏,而人不

見也。非明乎情性，察乎流俗者，孰能知之？此唐、虞之所以得令名，而桀、紂之可爲悼

〔一一〕史記司馬相如傳上林賦云：「愀然改容，超若自失。」説文云：「懼，恐也。古文作惥。」
懼者也。」

是故君子戰戰慄慄，日慎一日〔一〕，克己三省〔二〕，不見是圖〔三〕。孔子曰：「善不積
不足以成名，惡不積不足以滅身〔四〕。小人以小善謂無益而不爲也，以小惡謂無傷而
不去也，是以惡積而不可掩，罪大而不可解也〔五〕。」此蹎、蹞〔六〕所以迷國而不返〔七〕，三
季所以遂往而不振者也〔八〕。

〔一〕淮南子人閒訓云：「堯戒曰：『戰戰慄慄，日慎一日，人莫蹎於山，而蹎於垤。』是故人皆
輕小害，易微事以多悔，患至而後憂之，是猶病者已倦而索良醫也。」後漢書光武帝紀建
武二年詔曰：「諸將業遠功大，誠欲傳於無窮，宜如臨深淵，如履薄冰，戰戰慄慄，日甚
一日。」

〔二〕昭十二年左傳：「仲尼曰：『古也有志，克己復禮，仁也。』」論語：「曾子曰：『吾日三省
吾身。』」

〔三〕成十六年左傳：「夏書曰：『怨豈在明？不見是圖。』」○鐸按：僞古文尚書五子之歌取
傳文。晉語九：「夏書有之曰：『一人三失，怨豈在明？不見是圖。』」韋注：「不見，未

慎微第十三 　　　　　　　　　　　　　　　　　　　　　　　　　一八九

〔四〕 此下舊接「夫賢聖卑革」至「胡福不除」，又複「足以滅身」四字，今移正。

〔五〕 易繫辭下傳 王弼本「謂」作「爲」。「不爲」、「不去」、「不」俱作「弗」。「是以」作「故」。按新書審微篇云：「善不可謂小而無益，不善不可謂小而無傷。」又見連語，古易蓋有作「謂」者。淮南子繆稱訓云：「君子不謂小善不足爲也而舍之，小善積而爲大善；不謂小不善爲無傷也而爲之，小不善積而爲大不善。是故積羽沈舟，羣輕折軸，故君子禁於微。」

〔六〕 「踽」舊作「屬」，據本政篇改。今詩作「椆」。

〔七〕 韓詩外傳一云：「懷其寶而迷其國者，不可與語仁。」按「迷國」論語作「迷邦」，漢人避高祖諱改。漢時劾奏大臣多用之，漢書王尊傳劾奏匡衡、張譚「懷邪迷國」，王嘉傳孔光等劾嘉「迷國罔上不道」，師丹傳策免丹云「懷諼迷國」，蓋當時律令如此。

〔八〕 晉語：「夫三季王之亡也宜。」顏師古注：「郭偃曰：『三季，三代之末也。』」史記樂書云：「流沔沈佚，遂往而不反。」漢書敍傳敍天文志云「三季之後，厥事放紛」，司馬相如傳上林賦云：「恐後世靡麗，遂往而不反。」周語云「踣斃不振」，韋昭注：「振，救也。」

夫積微成顯，積著成〔一〕，鄂譽鄂譽，鄂致存亡〔二〕，聖人常慎其微也〔三〕。文王小

心翼翼〔四〕，武王夙夜敬止〔五〕，思慎微眇，早防未萌〔六〕，故能太平而傳子孫〔七〕。

〔一〕「成」下脱一字。按漢書律曆志云：「三微而成著，三著而成象。」易乾鑿度云：「三微而成一著，三著而成一體。」〇譯按：荀子大略篇云：「夫盡小者大，積微者著。」「積著成」下蓋脱「象」字，與「亡」爲韻。

〔二〕文有脱誤。按漢書韋賢傳云「喻喻諤夫，咢咢黃髮」，如淳曰「喻喻，自媚貌」，顏師古曰：「咢咢，直言也。」此文疑當作「鄂鄂譽譽，以致存亡」。「鄂鄂」與「咢咢」通，「譽譽」與「喻喻」通。「鄂鄂致存亡」，即史記商君傳趙良所謂「武王諤諤以昌，殷紂墨墨以亡」也。韓詩外傳十云：「有諤諤爭臣者，其國昌。有默默諛臣者，其國亡。」按「盡小者大」二語，本荀子大略篇。

〔三〕淮南子人閒訓云：「聖人敬小慎微。」漢書董仲舒傳云：「衆少成多，積小致鉅，故聖人莫不以晻致明，以微致顯。是以堯發於諸侯，舜興乎深山，非一日而顯也，蓋有漸以致之矣。言出於己，不可塞也。行發於身，不可掩也。言行，治之大者，君子之所以動天地也。故盡小者大，慎微者著。」

〔四〕詩大明。

〔五〕詩閟予小子。按此爲成王詩，「武」當作「成」。〇譯按：匡衡以此詩爲武王畢喪。衡學齊詩，則是齊詩説也。節信引詩多本三家，「武」字必不可改。

〔六〕漢書賈誼傳云：「禮云禮云者，貴絕惡於未萌，而起教於微眇。」

〔七〕詩閟宮鄭箋云：「文王、武王繼太王之事，至受命致太平。」烈文箋云：「文王、武王以純德受命，定天位。」又云：「天之錫之以此祉福也，又長愛之，無有期竟，子孫得傳世，安而居之。」此即用詩誼，與鄭氏同。○鐸按：「能」下疑脫「致」字，考績篇：「三代於世，皆致太平。」是其例。又鄭箋詩不專主毛，此蓋亦三家説也。

且夫邪之與正，猶水與火不同原，不得並盛〔一〕。正性勝，則遂重己不忍虧也，伯夷餓死而不恨〔二〕；邪性勝，則忸忕而不忍舍也〔三〕，故王莽竊位而不慙〔四〕。積惡習之所致也。夫積惡習非久，致死亡非一也，世品人遂〔五〕。

〔一〕淮南子詮言訓云：「君子行正氣，小人行邪氣。內便於性，外合於義，循理而動，不繫於物者，正氣也。重於滋味，淫於聲色，發於喜怒，不顧後患者，邪氣也。邪與正相傷，欲與性相害，不可兩立，一置一廢，故聖人損欲而從事於性。」

〔二〕論語。

〔三〕「忕」當爲「忕」。爾雅釋言云「狃，復也」，郭注：「狃忕復爲。」後漢書馮異傳云「忕忕小利」，章懷注：「『忸忕』猶『慣習』也，謂慣習前事復爲之。」狃、忕字通。詩四月疏、蕩釋文並引説文云：「忕，習也。」今説文無「忕」字。「恌」字注：「習也。」「忕」當即「恌」之別體。忕，説文訓恐，與「狃習」義別。漢書武帝紀元狩元年詔「忕於邪説」，服虔曰「忕，音裔」，

應劭曰「忸，怵也」，如淳曰：「忕，音怵惕。」蓋服、應本作「忕」，如本作「怵」，字形之誤如

此。○鐸按：「狃忕」字本作「忕」，以「大」爲聲。大、世古音同部（如「太子」即「世子」，

「大室」即「世室」，「子大叔」即「子世叔」）。蓋「忕」或作「忚」（如荀子榮辱篇「憍泄」即「驕

汰」）「故又易爲「愧」，猶「泄」、「枻」亦作「洩」、「楔」也。「忕」字桓十三年左傳疏、爾雅釋

言疏引説文亦有之，當據補。

〔四〕漢書。

〔五〕「積惡習」以下，文有脱誤。漢書董仲舒傳云：「暴逆不仁者，非一日而亡也，亦以漸至。」

此文蓋本之。「世品人遂」下，舊接「俾爾多益」至末，今移正。然此四字下尚有脱文。

夫聖賢卑革〔一〕，則登其福〔二〕。慶封、伯有〔三〕，荒淫於酒，沈湎無度，以弊其家〔四〕。

晉平殆政〔五〕，惑以喪志，良臣弗匡，故俱有禍〔六〕。楚莊、齊威，始有荒淫之行〔七〕，削弱

之敗〔八〕，幾於亂亡，中能感悟，勤恤民事〔九〕，勞精苦思〔一〇〕，孜孜不怠〔一一〕，夫出陳應，爵

命管蘇〔一二〕，召即墨，烹阿大夫〔一三〕，故能中興，彊霸諸侯，當時尊顯，後世見思，傳爲

令名，載在圖籍〔一四〕。由此言之，有希〔一五〕人君，其行一也，知己曰明，自勝曰彊〔一六〕。

〔一〕「革」疑「恭」之誤。後漢書竇融傳云：「每召會進見，容貌辭氣，卑恭已甚。」

〔二〕「有」字舊脱。

〔三〕昭十五年左傳云:「福祚之不登,叔父焉在?」

〔四〕襄廿八年、卅年左傳。

〔五〕孫侍御云:「『殆』與『怠』同。」繼培按:新書道術篇云:「志操精果謂之誠,反誠爲殆。」淮南子詩玄鳥「受命不殆」,鄭箋云:「受天命而行之不解殆。」是鄭讀「殆」爲「怠」也。泰族訓:「句踐棲於會稽,修政不殆。」鹽鐵論論菑篇:「周文、武尊賢受諫,敬戒不殆。」方言後劉子駿與揚雄書:「收藏不殆。」並以「殆」爲「怠」。

〔六〕昭元年左傳。○鐸按:晉語八韋注:「良臣,謂趙孟。」

〔七〕毛詩雞鳴序云:「哀公荒淫怠慢。」

〔八〕秦策云:「地削兵弱。」

〔九〕周語云:「勤恤民隱。」

〔一〇〕「精」舊作「積」。漢書張敞傳云:「勞精於政事。」論衡命禄篇云:「勞精苦形。」韓詩外傳五云:「勞心苦思。」

〔一一〕漢書平當傳云:「聖漢受命而王,繼體成業,二百餘年,孜孜不怠。」

〔一二〕按新序一稱楚共王有疾,命令尹爵筦蘇,遣申侯伯。王薨,令尹即拜筦蘇爲上卿,逐申侯伯出之境。呂氏春秋長見篇「筦蘇」作「莧譆」,說苑君道篇作「筦饒」,並以爲荊文王事。

申侯伯即僖七年左傳申侯，楚文王死後出奔鄭。是二人皆在文王時，新序以爲共王者誤

也。漢書古今人表中上有陳應，在楚嚴王、箴尹克黃、五參之後，申公子培、樂伯、優孟之

前，楚遺賈、申叔時、孫叔敖之下，則爲莊王時人無疑。但表列陳應於中上，必賢大夫，不

應被出。且與管蘇不同時。疑此陳應當爲申侯、陳、申、應、侯，字形皆相近，遂以致誤。

然事在文王時，此以爲莊王，則又誤也。

〔三〕齊威王事，見史記田完世家。

〔四〕韓非子用人篇云：「書圖著其名。」〇鐸按：論榮篇「載於圖書」，義同。

〔五〕「有希」當作「布衣」。漢碑「布」作「帒」，與「希」相似。

〔六〕老子云：「自知者明，自勝者彊。」〇鐸按：韓非子喻老篇作「自見之謂明，自勝之謂強。」

夫有不善未嘗不知，知之未嘗復行，此顏子所以稱庶幾也〔一〕。詩曰：「天保〔二〕

定爾，亦孔之固。俾爾單〔三〕厚，胡福不除〔四〕？俾爾多益，以莫不庶〔五〕。」蓋此言

也〔六〕，言天保佐王者，定其性命，甚堅固也。使汝信厚，何不治？而多益之，甚庶衆

焉。不〔七〕遵履五常，順養性命，以保南山之壽，松柏之茂也？

〔一〕易繫辭下傳。

〔二〕「保」舊作「祿」。盧學士云：「下仍以『天保』解之，當依今詩作『保』。」〇鐸按：胡承珙毛

詩後箋亦謂作「天禄」，乃轉寫字譌。

〔三〕〔宣〕今詩作「單」。〇鐸按：詩大雅桑柔疏引亦作「宣」。「宣厚」二字平列。

〔四〕此下舊接「足以滅身。小人以小善」云云。

〔五〕詩天保。

〔六〕〔蓋〕舊作「善」，下有「也」字。按本書班禄篇引詩，其下亦云「蓋此言也」，今依例改之。

〔七〕〔不〕字舊誤，或當作「目」。王侍郎云：「上云「甚堅固也」，「甚庶眾」下疑脱「也」字。「焉不」二字屬下讀。」〇鐸按：「焉」屬上讀，「不」上疑脱「可」字。陳喬樅魯詩遺說考八疑脱「罔」字，則爲直陳句，今亦不從。

德輶如毛〔一〕，爲仁由己〔二〕。莫與併蟲，自求辛螫〔三〕。禍福無門，惟人所召〔四〕。亮天之所助者順也，人之所尚者信也，履信思乎順，又以尚賢，是以吉無不利也〔五〕。哉斯言〔六〕！可無思乎？

〔一〕詩烝民。〇鐸按：荀子彊國篇明積微至著之功，亦引此詩證之。

〔二〕論語。

〔三〕詩小毖。「併蠭」今作「莽蜂」。按「併」當作「拼」，桑柔詩「莽云不逮」，釋文云：「莽本或作「拼」。」〇鐸按：陳喬樅魯詩遺說考十八云：「爾雅釋訓：「甹夆，掣曳也。」此據魯

詩之文。潛夫論多用魯說，字亦當作「粵夆」。胡承珙毛詩後箋云：「潛夫論言「禍福無

門，唯人自召」，此正謂無人掣曳於我，禍福皆自己求之也。」「與」今詩作「予」，馬瑞辰

云：「「予」即「與」之借，箋訓「我」非。」

〔四〕襄廿三年左傳閔子馬語。

〔五〕易繫辭上傳。「所尚」王弼本作「所助」，本書巫列篇同。

〔六〕爾雅釋詁云：「亮，信也。」

實貢〔一〕第十四

國以賢興，以諂衰，君以忠安，以忌危〔二〕。此古今之常論，而世所共知也。然衰
國危君繼踵不絕者〔三〕，豈世無忠信正直之士哉？誠苦忠信正直之道不得行爾。

〔一〕○鐸按：東漢，求貢不相稱，名實不相副。此篇痛貢士不依質幹，空造虛美，既與考績相
發，而尤憤於責備求全，視賢難復有進矣。

〔二〕王先生云：「「忌」當依本傳作「佞」。」繼培按「佞」字是也。漢書京房傳云：「房嘗宴見，
問上曰：「幽、厲之君何以危？所任者何人也？」上曰：「君不明，而所任者巧佞。」」

〔三〕尹文子大道篇云：「危亡繼踵。」

夫十步之間，必有茂草，十室之邑，必有俊士〔二〕。賢材之生，日月相屬，未嘗乏

絕。是故亂殷有三仁〔三〕，小衞多君子〔三〕。以漢之廣博，士民之衆多〔四〕，朝廷之清明，

上下之修治〔五〕，而官無直吏，位無良臣。此非今世之無賢也，乃賢者廢錮而不得達

於聖主之朝爾〔六〕。

〔一〕説苑談叢篇云：「十步之澤，必有香草，十室之邑，必有忠士。」

〔二〕論語。

〔三〕襄廿九年左傳。○鐸按：莊廿八年穀梁傳：「衞小齊大。」成三年左傳杜注：「春秋時以

彊弱爲大小，故衞雖侯爵，猶爲小國。」

〔四〕「多」字舊空。漢書梅福傳云：「夫以四海之廣，士民之數，能言之類至衆多

也。」本傳「漢」上有「大」字。按下文云：「今漢土之廣博。」急就篇云：「漢地廣大，無不

容盛。」

〔五〕詩大明云：「會朝清明。」漢書伍被傳云：「被竊觀朝廷，君臣、父子、夫婦、長幼之序皆

得其理。上之舉錯，遵古之道。風俗紀綱，未有所缺。雖未及古太平時，然猶爲治也。」

〔六〕漢書朱雲傳云：「廢錮終元帝之世。」按成二年左傳云「子反請以重幣錮之」，杜注：「禁

錮勿令仕。」

一九八

夫志道者少友，逐俗者多儔。是以舉世多黨而用私，競比質而行趨華[一]。貢士者，非復依其質幹，準其材行也，直虛造空美，掃地洞説。擇能者而書之，公卿刺史掾從事，茂才孝廉且二百員[三]。歷察其狀，德侔顏淵、卜、冉[三]，最其行能[四]，多不及中[五]。誠使皆如狀文，則是爲歲得大賢二百也。然則災異曷爲譴[六]？此非其實之効[七]。

〔一〕傳作「朋黨用私，背實趨華」。按韓非子孤憤篇云：「臣利在朋黨用私。」漢書貨殖傳序云：「僞民背實而要名。」此以「朋」爲「多」，以「背實」爲「比質」，並誤。「行」字亦疑衍。程本又誤「用」爲「朋」。古書多、朋、用三字往往相亂，戰國策韓公仲朋，亦作韓傌，史記甘茂傳作公仲侈，漢書古今人表又作公中用。霍去病傳：「校尉僕多有功，封爲煇渠侯。」顏師古曰：「功臣侯表作僕朋。今此作『多』，轉寫者誤也。○鐸按：明闇篇「而多比周則法亂」「多」亦「朋」訛。

〔二〕通典十三云：「後漢光武十二年，詔三公舉茂才各一人，廉吏各一人。左右將軍歲察廉吏各二人。光禄歲舉郎、茂才、四行各一人，察廉吏三人。中二千石歲舉廉吏各一人，廷尉、大司農各二人。將兵將軍歲察廉吏各二人。監御史、司隸、州牧歲舉茂才各一人。」

續漢書百官志劉昭注載此詔稱漢官目錄云。按後漢書章帝紀建初元年詔云：「茂才、孝廉，歲以百數。」丁鴻傳載和帝時定郡舉孝廉之數，通典引之，注云：「推核當時戶口，一歲所貢，不過二百餘人。」鴻傳語詳實邊篇注。

〔三〕按漢時保舉人皆有狀。後漢書朱浮傳章懷注引漢官儀博士舉狀云：「生事愛敬，喪沒如禮。通易、尚書、孝經、論語，兼綜載籍，窮微闡奧。隱居樂道，不求聞達。身無金痍痼疾。卅六屬不與妖惡交通，王侯賞賜。行應四科，經任博士。下言某官某甲保舉。」他狀當類此。「窮微闡奧」下，通典十三有「師事某官，見授門徒五十五人以上」。論語云：「德行：顏淵，閔子騫，冉伯牛，仲弓。」淮南子精神訓云：「顏回，季路，子夏，冉伯牛，孔子之通學也。」

〔四〕漢書公孫弘傳云：「臣弘行能不足以稱。」後漢書和帝紀永元五年詔曰：「選舉良才，為政之本。科別行能，必由鄉曲。」按「科別行能」，即周禮鄉大夫職所謂「考其德行道藝而興賢者能者」，鄭司農云：「興賢者，謂若今舉孝廉，興能者，謂若今舉茂才。」漢書周勃傳顏師古注：「最者，凡也。」

〔五〕漢書李廣傳云：「校尉以下，材能不及中。」顏師古注：「中，謂中庸之人也。」史記作「才能不及中人」。

〔六〕「譏」舊作「饑」。漢書董仲舒傳云：「春秋之所譏，災害之所加也。春秋之所惡，怪異之

所施也。」京房傳云：「古帝王以功舉賢，則萬化成，瑞應著。末世以毀譽取人，故功業廢

而致災異。宜令百官各試其功，災異可息。」此文大恉如房所言。

〔七〕漢書魏相傳云：「今郡國守相，多不實選，風俗尤薄，水旱不時。」後漢書順帝紀陽嘉元

年詔曰：「閒者以來，吏政不勤，故災咎屢臻，盜賊多有。退省所由，皆以選舉不實，官非

其人。是以天心未得，人情多怨。」

夫說梁飯食肉〔一〕，有好於面目〔二〕，而不若糲粢藜烝之可食於口也〔三〕。圖西施、

毛嬙，有〔四〕悦於心〔五〕，而不若醜妻陋妾之可御於前也。虛張高譽〔六〕，彊蔽疵瑕〔七〕，以

相詆耀〔八〕，有快於耳〔九〕，而不若忠選實行可任於官也。周顯拘時〔一〇〕，故蘇秦〔一一〕，燕

噲利虛譽，故讓子之〔一二〕，皆舍實聽聲，嘔哇之過也〔一三〕。

〔一〕漢書王莽傳云：「王業市所賣梁飯肉羹，持入視莽曰：『居民食，咸如此。』」繼培按：

〔二〕王先生云：「此語與下『有悦於心』句當互易，『面』字衍。」淮南子說林訓云：

「佳人不同體，美人不同面，而皆悦於目。」

〔三〕白虎通諫諍篇云：「黎蒸不熟。」「黎」即「藜」之省。

〔四〕「有」舊作「可」。

〔五〕管子小稱篇云：「毛嬙、西施，天下之美人也。」淮南子說山訓云：「畫西施之面，美而不

可說。」論衡言毒篇云：「好女說心。」

〔六〕北堂書鈔五十四引東觀漢紀云：「鄧豹遷大匠，工無虛張之繕。」

〔七〕僖七年左傳云：「不女疵瑕。」

〔八〕漢書宣元六王傳：「張博常欲諕燿淮南王。」元后傳：「莽日諕燿太后。」王莽傳：「所以諕燿媚事太后，下至旁側長御，方故萬端。」又云：「欲以諕燿百姓。」「耀」與「燿」同。

〔九〕漢書息夫躬傳云：「辯口快耳，其實未可從。」

〔一〇〕「時」下脫一字。

〔一一〕「故」下脫一字，疑是「疏」，「疏」與「蘇」聲相涉而失之。史記蘇秦傳云：「求說周顯王。顯王左右素習知蘇秦，皆少之，弗信。」

〔一二〕史記燕世家。

〔一三〕淮南子主術訓云：「天下多眩於名聲而寡察其實，是故處人以譽尊，而游者以辯顯。」列子說符篇云：「爰旌目餓於道，狐父之盜丘壺餐以哺之。爰旌目三餔而後能視，曰：『譆！汝非盜耶？』『吾義不食子之食也。』兩手據地而歐之。狐父之人則盜矣，而食非盜也。以人之盜，因謂食爲盜而不敢食，是失名實者也。』『歐』與『嘔』同。

夫聖人純，賢者駮〔一〕，周公不求備〔二〕，四友不相兼〔三〕，況末世乎？是故高祖所

輔佐，光武所將相，不遂僞舉，不責兼行[四]，亡秦之所棄，王莽之所捐[五]，二祖任用以誅暴亂，成致治安[六]。太平之世，而云無士，數開橫選，而不得真，甚可憤也[七]！

[一] 論衡齊零篇云：「世稱聖人純而賢者駁。」漢書梅福傳云：「一色成體謂之純，白黑雜合謂之駁。」

[二] 論語。○鐸按：已見論衡篇。

[三] 「肢」，舊作「肢」，據傳改。博物志云：「文王四友：南宮括、散宜生、閎夭、太顛。」按尚書大傳「文王胥附、奔輳、先後、禦侮謂之四隣，以免乎羑里之害」指此四人，故孔子以回、賜、師、由擬之，章懷注此傳即以四友屬孔子，非也。春秋繁露天地之行篇云：「任羣臣無所親，若四肢之各有職也。」新語懷慮篇云：「目以精明，耳以主聽，口以別味，鼻以聞芳，手以之持，足以之行，各受一性，不得兩兼。」舊作「肢」，義亦可通，然與下「末世」云云，文意不合，故定從本傳。

[四] 尹文子大道篇云：「天下萬事，不可備能。責其備能於一人，則賢聖其猶病諸！設一人能備天下之事，則前後左右之宜，遠近遲疾之閒，必有不兼者焉。苟有不兼，於治闕矣。」後漢書韋彪傳云：「夫人才行，少能相兼。」

[五] 「捐」舊作「損」。

[六] 漢書文帝紀：「元年，有司固請曰：『古者殷、周有國，治安皆且千歲。』」顏師古注：「治

安，言治理而且安寧也。」賈誼傳云：「陳治安之策。」〇鐸按：「成致」連用，亦見下文。

〔七〕「真」舊作「直」。 按續漢書五行志劉昭注引馬融上書云：「孔子曰：『十室之邑，』必有忠信如丘者焉。」以天下之大、四海之眾，云無若人，臣以爲誣矣。宜特選詳譽，審得其真。」

語意與此同。

夫明君之詔也若聲，忠臣之和也當如響應〔一〕，長短大小，清濁疾徐，必相和也。

是故求馬問馬，求驪問驪，求鷹問鷹，求駹問駹〔三〕。由此教令，則賞罰必也。

〔一〕荀子彊國篇云：「下之和上，譬之若響之應聲，影之象形也。」新書大政上篇云：「故爲人君者，其出令也其如聲，士民學之其如響。」説文云：「咊，相應也。 譍，以言對也。」

〔二〕「鷹」與「應」同。

〔三〕「鷹」蓋「驪」之誤。 説文云：「驪，似馬長耳。 驪，馬深黑色。 駹，馬面額皆白也。」馬、驪、驪、駹爲一物，又以馬、驪爲一物，驪、駹爲一物，馬驪以形、驪、駹以色也。 漢書匈奴傳云：「匈奴騎，其西方盡白，東方盡駹，北方盡驪，南方盡騂馬。」此駹、驪並舉之證。 〇俞樾云：「『鷹』字不倫。 『駹』則仍即馬之一種，上既言馬，不應下又言『駹』，疑皆字之誤。 『鷹』當作『雞』，『雞』誤爲『雅』，因改爲『鷹』矣。 『駹』當作『尨』，謂犬也，涉上『驪』字而加馬旁耳。 馬、驪一類，雞、犬一類也。」〇鐸按：俞說『駹』爲『尨』之加旁字是也，而『鷹』字

不煩改。鷹、犬逐捕雉兔者，亦一類也。

夫高論而相欺，不若忠論而誠實〔一〕。且攻玉以石〔二〕，治金以鹽，濯錦以魚，浣布以灰〔三〕。夫物固有以賤治貴，以醜治好者矣。智者棄其所短而採其所長，以致其功，明君用士亦猶是也〔四〕。物有所宜，不廢其材，況於人乎？

〔一〕漢書張釋之傳：「文帝曰：『卑之毋甚高論。』」韓非子八經篇云：「人臣忠論以聞姦。」說苑說叢篇云：「高議而不可及，不若卑論之有功也。」

〔二〕詩鶴鳴云：「他山之石，可以攻玉。」淮南子說山訓云「玉待礛諸而成器」，高誘注：「礛諸，攻玉之石。」說文作「廯諸」。

〔三〕儀禮喪服傳云：「冠六升外畢，鍛而弗灰。」士喪禮云「幎冒用功布」，鄭注：「功布，鍛濯灰治之布也。」既夕禮注：「功布，灰治之布也。」禮記深衣注：「深衣者，用十五升布鍛濯灰治。」雜記「加灰錫也」，疏云：「取緦以為布，又加灰治之，則曰錫。」考工記云「帗氏湅帛，以欄為灰，渥淳其帛」，鄭注：「以欄木之灰漸釋其帛也。」內則云：「冠帶垢，和灰請漱。衣裳垢，和灰請澣。」

〔四〕管子形勢解云：「明主之官物也，任其所長，不任其所短，故事無不成，功無不立。」後漢書第五倫後種傳云：「春秋之義，選人所長，棄其所短。」

夫修身慎行〔一〕，敦方正直，清廉潔白〔二〕，恬淡無爲〔三〕，化之本也。憂君哀民，獨覩亂原〔四〕，好善嫉惡〔五〕，賞罰嚴明，治之材也。明君兼善而兩納之，惡行之器也，爲金玉寶政之材剛鐵用。無此二寶〔六〕，苟務作異以求名，詐靜以惑衆，則敗俗傷化〔七〕。今世慕虛者，此謂堅白〔八〕。堅白之行，明君所憎，而王制所不取〔九〕。

〔一〕孝經云：「修身慎行，恐辱先也。」

〔二〕呂氏春秋離俗覽云：「布衣人臣之行，潔白清廉中繩，愈窮愈榮。」

〔三〕莊子胠篋篇文。

〔四〕春秋繁露度制篇云：「凡百亂之源，皆出嫌疑纖微，以漸寖稍長至於大。」五行相生篇云：「昭然獨見存亡之機，得失之要，治亂之源，豫禁未然之前。」鹽鐵論申韓篇云：「塞亂源而天下治。」

〔五〕漢書竇嬰傳：「藉福曰：『君侯資性，喜善疾惡。』」顏師古注：「喜，好也。」

〔六〕「惡行」以下，文有脫誤。

〔七〕淮南子齊俗訓云：「矜僞以惑世，伉行以違衆，聖人不以爲民俗。」漢書師丹傳哀帝策免丹云：「朕疾夫比周之徒，虛僞壞化，寖以成俗。」敍傳敍貨殖傳云：「侯服玉食，敗俗傷化。」

〔八〕公孫龍子有堅白篇。史記平原君傳云：「公孫龍善為堅白之辯。」莊子秋水篇：「公孫龍問於魏牟曰：『龍少學先生之道，長而明仁義之行，合同異，離堅白，然不然，可不可，困百家之知，窮眾口之辯。』」齊物論云「以堅白之昧終」釋文：「司馬云：『謂堅石、白馬之辯也。』」

〔九〕禮記王制云：「行偽而堅，言偽而辨，學非而博，順非而澤，以疑眾，殺。」

是故選賢貢士，必考覈其清素〔一〕，據實而言，其有小疵〔二〕，勿彊衣飾〔三〕，以壯虛聲〔四〕。一能之士，各貢所長〔五〕，出處默語〔六〕，勿彊相兼，則蕭、曹、周、韓之論〔七〕，何足得矣〔八〕？吳、鄧、梁、竇之徒〔九〕，而致十〔一〇〕。各以所宜，量材授任〔一一〕，則庶官無曠〔一二〕，興功可成，太平可致，麒麟可臻〔一三〕。

〔一〕「清」當作「情」。史記蔡澤傳：「應侯云：『披腹心，示情素。』」治要載尸子分篇云：「違情見素，則是非不蔽。」

〔二〕易繫辭上傳云：「悔吝者，言乎其小疵也。」漢書平帝紀詔曰：「不以小疵妨大材。」

〔三〕方言云：「凡相被飾亦曰獎。」「衣飾」猶「被飾」也。後漢書黃瓊傳云：「梁冀前後所托辟召，一無所用。雖有善人，而為冀所飾舉者，亦不加命。」

〔四〕韓非子六反篇云：「世主聽虛聲而禮之。」後漢書黃瓊傳李固遺瓊書云：「俗論皆言處

士純盜虛聲。」

〔五〕淮南子主術訓云:「有一能者服一事。」漢書丙吉傳云:「士亡不可容,能各有所長。」說

苑君道篇云:「君使臣自貢其能,則萬一之不失矣。」

〔六〕易繫辭上傳:「子曰:『君子之道,或出或處,或默或語。』」

〔七〕「論」當作「倫」。蕭何、曹參、周勃、韓信,並見史記。○鐸按: 本傳作「倫」。

〔八〕「得矣」蓋「專美」之訛。○鐸按: 此謂不難得,作「何足專美」,則非其本旨。

〔九〕吳漢、鄧禹、梁統、竇融,並見後漢書。

〔一〇〕「當作「也」,「而致」上蓋脫二字。楚策:「莫敖子華曰:『若君王誠好賢,此五臣者,

皆可得而致之。』」此或即「可得而致」四字。

〔一一〕漢書董仲舒傳云:「量材而授官。」

〔一二〕書皋陶謨。

〔一三〕詩麟之趾疏引鄭康成答張逸云:「周之盛德,關雎化行之時,公子化之,皆信厚與禮合,

古太平致麟之時,不能過也。」此言「太平致麟」,蓋亦用詩誼矣。○鐸按: 成、臻、耕、真

合韻。

且燕小,其位卑,然昭王尚能招集他國之英俊,興誅暴亂,成致治彊〔一〕。今漢土

之廣博，天子尊明，而曾無一良臣，此誠不愍兆黎之愁苦[二]，不急賢人之佐治爾。孔

子曰：「未之思也，夫何遠之有[三]？」忠良之吏誠易得也[四]，顧聖王欲之不爾。

〔一〕史記燕世家云：「燕昭王即位，卑身厚幣以招賢者。樂毅自魏往，鄒衍自齊往，劇辛自趙

往，士爭趨燕。於是遂以樂毅爲上將軍，與秦、楚、三晉合謀以伐齊，盡取其寶，燒其宮室

宗廟。齊城之不下者，獨惟聊、莒、即墨，其餘皆屬燕。」漢書敍傳云「招輯英俊」，顏師古

注：「『輯』與『集』同。」

〔二〕漢書王莽傳云：「期於安兆黎矣。」「苦」字舊空，據程本。

〔三〕論語。○鐸按：此引孔子語以證人君第不求賢，求則何遠之有？毛奇齡論語稽求篇據

本傳刪節之文，謂「此正以貴賤、好醜、長短、清濁相反而實相成，以見思反之義」，乖節信

本旨矣。

〔四〕成十七年左傳云：「能與忠良，吉孰大焉？」後漢書循吏王渙傳鄧太后詔曰：「夫忠良

之吏，國家所以爲理也。求之甚勤，得之至寡。」

潛夫論箋校正卷四

班祿[一]第十五

太古之時[二]，烝黎初載[三]，未有上下，而自順序，天未事焉，君未設焉。後稍矯虔[四]，或相陵虐[五]，侵漁不止[六]，爲萌巨害[七]。於是天命聖人使司牧之，使不失性[八]，四海蒙利[九]，莫不被德[一〇]，僉共奉戴，謂之天子[一一]。

[一]○鐸按：孟子萬章下篇：「周室班爵祿，如之何？」趙注：「班，列也。」訓本方言。鄭玄三禮目錄云：「名曰王制者，以其記先王班爵授祿祭祀養老之法度。」今周禮地官司祿闕其職，而孟子答北宮錡問，已謂其詳不可得聞，及漢孝文時，始命博士諸生采集傳記以爲王制。此篇説班祿本之。然王制與孟子有不合者，則以其書後出，而諸儒又復有損益也。自當以孟子爲正。

[二]禮記郊特牲鄭注：「唐、虞以上曰太古。」

[三]漢書司馬相如傳云「覺寤黎烝」，顏師古注：「黎烝，衆庶也。」「烝黎」與「黎烝」同。蔡中郎集陳留太守胡公碑銘亦云：「悠悠蒸黎。」藝文類聚十一引此文「烝」作「兆」。「兆黎」

見上篇。詩大明云「文王初載」，毛傳：「載，識。」按此文「初載」，即爾雅釋詁「初、哉」，並取始義。載、哉古字通。

〔四〕書呂刑云：「奪攘矯虔。」「後稍」類聚作「末後」。

〔五〕襄十八年左傳云「陵虐神主」，杜注：「神主，民也」。

〔六〕漢書宣帝紀神爵三年詔曰「侵漁百姓」，顏師古注：「漁者，若言漁獵也。」

〔七〕呂氏春秋高義篇高誘注：「萌，民也。」按「萌」為「甿」之借，說文云：「民，眾萌也。氓，民也。讀若盲。民之為言也，瞑也。萌之為言也，盲也」。漢書楚元王傳劉向疏云「民萌何以勸勉」，顏師古注：「『萌』與『甿』同。」陳勝項藉傳贊云「甿隸之人」，如淳曰：「甿，古文萌字。萌，民也。」

〔八〕襄十四年左傳：「師曠曰：『天生民而立之君，使司牧之，勿使失性。』」「使不」類聚作「勿令」。

〔九〕漢書食貨志云：「百姓蒙利。」

〔一〇〕「莫不」類聚作「草木」。按淮南子氾論訓云：「禽獸草木，莫不被其澤。」

〔一一〕「斂共」類聚作「恭儉」，誤。說文云：「撿，拱也。拱，斂手也。」二字連文，「斂共」即「撿拱」省文。襄廿五年左傳：「子產云：『奉戴厲公。』」杜注：「『奉戴』猶『奉事』。」文十八年傳云：「同心戴舜，以為天子。」新書威不信篇云：「古之正義，東西南北，苟舟車之所

達，人迹之所至，莫不率服，而後云天子。」按管子君臣下篇云：「古者未有君臣上下之

別，未有夫婦妃匹之合，獸處羣居，以力相征。於是智者詐愚，彊者凌弱，老幼孤獨，不得

其所。故智者假衆力以禁强虐，而暴人止，爲民興利除害，正民之德，而民師之。」此文意與

彼同。○鐸按：說文：「僉，皆也。」禮記內則注：「共猶皆也。」僉共奉戴，言四海之

民皆奉戴之也。　箋以爲「撿拱」，非。

故天之立君，非私此人也，以役民，蓋以誅暴除害利黎元也[一]。是以人謀鬼謀，

能者處之[二]。詩云：「皇矣上帝！臨下以[三]赫。監觀四方，求民之瘼[四]。惟此二

國，其政不獲。惟此[五]四國，爰究爰度。上帝指之[六]，憎其式惡[七]。乃睠[八]西顧，此

惟與度[九]。」蓋此言也，言夏、殷二國之政不得，乃用奢夸廓大[一〇]，上帝憎之，更求民

之瘼聖人[一一]，與天下四國究度而使居之也。

[一]荀子大略篇云：「天之生民，非爲君也。天之立君，以爲民也。」淮南子兵略訓云：「所

爲立君者，以禁暴討亂也。」又云：「明王之用兵也，爲天下除害，而與萬民共享其利。」漢

書嚴安傳云：「興利除害，誅暴禁邪。」蕭望之後育傳云：「其於爲民除害安元元而已。」

谷永傳云：「天下黎元，咸安家樂業。」按嚴安傳云：「元元黎民。」「黎元」即「元元黎民」

也。史記文帝紀索隱引姚察云：「古者謂人云『善人』也，因『善』為『元』，故云『黎元』。其言『元元』者，非一人也。」○鐸按：「以役民」疑當在「立君」下。

〔二〕注見思賢篇。

〔三〕「以」今詩作「有」。○李富孫詩經異文釋云：「桓七年左傳『有信有義』四句，論衡詰術皆引作『以』，義並通。」○鐸按：有，助詞，作『以』蓋聲之誤。或謂『有』猶『以』，非。

〔四〕「瘼」今詩作「莫」。蔡中郎集和熹鄧后諡議云：「參圖考表，求人之瘼。」蜀志馬超傳序：「廣求民瘼。」蓋本三家詩。此文當作「瘼」，後人或據毛詩改之。孫侍御云：「文選齊安陸昭王碑文云『慮深求瘼』，李善注云：『詩：求民之莫。班固漢書引詩而為此瘼，爾雅曰：瘼，病也。』今漢書敍傳亦作『莫』，顏師古訓『莫』為『定』，與毛、鄭同，宋書符瑞志引漢書作『瘼』。」○鐸按：馬瑞辰亦謂匡謬正俗『不知民瘼』，義本三家詩。「瘼」蓋今「毛病」字。陳喬樅魯詩遺說考十五云：「王符用魯詩，引詩當同蔡邕作『瘼』字，下文『更求民之瘼』，可證也。」

〔五〕「此」今作「彼」。○文四年左傳引詩彼、此二字互易。陳喬樅詩經四家異文考云：「潛夫論引詩上下皆作『惟此』，疑原本上句作『惟彼』，與左傳同，後人依毛改『彼』作『此』耳。」馬瑞辰曰：「彼、此蓋隨言之，非有異義。」○鐸按：「此」字重複無理，或當依左傳。

〔六〕「指」今作「旨」。按詩正月：「有皇上帝，伊誰云憎。」鄭箋云：「欲天指害其所憎而已。」馬瑞辰曰：「玉篇：『旨，怒訶也。』廣雅釋言：『指，斥也。』『指斥』亦怒責之義。」胡承珙毛詩後箋云：「『旨』疑即『指』之借字。」「美服患人指，高明逼神惡」，是「指」有惡義。

〔七〕「惡」今作「廓」。○鐸按：陳喬樅云：「『惡』字乃『廓』之誤，下文云：『乃用奢夸廓人，上帝憎之』，是潛夫論引詩文本作『式廓』也。」鄒漢勳讀書偶識卷三說略同。

〔八〕「睊」今作「眷」，釋文云：「本又作『睊』。」○鐸按：眷、睊同字。初學記一、北堂書鈔四、文選長楊賦注，頭陀寺碑注引詩並作「睊」。

〔九〕「度」今作「宅」。論衡初稟篇亦作「度」。漢書韋玄成傳注臣瓚曰：「按古文宅、度同。」○臧琳經義雜記云：「古文尚書『宅』字，兩漢人所引皆作『度』。然以『宅』爲『度』者，今文形聲之誤。毛詩爲古文，凡『宅居』字皆作『宅』，『度謀』字皆作『度』。」○鐸按：此引詩正是今文，故「宅」作「度」。

〔一〇〕○鐸按：程本作「奢夸廓人」。○鄒漢勳云：「奢夸者爲廓人。今世俗尚有『廓人』之語，其由來久矣。潛夫所舉，殆三家詩說也。」○鐸按：「奢夸廓」，猶潛歎篇「幽隱囚人」，皆以三同義詞爲語。「廓人」即「闊人」，新方言釋言：「今謂人奢泰爲闊綽。」「闊人」謂闊綽之人也。叔子此解雖臆創，然核之辭例語義皆合，自不得以悖於雅訓而棄之。

〔二〕○鐸按：鄒氏讀「更求民之瘼聖人」七字爲句，云：「語不順，殆是『更求知民瘼之聖人』，倒奪而如此。」

前哲良人〔一〕，疾□□〔二〕無紀極也〔三〕，乃惟度法象〔四〕，明著禮秩〔五〕，爲優〔六〕憲藝，縣之無窮〔七〕。故傳曰：「制禮，上物不過十二，天之道也〔八〕。」是以先聖籍田有制〔九〕，供神有度〔一〇〕，奉己有節〔一一〕，禮賢有數，上下大小，貴賤親疏，皆有等威，階級衰殺〔一二〕，各足禄其爵位〔一三〕，公私達其等級，禮行德義〔一四〕。

〔一〕舊作「招」。

〔二〕空格程本作「奢夸廓」三字。○鐸按：此承上文「奢夸廓人」，言前哲疾其無紀極，故爲之制法修憲，文義甚明，程本是也。

〔三〕文十八年左傳云：「賴前哲以免也。」詩黄鳥云：「殲我良人。」

〔四〕周禮太宰：「縣治象之法於象魏，使萬民觀治象。」○鐸按：此言取法於天，非懸法於象魏之謂。

〔五〕莊八年左傳云：「聚斂積實，不知紀極。」

〔六〕「優」疑「修」。

〔七〕文六年左傳云「陳之藝極」，杜注：「藝，準也。」漢書蕭望之傳云：「作憲垂法，爲無窮之

班禄第十五

二一五

規。」○鐸按：爾雅釋詁：「憲，法也。」「憲藝」猶「法則」。

〔八〕哀七年左傳，「天之道」作「天之大數」。○鐸按：廣雅釋言：「數，術也。」吳語：「道將不行」，韋注：「道，術也。」是數、道同義，此引以意易之。

〔九〕禮記祭義云：「天子爲藉千畝，諸侯爲藉百畝。」

〔一〇〕周語：「襄王曰：『昔我先王之有天下也，規方千里以爲甸服，以供上帝山川百神之祀。』」昭七年左傳云：「上所以共神也。」

〔一一〕毛詩鴛鴦序云：「思古明王，交於萬物有道，自奉養有節焉。」

〔一二〕宣十二年左傳云：「君子小人，物有服章，貴有常尊，賤有等威。」杜注：「威儀有等差。」桓二年傳云「皆有等衰」，杜注：「衰，殺也。」禮記月令云：「以爲旗章，以別貴賤等級之度。」

〔一三〕「祿」當作「保」，慎微篇亦誤「保」爲「祿」。孝經云：「保其祿位。」

〔一四〕文有脫誤。成二年左傳云：「器以藏禮，禮以行義。」杜注：「車服所以表尊卑，尊卑有禮，各得其宜。」此文大意蓋與傳同。

當此之時也，九州之內，合三千里，爾八百國〔二〕。其班祿也，以上農爲正，始於庶人在官者，祿足以代耕，蓋食九人。諸侯下士亦然。中士倍下士，食十八人。上

士倍中士，食三十六人。大夫倍之，食七十二人。小國之卿，二於大夫。次國之卿，三於大夫。大國之卿，四於大夫，食二百八十八人。君各什其卿。天子三公〔三〕，采視公侯，蓋方百里。卿采視伯，方七十里。大夫視子男，方五十里。元士視附庸，方三十里〔三〕。功成者封〔四〕。是故官政專公，不慮私家〔五〕；子弟事學，不干〔六〕財利，閉門自守〔七〕，不與民交爭，而無飢寒之道〔八〕，而不陷〔九〕；臣養優而不隘〔一〇〕，吏愛官而不貪〔一〕，民安靜而强力〔一二〕，此則太平之基立矣〔一三〕。乃惟慎貢選，明必黜陟，官得其人，人任其職，欽若昊天，敬授民時〔一四〕，同我婦子，餞彼南畝〔一五〕；上務節禮，正身示下，下悅其政，各樂竭己奉戴其上〔一六〕。是以天地交泰〔一七〕，陰陽和平〔一八〕，民無姦匿〔一九〕，機衡不傾〔二〇〕。德氣流布而頌聲作也〔二一〕。

〔一〕禮記王制云：「凡四海之內九州，州方千里。」又云：「凡九州千七百七十三國。」漢書賈山傳云：「昔者周蓋千八百國，以九州之民，養千八百國之君。」地理志云：「周爵五等，而士三等，公侯百里，伯七十里，子男五十里，不滿爲附庸，蓋千八百國。」此有脫誤。○鐸按：「爾」疑當作「千」。「千」與「尔」草書形近，「千」誤爲「尔」，後人又改爲「爾」也。

〔二〕「公」下舊衍「侯」字。

〔三〕本王制。

〔四〕白虎通考黜篇云：「以德封者，必試之爲附庸，三年有功，因而封之五十里。元士有功者，亦爲附庸，世其位。大夫有功成，封五十里。卿功成，封七十里。公功成，封百里。」

〔五〕漢書賈誼傳云：「國耳忘家，公耳忘私。」鮑宣傳云：「志但在營私家。」

〔六〕「于」舊作「於」，何本改「與」，並誤。「干」誤爲「于」，又轉誤爲「於」也。

〔七〕漢書王莽傳云：「閉門自守，又坐隣伍鑄錢挾銅，姦吏因以愁民。」

〔八〕漢書董仲舒傳云：「受祿之家，食祿而已，不與民爭業，然後利可均布，而民可家足。」

〔九〕「而」上脫三字。

〔一〇〕漢書韋賢後玄成傳：「玄成友人侍郎章上疏云：『宜優養玄成。』禮記禮器云『君子以爲隘矣』，鄭注：『隘猶狹陋也。』」

〔一一〕史記平準書云：「守閭閻者食粱肉，爲吏者長子孫，居官者以爲姓號，故人人自愛而重犯法。」

〔一二〕漢書成帝紀陽朔四年詔曰：「先帝劭農，薄其租稅，寵其强力，令與孝弟同科。」

〔一三〕毛詩南山有臺序云：「立太平之基。」

〔一四〕書堯典。

〔一五〕詩七月。

〔一六〕毛詩吉日序云：「能慎微接下，無不自盡以奉其上焉。」

〔一七〕易泰象曰：「天地交而萬物通。」

〔一八〕淮南子氾論訓云：「陰陽和平，風雨時節。」

〔一九〕「匽」讀爲「懕」。魯語云「下無姦慝」，韋昭注：「慝，惡也。」

〔二〇〕書堯典云：「在璿機玉衡。」史記天官書云：「北斗七星，所謂旋機玉衡，以齊七政。」漢書揚雄傳云：「玉衡正而泰階平。」

〔三〕宣十一年公羊傳云：「什一行而頌聲作。」

其後忽養賢而鹿鳴思〔一〕，背宗族而采蘩怨〔二〕，履畝稅而碩鼠作〔三〕，賦斂重而譚告通〔四〕，班祿頗而傾甫刺〔五〕，行人定而綿蠻諷〔六〕，故遂耗亂衰弱。

〔一〕此後所述詩義，皆與毛傳異，蓋本三家之說。○鐸按：史記十二諸侯年表序：「仁義陵遲，鹿鳴刺焉。」文選嵇康琴賦李善注引蔡邕琴操：「鹿鳴者，周大臣之所作也。王道衰，大臣知賢者幽隱，故彈絃諷諫。」御覽五百七十八引同。陳喬樅魯詩遺說考云：「皆本魯詩之說。」

〔二〕○鐸按：馬瑞辰曰：「『采蘩』當爲『采蘋』之譌。蓋三家詩或因詩有『宗室牖下』一語，遂以爲背宗族而作也。」陳喬樅云：「潛夫論以鹿鳴爲怨詩，與司馬遷史記年表、蔡邕琴操、

高誘淮南注（詮言訓）并合，又以行葦爲咏公劉詩，亦與劉向列女傳（晉弓工妻傳）合，是其用魯詩之明證。然則此以采蘩爲怨詩者，當亦據魯說也。」

〔三〕鹽鐵論取下篇云：「周之末塗，德惠塞而嗜欲衆，民困於下，怠於公乎（鐸按：「公乎」當作「上公」，張敦仁說），是以有履畝之稅，碩鼠之詩作也。」○鐸按：魏風碩鼠序云：「刺重斂也。」陳奐曰：「三家與毛序刺重斂合。」顧廣圻曰：「公羊宣十五年傳云：『稅畝者何？履畝而稅也。』又云：『什一行而頌聲作矣。』正爲碩鼠詩而言。三家詩，公羊皆今文，宜其說之相近。」陳喬樅云：「桓寬用齊詩，然則此詩魯、齊說同矣。」皮錫瑞師伏堂筆記云：「碩鼠詩是魏風。魏滅於春秋初，豈是時已有履畝之稅乎？據春秋經、傳則始於宣公，或魯是時初用之耳。」按毛詩大東序云：「東國困於役而傷於財，譚大夫作是詩以告病。」

〔四〕舊脫「而」字，「譚」作「譯」。

〔五〕顧茂才廣圻云：「『傾』當作『頃』。」繼培按：隸釋高陽令楊著碑：「頃甫班爵。」頃甫即毛詩祈父，「刺」舊亦誤作「賴」。治要載陸景典語謂「周襄申伯，吉甫著誦，祈父失職，詩人作刺，官人封爵，不可不慎。」說與此合。按毛傳：「圻父，司馬也。」鄭箋申之云：「司馬掌祿士，故司士屬焉。」其說蓋採之三家。隸釋繁陽令楊君碑云：「民思遺愛，奔告於王，頃不審真，莫肯慰揚。」頃、傾字形相近而誤。志氏姓篇以單傾公爲頃公，誤正類此。

亦謂顧甫。

安平相孫根碑又云：「圻甫考績。」

〔六〕顧茂才云：「『定』當作『乏』。」繼培按：尚書大傳云：「行而無資謂之乏。」呂氏春秋季春紀「振乏絕」高誘注：「乏，貧病也。」是行人得言乏矣。或云：「『定』當爲「欠」，說文云：「欠，貧病也。」欠、定字形亦相近。○鐸按：僖三十年左傳「行李之往來，共其乏困。」「行李」即行人之官，是行人言乏之證。詩緜蠻箋：「古者卿大夫出行，士爲末介。士之祿薄，或困乏於資財，則當賙贍之。」與此說合，並本三家。或說未允。邵本作「麼」，吳闓生詩義會通作「病」，皆臆改。陳喬樅疑「畏」字之譌，亦非。

及周室微而五伯作，六國弊而暴秦興，背義理而尚威力，滅典禮而行貪叨〔一〕，重賦斂以厚己，强臣下以弱枝〔二〕，文德不獲封爵〔三〕，列侯不獲〔四〕。是以賢者不能行禮以從道〔五〕，品臣不能無枉以從利〔六〕。君又驟赦以縱賊〔七〕，民無恥而多盜竊。

〔一〕韓詩外傳五云：「自周室壞以來，王道廢而不起，禮義絕而不繼。秦之時，非禮義、棄詩、書，略古昔，大滅聖道，專爲苟妄，以貪利爲俗，以告獝爲化，而天下大亂。」燕策：「太子丹曰：『今秦有貪饕之心，而欲不可足也。』」說文云：「饕，貪也。」重文作「叨」。按考績篇作「貪饕」。

〔三〕春秋繁露盟會要篇云：「强幹弱枝，以明大小之職。」

〔三〕漢書公孫弘傳封弘詔云:「古者任賢以序位,量能以授官,勞大者厥禄厚,德盛者獲爵尊,故武功以顯重,而文德以行褒。」按三式篇引崧高、烝民詩而釋之云:「申伯、山甫,文德致升平,而王封以樂土,賜以盛服。」「文德獲封」,蓋三家詩説有之。

〔四〕下脱二字,當是「不獲治民」,即三式篇所云「列侯或有德宜子民,而道不得施」也。

〔五〕詩北門云「終窶且貧」,毛傳:「窶者,無禮也。」箋云:「君於己禄厚,終不足以爲禮。」

〔六〕「品臣」猶言「衆臣」。通典卅五引應劭漢官儀載張敞、蕭望之言曰:「夫倉廩實而知禮節,衣食足而知榮辱,今小吏奉率不足,常有憂父母妻子之心,雖欲潔身爲廉,其勢不能。」後漢書仲長統傳昌言損益篇云:「選用必取善士。善士富者少而貧者多,禄不足以供養,安能不少營私門乎?」崔實政論云:「今所使分威權御民人理獄訟幹賦庫者,皆羣臣之所爲,而其奉禄甚薄,仰不足以養父母,俯不足以活妻子。父母者,性所愛也;妻子者,性所親也。所愛所親,方將凍餒,雖冒刃求利,尚猶不避,況可令臨財御衆乎?是所謂渴馬守水,餓犬護肉,欲其不侵,亦不幾矣。」

〔七〕○鐸按:「驟敕」即「數敕」。宣三年左傳「宣子驟諫」,賈逵注:「驟,疾也。」爾雅釋詁:「數,疾也。」小爾雅廣言:「驟,數也。」二字古音同部,故義亦相通。

何者?咸氣加而化上風〔一〕,患害切而迫飢寒〔二〕,此藏紇〔三〕所以不能詰其盗者

也〔四〕。詩云:「大風有隧,貪人敗類〔五〕。」「爾之教矣,民斯效矣〔六〕。」是故先王將發號
施令〔七〕,諄諄如也〔八〕,惟恐不中而道於邪,故作典以為民極〔九〕,上下共之,無有私
曲〔一〇〕,三府制法〔一一〕,未聞赦彼有罪〔一二〕,獄貨惟寶者也〔一三〕。

〔一〕「咸」當作「戾」。「戾氣」與下「和氣」相對。說苑貴德篇云:「天子好利則諸侯貪,諸侯貪
則大夫鄙,大夫鄙則庶人盜。上之變下,猶風之靡草也。」

〔二〕漢書魏相傳云:「飢寒在身則亡廉恥,寇賊姦軌所由生也。」

〔三〕「臧紇」舊作「滅絕」。

〔四〕襄廿一年左傳。

〔五〕桑柔。○鐸按:遏利篇亦引。

〔六〕角弓。今詩作「胥傚」,白虎通三教篇引詩作「斯效」。○鐸按:陳喬樅謂作「斯」者魯詩。

〔七〕淮南子本經訓云:「發號施令,天下莫不從風。」

〔八〕詩抑云:「誨爾諄諄。」按禮記中庸「肫肫其仁」,鄭注:「肫肫」讀如「誨爾忳忳」之
「忳」。忳忳,懇誠貌也。」春秋繁露相生篇云:「孔子為魯司寇,斷獄屯屯,與眾共之。」說
苑至公篇作「敦敦」。敦敦、諄諄、屯屯、忳忳義並同。○鐸按:孟子萬章上篇云:「諄
諄然命之乎?」「諄諄如」即「諄諄然」。「如」猶「然」也。訓見經傳釋詞卷七。

〔九〕周禮云:「太宰掌建邦之六典。」又云:「設官分職,以為民極。」

是故明君臨衆，必以正軌〔一〕，既無厭有〔二〕，務節禮而厚下，復德而崇化，使皆阜於養生〔三〕而競於廉恥也〔四〕。是以官長正而百姓化，邪心黜而姦匿絕〔五〕，然後乃能協和氣而致太平也〔六〕。易曰：「聖人養賢以及萬民〔七〕。」爲本，君以臣爲基，然後高能可崇也〔八〕；馬肥，然後遠能可致也〔九〕。人君不務此而欲致太平，此猶薄趾〔一０〕而望高牆〔一二〕，驥瘠而責遠道，其不可得也必矣。

〔一０〕管子五輔篇云：「公法行而私曲止。」

〔一一〕後漢書郎顗傳云「委任三府」，章懷注：「三公也。」按太尉、司徒、司空皆開府，故曰「三府」。

〔一二〕詩小弁云「舍彼有罪」，釋文：「舍，音捨，又音赦。」周禮司刺鄭注：「赦，舍也。」

〔一三〕書呂刑云：「獄貨非寶。」

〔一〕隱五年左傳云：「講事以度軌量謂之軌。」

〔二〕句有誤字。

〔三〕周語云「所以阜財用衣食」，韋昭注：「阜，厚也。」

〔四〕管子牧民篇云：「國有四維：一曰禮，二曰義，三曰廉，四曰恥。」淮南子泰族訓云：「民

無廉恥，不可治也。非修禮義，廉恥不立。」

〔五〕「匿」讀爲「慝」。

〔六〕漢書楚元王傳劉向封事云：「和氣致祥，乖氣致異。祥多者其國安，異衆者其國危。」

〔七〕頤象辭。

〔八〕文有脫誤，當云「國以民爲本，君以臣爲基，基厚，然後高能可崇也」。鹽鐵論未通篇云：「築城者先厚其基而後求其高，畜民者先厚其業而後求其贍。」考工記云：「匠人，牆厚三尺，崇三之。」鄭注：「高厚以是爲率，足以相勝。」○鐸按：「能」猶「乃」也。下同。

〔九〕詩有駉毛傳：「駉，馬肥彊貌。馬肥彊則能升高進遠，臣彊力則能安國。」鄭箋云：「此喻僖公之用臣，必先致其禄食，禄食足而臣莫不盡忠。」

〔一○〕「薄趾」二字當乙。

〔一一〕淮南子泰族訓云：「不益其厚而張其廣者毀，不廣其基而增其高者覆。」

述敕〔一〕第十六

凡治病者，必先知脈之虛實〔二〕，氣之所結〔三〕，然後爲之方〔四〕，故疾可愈而壽可長也〔五〕。爲國者，必先知民之所苦，禍之所起，然後設之以禁，故姦可塞國可安矣〔六〕。

〔一〕本傳在愛日篇後。○鐸按：驟赦縱賊，此篇極論其弊。蓋大惡不化，數赦適足以勸姦。

本傳此篇在愛日篇後，觀前錄忠貴、浮侈、實貢三篇適符今次，似舊本如此。

〔二〕素問玉機真藏論：「黃帝曰：『凡治病，察其形氣色澤，脈之盛衰，病之新故，乃治之。』」

〔三〕論評虛實論：「岐伯曰：『邪氣盛則實，精氣奪則虛。』」

莊子達生篇云：「忿滀之氣，散而不反，則為不足，上而不下，則使人善怒；下而不上，則使人善忘；不上不下，中身當心，則為病。」素問舉痛論：「帝曰：『余知百病生於氣也。怒則氣上，喜則氣緩，悲則氣消，恐則氣下，寒則氣收，炅則氣泄，驚則氣亂，勞則氣耗，思則氣結。』」

〔四〕素問至真要大論：「帝曰：『氣有多少，病有盛衰，治有緩急，方有大小。』」漢書藝文志云：「經方者，本草石之寒溫，量疾病之淺深，假藥味之滋，因氣感之宜，辯五苦六辛，致水火之齊，以通閉解結，反之於平。」

〔五〕鹽鐵論輕重篇云：「扁鵲撫息脈而知疾所由生，陽氣盛則損之而調陰，寒氣盛則損之而調陽，是以氣脈調和，而邪氣無所留矣。」

〔六〕墨子兼愛篇云：「聖人以治天下為事者也。必知亂之所自起，焉能治之；不知亂之所自起，則弗能治。譬如醫之攻人之疾者然，必知疾之所自起，焉能攻之；不知疾之所自起，則弗能攻。」

今日賊良民之甚者，莫大於數赦〔一〕。赦贖數，則惡人昌而善人傷矣〔二〕。奚以明之哉？曰：孝悌之家，修身慎行〔三〕，不犯上禁，從生至死，無銖兩罪〔四〕，數有赦贖，未嘗蒙恩〔五〕，常反爲禍。何者？正直之士之爲吏也〔六〕，不避強禦〔七〕，不辭上官〔八〕。從事督察〔九〕，方懷不快〔一○〕，而姦猾之黨〔一一〕，又加誣言〔一二〕，皆知赦之不久，則且共橫枉侵冤，誣奏罪法〔一三〕。今主上妄行刑辟〔一四〕，高至死徙，下乃淪冤〔一五〕，而被〔一六〕冤之家，乃甫當乞鞠告故以信直〔一七〕，亦無益於死亡矣〔一八〕。

〔一〕管子法法篇云：「凡赦者，小利而大害者也，故久而不勝其禍。毋赦者，小害而大利者也，故久而不勝其福。」

〔二〕後漢書桓譚傳云：「惡人誅傷，則善人蒙福。」此倒用其語。漢書刑法志文帝詔曰：「法者治之正，所以禁暴而衞善人也。」

〔三〕孝經云：「修身慎行，恐辱先也。」

〔四〕銖兩，言其輕。漢書趙廣漢傳云「銖兩之姦」，亦此意。○鐸按：猶今言「絲毫」。

〔五〕漢書文三王傳云：「比比蒙恩。」又云：「數蒙聖恩，得見貰赦。」

〔六〕「直」舊作「真」，據程本改。詩小明云：「正直是與。」

〔七〕漢書蓋寬饒傳：「王生予書曰：『明主知君絜白公正，不畏彊禦。』」後漢書鮑永傳：「永

辟扶風鮑恢爲都官從事。恢亦抗直，不避彊禦。」按詩烝民：「不畏彊禦。」文十年左傳

引詩「剛亦不吐，柔亦不茹」，杜注云：「詩大雅。美仲山甫不辟彊禦。」秦策高誘注引詩

亦作「不辟彊禦」。誘多用韓詩，疑韓詩「畏」本作「辟」，「辟」與「避」通。○鐸按：陳喬樅

亦疑高注所引爲三家異文。

〔八〕辭，謂辭謁。漢書尹翁歸傳云：「徵拜東海太守，過辭廷尉于定國。」後漢書丁鴻傳云：

「竇憲兄弟各擅威權，鴻上封事曰：『大將軍雖欲勑身自約，不敢僭差，然而天下遠近皆

惶怖承旨。刺史二千石初除謁辭，求通待報，雖奉符璽，受臺勑，不敢便去，久者至數十

日。』」梁統後冀傳云：「冀愛監奴秦宮，官至太倉令，威權大震，刺史二千石皆謁辭之。」

郭伋傳云：「召見辭謁」，章懷注：「因辭而謁見也。」循吏傳云：「任延拜武威太守。帝親

見，戒之曰：『善事上官。』」

〔九〕續漢書百官志云：「司隸校尉及諸州皆有從事史。」漢書翟方進傳云：「督察公卿」，顏

師古注：「督，視也。」

〔一０〕易艮六二：「其心不快。」漢書高帝紀：「六年，張良曰：『取上素所不快，計羣臣所共知

最甚者一人先封，以示羣臣。』」

〔一一〕漢書武帝紀元狩六年詔曰：「姦猾爲害。」

〔二〕說文云：「加，語相增加也。誣，加也。」漢書五行志「淮陽王上書冤博辭語增加」，顏師古注：「言博本爲石顯所冤，增加其語，故陷罪。」○鐸按：此言姦猾之黨又加之以誣枉之言，與下文「加誣」平列者有別。

〔三〕崔實政論云：「長吏或實清廉，心平行潔，內省不疚，不肯媚竈，誣覆閣門，捕攝妻子。」□於□府。州郡側目，以爲負折，乃選巧文猾吏，向壁作條，

〔四〕昭六年左傳：「叔向曰：『昔先王議事以制，不爲刑辟。』」漢書百官公卿表云：「廷尉掌刑辟。」宣帝紀元康二年詔曰：「用法或持巧心，析律貳端，深淺不平，增辭飾非，以成其罪。奏不如實，上亦亡繇知。」

〔五〕漢書尹翁歸傳云：「按致其罪，高至於死。」按「高」、「下」猶「重」、「輕」也。○顧炎武日知錄二十七云：「高，謂罪名之上者，猶言『上刑』。」孫詒讓札迻八云：「『今』當爲『令』，『淪冤』疑當爲『論免』，皆形之誤。此言誣奏良吏，令上失刑，重者至死，輕者亦論罪免官（上文云：『正直之士之爲吏也。』）。今本作『淪冤』，則與『死徙』高下無別，蓋涉上文『橫枉侵冤』，下文『被冤之家』而誤。」○鐸按：孫說甚是。「今」字程本正作「令」。

〔六〕「被」舊作「彼」。

〔七〕「信」讀爲「申」。說文云：「籀，窮治辠人也。」經典通用「鞫」。禮記文王世子云「告於甸人」，鄭注：「『告』讀爲『鞫』。讀書用灋曰鞫。」周禮小司寇「讀書則用灋」，注：「鄭司農

云:「如今時讀鞫已,乃論之。」史記夏侯嬰傳云:「嬰試補縣吏,與高祖相愛。高祖戲
而傷嬰,人有告高祖。高祖時爲亭長,重坐傷人,告故不傷嬰。」集解:「鄧展曰:『律有
故乞鞫。高祖自告不傷人。』」索隱:「案晉灼云:『獄結竟,呼囚鞫,語罪狀。囚若稱枉,
欲乞鞫者,許之也。』」漢書景武昭宣元成功臣表「新時侯趙弟坐爲太常鞠獄不實」,如淳
曰:「鞠者,以其辭決罪也。」晉灼曰:「律說出罪爲故縱,入罪爲故不直。」

〔八〕漢書刑法志緹縈上書云:「死者不可復生,刑者不可復屬。」

勝數〔七〕。

及隱逸行士,淑人君子〔一〕,爲讒佞利口所加誣覆冒〔二〕,下土寃民〔三〕,能至闕者,
萬無數人,其得省問者,不過百一,既對尚書,空遣去者,復十六七。雖蒙考覆〔四〕,州
郡轉相顧望〔五〕,留苦其事〔六〕。春夏待秋冬,秋冬復涉春夏,如此行逢赦者,不可

〔一〕詩尸鳩。

〔二〕論語云:「惡利口之覆邦家者。」漢書王尊傳云:「浸潤加誣,以復私怨。」列女傳齊威虞
姬傳云:「執事者誣其辭而上之。」虞姬曰:「有司受略,聽用邪人,卒見覆冒,不能自
明。」明德馬后傳云:「時有楚獄,因證相引,繫者甚多。后恐有單辭妄相覆冒,承閒爲
上言之。」後漢書皇甫規傳云:「今見覆沒,恥痛實深。」「覆沒」即「覆冒」,冒、沒聲近

義同。

〔三〕漢書于定國傳云：「張釋之爲廷尉，天下無冤民。」「下土」注見浮侈篇。○鐸按：三式篇：「下土邊遠，能詣闕者，萬無數人。」「下土」即「邊遠」也。

〔四〕「覆」當作「覈」。説文云：「覈，實也。」考事而笮邀遮其辭得實曰覈。亦漢時律令語，謂稽考覆按之。漢書鄭崇傳：「尚書令趙昌奏崇與宗族通，疑有姦。上責崇。崇對曰：『臣門如市，臣心如水。願得考覆。』上怒，下崇獄窮治。」是其證。汪說失之。

〔五〕漢書王嘉傳云：「内外顧望。」

〔六〕「留苦其事」舊作「留吾真事」。按漢書西域大宛傳云「不敢留苦」，顏師古注：「不敢留連及困苦之也。」易林咸之豫，萃之咸，巽之井、未濟之需並云：「稽難行旅，流連愁苦。」

〔七〕漢書楚元王後向傳云「得踰冬減死論」，服虔曰「踰冬至春，行寬大而減死罪」，如淳曰：「獄冬盡當決竟，而得踰冬，復至後冬，故或逢赦，或得減死也。」魏相傳云：「大將軍用武庫令事，遂下相廷尉獄，久繫，踰冬，會赦出。」

又謹慎之民，用天之道，分地之利，擇莫犯土〔二〕，謹身節用〔三〕，積累纖微，以致小過〔三〕，此言質良蓋民，惟國之基也〔四〕。

〔一〕句有誤字，程本「土」作「法」。○孫詒讓曰：「案此當作『捽草杷土』。漢書貢禹傳云：『農夫父子，暴露中野，不避寒暑，捽屮（顏注云：『屮，古草字也。』）杷土，手足胼胝。』即王節信所本。今本上三字皆形近譌易，惟『土』字未譌，而程榮又臆改爲『法』，繆之甚也！」○鐸按：孫校至確。班禄篇「莫不被德」，類聚作「草木被德」，亦草、莫二字相涉之證。

〔二〕孝經云：「用天之道，分地之利，謹身節用，以養父母，此庶人之孝也。」急就篇云：「鬼薪白粲鉗釱髡，不肯謹慎自令然。」

〔三〕後漢書梁統後商傳云：「幾微生過，遂陷不義。」論衡累害篇云：「大獄一起，無辜者衆，死囚久繫，纖微成大。」後漢紀安帝永寧元年岑宏議云：「將吏異好，清濁殊操。清吏增郁郁之白，舉洄洄之言。濁吏懷恚恨，徐求其過，因纖微之謗，被以罪罰。」韓詩外傳九云：「禍起於纖微。」漢書張湯後安世傳云：「累積纖微。」

〔四〕禮記月令云：「黑黃蒼赤，莫不質良。」鄭注：「質，正也。良，善也。」按此當作「貞良」，「言」當作「皆」，「蓋」當作「善」，「此皆貞良善民」爲句。「貞良」見敍録。史記秦始皇紀琅邪臺刻石辭云：「姦邪不容，皆務貞良。」崔實政論云：「競摘微短，吹毛求疵，重案深詆，以中傷忠良。」「國基」注見本政篇。

輕薄惡子〔一〕，不道凶民〔二〕，思彼姦邪，起作盜賊，以財色殺人父母，戮人之子，滅人之門，取人之賄，及貪殘不軌〔三〕，凶惡弊吏，掠殺不辜〔四〕，侵冤小民〔五〕，皆望聖帝當為誅惡治冤〔六〕，以解蓄怨〔七〕。反一門赦之，令惡人高會而夸詫〔八〕，老盜服臧而過門〔九〕，孝子見讎而不得討〔一〇〕，亡主見物而不得取〔一一〕，痛莫甚焉。故將赦而先暴寒者，以其多冤結悲恨之人也〔一二〕。

〔一〕漢書酷吏尹賞傳云：「雜舉長安中輕薄少年惡子。」

〔二〕漢書翟方進傳云「丞相宣以一不道賊」，如淳曰：「律，殺不辜一家三人為不道。」蕭望之傳云：「諸盜及殺人犯不道者，百姓所疾苦也。」

〔三〕漢書王尊傳云：「五官掾張輔貪汙不軌。」

〔四〕漢書魏相傳云：「人有告相賊殺不辜。」谷永傳云：「多繫無辜，掠立迫恐。」後漢書章帝紀元和元年詔曰：「律云：掠者惟得榜笞立。又令丙，箠長短有數。自往者大獄已來，掠考多酷，鑽鑽之屬，慘苦無極。念其痛毒，怵然動心。」

〔五〕注見考績篇。

〔六〕漢書胡建傳云：「誅惡以禁邪。」

〔七〕楚語云：「蓄怨滋厚。」

〔八〕漢書高帝紀云「置酒高會」，服虔曰：「大會也。」○沈欽韓曰：「下云：『洛陽有主諧合殺

人者，謂之會任之家，受人十萬，謝客數千。」此所謂「惡人高會而夸詫」也。

〔九〕「臧」舊作「藏」，據傳改。臧，謂所竊物也。鹽鐵論刑德篇云：「盜有臧者罰。」周禮司屬

注：「鄭司農云：『今時盜賊臧，加責，沒入縣官。』」

〔一〇〕哀十三年左傳云：「越子伐吳，吳王孫彌庸見姑蔑之旗曰：『吾父之旗也。不可以見讎

而弗殺也。』」

〔一一〕漢書于定國傳云：「或盜賊發，吏不�追，而反繫亡家。」顏師古注：「不急追賊，反繫失

物之家。」「亡主」猶「亡家」。○鐸按：今言「失主」。

〔一二〕漢書于定國傳云：「民多冤結。」○鐸按：廣雅釋詁二：「暴，猝也。」

夫養稊稗者傷禾稼，惠姦宄者賊良民〔一〕。書曰：「文王作罰，刑茲無赦〔二〕。」是

故先王之制刑法也，非好傷人肌膚〔三〕，斷人壽命者也〔四〕，乃以威姦懲惡除民害也〔五〕。

天下本以民不能相治，故為立王者以統治之〔六〕。天子在於奉天威命，共行賞罰〔七〕。

故經稱「天命有德，五服五章，天罰有罪，五刑五用〔八〕」。詩刺「彼宜有罪，汝反脫

之〔九〕」。古者惟始受命之君，承大亂之極，被前王之惡，其民乃並為敵讎〔一〇〕，罔不寇

賊消義姦宄奪攘〔一一〕，以革命受祚〔一二〕，為之父母〔一三〕，故得一赦。繼體以下，則無違

焉〔一四〕。何者？人君配乾而仁，順育萬物以成大功〔一五〕，非得以養姦活罪爲仁，放縱天賊爲賢也〔一六〕。

〔一〕韓非子難一云：「夫惜草茅者耗禾穗，惠盜賊者傷良民。今緩刑罰，行寬惠，是利姦邪而害善人也。」按韓子語本管子明法解。後漢書梁統傳云：「刑輕之作，反生大患，惠加姦軌，而害及良善也。」

〔二〕康誥。

〔三〕漢書董仲舒傳云：「傷肌膚以懲惡。」

〔四〕白虎通壽命篇云：「壽命者，上命也。」淮南子精神訓云：「夫人之所以不能終其壽命，而中夭於刑戮者，何也？以其生生之厚。」

〔五〕易繫辭下傳云：「不威不懲。」後漢書陳寵傳云：「往者斷獄嚴明，所以威懲姦慝。」管子明法解云：「賞功誅罪，所以爲天下致利除害也。」

〔六〕漢書谷永傳云：「臣聞天生蒸民，不能相治，爲立王者以統理之。」亦見成帝紀建始三年詔及王莽傳。

〔七〕共讀爲「恭」。書甘誓云：「今予惟恭行天之罰。」

〔八〕書臯陶謨。〔罰〕今作「討」。○鐸按：本傳亦作「討」，偏考羣書，若史記夏本紀、漢書刑法志、說文、後漢書梁統傳、應劭傳所引無作「罰」者。惟後漢書申屠剛傳剛對策云：

「王者承天順地，典爵主刑，不敢以天官私其宗，不敢以天罰私其親。」「天罰」與此同，蓋以說經而易字耳。

〔九〕詩瞻卬。「反脱」今作「覆說」。○鐸按：鄭箋：「覆，反也。」釋文云：「說，一音他活反。」

〔一○〕書微子云：「小民方興，相爲敵讎。」

〔一一〕書呂刑云：「罔不寇賊鴟義姦宄奪攘矯虔。」王先生云：「『消』即『鴟』之誤。」○孫星衍曰：「或今文『鴟義』爲『消義』。」陳喬樅今文尚書經說考云：「尚書疏引鄭注云：『鴟義，盜賊狀如鴟梟，抄略良善，劫奪人物。』疑『消義』乃『梟義』之譌，以聲同致誤也。」○鐸

按：陳說近是。

〔一二〕易革象云：「湯、武革命。」

〔一三〕書洪範云：「天子作民父母。」

〔一四〕「違」當作「遵」。崔實政論云：「大赦之造，乃聖王受命而興，討亂除殘，誅其鯨鯢，赦其臣民，漸染□化者耳。及戰國之時，犯罪者輒亡奔鄰國，遂赦之，以誘還其逋逃之民。漢承秦制，遵而不越。」荀悅漢紀云：「夫赦者，權時之宜，非常典也。漢興，承秦兵革之後，大過之世，比屋可刑，故設三章之法，大赦之令，蕩滌穢流，與民更始，時勢然也。後世承業，襲而不革，失時宜矣。」「大過」二字，今本漢紀缺，據初學記廿補。

〔一五〕舊無「物」字，據本傳補。春秋繁露王道通三篇云：「仁之善者在於天，天仁也。天覆育

萬物，既化而生之，有養而成之，事功無已，終而復始。」又云：「天常以愛利爲意，以養長
爲事，春秋冬夏，皆其用也。王者亦常以愛利天下爲意，以安樂一世爲事，好惡喜怒，而

〔一六〕漢書宣帝紀黃龍元年詔曰：「今吏或以不禁姦邪爲寬大，縱釋有罪爲不苛，或以酷惡爲
賢，皆失其中。」「天賊」即忠貴篇所云「天以爲賊」。或云：當作「大賊」，非。
備用也。」

今夫性惡之人〔一〕，居家不孝悌，出入不恭敬，輕薄慢傲，凶悍無辨〔二〕，明以威侮
侵利爲行〔三〕，以賊殘酷虐爲賢〔四〕，故數陷王法者〔五〕，此乃民之賊〔六〕，下愚極惡之人
也〔七〕。雖脫桎梏而出囹圄〔八〕，終無改悔之心，自詩以羸敖頭〔九〕，出獄踉蹡〔一〇〕，復犯法
者何不然〔一一〕。

〔一〕論衡本性篇云：「周人世碩以爲人性有善有惡。」

〔二〕淮南子時則訓云：「求不孝不悌戮暴傲悍而罰之。」高誘注：「悍，兇也。」吕氏春秋處方篇云「少不悍辟，而長
不簡慢」，高誘注：「悍，兇也。」文選范蔚宗宦者傳論李善注引桓譚新論云：「居家循理，
鄉里和順，出入恭敬，言語謹遜，謂之善士。」○譯按：「辨」讀爲「變」，「無辨」猶言「不
變」。下文云「雖脫桎梏而出囹圄，終無改悔之心」，又云「大惡之資，終不可化」，又云「未
嘗見姦人冗吏，有肯變心悔服稱詔者也」，皆所謂「凶悍無辨」也。

〔三〕書甘誓云：「威侮五行。」史記匈奴傳：「中行說曰：『匈奴明以戰攻爲事。』」此用其文。

〔四〕「賊殘」疑倒。漢書哀帝紀詔曰：「察吏殘賊酷虐者，以時退。」翟方進傳劾奏朱博等云：「所居皆尚殘賊酷虐求進，及用殘賊酷虐聞者，宜以時廢退。」李尋傳：「諸闒茸佞諂，抱虐，苛刻慘毒，以立威。」

〔五〕漢書高惠高后文功臣表序云：「多陷法禁。」

〔六〕孟子云：「今之所謂良臣，古之所謂民賊也。」

〔七〕漢書古今人表序云：「可與爲惡，不可與爲善，是謂下愚。」王莽傳贊云：「窮凶極惡。」

〔八〕禮記月令云：「命有司省囹圄，去桎梏。」

〔九〕當云「自恃以數赦贖」，字形相近而誤。○鐸按：「贏」與「數」形不相近，疑「贏」之誤。襄三十一年左傳注：「贏，受也。」

〔一〇〕論語云：「踧踖如也。」

〔一一〕何不然，言何所不然也。漢書韓信傳「何不誅」、「何不服」、「何不散」，顏注如此。匡衡傳云：「竊見大赦之後，姦邪不爲衰止，今日大赦，明日犯法，相隨入獄，此殆導之未得其務也。」

洛陽至有主諧合殺人者〔一〕，謂之會任之家〔二〕，受人十萬，謝客數千。又重饋部

吏，吏與通姦〔三〕，利入深重，幡黨盤牙〔四〕，請至貴戚寵臣，說聽於上，謁行於下〔五〕。是
故雖嚴令、尹〔六〕，終不能破攘斷絕〔七〕。何者？凡敢爲大姦者〔八〕，材必有過於衆，而
能自媚於上者也〔九〕。多散苟得之財〔一〇〕，奉以諂諛之辭，以轉相驅，非有第五公之廉
直〔一二〕，孰能不爲顧〔一三〕？今案洛陽主殺人者，高至數十，下至四五，身不死則殺不
止，皆以數赦之所致也。由此觀之，大惡之資，終不可化，雖歲赦之，適勸姦耳〔一三〕。

〔一〕说文云：「諧，詥也。」詥，諧也。」「合」乃「詥」之省。續漢書五行志載桓帝末童謠曰：「河
間來合諧。」王先生云：「諧合殺人，若今律云『私和頂兇』矣。」○鐸按：諧合殺人，即浮
僞篇所謂「以謀姦合任爲業」者，史記貨殖傳稱「借交報仇」亦指此。主其事者，受人厚
賂，遣客爲之刺殺仇家。舊時滬上猶有之，今始永絕。王以爲「私和頂兇」，非也。

〔二〕「會任」浮僞篇作「合任」。按史記貨殖傳「子貸金錢千貫，節駔會」，漢書作「儈」，顔師古
注：「儈者，會合二家交易者也。」一切經音義六引聲類云：「儈，合市人也。」「會」與「儈」
同。○鐸按：此「會任」蓋與「駔儈」無涉。

〔三〕漢書宣帝子東平思王傳云：「通姦犯法。」

〔四〕漢書司馬相如傳上林賦云「翩幡互經」，郭璞曰：「互經，互相經過也。」「牙」即「互」字。
谷永傳云「百官盤互」，顔師古注：「盤互，盤結而交互也。字或作『牙』，言如豕牙之盤
曲，犬牙之相入也。」楚元王傳：「劉向云：『宗族磐互。』」師古亦云：「字或作『牙』。」後

漢書滕撫傳云「盜賊羣起，磐牙連歲」，章懷注：「磐牙，謂相連結。」黨錮傳序注引謝承後漢書云：「中官黃門，磐牙境界。」魏志曹真後爽傳：「根據槃牙。」吳志陸瑁傳：「九域槃牙。」按「牙」並當作「互」，字形相近而誤。師古謂如豕犬之牙，非是。盤、磐、槃古字通。○鐸按：隸書「互」字作「牙」，故與「牙」字恒相亂。

〔五〕漢書外戚恩澤侯表注：「如淳曰：『律，諸爲人請求於吏以枉法，而事已行，爲聽行者，皆爲司寇。』」

〔六〕「令、尹」，謂洛陽令、河南尹也。

〔七〕王先生云：「『攘』是『壞』字之誤。」繼培按：「破壞」見救邊篇。○鐸按：「壞險以爲平」，錢本文子下德篇「壞」作「攘」，誤正類此。

〔八〕一切經音義十六引三蒼云：「敢，必行也。不畏爲之。」史記酷吏張湯傳云：「趙王上書告湯大臣也，史謁居有病，湯至爲摩足，疑與爲大姦。」

〔九〕淮南子泰族訓云：「智伯有五過人之材。」史記衛將軍傳云：「以和柔自媚於上。」○鐸按：淮南子本經訓

〔一〇〕禮記曲禮云：「臨財毋苟得。」

〔一一〕第五倫也。見後漢書。

〔一二〕詩正月鄭箋云：「『顧』猶『視』也，『念』也。」按爲顧，謂曲法瞻狗。「顧」亦謂委曲承意也。論衡逢遇篇云：「節高志妙，不爲利動；性定質成，不爲主顧。」○鐸按：惠棟云：

「顧其財與辭也。」史記曰『招權顧金錢』,又曰:『掉臂而不顧。』顧者,商賈人之語也。

〔三〕舊脫「赦之」二字。按匡衡傳云:「雖歲赦之,刑猶難使措而不用也。」此文多本衡語,今據補。崔實政論亦云:「雖日赦之,亂甫繁耳。」

或云:「三辰有候〔二〕,天氣當赦〔三〕,故人主順之而施德焉。」未必然也〔三〕。王者至貴,與天通精〔四〕,心有所想,意有所慮,未發聲色,天爲變移〔五〕。或若休咎庶徵,月之從星〔六〕,此乃宜有是事。故見瑞異,或戒人主〔七〕。若忽不察,是乃己所感致,而反以爲天意欲然,非直也〔八〕。

〔一〕「云」舊作「之」。初學記廿引「或三辰有候」。周禮「凡以神仕者,掌三辰之灋」,鄭注:「日、月、星辰。」○鐸按:本訓篇用易「變化云爲」,今作「之爲」,誤正類此。

〔二〕開元占經六十五引黃帝占云:「天牢中常有繫星三,以甲子、丙子、戊子、庚子、壬子暮視之,其一星去,有喜事;其二星去,有賜令爵祿之事;三星盡去,人君德令赦天下。甲子期八十一日,丙子期七十二日,戊子期六十日,庚子期八十日,壬子期六十二日而赦。」御覽六百五十二引風角書云:「春甲寅日,風高去地三四丈,鳴條,從申上來,爲大赦,期六十日。」又云:「候赦法,冬至後盡丁巳之日,南風從巳上來,滿三日以上,必有大赦。」又引望氣經云:「黃氣四出,注期五十日赦。」

〔三〕「然」舊作「殺」,「然」誤爲「煞」,又轉作「殺」也。「未必然也」見史記自序。

〔四〕御覽七十六引春秋保乾圖云:「天子至尊也,神精與天地通。」淮南子天文訓云:「人主之情,上通於天。」御覽九、八百七十六引「情」並作「精」。覽冥訓亦云:「遭急迫難,精通於天。」

〔五〕易緯是類謀云:「主有所貴,王侯元德,天下歸郵。心有所維,意有所慮,未發顏色,莫之漸射出天地災捉,挺患無形之外,准萌纖微之初,先見吉凶,爲帝演謀,忽之可也,勿之無也。」此文本於彼。彼文有脫誤。後漢書楊震後賜傳云:「王者心有所惟,意有所想,雖未形顏色,而五星以之推移,陰陽爲其變度。」亦本易緯。

〔六〕書洪範。

〔七〕「或」字誤。王先生云:「疑『感』之誤。」

〔八〕「直」當作「真」。漢書息夫躬傳:「王嘉曰:『天之見異,所以勑戒人君,欲令覺悟反正,推誠行善。』孔光傳云:「臣聞師曰,天右與王者,故災異數見以譴告之,欲其改更。若不畏懼,有以塞除,而輕忽簡誣,則凶罰加焉。」谷永傳云:「竊聞明王即位,正五事,建大中,以承天心,則庶徵序於下,日月理於上。如人君淫溺後宮,般樂游田,五事失於躬,大中之道不立,則咎徵降而六極至。」又云:「臣聞災異,皇天所以譴告人君過失,猶嚴父之明誠。畏懼敬改,則禍銷福降;忽然簡易,則咎罰不除。」

俗人又曰〔一〕：「先世欲赦，常先遣馬分行市里，聽於路隅，咸云當赦，以知天之教也，乃因施德。」若使此言也而信，則殆過矣。夫民之性，固好意度者也〔二〕，見久陰則稱將水，見久陽則稱將旱，見小貴則言將饑，見小賤則言將穰〔三〕，然或信或否。由此觀之，民之所言，未必天下〔四〕。前世贖赦稀疏，民無覬覦〔五〕。近時以來，赦贖稠數〔六〕，故每春夏，輒望復赦〔七〕，或抱罪之家，僥倖蒙恩〔八〕，故宣此言，以自悅喜。誠令仁君聞此，以爲天教而輒從之，誤莫甚焉。

〔一〕風俗通云：「止繫風俗，見善不徙，故謂之俗人。」見意林。

〔二〕韓非子解老篇云：「前識者無緣而忘意度者也。」

〔三〕兩「小」字當作「米」。○鐸按：天之陰陽不言天，則物之貴賤亦可不言物。史記貨殖傳云：「故物賤之徵貴，貴之徵賤。」又云：「計然曰：『知鬥則修備，時用則知物，二者形，則萬貨之情可得而觀矣。貴上極則反賤，賤下極則反貴。』」是貴賤包民生食用百物言之，不獨米也。且「小」與「久」對，皆狀語，若作「米」，則文法參差矣。

〔四〕「下」，讀如「下雨」之「下」。○鐸按：箋意以「下」爲「降」，然「天降」言「天下」，所未聞。今按「下」疑當作「示」。「示」字古文作「不」，與「下」相似，故訛而爲「下」。說文云：「示，

天垂象，見吉凶，所以示人也。此天言示之證。

〔五〕桓二年左傳：「師服曰：『民服事其上，而下無覬覦。』」

〔六〕説文云：「稠，多也。」

〔七〕崔寔政論云：「孝文皇帝即位，二十三年乃赦，示不廢舊章而已。近永平、建初之際，亦六七年乃一赦，亡命之子，皆老於草野，窮困懲艾，比之於死。頃閒以來，歲且一赦，百姓忸忕，輕爲姦非，每迫春節徼幸之會，犯惡尤多也。」

〔八〕説文云：「憿，幸也。」「僥倖」即「憿幸」之別。經典通作「徼幸」，昭六年左傳云：「徼幸以成之。」

論者多曰：「久不赦則姦宄熾，而吏不制〔一〕，故赦贖以解之。」此乃招亂之本原〔二〕，不察禍福之所生者之言也〔三〕。凡民之〔四〕所以輕爲盜賊，吏之所以易作姦匿者〔五〕，以赦贖數而有僥望也。若使犯罪之人終身被命〔六〕，得而必刑，則計姦之謀破，而慮惡之心絶矣。

〔一〕漢書刑法志云：「酷吏擊斷，姦軌不勝。」

〔二〕本傳作「此未昭政亂之本源」。「政」當是「治」，唐人避諱改之。本書斷訟篇云「必未昭亂之本原」，語意亦未足，按文義當作「此乃未昭治亂之本原」。昭九年左傳云：「木水之有

〔三〕本傳作「此未昭政亂之本源」，「政」當是「治」，唐人避諱改之。

之本原」，語意亦未足，按文義當作「此乃未昭治亂之本原」。昭九年左傳云：「木水之有

本原。」

〔三〕管子君臣下篇云：「審知禍福之所生。」正世篇云：「古之欲正世調天下者，必先觀國政，料事務，察民俗，本治亂之所生，知得失之所在，然後從事，故法可立而治可行。」

〔四〕「之」字舊脫。

〔五〕「匪」，讀爲「慝」。○鐸按：已見上篇。

〔六〕漢書刑法志云「已論命」，晉灼注：「命者名也，成其罪也。」張耳傳云「嘗亡命遊外黃」，顏師古注：「命者名也。凡言『亡命』，謂脱其名籍而逃亡。」鮑宣傳云「名捕隴西辛興」，師古注：「詔顯其名而捕之。」「被命」猶言「名捕」也。

夫良贖可〔一〕，孺子可令姐〔二〕，中庸之人，可引而下〔三〕，故其諺曰：「一歲載赦，奴兒噫嗟〔四〕。」言王誅不行，則痛瘝之子皆輕犯〔五〕，況狡乎？若誠思畏〔六〕盗賊多而姦不勝故赦，則是爲國爲姦宄報也〔七〕。夫天道賞善而刑淫〔八〕，天工人其代之〔九〕，故凡立王者，將以誅邪惡而養正善，而以逞邪惡逆，妄莫甚焉〔十〕。

〔一〕「良」疑「赦」，「可」疑「行」。

〔二〕釋名釋長幼云：「兒始能行曰孺子。孺，濡也，言濡弱也。」説文云：「嬬，驕也。」「姐」乃「嬬」之省。○鐸按：嵇康幽憤詩「恃愛肆姐」，亦省作「姐」。

〔三〕後漢書楊終傳云:「上智下愚,謂之不移。中庸之流,要在教化。」「引」舊作「弘」。新書

連語云:「中主者,可引而上,可引而下。」申鑒政體篇云:「教化之廢,推中人而墜於小

人之域。教化之行,引中人而納於君子之塗。」

〔四〕「奴」,讀爲「駑」。崔實政論亦載此諺。困學紀聞十三引政論「奴」作「好」。或云:「好

兒」即「好人」,非也。「噫嗟」政論作「喑噁」。史記韓信傳云「項王喑噁叱咤,千人皆廢」,

索隱:「喑噁,懷怒氣。」漢書作「意烏猝嗟」,晉灼注:「意烏,恚怒聲也。」方言云:「宋、

衞之閒,凡怒而噎噫,謂之脅閱。」莊子知北游篇云「生者喑醷物也」,釋文:「李、郭皆

云:『喑醷,聚氣貌。』」一切經音義十五:「喑噫,大呼也。」噫嗟、喑噁、意烏、噎噫、喑醷、

喑噫並聲近義同。淮南子繆稱訓云「意而不戴」,高誘注:「意,恚聲。戴,嗟也。」意

嗟」,急氣言之則爲「意」。○鐸按:王應麟引政論作「好兒」,閻若璩謂「好兒」即「好人」,

皆是也。范祖禹唐鑑三云:「帝謂侍臣曰:『古語有之,赦者小人之幸,君子之不幸。一

歲再赦,善人喑啞。』夫養稂莠者傷嘉穀,赦有罪賊良民。朕即位以來,不欲數赦,恐小人

恃之輕犯憲章也。」其説悉本此篇,「善人」即「好兒」,是唐太宗所見本不作「奴兒」也。

汪讀「奴」爲「駑」,蓋以下文「痛瘝之子」當「奴兒」,不知「好兒噫嗟」者,怒王誅之不行,而

「痛瘝之子皆輕犯」者,謂弱者亦皆爲惡,節信固發明諺意,而非順釋原文也。自以作

「好」爲是。

〔五〕急就篇云:「瘧瘚瘀痛瘼溫病。」說文云:「瘀,積血也。」

〔六〕「思」字衍,即「畏」之駁文。

〔七〕按漢書韓安國傳云:「丞相蚡言於太后曰:『王恢首為馬邑事,今不成而誅恢,是為匈奴報讐也。』陳湯傳:『湯上疏言:臣與吏士共誅郅支單于,幸得禽滅,萬里振旅,宜有使者迎勞道路,今司隸反逆收繫按驗,是為郅支報仇也。』為國為姦宄報,謂姦人讐良民,而得放釋,不啻為姦人報讐,與蚡、湯所言同意。○鐸按:「為姦宄報」疑當作「為姦報仇」。上文言「姦不勝」,故此承之而言「為姦報仇」,非「為國報仇」之謂,「國」字倒在「報」字上,後人又以「姦宄」字常見而改之也。又為盜賊報仇,非「為國報仇」,因「仇」字疑有誤。

〔八〕襄十四年左傳:「師曠曰:『良君將賞善而刑淫。』」

〔九〕書臯陶謨。○鐸按:忠貴篇、本訓篇亦引。

〔一〇〕漢書刑法志宣帝詔曰:「決獄不當,使有罪興邪,不辜蒙戮。」晉灼注:「當重而輕,使有罪者起邪惡之心也。」○鐸按:「遲邪惡逆」,猶本書上篇「疾奢夸廓」語。下文「兼縱惡逆」、「惡逆」連文,又「妄莫甚焉」亦與上文「痛莫甚焉」、「誤莫甚焉」句法一律,益知「逆」字不當屬下讀矣。或曰:「惡逆」當是「道惡」,「道」與「導」同,非。

且夫國無常治,又無常亂,法令行則國治,法令弛則國亂〔一〕;法無常行,亦無常

弛〔二〕，君敬法則法行，君慢法則法弛。 昔孝明帝時，制舉茂才〔三〕，過闕謝恩，賜食事

訖，問何異聞，對曰：「巫有劇賊九人〔四〕，刺史數以竊郡〔五〕，訖不能得。」帝曰：「汝非

部南郡從事邪？」對曰：「是。」帝乃振怒〔六〕，曰：「賊發部中而不能擒，然材〔七〕何以

爲茂？」捶數百，便免官，而切讓州郡，十日之間，賊即伏誅。由此觀之，擒滅盜賊，

在於明法，不在數赦。

〔一〕管子任法篇云：「法者不可恒也，存亡治亂之所從出。」又云：「君臣上下貴賤皆從法，此
謂爲大治。」韓非子有度篇云：「國無常彊，無常弱，奉法者彊則國彊，奉法者弱則國弱。」

〔二〕「亦」舊作「法」，據諸子彙函改。

〔三〕御覽二百六十五、六百五十二並作「荊州舉茂才」。 按作「荊州」是也。 下云「部南郡從
事」，續漢書郡國志，南郡屬荊州。 ○鐸按：書鈔七十九引作「刺史舉茂才」，亦誤。

〔四〕續漢書郡國志，巫縣屬南郡。 漢書朱博傳云：「縣有劇賊。」

〔五〕「竊」當作「察」。 漢書朱博傳云：「部刺史奉使典州，督察郡國。」竊、察聲相近。 莊子庚
桑楚篇「竊竊乎」，釋文：「崔本作『察察』。」齊物論篇「竊竊然知之」，釋文：「司馬云：
『竊竊猶察察也。』」家語好生篇「竊夫其有益與無益」，王肅注：「『竊』宜爲『察』。」皆其
證。 ○鐸按：「竊郡」，御覽六百五十二作「牙郡」，「牙」乃「互」字之誤，言南郡與鄰郡盤
互相交，賊此逐彼竄，故不能得。 義亦可通。

〔六〕書洪範云：「帝乃震怒。」振、震古字通。管子七臣七主篇云：「臣下振怒。」○鐸按：

覽六百五十二引作「震」。

〔七〕「材」當作「才」。○鐸按：書鈔及御覽並作「才」。又舊本書鈔無「然」字。

今不顯行賞罰以明善惡，嚴督牧守以擒姦猾，而反數赦以勸之，其文常〔二〕曰：

「謀反大逆不道諸犯，不當得赦皆除之，將與士大夫灑心更始〔三〕，然未嘗

見姦人冗吏〔三〕，有肯變心悔服稱詔者也〔四〕。有司奏事，又俗〔五〕以赦前之微過，妨今

日之顯舉。然則改往修來，更始之詔，亦不信也〔六〕。

〔一〕「常」舊作「帝」。○鐸按：常、帝二字形近多相亂，例見敍錄敍潛歎。

〔二〕御覽六百五十二引漢舊儀云：「踐祚，改元，立皇后、太子，赦天下。每赦，自殊死以下，

及謀反大逆不道，諸不當得赦者，皆赦除之。令下，丞相、御史復奏可，分遣丞相、御史乘

傳駕行郡國，解囚徒，布詔書。郡國各分遣使傳厩車馬，行屬縣，解囚徒。」後漢書順帝紀

陽嘉三年詔曰：「嘉與海內洗心更始，其大赦天下，自殊死以下，謀反大逆諸犯，不當得

赦者，皆赦除之。」文與此同。崔實政論云：「踐祚改元際，未嘗不赦，每其令曰：『蕩滌

舊惡，將與士大夫更始。』是襃己薄先，且違無改之義，非所以明孝抑邪之道也。」

〔三〕周禮槁人「掌共外内朝冗食者之食」，鄭注「冗食者，謂留治文書，若今尚書之屬諸上直

者」，疏云：「旡食者，冗散也。外內朝上直諸吏謂之冗吏，亦曰散吏。」王先生云：「『冗』

疑『冗』。」○鐸按：冗吏未必皆作姦，王說近是。汪曲園為之說，非也。

〔四〕悔服，謂悔過服罪。漢書蕭望之傳云：「不悔過服罪，深懷怨望。」宣帝子東平思王宇傳

云：「王既悔過服罪，太后寬忍以貫之。」

〔五〕「俗」疑「欲」，彙函作「乃」。○俞樾云：「作『欲』是也，惟『欲』上當補『不』字。蓋赦前之

事，不得復奏，故不欲以赦前之微過，妨今日之顯舉也。無『不』字，則義不可通。」

〔六〕漢書平帝紀即位詔曰：「夫赦令者，將與天下更始，誠欲令百姓改行絜己，全其性命也。及選舉

往者，有司多舉奏赦前事，累增罪過，誅陷亡辜，殆非重信慎刑洒心自新之意也。諸有臧及

內惡未發而薦舉者，皆弗案驗，令士厲精鄉進，不以小疵妨大材。自今以來，有司無得陳

赦前事置奏上。有不如詔書，為虧恩，以不道論。」

詩讖「君子屢盟，亂是用長〔二〕」。故不若希其令，必其言。若良不能了無赦

者〔三〕，罕之為愈，令世歲老古時一赦〔三〕，則姦冗之減十八九，可勝必也。昔大司馬吳

漢老病將卒，世祖問以遺戒，對曰：「臣愚不智，不足以知治，慎無赦而已矣〔四〕。」

〔一〕巧言。

〔二〕「了」舊作「子」。廣雅釋詁云：「了，訖也。」王侍郎云：「『子』疑『于』。」○鐸按：「良猶甚」也。

〔三〕「世」當作「卅」，謂三十年也。「老」蓋「放」字，與「攷」字形相近，「攷」通「考」，轉誤爲「老」。漢書貢禹傳云：「承衰救亂，矯復古化，在於陛下。臣愚以爲盡如太古難，宜少放古。」是其證。崔實政論云：「今如欲遵先王之制，宜曠然更下大赦令，因明諭使知永不復赦，則羣下震慄，莫輕犯罪。縱不能然，宜十歲以上，乃時一赦。」意與此同。

〔四〕後漢書。

夫方以類聚，物以羣分〔一〕。人之情皆見乎辭〔二〕，故諸言不當赦者，非修身慎〔三〕行，則必憂哀謹慎而嫉毒姦惡者也。諸利數赦者，非不達赦〔四〕務，則必〔五〕內懷隱憂〔六〕有顧爲者也。人君之發令也，必諮於羣臣，羣臣之姦邪者，固必伏罪〔七〕，雖正直吏，猶有公過，自非鷙拳〔八〕、李離〔九〕，孰肯刑身以正國〔一〇〕？然則是皆接私計以論公政也〔一一〕。與狐議裘，無時焉可〔一二〕！

〔一〕易繫辭上傳。

〔二〕繫辭下傳云：「聖人之情見乎辭。」

〔三〕「慎」舊作「修」。

〔四〕「赦」疑作「政」。○鐸按：作「政」是也。下文「論公政」可證。

〔五〕「必」舊作「交」。

〔六〕詩柏舟云：「如有隱憂。」

〔七〕隱十一年左傳云：「許既伏其罪矣。」

〔八〕莊十九年左傳。

〔九〕史記循吏傳。

〔一〇〕循吏傳論云：「李離過殺而伏劍，晉文以正國法。」

〔一一〕御覽六百九十四「接」作「挾」，下有「夫」字。按「接」讀爲「挾」，儀禮鄉射禮「兼挾乘矢」，鄭注：「古文『挾』皆作『接』。」大射儀注同。漢書賈誼傳云「陛下接王淮南諸子」，孟康曰：「接，音『挾』，挾持欲王淮南諸子也。」

〔一二〕「接」舊作「挾」，據御覽改。按「與狐議裘」，蓋相傳有是言。抱朴子博喻篇云：「魯侯欲以孔子爲司徒，將召三桓而議之，左邱明曰：『周人有愛裘而好珍羞，欲爲千金之裘而與狐謀其皮，欲具少牢之珍而與羊謀其羞，言未卒，狐相率逃於重邱之下，羊相呼藏於深林之中，故周人之謀失之矣。今君欲以孔子爲司徒，召三桓謀之，非亦與狐謀裘，羊謀羞哉？』」○鐸

〔一三〕「與狐」舊作「與瓜」，據御覽改。按「與狐議治裘也。」天中記引符子云：「魯侯欲以孔子爲司

按：「無時焉可」猶言「何時而可」，蓋方俗語如此。

傳曰：「民之多幸，國之不幸也[二]。」夫有罪而備辜[三]，宽結而信理[三]，此天之正也，而王之法也。故曰：「無縱詭隨，以謹無良[四]。」若枉善人以惠姦惡，此謂「斂怨以爲德」[五]。先帝制法，論衷刺刀者[六]。何則？以其懷姦惡之心，有殺害之意也。聖主有子愛之情[七]，而是有殺害之意，故誅之，況成罪乎？

〔一〕宣十六年左傳。

〔二〕漢書王莽傳云：「義真備未乎？」章懷注：「所征殄滅，盡備厥辜。」按「備」俱「犕」之誤。後漢書皇甫嵩傳：「董卓曰：『義真犕未乎？』」章懷注：「犕，古『服』字。」○鐸按：古讀「服」爲「備」，故「服辜」爲「備辜」。定四年左傳「備物典策」，王引之曰：「『備物』即『服物』也。『服』與『備』古字通，趙策『騎射之服』，史記趙世家作『騎射之備』，漢書王莽傳：『盡備厥辜』，即『盡服厥辜』，皆其證。」說見經義述聞十九。汪謂「備」俱「犕」之誤，猶未達一閒耳。

〔三〕信，讀爲「申」。後漢書馮異傳云：「申理枉結。」○鐸按：「信」讀「申」，已見上文。

〔四〕詩民勞。

〔五〕詩蕩。

〔六〕「衷」與「衷甲」之「衷」同。或當作「裏」。漢書金日磾傳云：「何羅褭白刃從東箱上。」褭、

夷同字。「刺刀」疑「刺刃」，禮記少儀云：「凡有刺刃者，以授人，則辟刃。」○鐸按：作

「裏」是，「裏」即「袖」字。

〔七〕漢書匡衡傳云：「陛下聖德天覆，子愛海內。」○鐸按：「子愛」即「慈愛」，禮記文王世子

「庶子之正於公族者，教之以孝弟睦友子愛」，緇衣「故長民者，章志貞教，尊仁以子愛百

姓」，王引之並謂子愛，慈愛也。說詳經義述聞卷四、卷十五。

尚書康誥：「王曰：『於戲〔一〕！封，敬明乃罰。人有小罪匪省〔二〕，乃惟終自作

不典、戒〔三〕爾，有厥罪小，乃不可不殺。』言惡〔四〕人有罪雖小，然非以過差爲之也〔五〕，

乃欲終身行之，故雖小，不可不殺也。何則？是本頑凶思惡而爲之者也。『乃有大

罪匪〔六〕終，乃惟省哉〔七〕，適爾，既道極厥罪〔八〕，時亦〔九〕不可殺。』言殺人雖有大罪，非

欲以終身爲惡，乃過誤爾，是不殺也〔一〇〕。若此者，雖曰赦之可也〔一一〕。金作贖形，赦

作宥罪〔一二〕，皆謂良人吉士〔一三〕，時有過誤，不幸陷離者爾〔一四〕。

〔一〕○鐸按：「於戲」今書作「烏呼」。段玉裁古文尚書撰異云：「潛夫論作『於戲』，此今文尚

書也。」○鐸按：「於戲」今書作「烏呼」，凡今文尚書作「於戲」，見匡謬正俗。今本匡謬正俗古、今

字互譌，證以漢石經殘碑「於戲」字可定。」

〔二〕「匪省」今書作「非眚」。○鐸按：「省」即「眚」之借。

〔三〕「戒」今作「式」。○鐸按：「戒」當作「式」。王鳴盛尚書後案云：「釋言云：『式，用也。』
『式爾』者，故用如此。」江聲尚書集注音疏説同。

〔四〕「惡」舊作「恐」。○鐸按：段氏亦云：「『恐』當是『惡』字。」

〔五〕漢書王嘉傳云：「人情不能不有過差。」

〔六〕「匪」今作「非」。

〔七〕「省哉」今作「眚災」。○鐸按：陳喬樅今文尚書經説考云：「堯典『怙終賊刑，眚災肆
赦』，鄭注云：『怙其姦衺，終身以爲殘賊，則用刑之。過失雖有害，則赦之。』是康誥此節
正本堯典之文。鄭君堯典注正與潛夫論相同，皆今文家説也。」

〔八〕「罪」今作「辜」。○鐸按：爾雅釋詁：「辜，罪也。」

〔九〕「亦」今作「乃」。○鐸按：陳氏云：「蓋今文尚書之異文也。」

〔一〇〕周禮調人：「凡過而殺傷人者，以民成之。」鄭注：「過，無本意也。」司刺「再宥曰過失」，
鄭司農云：「過失，若今律過失殺人不坐死。」後漢書郭躬傳云：「法令有故、誤。誤者其
文則輕。」

〔一一〕○鐸按：「日」疑「曰」。上文「雖歲赦之」，御覽六百五十二引崔寔政論「雖曰赦之」，皆
其例。

〔一二〕書堯典云：「金作贖刑，眚災肆赦。」○鐸按：形、刑通。

〔一三〕詩黃鳥云：「殲我良人。」卷阿云：「藹藹王多吉士。」

〔一四〕襄廿一年左傳：「人謂向叔曰：『子離於罪，其爲不知乎！』」

先王議讞獄以制〔一〕，原情論意〔二〕，以救善人，非欲令兼縱惡逆以傷人也。是故周官差八議之辟〔三〕，此先王所以整萬民而致時雍也〔四〕。易故觀民設教〔五〕，變通移時之義〔六〕。今日捄世，莫乎此意〔七〕。

〔一〕「議讞」衍一字。昭六年左傳：「叔向云：『昔先王議事以制，不爲刑辟。』」漢書景帝紀中元五年詔曰：「諸獄疑，若雖文致於法，而於人心不厭者，輒讞之。」張湯傳云：「平亭疑法，奏讞疑。」說文云：「灋者，議辠也。」「讞」與「灋」同。○鐸按：易中孚象辭：「君子以議獄緩死。」此作「議讞獄」者，蓋一本作「議」，一本作「讞」，而寫者誤合之也。

〔二〕漢書王嘉傳云：「聖王斷獄，必先原心定罪，探意立情。」五行志引京房易傳曰：「誅不原情，茲謂不仁。」後漢書霍諝傳云：「諝聞春秋之義，原情定過，赦事誅意。」○鐸按：論衡答佞篇云：「刑故無小，宥過無大，聖君原心省意，故誅故貰誤。」漢書薛宣傳：「春秋之義，原心定罪。」師古注：「原，謂尋其本也。」

〔三〕小司寇。○鐸按：廣雅釋詁：「差，次也。」

〔四〕莊廿三年左傳：「曹劌曰：『夫禮所以整民也。』」書堯典云：「黎民於變時雍。」

〔五〕觀象辭。

〔六〕繫辭下傳云：「易窮則變，變則通，通則久。」○鐸按：「移時」兼用易隨象辭「隨時」之義，移、隨聲近義通。之，是也。詩小雅斯干：「唯酒食是議。」句法與此同。

〔七〕何本「乎」作「先」。按當作「莫急乎此」。

三式〔一〕第十七

高祖定漢，與羣臣約，自非劉氏不得王，非有武功不得侯〔二〕。孝武皇帝封爵丞相，以襃有德，後亦承之〔四〕。建武乃絕。孝文皇帝始封外祖〔三〕，因爲典式，行之至今。

〔一〕○鐸按：敍錄云「將脩太平，必媚此法」。「式」即「法」也。此篇述封建遺法有宜遵者三：封爵三公，以襃有德，若其尸素，則從渥刑，一也；分封諸侯，期於佐治，有功者遷，無狀者奪，二也；審選守相，明察治功，稱職者封，懷姦者戮，三也。此諸臣者，所司不同，而欲使之竭忠思職，則信賞必罰而已。漢世列侯率多襲爵，無德於民，而州郡牧守，亦多不卹公事。風俗陵夷，積怠已甚，故議法古以救之。

〔二〕史記絳侯世家：「亞夫曰：『高皇帝約，非劉氏不得王，非有功不得侯。不如約，天下共

擊之。』

〔三〕史記外戚世家云：「文帝追尊薄太后父爲靈文侯。」

〔四〕漢書公孫弘傳云：「元朔中，代薛澤爲丞相。先是，漢常以列侯爲丞相，惟弘無爵，上於是下詔封弘爲平津侯。其後以爲故事。」

傳記所載，稷、咼、伯夷、皋陶、伯翳，曰〔一〕受封土〔二〕。周宣王時，輔相大臣，以德佐治，亦獲有國。故尹吉甫作封頌二篇〔三〕，其詩曰：「四牡彭彭，八鸞鏘鏘，王命仲山甫，城彼東方〔五〕。」此言謝，南國于是式〔四〕。又曰：「亹亹申伯，王纘之事，于邑于申伯、山甫文德致升平，而王封以樂土，賜以盛服也〔六〕。

〔一〕「曰」疑「皆」。

〔二〕詩長發疏云：「中候握河紀說堯云：『斯封稷、契、皋陶，賜姓號。』」又云：「考河命說舜之事云：『褒賜羣臣，賞爵有功，稷、契、皋陶益土地。』」「咼」即「契」字。○鐸按：稷、契、皋陶見本政篇。

〔三〕「頌」疑當爲「誦」。詩崧高云「吉甫作誦」，毛傳：「作是工師之誦也。」○鐸按：陳奐曰：「疑三家詩此及烝民詩『誦』作『頌』。」

〔四〕崧高。「是」舊作「二」，據程本改。今詩「國」下無「于」字。按志氏姓篇引詩「纘」作「薦」，

「謝」作「序」，「于是」作「爲」。此書引詩不用毛氏，後人或據毛詩改之，遂致兩引互異。

○鐸按：「南國于是式」，蓋本作「南國于式」與志氏姓篇「南國爲式」同。詩定之方中「作于楚宮，作于楚室」，張載注魏都賦引作「作爲楚宮，作爲楚室」，是于、爲同也。說詳經傳釋詞卷一。後人不知此義，因據毛詩增「是」字，遂使非今非古，而成五字句矣。然

幸其增而不改，猶得考見古本之舊也。

〔五〕烝民。

〔六〕漢書梅福傳云「升平可致」，張晏曰：「民有三年之儲曰升平。」按食貨志云：「民三年耕，則餘一年之畜，衣食足而知榮辱，廉讓生而爭訟息。故三載考績，孔子曰：『苟有用我者，期月而已可也，三年有成。』成此功也。三考黜陟，餘三年食。進業曰登，再登曰平，餘六年食。三登曰泰平，二十七歲，遺九年食，然後王德流洽，禮樂成焉。」「升平」即「登平」。升平受封，與志說合。○陳兔曰：「漢書杜欽傳：『仲山甫，異姓之臣，無親於宣。就封於齊。』鄧展以爲韓詩。隸釋載孟郁修堯廟碑云：『天生仲山甫，翼佐中興，宣王平功，遂受封於齊。』又潛夫論三式篇亦云：『此言申伯、山甫文德致升平，而王封以樂土，賜以盛服也。』並用韓義。」○鐸按：此非韓詩義，乃魯詩義，陳喬樅已辯之。說見魯詩遺説考十七、韓詩遺説考十四。

易曰：「鼎折足，覆公餗，其刑渥。凶〔一〕。」此言公不勝任，則有渥刑也。是故三公在三載之後，宜明考績黜刺，簡練其材。其有稷、皋、伯夷、申伯、仲山甫致治之效者，封以列侯，令受南土八蠻之賜〔二〕。其尸禄素餐〔三〕，無進治之效，無忠善之言者，使從渥刑。是則所謂明德慎罰〔四〕，而簡練能否之術也。誠如此，則三公競思其職，而百寮爭竭其忠矣〔五〕。

〔一〕 鼎九四。「刑」王弼本作「形」。○鐸按：「刑渥」，虞翻本同，注云：「大刑也。」

〔二〕 王先生云：「『蠻』當作『鸞』。」

〔三〕 文選曹子建求自試表李善注引韓詩曰：「何謂素餐？素者，質也。人但有質朴而無治民之材，名曰素餐。尸禄者，頗有所知，善惡不言，默然不語，苟欲得禄而已，譬若尸矣。」漢書貢禹傳禹上書云：「血氣衰竭，耳目不聰明，非復能有補益，所謂素餐尸禄汚朝之臣也。」谷永傳云：「無使素餐之吏，久尸厚禄。」

〔四〕 書康誥。

〔五〕 書皋陶謨云：「百僚師師。」「寮」與「僚」同。一式。

先王之制，繼體立諸侯，以象賢也〔一〕。子孫雖有食舊德之義〔二〕，然封疆立國，不

爲諸侯，張官置吏，不爲大夫[三]，必有功於民，乃得保位，故有考績黜刺九錫三削之義[四]。詩云：「彼君子兮，不素餐兮[五]。」由此觀之，未有得以無功而禄者也[六]。當今列侯[七]，率皆襲先人之爵，因祖考之位，其身無功於漢，無德於民，專國南面，卧食重禄，下殫百姓，富有國家，此素餐之甚者也[八]。孝武皇帝患其如此，乃令酌金以黜之，而益多怨[九]。

〔一〕禮記郊特牲云：「繼世以立諸侯，象賢也。」鄭注：「賢者子孫，恒能法其父德行。」

〔二〕易訟六三：「食舊德，貞厲終吉。」

〔三〕荀子大略篇云：「天之生民，非爲君也。天之立君，以爲民也。故古者列地建國，非以貴諸侯而已；列官職，差爵禄，非以尊大夫而已。」白虎通封公侯篇云：「列土爲疆，非爲諸侯，張官設府，非爲卿大夫，皆爲民也。」後漢書光武帝紀建武六年詔曰：「張官置吏，所以爲人也。」按「張官置吏」本管子明法解。

〔四〕白虎通考黜篇云：「諸侯所以考黜何？王者所以勉賢抑惡，重民之至也。尚書曰：「三載考績，三考黜陟。」禮説九錫：車馬、衣服、樂則、朱户、納陛、虎賁、鈇鉞、弓矢、秬鬯，皆隨其德可行而賜。」又云：「百里之侯，一削爲七十里侯，再削爲七十里伯，三削爲寄公。七十里伯，一削爲五十里伯，再削爲五十里子，三削地盡。五十里子，一削爲三十里男，再削爲三十里男，三削地盡。五十里男，一削爲三十里男，再削爲三十里附庸，三削

〔五〕爵盡。〕

〔六〕伐檀。

〔七〕毛詩伐檀序云：「在位貪鄙，無功而受祿。」

〔七〕獨斷云：「漢制，皇子封爲王者，其實古諸侯也。周末諸侯或稱王，而漢天子自以皇帝爲稱，故以王號加之，總名諸侯王。子弟封爲侯者，謂之諸侯。羣臣異姓有功封者，謂之徹侯，後避武帝諱，改曰通侯，法律家皆曰列侯。」御覽一百九十八引風俗通云：「列者，言其功德列著乃饗爵也。」

〔八〕漢書張湯後延壽傳云：「延壽已歷位九卿，既嗣侯，國在陳留，別邑在魏郡，租入歲千餘萬。延壽自以身無功德，何以能久堪先人大國，數上書讓減戶邑。」此即本其意言之。

〔九〕酎舊作『醻』。漢書景帝紀：「元年，高廟酎。」張晏曰：「正月旦作酒，八月成，名曰酎。酎之言純也。」至武帝時，因八月嘗酎，會諸侯廟中，出金助祭，所謂酎金也。」武帝紀：「元鼎五年九月，列侯坐獻黃金酎祭宗廟不如法，奪爵者百六人。」如淳曰：「漢儀注，諸侯王歲以戶口酎黃金於漢廟，皇帝臨受獻金。金少不如斤兩、色惡，王削縣，侯免國。」臣瓚曰：「食貨志：『南越反時，卜式上書願死之。天子下詔襃揚，布告天下，天下莫應。至酎飲酒，少府省金，而列侯坐酎金失侯者百餘人。』」續漢書禮儀志劉昭注引漢律金布令云：「列侯各以民口數，率千口奉金四兩，奇不滿千口至五百

口亦四兩，皆會酎，少府受。」

今列侯或有德宜子民，而道不得施〔二〕；或有凶頑醜〔三〕，不宜有國，而惡不上聞〔三〕。且人情莫不以己爲賢而效其能者，周公之戒，不使大臣怨乎不以〔四〕。詩云：「駕彼四牡，四牡項領〔五〕。」今列侯年卅以來，宜皆試補長吏墨綬以上，關內侯補黃綬〔六〕，以信〔七〕其志，以旌其能〔八〕。其有韓侯、邵虎之德〔九〕，上有功於天子〔一○〕，下有益於百姓，則稍遷位益土，以彰有德〔一一〕。其懷姦藏惡尤無狀者〔一二〕，削土奪國，以明好惡。

〔一〕白虎通封公侯篇云：「擇賢而封之，使治其民，以著其德，極其才。上以尊天子，備蕃輔，下以子養百姓，施行其道。」

〔二〕脱一字。

〔三〕漢書王吉傳諫昌邑王賀云：「恩愛行義孅介有不具者，於以上聞，非饗國之福也。」張敞傳顏師古注：「上聞，聞於天子也。」按漢書景帝子河閒獻王傳：「有司奏元殘賊不改，不可君國子民。」趙敬肅王彭祖傳…「彭祖取淖姬，生一男，號淖子。彭祖薨時，淖姬兄爲漢宦者。上召問：『淖子何如？』對曰：『爲人多欲。』上曰：『多欲不宜君國子民。』」外戚

傳云：「霍光以許皇后父廣漢刑人，不宜君國。」「君國子民」蓋亦漢時律令文，語本湯征，見史記殷本紀。

〔四〕論語。○鐸按：趙岐注：「以，用也。」

〔五〕節南山。毛傳：「項，大也。」箋云：「四牡者，人君所乘駕。今但養大其領，不肯爲用。喻大臣自恣，王不能使也。」此引詩以明大臣怨君不以，則以四牡項領而靡所騁，喻賢者有才而不得試，與鄭氏異誼。蓋本三家詩説。中論爵禄篇云：「君子不患道德之不建，而患時世之不遇。詩曰：『駕彼四牡，四牡項領，我瞻四方，蹙蹙靡所騁。』傷道之不遇也。」新序雜事五云：「處勢不便，豈可以量功校能哉！詩不云乎？『駕彼四牡，四牡項領。』夫久駕而長不得行，項領不亦宜乎！」隸釋堂邑令費鳳碑云：「退己進弟，不營榮禄，棲遲歷稔，項領滯畜。」易林履之剥、否之屯、噬嗑之歸妹、未濟之明夷並云：「名成德就，項領不試。」抱朴子嘉遁篇云：「空谷有項領之駿者，孫陽之恥也。」勖學篇云：「項領之駿，驊迹於千里。」博喻篇云：「兩絆而項領，則騏騄與蹇驢同矣。」誼並與此同。○鐸按：劉向習魯詩，故陳喬樅魯詩遺説考云：「中論語意與新序同，皆本魯詩之義。」又陳奐云：「此非獨三家詩義則然。毛傳質略，當亦謂賢者懷材莫用，靡所騁馳也。鄭箋非傳意。」

〔六〕漢書百官公卿表云：「爵十九關內侯，二十列侯。」又云：「凡吏秩比六百石以上，皆銅印

黑綬，比二百石以上，皆銅印黃綬。

〔七〕「信」讀爲「申」。○鐸按：以「信」爲「申」，上篇兩見。

〔八〕周語韋昭注：「旌，表也。」

〔九〕詩韓奕、江漢。「邵」今作「召」。

〔一〇〕「子」舊作「下」。

〔一一〕書皋陶謨云：「天命有德，五服五章哉！」「彰」與「章」義同。

〔一二〕「懷姦」亦漢時律令文。漢書孫寶傳：「劾奏立尚懷姦罔上。」翟方進傳：「方進劾立懷姦邪，亂朝政。」又奏立黨友後將軍朱博、鉅鹿太守孫閎、故光祿大夫陳咸，「皆內懷姦猾」。元后傳：「解光奏曲陽侯根內懷姦邪，欲筦朝政。」晉語云「使百姓莫不有藏惡於其心中」，韋昭注：「人懷悖逆也。」後漢書章帝紀建初元年詔「刺史明加督察尤無狀者」，章懷注：「無狀，謂其罪惡尤大，其狀無可寄言，故云『無狀』。」

且夫列侯皆剖符受策〔一〕，國大臣也，雖身在外，而心在王室〔二〕。宜助聰明與智賢愚〔三〕，以佐天子〔四〕。何得坐作奢僭，驕育負責〔五〕，欺枉小民，淫恣酒色，職爲亂階〔六〕，以傷風化而已乎〔七〕？詔書橫選，猶乃特進〔八〕，而不令列侯舉〔九〕，此於主德大洽，列侯大違〔一〇〕，非執術督責總覽獨斷御下方也〔一一〕。今雖未使典始〔一二〕治民，然有

橫選,當循王制,皆使貢士,不宜闕也。

〔一〕史記高祖紀:「六年,乃論功與諸列侯剖符行封。」釋名釋書契云:「漢制,約勑諸侯曰册。」說文云:「册,符命也,諸侯進受於王也。」「册」與「策」同。周禮大宗伯「王命諸侯則儐」鄭注:「儐,進之也。王將出命,假祖廟,立依前,南鄉。儐者進當命者,延之命使登,内史由王右以策命之。降,再拜稽首,登,受策以出。」

〔二〕書顧命云:「雖爾身在外,乃心罔不在王室。」

〔三〕句有誤字。淮南子主術訓云:「羣臣輻湊並進,無愚智賢不肖,莫不盡其能者,則君得所以制臣,臣得所以事君,治國之道明矣。」○俞樾云:「愚」字衍文也。「與」讀爲「舉」,古字通用。言宜舉智賢以佐天子也。下文云:「當循王制,皆使貢士。」可證其義。」○鐸按:俞讀「與」爲「舉」是也。下文「而不令列侯舉」,亦其證。

〔四〕詩六月。

〔五〕「育」蓋「贏」字之壞。大戴禮曾子制言上篇云:「富貴吾恐其贏驕也。」字亦作「盈」。漢書楚元王傳劉向封事云:「驕盈無厭。」淮南厲王傳云:「驕盈行多不軌。」敍傳云:「武安驕盈。」又云:「常山驕盈。」○鐸按:「負責」詳斷訟篇。「責」與「債」同。

〔六〕詩巧言。

〔七〕漢書韓延壽傳云:「既傷風化,重使賢長吏、嗇夫、三老、孝弟受其恥。」按景十三王傳:

「趙王曰：『中山王但奢淫，不佐天子拊循百姓，何以稱爲藩臣？』」此文本之。

〔八〕後漢書左雄傳云：「特選橫調，紛紛不絶。」楊震後秉傳云：「秉上言：自頃所徵，皆特拜不試。」又云：「時郡國計吏多留拜爲郎。秉上言：宜絶橫拜，以塞覬覦之端。」李固傳云：「舊任三府選令史，光祿試尚書郎，時皆特拜，不復選試。」「橫選特進」猶云「特拜橫拜」也。

〔九〕「舉」下當脱「士」字。○鐸按：此疑本作「與士」。與、舉古字通，思賢篇「與直」及上文「與智賢愚」，俞氏並讀「與」爲「舉」，是其例。因借「與」爲「舉」，寫者不達，遂誤合「與士」二字而爲「舉」字耳。

〔一〇〕兩「大」字疑當作「未」。一切經音義六引蒼頡篇云：「洽，遍徹也。」

〔一一〕漢書公孫弘傳對策云：「擅殺生之柄，通壅塞之塗，權輕重之數，論得失之道，使遠近情僞必見於上，謂之術。」鼂錯傳：「上書言：人主所以尊顯，功名揚於萬世之後者，以知術數也。」史記李斯傳云：「賢主者，必且能全道而行督責之術者也。」又云：「能獨斷而審督責，必深罰，故天下不敢犯也。」後漢書光武帝紀云：「明慎政體，總攬權綱。」「覽」即「攬」之省。

〔一二〕「始」當作「司」。

是誠封三公以旌積德〔一〕，試〔二〕列侯以除素餐，上合建侯之義〔三〕，下合黜刺之法。賢材任職，則上下蒙福〔四〕，素餐委國〔五〕，位無凶人〔六〕。誠如此，則諸侯必內思制行而助國矣〔七〕。今則不然，有功不賞，無德不削，甚非勸善懲惡〔八〕，誘進忠賢〔九〕，移風易俗之法術也〔一〇〕。

〔一〕書盤庚云：「汝有積德。」○鐸按：「是」猶「是故」也。大戴禮哀公問於孔子篇「是仁人之事親也如事天」，禮記哀公問篇作「是故仁人之事親也如事天」，是其證。

〔二〕「試」舊作「誠」。○鐸按：涉上「誠」字而誤。

〔三〕易屯：「利建侯。」○鐸按：「建侯」已見忠貴篇。

〔四〕後漢書竇融傳光武賜書云：「內則百姓蒙福。」○鐸按：「則」字疑當在「賢」字上。

〔五〕春秋繁露立元神篇云：「退讓委國而去。」

〔六〕文十八年左傳云：「賓於四門，四門穆穆，無凶人也。」

〔七〕「制」舊作「刺」。按「刺」乃「刲」字之誤。「刲」即「制」字，說文云：「刲，裁也。從刀，從未。未，物成有滋味，可裁斷。」

〔八〕漢書賈誼傳云：「慶賞以勸善，刑罰以懲惡。」張敞傳云：「非賞罰無以勸善懲惡。」

〔九〕漢書循吏傳云：「蜀地辟陋，有蠻夷風，文翁欲誘進之。」爾雅釋詁云：「誘，進也。」

〔一〇〕孝經云：「移風易俗，莫善於樂。」二式。

昔先王撫世，選練明德〔一〕，以統理民〔二〕，建正封不過百，取法於震〔三〕，以爲賢人聰明不是過也；又欲德能優而所治纖〔四〕，則職修理而民被澤矣〔五〕。今之守相，制地千里，威權勢力，盛於列侯，材明德義，未必過古，而所治逾百里，此以〔六〕所治多荒亂也。是故守相不可不審也〔七〕。

〔一〕定四年左傳云：「選建明德。」史記趙世家云：「選練舉賢，任官使能。」

〔二〕史記陸賈傳云：「統理中國。」

〔三〕王先生云：「『百』下脫『里』字。」繼培按：後漢書光武帝紀：「建武二年，博士丁恭議曰：『古帝王封諸侯不過百里，故利以建侯，取法於雷。』白虎通封公侯篇云：『諸侯封不過百里，象雷震百里。』」昭七年左傳云：「古之治天下，至纖至悉也。」顏師古注：「『纖』與『纖』同。」

〔四〕漢書食貨志：「賈誼曰：

〔五〕漢書薛宣傳云：「衆職修理。」

〔六〕「以」字舊脫。

〔七〕鹽鐵論除狹篇云：「古者封賢祿能，不過百里。」百里之中而爲都，疆垂不過五十。猶以爲一人之身，明不能照，聰不能達，故立卿大夫士以佐之，而政治乃備。今守相或無古諸侯之賢，而苻千里之政，不可不熟擇也。」呂氏春秋務本篇云：「處官則荒亂。」

昔宣皇帝興於民間，深知之，故常嘆曰：「萬民所以安田里無憂患者，政平訟治也。與我共此者，其惟良二千石。」於是明選守相，其初除者，必躬見之，觀其志趣，以昭其能，明察其治，重其刑賞[一]。姦宄減少、戶口增息者，賞賜金帛，爵至封侯[二]。賞重而信，罰痛而必[五]，羣臣畏勸，競思其職[六]。故能致治安而世升平，降鳳皇而來麒麟，天人悅喜，符瑞並臻，功德茂盛，立爲中宗[七]。由此觀之，牧守大臣者，誠盛衰之本原也，不可不選練也；法令賞罰者，誠治亂之樞機也，不可不嚴行也[八]。

其耗亂無狀者[三]，皆衡刀瀝血於市[四]。

〔一〕見漢書循吏傳序。後漢書左雄傳亦載之。

〔二〕謂王成、黃霸，見漢書循吏傳。崔寔政論云：「漢法亦三年一察治狀，舉孝廉尤異。宣帝時，王成爲膠東相，黃霸爲潁川太守，皆且十年，但就增秩賜金，封關內侯，以次入爲公卿。」

〔三〕漢書景帝紀後二年詔曰：「不事官職耗亂者，丞相以聞，請其罪。」

〔四〕○鐸按：「衡刀」見忠貴篇。

〔五〕漢書宣帝紀贊云：「孝宣之治，信賞必罰。」按韓非子五蠹篇云：「賞莫如厚而信，使民

利之；罰莫如重而必，使民畏之。」

〔六〕宣帝紀贊云：「吏稱其職，民安其業。」

〔七〕續漢書禮儀志光武帝建武十九年詔曰：「惟孝宣帝有功德，其上尊號曰中宗。」後漢書光武帝紀：「中元元年，羣臣奏言：『孝宣帝每有嘉瑞，輒以改元，神爵、五鳳、甘露、黃龍，列爲年紀，蓋以感致神祇，表章德信，是以化致升平，稱爲中興。』」論衡宣漢篇云：「孝宣皇帝元康二年，鳳皇集於太山，後又集於新平。四年，神爵集於長樂宮，或集於上林，九真獻麟。神爵二年，鳳皇、甘露降集京師。四年，鳳皇下杜陵及上林。五鳳三年，帝祭南郊，神光並見，或興於谷，燭耀齋宮，十有餘日。明年，祭后土，靈光復至。至如南郊之時，甘露、神爵降集延壽萬歲宮。其年三月，鸞鳳集長樂宮東門中樹上。甘露元年，黃龍至，見於新豐，醴泉滂流。彼鳳皇雖五六至，或時一鳳而數來，或時異鳥而各至。麒麟、神爵、黃龍、鸞鳥、甘露、醴泉，祭后土天地之時，神光靈耀，可謂繁盛累積矣。」

〔八〕韓非子六反篇云：「聖人之治也，審於法禁。法禁明著則官法必於賞罰。」五蠹篇云：「明其法禁，必其賞罰。」

昔仲尼有言：「政寬則民慢，慢則糾之以猛；猛則民殘，殘則施之以寬。寬以濟猛，猛以濟寬，政是以和〔二〕。」今者刺史、守相，率多怠慢，違背法律，廢忽詔令，專

情務利，不卹公事〔二〕。細民寃結，無所控告〔三〕，下土邊遠，能詣闕者，萬無數人，其得省治，不能百一。郡縣負其如此也〔四〕，故至敢延期，民日往上書。此皆太寬之所致也。

〔一〕昭廿年左傳。

〔二〕續漢書百官志劉昭注引蔡質漢儀云：「詔書舊典，刺史班宣，周行郡國，省察治政，黜陟能否，斷理寃獄，以六條問事。」其二條云：「二千石不奉詔書，遵承典制，倍公向私，旁詔守利，侵漁百姓，聚歛爲姦。」此所云，正其事矣。初學記廿四引崔寔政論云：「今典郡者，自違詔書，縱意出入。」御覽四百九十六又引云：「每詔書所欲禁絕，雖重懇惻，罵詈極筆，由復廢捨，終無悛意。故里語曰：『州郡記，如霹靂。得詔書，但挂壁。』」

〔三〕漢書武五子傳：「壺關三老上書云：『獨寃結而亡告。』」襄八年左傳云：「翦焉傾覆，無所控告。」

〔四〕說文云：「負，恃也。」

噬嗑之卦，下動上明，其象曰：「先王以明罰勅法。」夫積怠之俗，賞不隆則善不勸，罰不重則惡不懲〔一〕。故凡欲變風改俗者，其行賞罰者〔二〕也，必使足驚心破膽〔三〕，

民乃易視〔四〕。

〔一〕管子正世篇云：「古之所謂明君者，非一君也。其設賞有薄有厚，其立禁有輕有重，迹行不必同。非故相反也，皆隨時而變，因俗而動。夫民躁而行僻，則賞不可以不厚，禁不可以不重。故聖人設厚賞非佟也，立重禁非戾也，賞薄則民不利，禁輕則邪人不畏。」

〔二〕「者」字疑衍。○鐸按：涉上「者」字而衍。

〔三〕漢書賈誼傳云：「大諸侯之有異心者，破膽而不敢謀。」顏師古注：「言懼甚。」後漢書崔駰後實傳政論云：「孝宣皇帝明於君人之道，審於爲政之理，故嚴刑峻法，破姦軌之膽。」谷永傳云「臣永所以破膽寒心」，

〔四〕漢書鮑宣傳云：「曠然使民易視。」

聖主誠肯明察羣臣，竭精稱職有功效者〔一〕，無愛金帛封侯之費，其懷姦藏惡別無狀者，圖鐵鑕鈇之決〔三〕。然則良臣如王成、黃霸、龔遂、邵信臣之徒〔三〕，可比郡而得也，神明瑞應，可期年而致也〔二〕。

〔一〕漢書薛宣傳云：「入守左馮翊，滿歲稱職爲真。」又云：「功效卓爾，自左內史初置以來，未嘗有也。」

〔二〕文有脱誤。王先生云：「當云『則有鐵鑕斧鈇之誅。』」○鐸按：「鐵」各本作「鈇」，則似當

云「必圖礛鑡鈇鉞之決。」圖者，議也。決者，論也。後漢書陳寵傳「季秋論囚」，章懷注：

「論，決也。」圖、決二字蓋不誤，句脫二字耳。

〔三〕並見漢書循吏傳。「邵」傳作「召」，顏師古注：「召，讀曰『邵』。」按召、邵古通用。○鐸

按：禮記大傳鄭注：「然，如是也。」

〔四〕漢書楚元王傳：「劉向云：『神明之應，應若景嚮。』」京房傳：「古帝王以功舉賢，則萬化

成，瑞應著。」三式。

愛日〔一〕第十八

國之所以爲國者，以有民也；民之所以爲民者，以有穀也；穀之所以豐殖者，

以有〔二〕人功也；功之所以能建者，以日力也〔三〕。治國之日舒以長，故其民閒暇而力

有餘〔四〕；亂國之日促以短，故其民困務而力不足。

〔一〕○鐸按：愛日者，謂愛惜日力民時也。呂氏春秋上農篇云：「敬時愛日，至老不休。」此

篇名二字所本。

〔二〕「有」字疑衍。○鐸按：本傳亦有「有」字，汪例以下句而疑衍，然轉恐是下句字脫耳。

〔三〕後漢書張純後奮傳云：「國以民爲本，民以穀爲命。」崔實政論同。管子八觀篇云：「民非穀不食，穀非地不生，地非民不動，民非作力毋以致財。」淮南子主術訓云：「食者民之本也，民者國之本也，國者君之本也。是故人君者，上因天時，下盡地財，中用人力。」周語云：「豐殖九藪。」

〔四〕孟子云：「今國家閒暇。」

所謂治國之日舒以長者，非謁義和而令安行也〔一〕，又非能增分度〔二〕而益漏刻也〔三〕。乃君明察而百官治，下循正而得其所，則民安靜而力有餘，故視日長也〔四〕。所謂亂國之日促以短者，非謁義和而令疾驅也，又非能減分度而損漏刻也。乃君不明〔五〕則百官亂而姦宄興〔六〕，法令驀而役賦繁，則希民困於吏政〔七〕，仕者窮於典禮〔八〕，冤民□獄乃得直〔九〕，烈士交私乃見保〔一〇〕，姦臣肆心於上〔一一〕，亂化流行於下〔一二〕，君子載質而車馳，細民懷財〔一三〕而趨走〔一四〕，故視日短也。

〔一〕藝文類聚五十二「謁」上有「能」字，下同。 山海經大荒南經：「東南海之外，甘水之間，有義和之國。有女子名曰義和，方浴日於甘淵。」郭璞注：「義和蓋天地始生主日月者也。故啟筮曰：『空桑之蒼蒼，八極之既張，乃有夫義和，是主日月，職出入以爲晦明。』又

曰：「瞻彼上天，一明一晦，有夫羲和之子，出於暘谷。故堯因此而立羲和之官，以主四時。」楚辭離騷云「吾令羲和弭節兮」，王逸注：「羲和，日御也。弭，按也。按節，徐步也。」「安行」亦「弭節」之意。

〔二〕本傳注引洛書甄耀度曰：「凡周天三百六十五度四分度之一，一度爲千九百三十二里。」日一日行一度，月一日行十三度十九分度之一也。

〔三〕説文云：「漏，以銅受水刻節，晝夜百刻。」周禮絜壺氏鄭注：「漏之箭，晝夜共百刻，冬夏之閒，有長短焉。太史立成法，有四十八箭。」

〔四〕商子墾令篇云：「無宿治，則邪官不及爲私利於民，而百官之情不相稽，則農有餘日。」

〔五〕「君不明」類聚作「君暗」。

〔六〕漢書五行志云：「詩云：『爾德不明，以亡陪亡卿；不明爾德，以亡背亡仄。』言上不明，暗昧蔽惑，則不能知善惡，親近習，長同類。亡功者受賞，有罪者不殺，百官廢亂。」

〔七〕説文云：「俙，訟面相是也。」徐鍇曰：「面從相質也。」「希」乃「俙」之省。○俞樾云：「希民」二字無義，疑當作「布衣」，以「布衣」與「仕者」對舉，猶慎微篇云：「人君聞此，可以悚惡，布衣聞此，可以改容」，以「布衣」與「人君」對舉也。慎微篇又云：「由此言之，有希人君，其行一也。」汪箋云：「有希當作布衣。」漢碑布作帒，與希相似。○鐸按：俞説是。「希民」二字無義，疑當作「布衣」，以「布衣」與「人君」對舉也。「布」字，亦因作「帒」而誤作「希」可知矣。「衣」與「民」下半亦微似。

〔八〕「典」疑「曲」之誤。崔實政論云「長吏或實清廉，不肯媚寵，曲禮不行於所屬，私愛無□於□府」，魏志荀或傳云：「文帝曲禮事『或』是也。漢書儒林傳云：「嚴彭祖廉直不事權貴，或説曰『君目不修小禮曲意，亡貴人左右之助』。」「曲禮」即「小禮曲意」。按武帝紀建元元年詔曰「河海潤千里，其令祠官修山川之祠，爲歲事，曲加禮」，王莽傳云「外交英俊，内事諸父，曲有禮意」，皆「曲禮」之證。○鐸按：汪説是也。古書典、曲二字多相亂，周語上「瞽獻曲」，潛歎篇及史記周本紀作「獻典」，誤與此同。

〔九〕空格程本作「就」。漢書酷吏田延年傳：「霍將軍曰：『曉大司農通往就獄，得公議之。』」按就獄得直，吏政猶未大壞，此當爲「鬻獄」。昭十四年左傳云：「雍子自知其罪，而賂以買直。鮒也鬻獄。」「鬻獄乃得直」即所謂「買直」也。○鐸按：作「鬻獄」是也。程本作「就」，音近而誤。

〔一〇〕漢書張湯傳云：「與長安富賈田甲、魚翁叔之屬交私。」元后傳：「王鳳云：『御史大夫音謹勅，臣敢以死保之。』」○鐸按：「交私」字張湯傳兩見。

〔一一〕昭十二年左傳云：「昔穆王欲肆其心，周行天下。」

〔一二〕隱五年左傳云：「亂政亟行，所以敗也。」毛詩凱風序云：「衛之淫風流行。」

〔一三〕「財」類聚作「賄」。

〔一四〕後漢書皇甫規傳云：「載贄馳車，懷糧步走。」○鐸按：孟子滕文公下篇：「出疆必載

質。」白虎通瑞贄篇云：「贄者，質也。」

詩云：「王事靡盬，不遑將父[一]。」言在古閒暇而得行孝，今迫促不得養也[二]。孔子稱庶則富之，既富則教之[三]。是故[四]禮義生於富足[五]，盜竊起於貧窮[六]，富足生於寬暇[七]，貧窮起於無日。聖人深知，力者乃民之本也，而國之基[八]，故務省役而為民愛日。是以堯勅羲和，欽若昊天，敬授民時[九]，邵伯訟不忍煩民，聽斷棠下[一〇]，能興時雍而致刑錯[一一]。

〔一〕四牡。

〔二〕漢書武帝紀建元元年詔曰：「今天下孝子順孫，願自竭盡以承其親，外迫公事，內乏資財，是以孝心闕焉。」意與此同。○鐸按：此魯詩義，說見陳喬樅魯詩遺說考八。

〔三〕論語。

〔四〕「是故」舊脫，據傳補。

〔五〕史記貨殖傳云：「倉廩實而知禮節，衣食足而知榮辱，禮生於有而廢於無，故君子富好行其德，小人富以適其力。」淮南子齊俗訓云：「夫民有餘即讓，不足則爭。讓則禮義生，爭則暴亂起。」

〔六〕鄧析子無厚篇云:「凡民有穿窬爲盜者,有詐僞相迷者,此皆生于不足,起於貧窮。」

〔七〕足舊作「貴」,據傳改。

〔八〕國基注見本政篇。○鐸按:本傳「也」字在「基」下。

〔九〕書堯典。○鐸按:此引「人時」作「民時」,用今文。

〔一〇〕詩甘棠鄭箋云:「召伯聽男女之訟,不重煩勞百姓,止舍小棠之下而聽斷焉。」此「訟」上當有「決」字,史記燕世家云:「召公巡行鄉邑,有棠樹,決獄政事其下。」定九年左傳杜注:「召伯決獄於蔽芾小棠之下。」○鐸按:「訟」上疑脫「理」字,「理訟」見下文。

〔一一〕書堯典云:「黎民於變時雍。」「刑錯」注見德化篇。

今則不然。萬官撓民〔一〕,令長自衒〔二〕,百姓廢農桑〔三〕而趨府庭者,非朝晡不得通〔四〕,非意氣不得見〔五〕,訟不訟輒連月日,舉室釋作,以相瞻視,辭人之家〔六〕,輒請鄰里應對送餉,比事訖,竟亡一歲功〔七〕,則天下獨有受其饑者矣〔八〕,而品人俗士之司典者,曾不覺也。郡縣既加冤枉,州司不治,令破家活,遠詣公府〔九〕。公府不能照察真僞〔一〇〕,則但欲罷之以久困之資〔一一〕,故猥説一科〔一二〕,令此注百日〔一三〕,乃爲移書〔一四〕,其不滿百日,輒更造數〔一五〕,甚違邵伯訟棠之義。此所謂誦詩三百,授之以政,不達,

雖多亦奚以爲者也。

〔一〕逸周書史記解云：「外內相閒，下撓其民。」説文云：「撓，擾也。」

〔二〕傳作「令長以神自蓄」。按説文云：「衒，行且賣也。」或從玄作衒。賣、衒也。讀若育。今賣、蓄聲相近。○鐸按：本傳章懷注：「難見如神也。」難見如神，則與衒賣適相反。

〔三〕「衒」當爲「眩」。眩，幻也。言令長變幻自神，以惑百姓也。楚策三：蘇秦曰：「謁者難得見如鬼，王難得見如天帝。」亦此義。衒、眩古不通用，然務本篇「衒世俗之心」，以「衒」爲「眩」，是其比也。汪説失之。

〔三〕「農」字據傳補，下文亦云：「民廢農桑而守之。」

〔四〕「晡」舊作「餔」。按説文云：「鞘，旦也。餔，日加申時食也。」又申字下云：「吏以餔時聽事，申旦政也。」高誘淮南子敍云：「除東郡濮陽令，以朝餔事畢之間，乃深思先師之訓，參以經傳道家之言，比方其事，爲之注解。」後漢書趙熹傳云：「朝晡入臨。」晡、餔古通用。○鐸按：「晡」即「餔」之後出改旁字。

〔五〕漢書宣帝紀元康二年詔曰：「或擅興繇役，飾廚傳，稱過使客。」韋昭曰：「廚謂飲食，傳謂傳食。言修飾意氣以稱過使而已。」後漢書仲長統傳昌言法誡篇云：「近臣外戚宦豎，請托不行，意氣不滿，立能陷人於不測之禍。」獨行陸續傳云：「使者大怒，以爲獄門吏卒通傳意氣。」蜀志法正傳云：「以意氣相致。」鄧芝傳云：「性剛簡，不飾意氣。」風俗

通窮通篇云：「韓演爲丹陽太守，法車徵。從事汝南閻符迎之於杼秋，意氣過於所望。」莊子列禦寇篇：「小夫之知，不離苞苴竿牘。」釋文引司馬彪注云：「竿牘，謂竹簡爲書，以相問遺，修意氣也。」世說紕漏篇云：「虞嘯父爲孝武侍中，帝從容問曰：『卿在門下，初不聞有所獻替。』虞家富春，近海，謂帝望其意氣，對曰：『天時尚煖，鯫魚鰕鮧未可致，尋當有所上獻。』帝撫掌大笑。」以餽獻爲意氣，漢、晉人習語也。○鐸按：今謂餽物爲「人情」，亦此意。

〔六〕説文云：「辭，訟也。」

〔七〕漢書元帝紀建昭五年詔曰：「不良之吏，覆按小罪，徵召證案，興不急之事，以妨百姓，使失一時之作，亡終歲之功。」

〔八〕呂氏春秋愛類篇：「士有當年而不耕者，則天下或受其饑矣。」

〔九〕後漢書靈帝紀光和三年章懷注：「公府，三公府也。」

〔一〇〕「照」舊作「昭」。按實邊篇、交際篇並作「照察」，今據改。楚辭九辨云「信未達乎從容」，王逸注：「君不照察其真偽。」亦一證。管子形勢解云：「日月，昭察萬物者也。天多雲氣，蔽蓋者衆，則日月不明。人主猶日月也。羣臣多姦立私，以擁蔽主，則人主不得昭察其臣下。」亦「照」之誤。「照察」本於彼。九辨又云「彼日月之照明兮」，王逸注：「三光照察。」詩柏舟鄭箋：「衣之不澣，則憒辱無照察。」東方之日毛傳：「人君明盛，無不照

察。」禮記哀公問「已成而明」，鄭注：「照察有功。」論衡吉驗篇：「照察明著。」皆其證也。

〔一〕「罷」讀爲「疲」。

〔二〕盧學士云：「『説』疑當作『設』。」繼培按：論衡正説篇：「設」字是也。後漢書質帝紀本初元年詔曰：「造設科條。」○鐸按：「説隱公享國五十年，將盡紀元以來邪？」孫詒讓謂「説」當爲「設」，形聲相近而誤。正與此同。

〔三〕王先生云：「『科令』爲句。『此注百日』是『比滿百日』之誤。」○鐸按：周禮獸人疏「注」猶「聚」也。『科令』爲句。說文：「注，灌也。」廣雅釋詁三：「灌，聚也。」「注」自有滿義，不必改。「令」字屬下讀。

〔四〕廣韻五支「移」字注云：「官曹公府不相臨敬，則爲移書，箋表之類也。」

〔五〕按「造數」疑當作「遭赦」。

孔子曰：「聽訟，吾猶人也〔一〕。」從此觀之，中材以上〔二〕，皆議曲直之辨，刑法之理可〔三〕，鄉亭部吏〔四〕，足以斷決〔五〕，使無怨言〔六〕。然所以不者，蓋有故焉。

〔一〕並見論語。○鐸按：上用論語作結。此引論語起下。

〔二〕言凡人但使秉心正直，則皆可斷訟也。當分別出注，語脈始明。

〔二〕史記魏豹彭越傳贊云：「中材以上，且羞其行。」

〔三〕「可」字疑當在「皆」字下，或當作「耳」，帶上讀。○鐸按：前說是。「中材以上，皆可議曲直之辨，刑法之理」，與「鄉亭部吏，足以斷決，使無怨言」相對成文。

〔四〕漢書百官公卿表云：「大率十里一亭，亭有長。十亭一鄉，鄉有三老、有秩、嗇夫、游徼。」周禮大司徒：「凡萬民之不服教而有獄訟者，與有地治者，聽而斷之。」蜡氏：「有地之官」，鄭司農云：「與其地部所屬吏共聽斷之。」鄭司農云：「有地之官，有部界之吏，今時鄉亭是也。」

〔五〕禮記月令云：「審斷決。」

〔六〕僖廿四年左傳云：「且出怨言。」

傳曰：「惡直醜正，實繁有徒〔一〕。」夫直者貞正而不撓志〔二〕，無恩於吏。怨家務主者〔三〕結以貨財，故鄉亭與之為排直家〔四〕，後反覆時吏坐之〔五〕，故共枉之於庭〔六〕。以贏民與豪吏訟〔七〕，其勢不如也。是故縣與部并，後有反覆，長吏坐之〔八〕，故舉縣排之於郡。以一人與一縣訟，其勢不如也。故郡與縣并，後有反覆，太守坐之，故舉郡排之於州。以一人與〔九〕郡訟，其〔一〇〕勢不如也。故州與郡并，而不肯治，故乃遠詣

公府爾。公府不能察，而苟欲以錢刀課之〔二〕，則貧弱少貨者終無以〔三〕曠旬滿
祈〔三三〕。豪富饒錢者〔四〕取客使往〔五〕，可盈千日，非徒百也。治訟若此，爲務助豪猾
而鎮貧弱也〔六〕，何宛之能治？

〔一〕昭廿八年左傳，「繁」作「蕃」。○鐸按：僞古文尚書仲虺之誥「建繁有徒」，周書「繁」作「蕃」，古字通用。

〔二〕晉語云：「撓志以從君。」漢書楚元王傳劉向封事云：「君子獨處守正，不撓衆枉。」按說文云：「橈，曲木。」後世「橈曲」字皆從手。○鐸按：「撓志」已見遏利篇。

〔三〕「務」當作「賂」，昭十四年左傳云「雍子自知其罪，而賂以買直」是也。列女傳齊威虞姬傳云：「周破胡賂執事者使竟其罪，執事者誣其辭而上之。」「主者」即「執事者」。周禮訝士鄭注「如今郡國亦時遣主者吏詣廷尉議者」，史記呂不韋傳「太后乃陰厚賜主腐者吏」，張丞相傳「任敖擊傷主呂后吏」，外戚世家「竇姬請其主遣宦者吏」，皆所謂「主者」。

〔四〕說文云：「排，擠也。」

〔五〕周禮鄉士「旬而職聽於朝」，鄭注：「十日乃以職事治之於外朝，容其自反覆。」方士「書其刑殺之成與其聽獄訟者」，鄭注：「但書其成與治獄之吏姓名，備反覆有失實者。」○鐸按：「後」下當依下文例補「有」字。

〔六〕傳作「廷」，謂縣廷也。史記游俠傳「縣廷」，漢書作「庭」。王先生云：「以上下文例之，

〔七〕史記曹相國世家云：「居縣爲豪吏。」

〔八〕漢書百官公卿表云：「縣萬戶以上爲令，減萬戶爲長，皆有丞尉，是爲長吏。」○鐸按：縣與部并，謂縣長吏維持鄉亭部吏原判也。本傳作「縣承吏言，故與之同」，是其義。

「柱」當爲「排」，此「柱」字疑後人據傳改之。

〔九〕舊脫。

〔一〇〕舊脫。

〔一一〕「錢刀」傳作「日月」。按「錢刀」字非誤。漢書薛宣傳云：「宣爲相，府辭訟例不滿萬錢不爲移書，後皆遵用薛侯故事。」

〔一二〕「以」舊作「已」，據傳改。

〔一三〕王先生云：「『祈』疑『期』之誤。」

〔一四〕史記秦始皇紀：「二十六年，徙天下豪富於咸陽。」平準書云：「募豪富人，相假貸。」小爾雅廣詁云：「饒，多也。」

〔一五〕治要載崔實政論云：「假令無奴，當復取客，客庸一月千。」○鐸按：「取客」猶今言「雇人」。

〔一六〕説文云：「鎮，博壓也。」漢書酷吏嚴延年傳云：「其治務在摧折豪強，扶助貧弱。」此反言之。江充傳云：「交通郡國豪猾。」

非獨鄉部辭訟也。武官斷獄，亦皆始見枉於小吏，終重冤於大臣。怨故未

讎[一]，輒逢赦令，不得復治，正士懷冤結而不得信[二]，猾吏崇姦充而不痛坐[三]。郡縣

所以易侵小民，而天下所以多饑窮也。

〔一〕史記蔡澤傳云：「今君之怨已讎，而德已報。」

〔二〕「信」讀為「申」。○鐸按：述赦篇：「冤結而信理。」三式篇：「冤結而信理。」

皆可互參。

〔三〕漢書陳萬年傳云：「豪猾吏及大姓犯法，輒論輸府。」論衡商蟲篇云：「豪民猾吏。」詞義

除上天感動，降災傷穀，但以人功見事言之[一]，今自三府以下，至於縣道鄉

亭[二]，及從事督郵[三]，有典之司，民廢農桑而守之，辭訟告訴[四]，及以官事應對吏者，

一人之[五]，日廢十萬人，人[六]復下計之，一人有事，二人獲餉[七]，是為日三十萬人離

其業也[八]。以中農率之，則是歲三百萬口受其饑也[九]。然則盜賊何從消[一〇]，太平

何從作？

〔一〕「除」舊作「於」，據傳改。按「但」當作「且」，本書邊議篇云「除其仁恩，且以計利言之」，後

漢書竇融傳亦云「除言天命，且以人事論之」，皆其例也。後漢書光武帝紀建武五年詔曰：「久旱傷麥，秋種未下，朕甚憂之。將殘吏未勝，獄多冤結，元元愁恨，感動天氣乎？」此文本之。漢書成帝紀鴻嘉四年詔曰：「一人有辜，舉家拘繫，農民失業，怨恨者衆，傷害和氣，水旱爲災。」亦此意也。○鐸按：此言除去天災不計，但以人事言之，其禍已有如下述者。文義甚明，「但」字似不誤。

〔二〕續漢書百官志云「凡縣主蠻夷曰道」。

〔三〕百官志云：「諸州刺史下有從事，屬國都尉下有督郵。」

〔四〕周禮小司徒云：「聽其辭訟。」說文云：「訴，告也。或從朔、心作愬。」管子任法篇云：「告愬其主。」

〔五〕「之」下有脫文。○鐸按：此疑本作「一人之日廢，日廢十萬人」，字相重而脫。上「日」謂時日，下「日」即一日。

〔六〕疑衍，或當作「又」。○鐸按：此「人」字涉上下文而衍。

〔七〕王先生云：「『獲當是『護』，傳云『二人經營』，亦護持之意。」繼培按：護、獲形近易誤，儀禮大射儀：「授獲者退立於西方，獲者興，共而俟。」鄭注：「古文『獲』皆作『護』。」此其類也。

〔八〕尉繚子將理篇論決獄云：「農無不離田業。」

〔九〕「三百」當作「二百」。中農食七人，三十萬人當食二百一十萬人，云二百者，舉成數也。

漢書貢禹傳云：「漢家鑄錢及諸鐵官皆置吏卒徒，攻山取銅鐵，一歲功十萬人以上，中農食七人，是七十萬人常受其饑也。」此文本之。

〔一〇〕漢書嚴安傳云：「盜賊銷則刑罰少。」「消」與「銷」同。

孝明皇帝嘗問：「今旦何得無上書者？」左右對曰：「反支故〔一〕。」帝曰：「民既廢農遠來詣闕，而復使避反支，是則又奪其日而宛之也。」乃勑公車受章，無避反支〔二〕。上明聖主〔三〕爲民愛日如此，而有司輕奪民時如彼〔四〕，蓋所謂有君無臣〔五〕，有主無佐〔六〕，元首聰明，股肱怠惰者也〔七〕。詩曰〔八〕：「國既卒斬，何用不監〔九〕！」傷三公居人尊位，食人重禄，而曾不肯察民之盡瘁也〔一〇〕。

〔一〕本傳注云：「凡反支日，用月朔爲正，戌亥朔一日反支，申酉朔二日反支，午未朔三日反支，辰巳朔四日反支，寅卯朔五日反支，子丑朔六日反支。見陰陽書也。」

〔二〕續漢書百官志：「公車司馬令屬衞尉，掌吏民上章。」

〔三〕當作「上聖明」。

〔四〕孟子云：「彼奪其民時，使不得耕耨。」漢舊儀云：「郡國守丞長史上計事竟，君侯出坐庭

上，親問百姓所疾苦。計室掾史一人大音者讀勑畢，遣。勑曰：「詔書數下，禁吏無苛暴。丞史歸告二千石，順民所疾苦，急去殘賊，審擇良吏，無任苛刻，治獄決訟，務得其中。明詔憂百姓困於衣食，二千石帥勸農桑，思稱厚恩，有以賑贍之，無煩擾，奪民時。」

〔五〕「有君無臣」，僖二年公羊傳文。

〔六〕按漢書鼂錯傳鼂錯對策云：「臣聞五帝其臣莫能及，則自親之。三王臣主俱賢，則共憂之。五伯不及其臣，則任使之。今執事之臣，莫能望陛下清光，譬之猶五帝之佐也。」「有主無佐」蓋即本於彼。

〔七〕書臯陶謨。

〔八〕「曰」何本作「云」。

〔九〕節南山。

〔一〇〕○譯按：小雅節南山之詩，本書引者凡四：此篇及賢難篇「國既卒斬」二語一也；志氏姓篇「尹氏大師」二語二也；秋錄「卒勞百姓」三也；三式篇「四牡項領」二語四也。其用「項領」之義本魯詩，則此亦魯詩說也。又「盡瘁」即「憔悴」。詩小雅北山「或盡瘁事國」，昭七年左傳作「憔悴」。周禮小司寇「議勤之辟」，鄭注：「謂憔悴以事國。」賈疏引詩同。經義述聞卷六王引之云：「蓋毛詩之『盡瘁』，三家詩有作『憔悴』者，故鄭、賈皆用之爲說。『憔悴』二字平列，『盡瘁』二字亦平列，非謂盡其瘁也。盡瘁，雙聲也，憔悴，亦雙

聲也。」此文「盡瘁」二字或後人據毛詩改之。

孔子病夫「未之得也，患不得之，既得之，患失之」者〔一〕。今公卿始起州郡而致宰相〔二〕，此其聰明智慮〔三〕，未必闇也，患其苟先私計而後公義爾〔四〕。詩云：「莫肯念亂，誰無父母〔五〕！」今民力不暇，穀何以生？百姓不足，君孰與足〔六〕？嗟哉，可無思乎！

〔一〕論語「患不得之」今作「患得之」。按荀子子道篇：「孔子曰：『小人者，其未得也，則憂不得，既已得之，又恐失之。』」說苑雜言篇同，論語古本亦當有「不」字。漢書朱雲傳云：「今朝廷大臣，上不能匡主，下亡以益民，皆尸位素餐，孔子所謂『鄙夫不可與事君』，『苟患失之，亡所不至』者也。」○鐸按：「患得之」，宋沈作喆寓簡亦謂當作「患不得之」。雖所據者不過韓愈王承福傳，然亦足證唐人所見論語有如此作者。焦循、劉寶楠二家並申何晏「患得之，患不能得之」之注，謂古人語急，「得」猶「不得」。說殆不然。

〔二〕漢書朱博傳云：「漢家至德溥大，字內萬里，立置郡縣，部刺史奉使典州，督察郡國，吏民安寧。故事，居部九歲，舉爲守相，其有異材功效著者，輒登擢。」又云：「故事，選郡國守相高第爲中二千石，選中二千石爲御史大夫，任職者爲丞相。」

〔三〕韓非子難三云：「恃盡聰明勞智慮。」

〔四〕漢書鮑宣傳云：「羣臣幸得居尊官，食重禄，豈有肯加惻隱於細民，助陛下流教化者耶？」說苑臣術篇云：「安官貪禄，營於私家，不務公事，懷其智，藏其能，容容乎與世沈浮上下，左右觀望。如此者，其臣也。」志但在營私家，稱賓客，爲姦利而已。

〔五〕沔水。○鐸按：釋難篇亦引，説詳彼。

〔六〕論語。○鐸按：此論語顏淵篇有若答魯哀公語，與說苑政理篇載孔子語「未見子富而父母貧」意同。

潛夫論箋校正卷五

斷訟[一]第十九

五代不同禮，三家不同教，非其苟相反也，蓋世推移而俗化異也[二]。俗化異則亂原殊，故三家符世[三]，皆革定法[四]。高祖制三章之約[五]，孝文除克膚之刑[六]，是故自非殺傷盜臧[七]，文罪之法，輕重無常，各隨時宜，要取足用勸善消惡而已[八]。

〔一〕〇鐸按：東漢獄訟繁興，其流有二：一則王侯驕淫負債，殘掠官民，一則姦徒迫嫁婦人，利其聘幣。禍根所在，紿欺而已。故節信議重罰塞原而著之篇。

〔二〕史記秦始皇紀：「李斯曰：『五帝不相復，三代不相襲，各以治，非其相反，時變異也。』」漢書武帝紀元朔六年詔曰：「朕聞五帝不相復禮，三代不同法，所繇殊路，而建德一也。」韓安國傳：「王恢曰：『臣聞五帝不相襲禮，三王不相復樂，非故相反也，各因世宜也。』」匡衡傳：「衡上疏曰：『臣聞五帝不同禮，三王各異教，民俗殊務，所遇之時異也。』」數家語意相襲，而文或少異。淮南子齊俗訓云：「世異則事變，時移則俗易。」修務訓高誘注：「『推移』猶『轉易』也。」

〔三〕「符」當作「御」，御、符字形相近。或當爲「撫」，聲之誤也。「御世」見敍録，「撫世」見忠
貴，三式、德化篇。○鐸按：御、符字形絶遠，無緣致誤。或説是已，而未得其字。今按
「符」當作「拊」。拊、撫古通用，故「拊掌」或作「撫掌」，「撫循」或作「拊循」，詩小雅蓼莪
「拊我畜我」後漢書梁竦傳引「拊」作「撫」也。「撫」古書常見，故他篇皆作「撫」。此
「拊」字若不誤爲「符」，則後人亦必改爲「撫」矣。凡因訛誤而轉足考見元本之舊者，多
類此。

〔四〕管子正世篇云：「古之所謂明君者，非一君也。其設賞有薄有厚，其立禁有輕有重，迹行
不必同。非故相反也，皆隨時而變，因俗而動。」商子更法篇云：「伏犧、神農教而不誅，
黄帝、堯、舜誅而不怒。及至文、武，各當時而立法，因事而制禮，禮法以時而定，制令各
順其宜。」壹言篇云：「聖人之爲國也，不法古，不修今，因世而爲之治，度俗而爲之法。
故法不察民之情而立之則不成，治宜於時而行之則不干。」

〔五〕漢書高帝紀：「元年，召諸縣豪傑曰：『與父老約法三章耳，殺人者死，傷人及盜抵罪。』」

〔六〕漢書文帝紀：「十三年，除肉刑法。」刑法志載詔云：「夫刑，至斷支體，刻肌膚，終身不
息，何其刑之痛而不德也！」「克」與「刻」通，説文云：「克，象屋下刻木之形。」
服虔曰：「隨輕重制法也。」

〔七〕「藏」程本作「賊」，誤。漢書高帝紀李奇注云：「傷人有曲直，盜臧有多少，罪名不可豫

定，故凡言抵罪。」

〔八〕漢書刑法志云：「漢興，高祖初入關，約法三章曰：『殺人者死，傷人及盜抵罪。』蠲削煩苛，兆民大說。　其後四夷未附，兵革未息，三章之法，不足以禦姦，於是相國蕭何攈摭秦法，取其宜於時者，作律九章。」循吏黃霸傳：「張敞云：『漢家承敝通變，造起律令，即以勸善禁姦。　條貫詳備，不可復加。」

夫制法之意，若爲藩籬溝塹以有防矣〔一〕，擇禽獸之尤可數犯者，而加深厚焉。今姦宄雖衆，然其原少，君事雖繁，然其守約。知其原少姦易塞，見其守約政易持〔二〕。塞其原則姦宄絕〔三〕，施其術則遠近治。

〔一〕楚語云：「爲之關籥蕃籬而遠備閉之。」「塹」當作「塹」。說文云：「塹，阬也。」周禮雍氏鄭注：「阹，穿地爲塹，所以禦禽獸。」
〔二〕舊作「治」，據下文改。
〔三〕鹽鐵論申韓篇云：「塞亂原而天下治。」大戴禮盛德篇云：「刑罰之所從生有源，不務塞其源而務刑殺之，是爲民設陷以賊之也。」

今一歲斷獄，雖以萬計〔一〕，然辭訟之辯〔二〕，鬥賊之發，鄉部之治，獄官之治者〔三〕，

其狀一也。本皆起民不誠信，而數相欺紿也〔四〕。舜勅龍以讒說殄行，震驚朕師〔五〕，乃自上古患之矣。故先慎己喉舌〔六〕，以元示民〔七〕。孔子曰：「亂之所生也，則言語以爲階〔八〕。」「小人不恥不仁，不畏不義〔九〕。」脉脉規規〔一〇〕，常懷姦唯〔一一〕，昧冒前利，不顧廉恥〔一二〕，苟且中〔一三〕，後則榆解奴抵〔一四〕，以致禍變者，比屋是也。

〔一〕 漢書董仲舒傳云：「一歲之獄，以萬千數。」鹽鐵論申韓篇云：「今斷獄歲以萬計。」

〔二〕 說文云：「辯，皋人相與訟也。辯，治也。從言在辡之間。」

〔三〕 漢書鼂錯傳云：「獄官主斷。」○鐸按：「獄官之治」，「治」字複上文，疑當作「決」。淮南子時則訓「審決獄」，高注：「決，斷也。」是其義。

〔四〕 漢書韓延壽傳云「吏民不忍欺紿」，「紿」與「詒」同。

〔五〕 書堯典。

〔六〕 「喉」舊作「唯」。詩烝民云：「王之喉舌。」○鐸按：凡從「侯」從「隹」之字，隸書往往訛溷。淮南子兵略訓「疾如鏃矢」，今本「鏃」作「錐」，方言「雞雛，齊、魯之間謂之䳶子」，今本作「秋侯子」，墨子非命下篇「非將勤勞其喉舌」，今本作「惟舌」，皆以字形相似而誤。說見讀書雜志卷九。

〔七〕 「元」當爲「玄德」之「玄」。荀子正論篇云：「上周密則下疑玄矣。」○俞樾云：「讀『元』爲『玄』非是。汪又引荀子『上周密則下疑玄矣』，如此又讀『玄』爲『眩』，與前說歧異，而義

益不通矣。汪所據者元刻本，而漢魏叢書本作「以示小民」，今鄂局本從之，文義明白，不

必徇元本之譌，曲爲之說。」○鐸按：王氏讀書雜志九墨子三引作「以示下民」，雖不知所

據何本，然知其亦不以作「以元示民」者爲是。又荀子正論篇「疑玄」，解蔽篇作「疑元」，

並即「疑眩」，是汪說義涉兩歧。

〔八〕易繫辭上傳。

〔九〕繫辭下傳。

〔一〇〕玉篇云：「眅眅，姦人視也。」亦作「脉」。「脉脉」與「眅眅」通。漢書東方朔傳云「跂跂脈
脈善緣壁」，顏師古注：「脈脈，視貌。」莊子秋水篇云：「規規然自失」，釋文云：「規規，
驚視自失貌。」荀子非十二子篇「莫莫然，瞡瞡然」，楊倞注：「瞡」與「規」同。規規，見小
之貌。」按「莫莫」與「脉脉」聲亦相近。

〔一一〕「唯」當爲「詐」。禮記經解云：「君子審禮，不可誣以姦詐。」王侍郎云：「『唯』疑『誰』，
『姦誰』猶『恣睢』。」○鐸按：作『詐』是。

〔一二〕襄廿六年左傳云：「楚王是故昧於一來」，杜注：「昧」猶「貪冒」。」周語云：「戎、狄冒沒輕
儳，貪而不讓。」「昧冒」猶「冒沒」也。漢書匈奴傳云：「單于咸棄其愛子，昧利不顧。」說
苑正諫篇云：「吳王欲伐荊，舍人少孺子曰：『園中有樹，其上有蟬。蟬高居悲鳴飲露，
不知螳螂在其後也。螳螂委身曲附欲取蟬，而不知黃雀在其傍也。黃雀延頸欲啄螳螂，

而不知彈丸在其下也。此三者,皆欲得其前利,而不顧其後之有患也。」鹽鐵論結和篇

云:「登得前利,不念後咎。」

〔一四〕「榆」蓋「偷」之誤。解,讀爲「懈」。「奴抵」字未詳。

〔一三〕「中」下脫一字。

非唯細民爲然,自封君〔一〕王侯貴戚豪富,尤多有之。假舉驕奢,以作淫侈,高負千萬,不肯償責。小民守門號哭啼呼,曾無怵惕慘怛哀矜之意〔二〕。苟崇聚酒徒無行之人〔三〕,傳空引滿〔四〕,啁啾罵詈〔五〕,晝夜鄂鄂,慢遊是好〔六〕。或毆擊責主,入〔七〕於死亡,羣盜攻剽,劫人無異〔八〕。雖會赦贖,不當復得在選辟之科,而州司公府反爭取之。且觀諸敢妄驕奢而作大責者,必非救飢寒而解困急,振貧窮而行禮義者也,咸以崇驕奢而奉淫湎爾〔九〕。

〔一〕「君」字舊脫。

〔二〕崔實政論云:「今官之接民,甚多違理,作使百工,及從民市,輒設計加以誘來之,器成之後,更不與直。老弱凍餓,痛號道路,守闕告哀,終不見省。」孟子云:「皆有怵惕惻隱之心。」書呂刑云:「皇帝哀矜庶戮之不辜。」

〔三〕史記酈生傳云：「吾高陽酒徒也。」淮陰侯傳云：「始爲布衣時，貧無行。」漢書五行志：〔谷永云：「崇聚票輕無誼之人，以爲私客。」〕○鐸按：酈生「高陽酒徒」之語，在朱建傳內。崇、叢古字通。說文：「叢，聚也。」書酒誥「矧日其敢崇飲」，傳：「崇，聚也。」忠貴篇：「崇聚羣小」，並二字平列。

〔四〕漢書敍傳云：「趙、李諸侍中，皆引滿舉白。」孟康曰：「舉白，見驗飲酒盡不也。」〔傳空猶「舉白」也。〕○鐸按：「傳空」猶「舉白」，想當然耳。

〔五〕禮記三年問云「猶有啁噍之頃焉」，釋文：「啁噍，聲。」「啁啾」與「啁噍」同。文選長笛賦李善注引蒼頡篇：「啾，衆聲也。」史記魏豹傳云：「漢王慢而侮人，罵詈諸侯羣臣，如罵奴耳。」

〔六〕書皋陶謨云：「惟慢遊是好。」又云：「罔晝夜額額。」按額、鄂聲相近。幽州人謂「額」爲〔鄂〕，見釋名釋形體。○鐸按：洪亮吉云：「潛夫論云『晝夜鄂鄂』，則今文『額』又作『鄂』也。」

〔七〕「入」舊作「人」。

〔八〕史記酷吏傳云：「義縱少年時，嘗與張次公俱，攻剽爲羣盜。」貨殖傳云：「閭巷少年，攻剽椎埋，劫人作姦。」晉書刑法志陳羣新律序云：「舊律，盜律有劫略。」

〔九〕成二年左傳云：「淫湎毀常。」詩蕩云「天不湎爾以酒」，釋文引韓詩云：「飲酒閉門不出

客，曰洒。」

春秋之義，責知誅率〔一〕。孝文皇帝至寡動，欲任德〔二〕，然河陽侯陳信坐負六月免國〔三〕。孝武仁明，周陽侯田彭祖坐當軹侯宅而不與免國〔四〕，黎陽侯邵延坐不出持馬，身斬國除〔五〕。二帝豈樂以錢財之故〔六〕而傷大臣哉？乃欲絕詐欺之端〔七〕，必國家之〔八〕法，防禍亂之原〔九〕，以利民也。故一人伏正罪而萬家蒙乎福者，聖主行之不疑。永平時〔一〇〕，諸侯負責，輒有削紬之罰。此其後皆不敢負民，而世自節儉，辭訟自消矣〔一一〕。

〔一〕王侍郎云：「公羊桓五年『葬陳桓公』，何休注云：『不月者，責臣子也。』知君父有疾，當營衛，不謹而失之也。」襄二十五年：『吳子謁伐楚，門於巢，卒。』何休注云：『君子不怨所不知，故與巢得殺之。』是責知也。昭二十六年『尹氏、召伯、毛伯以王子朝奔楚』，何休注云：『立王子朝，獨舉尹氏，出奔并舉召伯，毛伯者，明本在尹氏，當先誅渠率，後治其黨。』是誅率也。」繼培按：後漢書孔融傳云：「漢律，與罪人交關三日以上，皆應知情。」漢書孫寶傳云：「春秋之義，誅首惡而已。」皆用公羊誼。○鐸按：王紹蘭又補公羊一條，見序（載附錄）。即『責知』之意。鹽鐵論疾貪篇云：「春秋刺譏，不及庶人，責其率也。」

斷訟第十九

二九九

〔二〕〇鐸按：邵本「動欲」二字互易，似可從。漢書景帝紀元年詔曰「孝文皇帝減耆欲」，即此所謂「至寡欲」也。又贊云「專務以德化民」，即此所謂「動任德」也。

〔三〕「月」舊作「日」。史記高祖功臣侯者年表云：「坐不償人責過六月，奪侯。」〇鐸按：漢書高惠高后文功臣表云：「孝文三年，河陽侯陳信，坐不償人責過六月，免。」

〔四〕漢書外戚恩澤侯表作「田祖坐當歸軹侯宅，不與，免」，此脫「歸」字。史記惠景間侯者年表亦作彭祖。軹侯作章侯，誤。表無「章侯」。軹者，薄昭所封國也。〇鐸按：漢表脫「彭」字。

〔五〕「除」舊空，據程本。史記惠景間侯者年表作軝侯，漢書功臣表作黎侯，並無「陽」字，此蓋與「周陽」相涉而誤。「邵」，史、漢並作「召」。漢書顏師古注云：「時發馬給軍，匱而不出也。」按武帝紀：「元狩五年，天下馬少，平牡馬匹二十萬。」食貨志云：「車騎馬乏，縣官錢少，買馬難得，迺著令，令封君以下至三百石吏，以差出牡馬。」「持馬」蓋「特馬」之誤，「特馬」即「牡馬」。周禮校人：「凡馬，特居四之一。」鄭司農云：「四之一者，三牝一牡。」〇鐸按：「持馬」兩表並誤。

〔六〕莊子徐无鬼篇云：「錢財不積，則貪者憂。」

〔七〕漢書王尊傳云：「絕詐欺之路。」

〔八〕「之」字舊脫。

〔九〕漢書金日磾傳云：「亂國大綱，開禍亂原。」春秋繁露度制篇云：「凡百亂之源，皆出嫌疑纖微，以漸寖稍長至於大。聖人章其疑者，別其微者，絕其纖者，不得嫌，以蚤防之。聖人之道衆，隄防之類也。」

〔一〇〕永平，後漢明帝紀元。

〔一一〕史記平津侯傳後載王元后詔云：「儉化俗民，則尊卑之序得，而骨肉之恩親，爭訟之原息。」漢書楚元王傳載劉向封事云：「崇推讓之風，以銷分爭之訟。」「消」與「銷」同。

今諸侯貴戚，或曰〔一〕勑民〔二〕慎行，德義無違，制節謹度〔三〕，未嘗負責，身縶規避〔四〕，志厲青雲〔五〕。或既欺負百姓，上書封租，願且償責〔六〕，此乃殘掠官民〔七〕，而還依縣官也〔八〕，其誣罔慢易〔九〕，罪莫大焉〔一〇〕。

〔一〕「曰」字誤。○鐸按：「曰」蓋「有」之誤。或、有古同聲，故連用。

〔二〕王先生云：「『民』疑『己』之誤。」○鐸按：疑當作「勑身」。

〔三〕孝經。

〔四〕王先生云：「『規避』當作『珪璧』。」繼培按：後漢書馮衍傳衍說鮑永云：「珪璧其行。」

〔五〕淮南子氾論訓文。

〔六〕後漢書孝明八王傳云：「梁節王暢少驕貴，頗不尊法度。」梁相舉奏暢不道。暢惶懼，上

疏辭謝,不敢復有所橫費,租入有餘,乞裁食睢陽、穀孰、虞、蒙、寧陵五縣。」此類是也。

[七]「掠」與「略」同,注見下。

[八]「依」讀爲「蔆」,蔽也。史記絳侯世家索隱云:「縣官,謂天子也。所以謂國家爲縣官者,夏家王畿内縣即國都也。王者官天下,故曰官官也。」○鐸按:説文:「依,倚也。」廣雅釋詁三:「依,恃也。」「還依縣官」者,言反倚恃天子之寵以自保。後漢書孝明八王傳梁節王暢傳云:「暢上疏辭謝,乞裁食五縣(全文見上注引)。詔報曰:『朕惟王至親,傅相不良,不能防邪,至令有司紛紛有言。今王深思悔過,朕惻然傷之。王其强食自愛!』暢固讓,章數上,卒不許。」蓋天子不許封租,則官民爲之杜口,而王侯之負債自也。故曰『其誣罔慢易,罪莫大焉』。汪讀「依」爲「蔆」,未得其恉。

[九]「罔」程本作「國」,誤。「誣罔」亦漢時律令文,漢書武帝紀「元鼎五年,樂通侯樂大坐誣罔」是也。説文云:「嫚,侮易也。」經典通作「慢」,大戴禮子張問入官篇云:「慢易者,禮之所以失也。」○鐸按:説文:「傷,輕也。」蒼頡篇:「傷,慢也。」書傳通以「易」爲之。誣罔、慢易並二字平列。

[一〇]昭五年左傳:「昭子曰:『竪牛禍叔孫氏,使亂大從,罪莫大焉。』」

孝經曰:「陳之以德義而民興行,示之以好惡而民知禁。」今欲變巧僞以崇美

化，息辭訟以閒官事者，莫若表顯有行[一]，痛誅無狀[二]，導文、武之法，明詭詐之信[三]。

〔一〕白虎通辟雍篇云：「顯有能，襃有行。」

〔二〕晏子春秋諫下云：「痛誅其罪。」

〔三〕〔信〕疑「罰」。

今侯王貴戚不得浸廣[一]，姦宄遂多。豈謂每有爭鬥辭訟，婦女必致此乎？亦以傳見。凡諸禍根不早斷絕[二]，則或轉而滋蔓[三]，人[四]若斯邪[五]。是故原官察之所以務念[六]，臣主之所以憂勞者[七]，其本皆鄉亭之所治者，大半詐欺之所生也[八]。故曰：知其原少則姦易塞也，見其守約則政易持也[九]。

〔一〕下有脫文。○鐸按：「得」讀爲「德」。「浸廣」與「遂多」對，即有脫文，亦當在「浸廣」上。

〔二〕韓非子初見秦篇云：「削迹無遺根，無與禍鄰，禍乃不存。」漢書匈奴傳：「陳饒曰：『椎破故印，以絕禍根。』」

〔三〕隱元年左傳云：「無使滋蔓。」

〔四〕疑「必」。○鐸按：疑「令」。

〔五〕疑「也」。○鐸按：「邪」猶「耳」。

〔六〕昭六年左傳云：「明察之官。」○鐸按：「念」當作「急」。「急」本作「忿」，故訛。

〔七〕越語：「范蠡曰：『爲人臣者，君憂臣勞。』」

〔八〕漢書刑法志云：「原獄刑所以蕃若此者，禮教不立，刑法不明，民多貧窮，豪傑務私，姦不輒得，獄豻不平之所致也。」服虔曰：「鄉亭之獄曰豻。」○鐸按：「姦宄遂多」，下接「或婦人之

〔九〕「姦宄遂多」至此，當在篇末，蓋總結一篇之意。

行」，文義自順。錯簡乃自「豈謂」至「易持也」一段。

或婦人之行，貴令鮮絜〔一〕，今以〔二〕適矣，無顏復入甲門〔三〕，縣官原之〔四〕，故令使留所既入人家。必未昭亂之本原〔五〕，不惟貞絜所生者之言也〔六〕。貞女不二心以數變〔七〕，故有匪石之詩〔八〕，不枉行以遺憂〔九〕，故美歸寧之志〔一〇〕。一許不改，蓋所以長貞絜而寧父兄也。其不循此而二三其德者〔一一〕，此本無廉恥之家，不貞專之所本治生〔一二〕。若然之人，又何醜恡〔一三〕？ 輕薄父兄，淫僻婦女〔一四〕，不惟義理，苟疏一德，借也〔一五〕。逃亡抵中〔一六〕，乎〔一七〕以致於刳腹芟頸滅宗之禍者〔一八〕，何所無之？

〔一一〕詩采蘋鄭箋云：「婦人之行，尚柔順，自潔清。」「鮮絜」猶言「潔清」。荀子宥坐篇：「孔

子曰：「夫水，以出以入，以就鮮絜。」

〔二〕「以」、「已」同。

〔三〕「適」下當有「乙」字。古人稱人以甲乙。韓非子用人篇云：「罪生甲，禍歸乙。」此其例也。周禮司刺疏云：「甲乙者，興喻之義。」○鐸按：日知錄二十三有「假名甲乙」條，説頗備。

〔四〕周禮司厲疏云：「漢時名官爲縣官，非謂州縣也。」

〔五〕「亂」上當有「治」字，説見述赦篇。○鐸按：「必」當依述赦篇作「此」。

〔六〕詩南有喬木鄭箋云：「賢女雖出遊流水之上，人無欲求犯禮者，亦由貞絜使之然。」蝃蝀箋云：「淫奔之女，大無貞絜之信。」

〔七〕史記田單傳論：「王蠋曰：『貞女不更二夫。』」成三年左傳云：「無有二心。」

〔八〕柏舟。○鐸按：邶風柏舟。

〔九〕詩斯干云「無父母詒罹」，毛傳：「罹，憂也。」鄭箋云：「無遺父母之憂。」史記韓安國傳：「帝謝太后曰：『兄弟不能相教，乃爲太后遺憂。』」

〔一〇〕詩葛覃云：「歸寧父母」毛傳：「寧，安也。父母在，則有時歸寧。」草蟲箋云：「君子待己以禮，庶自此可以寧父母。」

〔一一〕詩氓。

三〇五

〔二〕詩關雎「窈窕淑女」，毛傳：「幽閒貞專之善女。」文選顏延年秋胡詩李善注引薛君韓詩章句曰：「窈窕，貞專貌。」列女傳宋鮑女宗云：「婦人以專一爲貞。」梁寡高行傳頌云：「貞專精純。」史記秦始皇紀會稽刻石云：「有子而嫁，倍死不貞。」

〔三〕方言云：「恀，恨也。」「恀」與「恀」同。

〔四〕禮記經解云：「婚姻之禮廢，則夫婦之道苦，而淫辟之罪多。」列女傳周主忠妾傳頌云：「主妻淫僻。」

〔五〕史記貨殖傳云：「善治生者，能擇人而任時。」

〔六〕史記孟嘗君傳：「馮驩云：『不足者雖守而責之十年，息愈多，急即以逃亡自捐之。若急，終無以償。上則爲君好利，不愛士民，下則有離上抵負之名。』」周禮朝士：「凡屬責者，以其地傅而聽其辭。」鄭注：「屬責，轉責使人歸之，而本主死亡，歸受之數相抵冒者也。」「抵中」之「抵」，義與「抵負」、「抵冒」同。

〔七〕「乎」當作「卒」，屬下讀。乎、卒字形相近，儀禮士冠禮：「啐醴」，鄭注：「『啐』古文爲『呼』。」此其比也。

〔八〕呂氏春秋順說篇云：「刈人之頸，刳人之腹。」「芟」當作「艾」，「艾」與「刈」通。○鐸按：釋名：「殳，殊也。」昭廿三年左傳釋文引說文：「殳，一曰：斷也。」「殳」頸猶「斷頸」耳。

先王因人情喜怒之所不能已者，則爲之立禮制而崇德讓[一]；人所可已者，則爲之設法禁而明賞罰[二]。今市賣勿相欺，婚姻無相詐，非人情之不可能者也。是故不若立義順法，遏絕其原[三]。初雖懸悷於一人，然其終也，長利於萬世[四]。小懲而大戒[五]，此所以全小而濟頑凶也[六]。

[一] 舊脫「不」字。鹽鐵論散不足篇云：「宮室輿馬，衣服器械，喪祭飲食，聲色玩好，人情之所不能已也。故聖人爲之制度以防之。」禮記坊記云：「禮者，因人之情而爲之節文，以爲民坊者也。」

[二] 韓非子五蠹篇云：「明其法禁，必其賞罰。」

[三] 書呂刑云：「遏絕苗民。」管子正法篇云：「遏之以絕其志意，毋使民幸。」韓非子難一：「文公曰：『雍季言，萬世之利也。』」

[四] 周語云：「王天下者，必先諸民，然後庇焉，則能長利。」

[五] 易繫辭下傳。「戒」王本作「誡」。

[六] 「小」下當脫「人」字。易曰：「此小人之福也。」

夫立法之大要〔一〕，必令善人勸其德而樂其政，邪人痛其禍而悔其行〔二〕。諸一女許數家，雖生十子，更百赦〔三〕，勿令得蒙一還私家，則此姦絕矣。不則髡其夫妻，徙千里外劇縣〔四〕，乃可以毒其〔五〕心而絕其後〔六〕，姦亂絕則太平興矣〔七〕。

〔一〕漢書陳萬年傳顏師古注：「大要，大歸也。」

〔二〕昭卅一年左傳云：「上之人能使昭明，善人勸焉，淫人懼焉。」

〔三〕○鐸按：漢書朱博傳：「皆知喜，武前已蒙恩詔決事，更三赦。」師古注：「又經三赦也。」更、經一聲之轉。

〔四〕漢時有劇縣、平縣之目，見後漢書安帝紀永初元年。

〔五〕「其」舊作「者」，據何本改。

〔六〕説苑政理篇云：「刑者，懲惡而禁後者也。」

〔七〕史記秦始皇紀云：「欲以興太平。」漢書路溫舒傳云：「太平之風，可興於世。」

又貞絜寡婦，或男女備具，財貨富饒〔一〕，欲守一醮之禮〔二〕，成同穴之義〔三〕，執節堅固〔四〕，齊懷必死〔五〕，終無更許之慮〔六〕。遭值不仁世叔〔七〕，無義兄弟，或利其娉幣〔八〕，或貪其財賄〔九〕，或私其兒子，則彊中欺嫁〔一〇〕，處〔一一〕迫脅遣送，人〔一二〕有自縊房中，飲

藥車上〔三〕，絕命喪軀，孤捐童孩。此猶迫脅人命自殺也〔四〕。

〔一〕漢書地理志云：「民以富饒。」

〔二〕禮記郊特牲云：「壹與之齊，終身不改，故夫死不嫁。」鄭注：「齊，謂共牢而食，同尊卑也。」或爲「醮」。列女傳蔡人之妻曰：「適人之道，一與之醮，終身不改。」宋鮑女宗云：「齊」或爲「醮」。

〔三〕詩大車云：「死則同穴。」陳寡孝婦傳頌同。

〔四〕列女傳齊孝孟姬頌云：「孟姬好禮，執節甚公。」漢書賈捐之傳云：「守道堅固，執義不回。」

〔五〕列女傳節義傳序云：「惟若節義，必死無二。」召南申女傳云：「守節持義，必死不往。」

〔六〕列女傳息君夫人云：「人生要一死而已，終不以身更貳醮。」

〔七〕爾雅釋親云：「父之晜弟，先生爲世父，後生爲叔父。」

〔八〕漢書陳平傳云：「平貧，迺假貸幣以聘。」「聘」與「娉」同。

〔九〕淮南子覽冥訓高誘注云：「齊之寡婦無子，不嫁，事姑謹敬。姑無男有女。女利母財，令母嫁婦。婦益不肯。」正此類也。詩氓云：「以爾車來，以我賄遷。」毛傳：「賄，財；遷，徙也。」鄭箋：「徑以女車來迎我，我以所有財遷徙就女也」貪其財賄，奪之使不得遷矣。

〔一０〕桓九年紀季姜歸於京師，穀梁傳云：「爲之中者歸之也。」范甯注：「中，謂關與婚事。」

〔一四〕「命」當爲「令」。漢書十三王傳云：「河間王元迫脅凡七人，令自殺。」又云：「趙王元迫脅自殺者，凡十六人。」

〔一三〕莊卅二年公羊傳云：「季子和藥而飲之。」

〔一二〕○鐸按：「人」即「婦人」，故下文或言「人」，或言「婦人」。

〔一一〕○鐸按：「處」疑當作「遽」。

或後夫多設人客，威力脅載，守將抱執〔一〕，連日乃緩，與彊掠人爲妻無異〔二〕。婦人軟弱〔三〕，猥爲衆彊所扶與執迫〔四〕，幽阨連日，後雖欲復修本志，嬰絹〔五〕吞藥〔六〕。

〔一〕說文云：「拼，扶也。」「將」即「拼」字。後漢書列女陰瑜妻傳云：「扶抱載之。」

〔二〕史記陳丞相世家云：「曾孫何坐略人妻。」「掠」與「略」同。方言云：「略，強取也。」

〔三〕廣韻云：「頓，柔也。」「軟」俗。史記貨殖傳云：「妻子軟弱。」按頓、軟蓋「便」之別體。說文云：「便，弱也。」漢書王尊傳又作「奱弱」。

〔四〕○鐸按：「與」疑「舁」，說文：「舁，共舉也。」

〔五〕漢書司馬遷傳云：「嬰金鐵受辱」，顏師古注：「嬰，繞也。」史記秦始皇紀後班固論云：「素車嬰組。」「嬰絹」猶「嬰組」，即上云「自縊」也。

〔六〕下有脱文。何本增「晚矣」二字，大誤。

衰制〔一〕第二十

無慢制而成天下者〔二〕，三皇也；畫則象而化四表者，五帝也；明法禁而和海內者，三王也〔三〕。行賞罰而齊萬民者，治國也；君立法而下不行者，亂國也；臣作政而君不制者，亡國也〔四〕。

〔一〕○鐸按：衰制，謂衰世之制。上古任德，中古用刑，其所以如此者，世衰則不可純任德教也。俗儒不知通變，故節信辭而闕之。

〔二〕王先生云：「慢」疑「憲」，形近之誤。

〔三〕白虎通五刑篇云：「聖人治天下，必有刑罰何？所以佐德助治順天之度也。故懸爵賞者，示有所勸也；設刑罰者，明有所懼也。傳曰：『三皇無文，五帝畫象，三王明刑。』」襄廿九年公羊傳何休注引孔子曰：「三皇設言民不違，五帝畫象世順機，三王肉刑揆漸加，應世黠巧姦偽多。」疏云：「孝經說文。」○鐸按：此說本孝經鉤命決，引見周禮保氏疏。

〔四〕管子明法篇云：「所謂治國者，主道明也，所謂亂國者，臣術勝也。」

是故民之所以不亂者，上有吏[一]；吏之所以無姦者，官有法[二]；法之所以順行

者，國有君也；君之所以位尊者，身有義也[三]。義者君之政也，法者君之命也[四]。人君出

令而貴臣驕吏弗順也，則君幾於弒，而民幾於亂矣[六]。

〔一〕〇鐸按：管子明法篇云：「奉主法，治境內，使彊不凌弱，衆不暴寡，萬民驩，盡其力而奉

　　其主，此吏之所以爲功也。」賈子大政下篇云：「王者有易政而無易國，有易吏而無易

　　民。故民之治亂在於吏，國之安危在於政。」

〔二〕商子靳令篇云：「法平則吏無姦。」

〔三〕「義」下舊衍「身有」二字，無「也」字。商子君臣篇云：「古者未有君臣上下之時，民亂而

　　不治。是以聖人列貴賤，制爵位，立名號，以別君臣上下之義。地廣民衆萬物多，故分五

　　官而守之；民衆而奸邪生，故立法制爲度量以禁之。是故有君臣之義，五官之分，法制

　　之禁，不可不慎也。」

〔四〕按下文云：「法也者，先王之政也；令也者，己之命也。」此有脫誤。

〔五〕管子法法篇云：「政者，正也。正也者，所以正定萬物之命也。是故聖人精德立中以生

　　正，明正以治國。故正者，所以止過而逮不及也。」任法篇云：「生法者君也，守法者臣

　　也，法於法者民也。君臣上下貴賤皆從法，此謂大治。」

人君思正以出令，而貴賤賢愚莫得違也，則君位於上，而民泯治於下矣[五]。人君

三一二

〔六〕商子君臣篇云：「處君位而令不行則危，五官分而無常則亂，法制設而私善行則民不畏刑。君尊則令行，官修則有常事，法制明則民畏刑。法制不明，而求民之行令也，不可得也。民不從令，而求君之尊也，雖堯、舜之智，不能以治。」

夫法令者，君之所以用其國也。君出令而不從，是與無君等〔二〕。主令不從則臣令行，國危矣〔三〕。

〔一〕藝文類聚五十四引申子云：「君之所以尊者令，令之不行，是無君也，故明君慎令。」

〔二〕尹文子大道篇云：「公法廢，私政行，亂國也。」御覽六百卅八引崔實政論云：「君以審令為明，臣以奉令為忠。故背制而行賞，謂之作福；背令而行罰，謂之作威。作威則人畏之，作福則人歸之。夫威福，人主之神器也。譬之操莫邪，執其柄，則人莫敢抗；失其柄，則還見害也。」

夫法令者，人君之銜轡箠策也〔一〕，而民者，君之輿馬也。若使人臣廢君法禁而施己政令，則是奪君之轡策，而己獨御之也。愚君闇主〔二〕託坐於左，而姦臣逆道〔三〕執轡於右，此齊驪馬繮所以沈胡公於具水〔四〕，宋羊叔牂所以斃華元於鄭師〔五〕，而莫

之能御也〔六〕。是故陳恆執簡公於徐州〔七〕，李兌害主父於沙丘〔八〕，皆以其毒素奪君之轡策也〔九〕。文言故曰：「臣弒其君，子弒其父，非一朝一夕之故也，其所由來者漸矣，由變之不蚤變也〔一〇〕。」是故妄違法之吏，妄造令之臣，釋之而不用，是猶無轡銜而馳也。

〔一〕淮南子主術訓云：「法律度量者，人主之所以執下，釋之而不用，是猶無轡銜而馳也。」

〔二〕荀子臣道篇云：「闇主惑君。」

〔三〕史記李斯傳云：「兼行田常、子罕之逆道。」

〔四〕繻舊作「傳」。楚語云：「昔齊騶馬繻以胡公入於貝水。」古書「需」字多作「蒍」，與「專」相似。「貝水」水經注巨洋水篇引國語作「具水」，云：「袁宏謂之巨昧，王韶之以為巨蔑，亦或曰胊瀰，皆一水也，而廣其目焉。」元和夏孝廉文燾云：「具、巨、胊聲相近。」則作「具」是也。○鐸按：具、貝形近多相亂，「具水」之訛為「貝水」，猶集韻「蜀人謂平川為壩」，今俗作「垻」是也。

〔五〕宣二年左傳。按僖十年傳「敝於韓」，杜注：「敝，敗也。」「弊」與「敝」同。○鐸按：此以叔牂為羊斟字，與杜注合。

〔六〕楚語云：「遭世之亂，而莫之能禦也。」韋昭注：「禦，止。」「御」與「禦」同。○鐸按：「抵禦」字正當作「御」。

〔七〕哀十四年左傳作「舒州」。○鐸按：徐、舒古同聲而通用。陳恆即田常，注見明闇篇。

議者必將以爲刑殺當不用，而德化可獨任〔一〕。此非變通者之言也〔二〕。夫上聖不過堯、舜，而放四子〔三〕，盛德不過文、武，而赫斯怒〔四〕。詩云：「君子如怒，亂庶遄沮；君子如祉，亂庶遄已〔五〕。」是故君子之有喜怒也，蓋〔六〕以止亂也〔七〕。故有以誅止殺，以刑禦殘〔八〕。

〔一〕漢書董仲舒傳云：「天道之大者在陰陽，陽爲德，陰爲刑，刑主殺而德主生。是故陽常居大夏，而以生育養長爲事，陰常居大冬，而積於空虛不用之處，以此見天之任德不任刑也。王者承天意以從事，故任德教而不任刑也。刑者不可任以治世，猶陰之不可任以成歲也。」

〔二〕「變通」注見述赦篇。王先生云：「『叔』當作『救』」，昭六年左傳子產曰：「吾以救世也。」

〔八〕楚策：「孫子曰：『李兌用趙，餓主父於沙丘。』事詳史記趙世家。」

〔九〕「毒」字衍，即「素」之駁文。○鐸按：毒、蓄古音同部，例得借用，老子「亭之毒之」，以「毒」爲「蓄」，即其證。「毒」字義自可通，蓋非衍。

〔一〇〕「故」下無「也」字，「蚤變」作「早變」，古字並通用。「由變」之「變」舊作「辯」，蓋後人以王易改之。○鐸按：荀本亦作「由變」，宋翔鳳周易考異云：「作『變』者，乃荀氏讀正之字，故不與諸家古文同。」李富孫易經異文釋亦謂「辯、變義通，荀隨義異字」。

繼培按：漢書元帝紀云：「見宣帝所用多文法吏，以刑名繩下，嘗侍燕，從容言：『陛下持刑太深，宜用儒生。』宣帝作色曰：『漢家自有制度，本以霸、王道雜之，奈何純任德教，用周政乎？且俗儒不達時宜，好是古非今，使人眩於名實，不知所守，何足委任！』」此文意與彼同。

〔三〕書堯典。

〔四〕詩皇矣。○鐸按：大雅皇矣「王赫斯怒」，「王」指文王。此言文、武，兼用孟子文義，梁惠王下篇「文王一怒而安天下之民，而武王亦一怒而安天下之民」是也。

〔五〕巧言。

〔六〕「蓋」舊作「善」。

〔七〕○鐸按：宣十七年左傳范武子召文子曰：「吾聞之，喜怒以類者鮮，易者實多。詩曰：『君子如怒，亂庶遄沮，君子如祉，亂庶遄已。』君子之喜怒，以已亂也。」此文本之。

〔八〕商子畫策篇云：「以殺去殺，雖殺可也；以刑去刑，雖重刑可也。」

且夫治世者若登丘矣，必先躡其卑者，然後乃得履其高〔二〕。是故先致治國，然後三王之政乃可施也；道齊三王，然後五帝之化乃可行也；道齊五帝，然後三皇之道乃可從也。

〔一〕禮記中庸云：「譬如登高必自卑。」

且夫法也者，先王之政也；令也者，己之命也〔一〕。先王之政所以與〔二〕眾共也，己之命所以獨制人也〔三〕，君誠能授法而時貸之，布令而必行之，則羣臣百吏莫敢不悉心從己令矣〔四〕。己令無違，則法禁必行矣。故政令必行，憲禁必從，而國不治者，未嘗有也。此一弛一張，以令行古，以輕重尊卑之術也〔五〕。

〔一〕呂氏春秋圜道篇云：「令者，人主之所以為命也。」

〔二〕「與」字舊脫。

〔三〕呂氏春秋處方篇云：「法也者，眾之所同也。」商子修權篇云：「法者，君臣之所共操也。權者，君之所獨制也。」

〔四〕漢書成帝紀建始四年詔曰：「公卿大夫，其勉悉心。」顏師古注：「悉，盡也。」

〔五〕管子重令篇云：「凡君國之重器，莫重於令。令重則君尊，君尊則國安；令輕則君卑，君卑則國危。故安國在乎尊君，尊君在乎行令，行令在乎嚴罰。罰嚴令行，則百吏皆恐；罰不嚴，令不行，則百吏皆喜。故明君察於治民之本，本莫要於令。故曰：虧令者死，益令者死，不行令者死，留令者死，不從令者死。五者死而無赦，惟令是視，故曰令重而下恐。」禮記雜記：「孔子曰：『一弛一張，文、武之道也。』」

勸將〔一〕第二十一

太古之民,淳厚敦朴,上聖撫之,恬澹無爲〔二〕,體道履德,簡刑薄威,不殺不誅,而民自化,此德之上也。德稍弊薄〔三〕,邪心孳生,次聖繼之,觀民設教〔四〕,作〔五〕爲誅賞,以威勸之,既作五兵,又爲之憲,以正屬之〔六〕。詩云:「修爾輿馬,弓矢戈兵,用戒作則,用逖蠻方〔七〕。」故曰:兵之設也久矣〔八〕。涉歷五代,以迄於今〔九〕,國未嘗不以德昌而以兵彊也〔一〇〕。

〔一〕○鐸按:西羌之亂,與後漢相終始,而其橫涌旁決,莫劇於安、順之時。所以然者,士無死敵之勇,將無合變之奇,故雖烏合獸聚,猝發而不能制。節信有激而言,非徒議兵已也。此以下三篇皆論邊事,當參合觀之。

〔二〕素問陰陽應象大論云:「聖人爲無爲之事,樂恬憺之能。」按說文恬、憺並訓「安」,「澹」則「憺」之假借,亦作「淡」,莊子胠篋篇云:「恬淡無爲。」

〔三〕○鐸按:「德」疑當作「後」,涉上「德」字而誤。班祿篇云:「太古之時,烝黎初載,未有上下,而自順序,天未事焉,君未設焉。後稍矯虔,或相陵虐,侵漁不止。」此節文勢正與

彼同。

〔四〕易觀象詞。○鐸按：已見浮侈、述赦篇。

〔五〕「作」舊作「坐」。古「佐」字與「坐」相近。○鐸按：此俗音訛。

〔六〕商子更法篇云：「伏羲、神農教而不誅，黃帝、堯、舜誅而不怒。及至文、武，各當時而立法，因事而制禮。禮法以時而定，制令各順其宜，兵甲器備，各便其用。」

〔七〕抑。今詩「輿」作「車」，「戈」作「戎」，「作則」作「戎作」，「逖」作「遏」。按說文云：「遏，古文遾。」○鐸按：此所引乃魯詩，故文義並與毛詩不同，說見陳喬樅魯詩遺說考十七。

〔八〕襄廿七年左傳。

〔九〕「迄」治要作「迨」。

〔一〇〕史記自序序律書云：「非兵不彊，非德不昌。」

今兵巧之械〔一〕，盈乎府庫〔二〕；孫、吳之言，聒乎將耳〔三〕，然諸將用之，進戰則兵敗，退守則城亡〔四〕。是何也哉？曰：彼此之情，不聞乎主上，勝負之數，不明乎將心〔五〕，士卒進無利而自退無畏〔六〕，此所以然也。

〔一〕史記律書云「其於兵械尤所重」，正義云：「內成口器，外成曰械。械謂弓、矢、殳、矛、戈、戟。」漢書藝文志論兵書云：「技巧者，習手足，便器械，積機關，以立攻守之勝者也。」

（二）禮記樂記云：「車甲釁而藏之府庫。」曲禮云：「在府言府，在庫言庫。」鄭注：「庫，謂車馬兵甲之處也。」月令云：「審五庫之量。」御覽一百九十一引蔡邕月令章句云：「五庫者，一曰車庫，二曰兵庫。」淮南子時則訓云：「七月官庫。」高誘注：「庫，兵府也。」說文云：「庫，兵車藏也。」

（三）韓非子五蠹篇云：「境內皆言兵，藏孫、吳之書者家有之。」漢書藝文志兵家：「吳孫子兵法八十二篇，吳起四十八篇。」說文云：「聑，謹語也。」一切經音義廿引蒼頡篇云：「擾亂耳孔也。」

（四）韓非子五蠹篇云：「出兵則軍敗，退守則城拔。」

（五）孫子謀攻篇云：「知彼知己，百戰不殆。」始計篇云：「主孰有道？將孰有能？天地孰得？法令孰行？兵眾孰強？士卒孰練？賞罰孰明？吾以此知勝負矣。」商子戰法篇云：「兵起而程敵，政不若者勿與戰，食不若者勿與久，敵眾勿為客，敵盡不如，擊之勿疑。故曰：兵大律在謹，論敵察眾，則勝負可先知也。」六韜兵徵篇：「太公曰：『勝負之

（六）治要無「自」字。按晉語梁由靡論慶鄭云：「不聞命而擅進退，犯政也。」又云：「戰而自退，後不可用。」此「自退」之證。或云：「自」即「而」之駁文，讚學篇亦以「而」為「自」。

○鐸按：退而無畏，則為擅退甚明，「自」字贅，故魏徵刪之。

夫服重上阪[一]，出馳千里[二]，馬之禍也。然節馬[三]樂之者，以王良足爲盡力也[四]。先登陷陣，赴死嚴敵，民之禍也。然節士樂之者，以明君可爲效死也[五]。凡人所以肯赴死亡而不辭者[六]，非爲趨利，則因以避害也[七]。無賢鄙愚智皆然，顧其所利害有異爾。不利顯名，則利厚賞也[八]；不避恥辱[九]，則避禍亂也。非此[一〇]四者，雖聖王不能以要其臣，慈父不能以必其子[一一]。使親疏貴賤賢鄙愚智，皆必順我令乃得其欲[一二]，是以一旦軍鼓雷震，旌旗竝發[一四]，士皆奮激，競於死敵者，豈其情厭久生，而樂害死哉[一五]？乃義士且以徵其名[一六]，貪夫且以求其賞爾[一七]。

〔一〕治要作「嶺」，誤。楚策：「汗明曰：『夫驥之齒至矣，服鹽車而上太行，中阪遷延，負轅不能上。』」漢書鼂錯傳云：「上下山阪，出入溪澗，中國之馬弗與也。」

〔二〕莊子秋水篇云：「騏驥驊騮，一日而馳千里。」「出馳」治要作「步驟」。按荀子哀公篇云：「步驟馳騁。」

〔三〕「節馬」治要作「騏驥」。王先生云：「『節馬』當是『良馬』，涉下『節士』而誤。」

〔四〕「以王良」治要作「以御者良」。按「王良」疑當作「良工」。呂氏春秋知士篇云：「今有千

里之馬於此,非得良工,猶若弗取。良工之與馬也相得,則然後成。譬之若枹之與鼓。

夫士亦有千里,高節死義,此士之千里也。能使士行千里者,其惟賢者也。」○鐸按:王

良識馬,故馬樂爲盡力,猶明君愛士,故士樂爲效死。此義出楚策。論衡狀留篇本之

云:「驥曾以引鹽車矣,垂頭汗落,行不能進。伯樂顧之,王良御之,空身輕馳,故有千里

之名。」此言王良,猶楚策言伯樂,而論衡二人並舉也。治要「御者良」,衍「者」字,淮南子

覽冥訓高注:「馬爲御者良。」

〔五〕史記貨殖傳云:「壯士在軍,攻城先登,陷陣卻敵,斬將搴旗,前蒙矢石,不避湯火之難

者,爲重賞使也。」韓詩外傳十:「卞莊子曰:『節士不以辱生。』」楚策:「張儀曰:『法令

既明,士卒安難樂死。』」

〔六〕「者」字舊脫,據治要補。

〔七〕管子明法解云:「人臣之行理奉命者,非以愛主也,且以就利而避害也。」

〔八〕「賞」當作「實」。史記魯仲連傳云:「此兩計者,顯名厚實也。」下文亦云「榮名厚實」。

〔九〕「恥」舊作「聖」,據程本改。

〔一○〕「此」字舊脫,據治要補。

〔一一〕管子形勢解云:「民之所以守戰至死而不衰者,上之所以加施於民者厚也。故上施厚,

則民之報上亦厚，上施薄，則民之報上亦薄。故薄施而厚責，君不能得之於臣，父不能得之於子。」

〔一二〕韓非子難一云：「臣盡死力以與君市，君垂爵祿以與臣市。君臣之際，非父子之親也，計數之所出也。」說苑復恩篇云：「君臣相與，以市道接。君懸祿以待之，臣竭力以報之。逮臣有不測之功，則主加之以重賞。如主有超異之恩，則臣必死以復之。」

〔一三〕商子賞刑篇云：「所謂壹賞者，利祿官爵，摶出於兵，無有異施也。夫故知愚貴賤勇怯賢不肖，皆知盡其胸臆之知，竭其股肱之力，出死而爲上用也。」

〔一四〕說苑指武篇：「子路曰：『鐘鼓之音，上聞於天，旌旗翩翩，下蟠於地，由且舉兵而擊之。』」

〔一五〕史記司馬相如傳喻巴蜀檄云：「人懷怒心，如報私讐，彼豈樂死惡生，非編列之民，而與巴蜀異主哉？」「害」治要作「空」。按作「空」是也。史記仲尼弟子列傳：「子羔謂子路曰：『出公去矣，而門已閉，子可還矣，毋空受其禍。』」漢書高帝紀：「項伯夜馳見張良，具告其實，欲與俱去，毋特俱死。」蘇林曰：「特，但也。」顏師古曰：「但，空也。空死而無成名。」

〔一六〕徵舊作「激」，據治要改。「徵」與下「求」字同義。說苑談叢篇云：「人激於名，不毀爲聲。」「激」言「於」，不言「其」。漢書揚雄傳云：「不修廉隅，以徼名當世。」顏師古注：

「徵，要也。」字或作『激』，激，發也。」按「激」亦字誤，顏説非也。

〔七〕淮南子兵略訓云：「夫人之所樂者，生也，而所憎者，死也。然而高城深池，矢石若雨，平原廣澤，白刃交接，而卒爭先合者，彼非輕死而樂傷也，謂其賞信而罰明也。」

今吏從軍敗没死公事者，以十萬數，上不聞弔唁嗟歎之榮名，下又無禄賞之厚實〔一〕，節士無所勸慕，庸夫無所貪利〔二〕。此其所以人懷沮解〔三〕，不肯復死者〔四〕也。

〔一〕商子壹言篇云：「民之從事死制也，以上之設榮名，置賞罰之明也。」管子權修篇云：「將用民力者，則禄賞不可不重也。」

〔二〕韓非子六反篇云：「厚賞者，非獨賞功也，又勸一國。受賞者甘利，未賞者慕業，是報一人之功，而勸境內之眾也。欲治者何疑於厚賞？」

〔三〕舊作「懈」，據治要改。鹽鐵論擊之篇云：「西域迫近胡寇，沮心內解，必爲巨患。」漢書趙充國傳云「欲沮解之」，顏師古注：「沮，壞也。欲壞其計，令解散之。」○鐸按：「沮解」即「沮懈」，倒之則爲「懈沮」。後漢書龐參傳永初元年上書曰：「蓄精銳，乘懈沮。」是其例。治要作「阻解」，二字皆借。

〔四〕「者」字據治要補。○鐸按：「復」疑「赴」，上文「赴死嚴敵」，又「肯赴死亡」，皆其比也。

軍起以來，暴師五年〔一〕，典兵之吏，將以〔二〕千數，大小之戰，歲十百合〔三〕，而希有功。歷察其敗，無他故焉，皆將不明於〔四〕變勢，而士不勸於死敵也〔五〕。其士不能死也〔六〕，乃其將不能效也，言賞則不與，言罰則不行〔七〕，士進有獨死之禍，退蒙眾生之福。此其〔八〕所以臨陣亡戰〔九〕，而競思奔北者也〔一○〕。

〔一〕史記蒙恬傳云：「暴師於外十餘年。」

〔二〕舊作「下」，據治要改。

〔三〕漢書高帝紀云：「旦日合戰。」蕭何傳云：「多者百餘戰，少者數十合。」

〔四〕「於」字據治要補。

〔五〕孫子地形篇云：「將不能料敵，以少合眾，以弱擊強，兵無選鋒，曰北。」六韜奇兵篇云：「將不明，則三軍大傾。」管子法法篇云：「民不勸勉，不行制，不死節，則戰不勝而守不固。」兵法篇云：「賞罰明，則勇士勸也。」

〔六〕○鐸按：「也」猶「者」，訓見經傳釋詞卷四。或曰：「其」猶「豈」「也」同「邪」。

〔七〕「效」當作「故」。韓非子初見秦篇云：「白刃在前，斧鑕在後，而卻走不能死也，非其士民不能死也，上不能故也，言賞則不與，言罰則不行，賞罰不信，故士民不死也。」又難二云：「趙簡子圍衛之郛郭，犀之而士不起。簡子投枹曰：『烏乎！吾之士數弊也。』行人燭過免冑而對曰：『臣聞之，亦有君之不能耳，士無弊者。』」

〔八〕「其」字據治要補。

〔九〕○鐸按：「亡」與「忘」同，治要正作「忘」。

〔一〇〕鄧析子無厚篇云：「御軍陣而奔北。」

孫子曰：「將者，智也，仁也，敬也，信也，勇也，嚴也〔一〕。」是故智以折敵〔二〕，仁以附衆〔三〕，敬以招賢，信以必賞，勇以益氣，嚴以一令。故折敵則能合變，衆附愛則思力戰，賢智集則英謀得〔四〕，賞罰必則士盡力，勇氣益則兵勢自倍，威令一則惟將所使。必有此六者，乃可折衝擒敵〔五〕，輔主安民。

〔一〕孫子始計篇云：「將者，智、信、仁、勇、嚴也。」魏武帝注：「將宜五德備。」此益以「敬」，蓋所見本異。

〔二〕疑「料」之誤。

〔三〕「折」疑「料」之誤。史記白起傳論云：「料敵合變。」○鐸按：作「料」是也。孫子何延錫注：「非智不可以料敵應機。」蓋本此。

〔三〕史記司馬穰苴傳云：「文能附衆，武能威敵。」

〔四〕程本作「陰」。按「英」疑「策」之誤。詩兔罝鄭箋云：「此兔罝之人，於行攻伐，可用為策謀之臣，使之慮無，亦言賢也。」○鐸按：「陰謀」見史記陳丞相世家，「英」字蓋俗音訛。

〔五〕大戴禮王言篇云：「明王之守也，必折衝乎千里之外。」

前羌始反時〔一〕，將帥以定令之羣〔二〕，藉富厚之蓄〔三〕，據列城而氣〔四〕利勢，權十萬之衆〔五〕，將勇傑之士，以誅草創新叛散亂之弱虜〔六〕，擊自至之小寇，不能擒滅，輒爲所敗，令遂雲烝〔七〕起，合從連橫〔八〕，掃滌并、涼〔九〕，内犯司隸，東寇趙、魏〔一〇〕，西鈔蜀、漢〔一一〕，五州殘破，六郡削迹〔一二〕。此非天之災，長吏過爾〔一三〕。

〔一〕先零羌滇零以永初元年爲寇，明年自稱天子。八年，滇零死，子零昌復襲偽號，至元初四年，爲任尚客刺死，隴右始平。詳後漢書安帝紀及西羌傳。

〔二〕管子霸形篇云：「朝定令於百吏。」王先生云：「『羣』字是『郡』字之誤。」○俞樾云：「『定令』當作『守令』。下文引『孫子曰：將者，民之司命，而國家安危之主也。是故選諸有兵之長吏，宜踔躒豪厚，越取幽奇，材明權變，任將帥者。』然則此篇所謂勸將，即指郡縣之守令而言，非命將出師之謂也。汪以管子説之，未得其旨。」○鐸按：俞説「定令」當作「守令」是也。而不駮王説，則亦以「羣」當爲「郡」，而訓「之」爲「往」。然羌反以前，諸郡已有守令，及永初元年，先零羌叛，遣車騎將軍鄧騭、征西校尉任尚等討之，明非此時始以將帥兼爲守令而往郡也。「守令之羣」者，猶班固封燕然山銘「侯王君長之羣」，謂其人之衆也。「以守令之羣」者，「以」猶

「率領」。僖四年左傳「齊侯以諸侯之師侵蔡」，史記齊世家作「齊桓公率諸侯伐蔡」，是介詞「以」字表率領之證。「以守令之羣」與「藉富厚之蓄」，兩文相對。如王説，則句法不一律矣。

〔三〕史記游俠傳序云：「藉於有土卿相之富厚。」

〔四〕當作「處」。

〔五〕下篇云：諸郡皆據列城而擁大衆」，或疑「權」爲「擁」之誤。按史記吕后紀：「灌嬰曰：『諸吕權兵關中。』」易林益之臨：「帶季、兒良，明知權兵。」權兵，言執兵柄。史記袁盎傳「絳侯爲太尉，主兵柄」，是其義矣。本書潛歎篇「權噬賢之狗」，義與此同。

〔六〕漢書終軍傳云：「萬事草創。」後漢書隗囂傳章懷注：「草創，謂始造也。」○鐸按：此「草創」與「散亂」連言，則非論語「裨諶草創」之義。此語本書凡三見：實邊篇云「草創新起」，邊議篇云「草創散亂」（舊誤作「草食」，説詳彼）。以聲求之，蓋猶「草蔡」也。説文：「丰，艸蔡也。象艸生之散亂也。」字亦作「草竊」。書微子：「好草竊姦宄」，俞氏羣經平議讀「竊」爲「蔡」是也。草創、草蔡、草竊並雙聲相轉，皆無組織、無紀律之謂。汪以「始造」説之，非其義矣。

〔七〕「烝」下脱一字。

〔八〕漢書刑法志云：「合從連衡，轉相攻伐。」顔師古注：「衡，横也。」戰國時，齊、楚、韓、魏、

燕、趙爲從，秦國爲橫。」

〔九〕「涼」舊作「源」，據下篇改。後漢書隗囂傳討王莽檄云：「緣邊之郡，江海之瀕，滌地無類。」章懷注：「滌，蕩也。蕩地無遺類也。」

〔一〇〕續漢書郡國志，趙國魏郡屬冀州。

〔一一〕郡國志，蜀郡漢中屬益州。後漢書循吏王渙傳章懷注：「鈔，掠也。」一切經音義二引通俗文云：「遮取謂之抄掠。」「抄」與「鈔」同。

〔一二〕漢書趙充國傳云「六郡良家子」，服虔曰：「金城、隴西、天水、安定、北地、上郡是也。」按天水，後漢明帝永平十七年更名漢陽。郡國志，金城、隴西、漢陽、安定、北地屬涼州，上郡屬并州。

〔一三〕「非」舊作「亦」，據下文改。孫子地形篇云：「兵有走者，有弛者，有陷者，有崩者，有亂者，有北者。凡此六者，非天地之災，將之過也。」越絕書計倪內經：「計倪曰：『與人同時而戰，獨受天之殃，未必天之罪也，亦在其將。』」

孫子曰：「將者，民之司命，而國家安危之主也〔一〕。」是故諸有寇之郡，太守令長不可以不曉兵。今觀諸將〔二〕，既無斷敵合變之奇〔三〕，復無明賞必罰之信，然其士民又甚貧困，器械不簡習〔四〕，將恩不素結〔五〕，卒〔六〕然有急，則吏以暴發虐其士，士以所

拙〔七〕遇敵巧。此爲將〔八〕吏驅怨以禦讎〔九〕，士卒縛手以待寇也〔一〇〕。

〔一〕 孫子作戰篇文。

〔二〕 「將」謂郡守。舊脱「家」字，據孫子補。

〔三〕 「治要作「料」。漢書酷吏嚴延年傳顏師古注云：「謂郡守爲郡將者，以其兼領武事也。」

〔四〕 「斷」治要作「料」。按史記白起傳論云：「白起料敵合變，出奇無窮。」料、斷義相近，古亦通用。史記韓信傳云：「大王自料，勇悍仁强，孰與項王？」「豈能與之斷天地之高？」文選「斷」亦作「料」。○鐸按：此新序雜事一宋玉對楚王問：「豈能與之斷天地之高？」新序善謀篇作「自斷」。又當從治要作「料敵」，「斷」字俗書作「斷」，故與「料」字相亂。

〔五〕 吳語云：「申胥、華登，簡服吳國之士於甲兵。」韋昭注：「簡，習也。」

〔六〕 史記淮陰侯傳云：「信非得素拊循士大夫也，此所謂驅市人而戰之。」顏師古注：「言發怨恨之人，使行成也。」

〔七〕 「卒」讀爲「猝」。

〔八〕 「拙」治要作「屈」。○鐸按：拙、巧對舉，作「屈」者借字。

〔九〕 「將」字據治要補。

〔一〇〕 漢書鼂錯傳云：「其與秦之行怨民，相去遠矣。」顏師古注：「言發怨恨之人，使行成也。」

〔一〇〕 淮南子説山訓云：「縛手走，不能疾。」

夫將不能勸其士，士不能用其兵，此二者與無兵等〔一〕。無士無兵，而欲合戰，其

敗負也,理數也然[二]。故曰:其敗者,非天之所災,將之過也。

〔一〕六韜軍略篇云:「凡帥師將軍,慮不先設,器械不備,教不精信,士卒不習,若此不可以爲王者之兵也。」漢書鼂錯傳云:「士不選練,卒不服習,起居不精,動靜不集,趨利弗及,避難不畢,前擊後解,與金鼓之音相失,此不習勒卒之過也,百不當十。兵不完利,與空手同;甲不堅密,與袒裼同;弩不可以及遠,與短兵同;射不能中,與亡矢同;中不能入,與亡鏃同。此將不省兵之禍也,五不當一。故兵法曰:器械不利,以其卒予敵也;卒不可用,以其將予敵也;將不知兵,以其主予敵也;君不擇將,以其國予敵也。」

〔二〕舊作「治數也」,據治要改、補。管子兵法篇云:「治衆有數,勝敵有理。察數而知理。」

○鐸按:「然」字當屬下讀。「然故」「是故」也。說詳經傳釋詞卷七。

饒士處世[二],但患無典爾[三]。故苟有土地,百姓可富也,苟有市列,商賈可來也,苟有士民,國家可彊也,苟有法令,姦邪可禁也[三]。夫國不可從外治,兵不可從中御[四]。郡縣長吏,幸得兼此數者之斷已,而[五]不能以稱明詔安民氓哉[六],此亦陪克闖茸[七],無里之爾[八]。

〔一〕「饒士」謂士之才德優饒者。

〔二〕「典」，司也。

〔三〕商子錯法篇云：「古之明君，錯法而民無邪，舉事而材自練，賞行而兵强。」又云：「苟有道，地足容身，士民可致也；苟容市井，財貨可聚也。有土者不可以言貧，有民者不可以言弱。」漢書食貨志云「今弘羊令吏坐市列」，顏師古注：「市列謂市肆。」

〔四〕六韜立將篇云：「國不可從外治，軍不可從中御」。白虎通三軍篇云：「大夫將兵出，不從中御者，欲盛其威，使士卒一意繫心也。」○鐸按：語亦見淮南子兵略篇。

〔五〕「之」舊作「丈」，又重「而」字，據程本刪、改。

〔六〕漢舊儀云：「御史大夫敕上計丞長史曰：『詔書數下，布告郡國。臣下承宣無狀，多不究，百姓不蒙恩被化。守丞長史到郡，與二千石同力，爲民興利除害，務有以安之，稱詔書。』漢書龔勝傳云：「甚不稱明詔求賢之意。」○鐸按：此「哉」字乃語已詞，非歎詞、疑詞。

〔七〕詩蕩云：「曾是掊克。」按敍錄亦作「掊」。「闒茸」見賢難篇。○鐸按：漢人引蕩詩多作「倍克」，與毛詩定本同。陪、倍古字通。敍錄「掊」字或後人據今詩改。

〔八〕「里」當作「俚」，「之」下脫一字。漢書季布樂布田叔傳贊云：「其畫無俚之至耳。」揚雄方言曰：「俚，聊也。」許慎曰：「賴也。」此爲其計畫無所聊賴。

夫世有非常之人，然後定非常之事，必道[一]非常之失，然後見[二]。是故選諸有兵之長吏，宜踔躒豪厚，越取幽奇[三]，材明權變，任將帥者[四]。不可苟惟[五]基序，或阿親戚[六]，使[七]典兵官[八]。此所謂以其國與敵者也[九]。

〔一〕「道」疑「遇」。○鐸按：道，由也。

〔二〕「見」下脫四字。史記司馬相如傳云：「蓋世必有非常之人，然後有非常之事，有非常之功。」此文當同之。

〔三〕漢書孔光傳云：「竊見國家故事，尚書以久次轉遷，非有踔絕之能，不相踰越。」顏師古注：「踔，高遠也。」「踔躒猶言「踔絕」。後漢書班彪後固傳西都賦云：「遉犖諸夏。」典引云：「卓犖乎方州。」文苑禰衡傳：「英才卓礫。」漢書東方朔傳云：「並與「踔躒」同。說苑談叢篇云：「德以純厚故能豪。」按「越取」謂不次擢用。賢良文學材力之士，待以不次之位。」顏師古注：「不拘常次，言超擢之。」後漢書安帝紀永初二年詔云：「二千石長吏，明以詔書，博衍幽隱。朕將親覽，待以不次。」是其義也。

〔四〕後漢書南蠻傳：「永和時，日南，象林徼外蠻夷攻圍日南」，李固議亦云：「宜更選有勇略仁惠任將帥者，以為刺史太守。」

〔五〕「惟」疑「推」。○鐸按：惟、唯、唯古字通。老子：「唯之與阿，相去幾何？」唯、阿並聽從之義，字本不誤。

〔六〕墨子兼愛下篇云：「勿有親戚弟兄之所阿。」漢書貢禹傳云：「不阿親戚。」

〔七〕舊作「便」。

〔八〕蓋謂鄧騭也。騭以車騎將軍討羌，戰敗，羌遂大盛，朝廷不能制，詔騭還師，以鄧太后故，拜騭爲大將軍。見後漢書西羌傳。

〔九〕注見上。

救邊〔一〕第二十二

聖王之政，普覆兼愛，不私近密，不忽疎遠〔二〕，吉凶禍福，與民共之〔三〕，哀樂之情，恕以及人〔四〕，視民如赤子〔五〕，救禍如引手爛〔六〕。是以四海歡悦，俱相得用。

蓋内外無人，國將不國，此節信所以獨排惑議，思救邊民於水火者也。此篇則譏士大夫惟圖苟安，欲棄邊委寇。

〔一〕○鐸按：上篇論羌虜坐大，其故在將不知兵。

〔二〕鹽鐵論地廣篇云：「王者包含并覆，普愛無私，不爲近重施，不爲遠遺恩。」

〔三〕「共」意林作「同」。易繫辭上傳云：「吉凶與民同患。」

〔四〕漢書杜周傳杜欽對策云：「克己就義，恕以及人。」

〔五〕漢書路溫舒傳云：「愛民如赤子。」按傳云：「文帝永思至德，以承天心，崇仁義，省刑罰，

通關梁，一遠近，敬賢如大賓，愛民如赤子，内恕情之所安，而施之於海内。是以圄圈空
虛，天下太平。」此節大恉本於彼。

〔六〕鹽鐵論刑德篇云：「有司治之，若救爛撲焦。」

往者羌虜背叛，始自涼、并，延及司隸，東禍趙、魏，西鈔蜀、漢，五州殘破，六郡
削迹，周迴千里，野無孑遺〔一〕，寇鈔禍害，晝夜不止，百姓滅没，日月焦盡〔二〕。而内郡
之士〔三〕不被殃者，咸云當且放縱〔四〕，以待天時〔五〕。用意若此，豈人心也哉〔六〕！

〔一〕詩雲漢云：「靡有孑遺。」

〔二〕淮南子兵略訓云：「勇敢輕敵，疾若滅没。」荀子議兵篇云：「若赴水火，入焉焦没耳。」
說文云：「爑，火所傷也。或省作焦。焦，火餘也。」「盡」與「妻」同。詩桑柔「具禍以燼」，
鄭箋云：「災餘曰燼。」釋文：「燼，本亦作『盡』。」

〔三〕漢書宣帝紀本始元年詔「内郡國舉文學高第」，韋昭曰：「中國爲内郡，緣邊有夷狄障塞
者爲外郡。」

〔四〕後漢書烏桓傳班彪上言：「烏桓天性輕黠，好爲寇賊，若久放縱而無總領者，必復侵掠
居人。」

〔五〕越語：「范蠡曰：『天時不作，弗爲人客。』」韋昭注：「謂天時利害災變之應。」漢書趙充

國傳宣帝敕讓充國云：「今五星出東方，中國大利，蠻夷大敗。太白出高，用兵深入，敢
戰者吉，弗敢戰者凶。將軍急裝，因天時，誅不義，萬下必全。」後漢書王昌傳云：「展轉
中山，來往燕、趙，以須天時。」章懷注：「須，待也。」

〔六〕漢書宣帝紀地節四年詔曰：「何用心逆人道也？」

前羌始反，公卿師尹咸欲捐棄涼州，却保三輔〔一〕，朝廷不聽。後羌遂侵〔二〕，而論
者多恨不從惑〔三〕議。余竊笑之，所謂媾亦悔，不媾亦有悔者爾〔四〕，未始識變之理。
地〔五〕無邊，無邊亡國。是故失涼州，則三輔爲邊；三輔內入，則弘農爲邊；弘農內
入，則洛陽爲邊。推此以相況，雖盡東海猶有邊也〔六〕。今不厲武以誅虜〔七〕，選材以
全境〔八〕，而云邊不可守，欲先自割，示便寇敵，不亦惑乎〔九〕！

〔一〕漢書百官公卿表云：「右扶風與左馮翊、京兆尹是爲三輔。」服虔曰：「皆治在長安中。」

〔二〕「侵」下有脱字。

〔三〕「惑」疑「或」。○鐸按：諸大臣之議甚悖，自知者觀之，則爲惑議，故竊笑之。「惑」字
不誤。

〔四〕秦策云：「三國攻秦，秦王欲割河東而講。公子池曰：『講亦悔，不講亦悔。』」高誘注：

〔五〕「講,成也。」講、媾古字通。

〔六〕「地」下脱「不可」二字。

〔七〕後漢書龐參傳云:「永初元年,涼州先零種羌反叛,遣車騎將軍鄧騭討之。參上書曰:『萬里運糧,遠就羌戎,不若總兵養衆,以待其疲。車騎將軍騭宜且振旅,留征西校尉任尚使督涼州士民,轉居三輔。』四年,羌寇轉盛,兵費日廣,參奏記於鄧騭曰:『參前數言宜棄西域,乃爲西州士大夫所笑,果破涼州,禍亂至今。善爲國者,務懷其內,不求外利;務富其民,不貪廣土。三輔山原曠遠,民庶稀疏,故縣丘城,可居者多。今宜徙邊郡不能自存者入居諸陵,田戍故縣,孤城絕郡,以權徙之。』」又虞詡傳云:「永初四年,羌胡反亂,殘破并、涼。大將軍鄧騭以軍役方費,事不相贍,欲棄涼州,議者咸同。詡聞之,乃說李修曰:『先帝開拓土宇,劬勞後定,而今憚小費,舉而棄之。涼州既棄,即以三輔爲塞,三輔爲塞,則園陵單外。此不可之甚者也。』」節信所言與詡合。參傳「西州士大夫蓋即指節信諸人。

〔八〕逸周書鄧保解云:「静兆屬武。」大武解云:「武屬以勇。」

〔九〕漢書王嘉傳云:「今之郡守重於古諸侯。」孫侍御補。按説文:「偄,弱也。」趙策:「虞卿曰:『坐而割地,自弱以强秦。』」又云:「割地以和,是不亦大示天下弱乎?」史記廉頗藺相如傳亦云:「王不行,示

趙弱且怯也。」

昔樂毅以愽愽之小燕〔一〕，破滅彊齊，威震天下，真可謂良將矣〔二〕。然即墨大夫以孤城獨守，六年不下，竟完其民。圍聊、莒連年，終不能拔〔四〕。此皆以至彊攻至弱，以上智圖下愚〔五〕，謂善用兵矣〔三〕。田單帥窮卒五千，擊走騎劫，復齊七十餘城，可而猶不能克者何也？曰：攻常不足，而守恆有餘也〔六〕。前日諸郡，皆據列城而擁大眾。羌虜之智，非乃樂毅，田單也；郡縣之阨，未若聊、莒、即墨也。然皆不肯專心堅守〔七〕，而反彊驅劫其民，捐棄倉庫，背城邑走〔八〕。由此觀之，非苦城乏糧也，但苦將不食爾。

〔一〕　按齊策貂勃云：「安平君以惴惴之即墨，三里之城，五里之郭，敝卒七千，禽其司馬，而反千里之齊。」「愽愽」即「惴惴」之誤。莊子齊物論云「小恐惴惴」，是其義已。漢書賈捐之傳論珠厓云：「顓顓獨居一海之中。」「顓顓」與「惴惴」同。顏師古注：「『顓』與『專』同，『專專』猶『區區』，一曰圍貌。」其說非也。

〔二〕　事見史記樂毅傳。

〔三〕　事見史記田單傳。舊作「田單師窮，率五千騎，擊走卻」，據單傳改。傳云：「夷殺騎劫。」

自序云：「田單用即墨破走騎劫。」

〔四〕史記魯仲連傳云：「田單攻聊城，歲餘，士卒多死，而聊城不下。」此文「聊、莒」，當作「聊城」，莒未嘗降燕也。

〔五〕論語云：「唯上知與下愚不移。」

〔六〕漢書趙充國傳云：「臣聞兵法，攻不足者守有餘。」後漢書馮異傳云：「夫攻者不足，守者有餘。」章懷注：「孫子兵法之文。」按孫子軍形篇云：「守則不足，攻則有餘。」

〔七〕昭廿七年左傳云：「有堅守之心。」

〔八〕詳實邊篇注。

折衝安民，要在任賢，不在促境〔一〕。齊、魏却守，國不以安。子嬰自削，秦不以在。武皇帝攘夷柝境〔二〕，面數千里，東開樂浪〔三〕，西置燉煌〔四〕，南踰交趾〔五〕，北築朔方〔六〕，卒定南越〔七〕，誅斬大宛〔八〕，武軍所嚮〔九〕，無不夷滅〔一〇〕。今虜近發封畿之內〔一一〕，而不能擒，亦自痛〔一二〕爾，非有邊之過也。唇亡齒寒，體傷心痛〔一三〕，必然之事，又何疑焉〔一四〕？君子見機〔一五〕，況已著乎？

〔一〕後漢書西域傳，延光二年，敦煌太守張璫上書陳三策，其下計謂「宜棄交河城，收鄯善等

悉入塞」。尚書陳忠上疏，以爲「蠻國減土，經有明誡。敦煌宜置校尉，按舊增四郡屯兵，以西撫諸國，庶足折衝萬里」。意與此同。

[二]「柝」舊從手作。按淮南子原道訓云：「廓四方，柝八極。」高誘注：「柝，開也。」古亦省作「斥」。漢書武五子傳燕王旦上書云：「孝武皇帝，威武洋溢，遠方執寶而朝，增郡數十，斥地且倍。」韋賢後玄成傳云：「孝武皇帝，斥地遠境，起十餘郡。」匈奴傳云：「孝武世出師征伐，斥奪此地，攘之於幕北。」顏師古注並云：「斥，開也。」地理志云：「武帝攘卻胡、越，開地斥境。」夏侯勝傳云：「孝武皇帝廓地斥境，立郡縣。」後漢書傅燮傳云：「世宗拓境，列置四郡。」又云：「武帝有攘四夷廣土斥境之功。」「柝境」即「斥境」，字亦借「拓」。文苑傳杜篤論都賦云：「孝武拓地萬里，威震八荒，肇置四郡，據守敦煌。」鮮卑傳蔡邕議云：「世宗神武，將帥良猛，財賦充實，所拓廣遠。」

[三] 漢書武帝紀。在元封三年。○鐸按：程本訛「洛浪」。

[四] 元鼎六年。

[五] 即定南越也。「趾」紀作「阯」，地理志作「趾」。後漢書光武帝紀建武五年章懷注云：「阯」與「趾」同，古字通。應劭漢官儀曰：「始開北方，遂交於南，爲子孫基阯也。」

[六] 元朔二年。

[七] 元鼎六年。

〔八〕太初四年。

〔九〕宣十二年左傳：「潘党曰：『君盍築武軍？』」杜注：「築軍營以章武功。」後漢書隗囂傳討王莽檄云：「有不從命，武軍平之。」

〔一〇〕漢書武五子傳贊云：「師行三十年，兵所誅屠夷滅，死者不可勝數。」梅福傳云：「至於夷滅」，顏師古注：「夷，平也。謂平除之也。」

〔一一〕史記文帝紀後二年詔曰：「封畿之内，勤勞不處。」

〔一二〕「痛」疑「病」。○譯按：涉下「痛」字而誤。

〔一三〕鹽鐵論誅秦篇云：「中國與邊境，猶支體與腹心也。夫肌膚寒於外，腹腸疾於内，内外之相勞，非相爲助也，唇亡則齒寒，支體傷而心憯怛。故無手足則支體廢，無邊境則内國害。」按『唇亡齒寒』本僖五年左傳。

〔一四〕燕策云：「在必然之物，以成所欲，王何疑焉？」○譯按：幾，微也。故下云「況已著乎？」作「機」者，借字。

〔一五〕易繫辭下傳。「機」王弼本作「幾」。

乃者〔一〕，邊害震如雷霆，赫如日月〔二〕，而談者皆諱之，曰焱并竊盜〔三〕。淺淺善靖，俾君子怠〔四〕，欲令朝廷以寇爲小，而不蚤憂，害乃至此，尚不欲救。諺曰〔五〕：「痛

不著身言忍之，錢不出家言與之。」假使公卿子弟有被羌禍，朝夕切急如邊民者，則競言當誅羌矣。

〔一〕漢書曹參傳顏師古注云：「『乃者』猶言『曩者』。」

〔二〕詩常武云：「震驚徐方，如雷如霆。」後漢書范升傳升奏記王邑云：「今天下之事，昭昭於日月，震震於雷霆。」

〔三〕「焱」舊作「焱」。按說文云：「焱，犬走貌。從三犬。」「焱并竊盜」，猶史記叔孫通傳云「鼠竊狗盜」也。王先生云：「『焱并』當是『犬羊』之誤。漢書王莽傳嚴尤云：「饑寒，羣盜犬羊相聚也。」後漢紀安帝永初四年：「虞詡遷朝歌長。時朝歌多盜賊，馬稜憂之。」詡曰：『此賊犬羊相聚，以求溫飽耳。明府無以為憂。』」

〔四〕書秦誓云：「惟截截善諞言，俾君子易辭。」文十二年公羊傳作「惟諓諓善靖言」。漢書李尋傳云：「秦穆公說諓諓之言。」鹽鐵論國病篇亦云：「諓諓者賊也。」論誹篇又云：「佞小人淺淺面從。」按莊子在宥篇：「而佞人之心翦翦者」，釋文引李頤注云：「翦翦，淺短貌。」翦翦、淺淺並與「諓諓」同。「俾君子急」亦見史記三王世家齊王策文。○鐸按：此所引與公羊傳合，皆用今文尚書。說見陳喬樅今文尚書經說考卷三十一。偽古文「急」作「辭」者，「辭」字籀文作「辝」，從「台」，傳寫遂誤為「辭」。說見王鳴盛尚書後案卷二十九。

〔五〕「諺」字舊脱，據御覽八百卅六補。

今苟以己無慘怛冤痛〔一〕，故端坐相仍〔二〕，又不明修守禦之備〔三〕，陶陶閒澹〔四〕，卧委天□〔五〕。羌獨往來〔六〕，深入多殺〔七〕，己乃陸陸〔八〕，相將詣闕，諧辭禮謝〔九〕，退云狀〔一〇〕，會坐朝堂〔一一〕，則無憂國哀民懇惻之誠〔一二〕，苟轉相顧望，莫肯違止〔一三〕，日晏時移，議無所定〔一四〕，已且須後〔一五〕。後得小安〔一六〕，則恬然棄忘。旬時之閒，虜復爲害，軍書交馳，羽檄狎至〔一七〕，乃復恇怯如前〔一八〕。若此以來，出入九載，庶日式臧，覆出爲惡〔一九〕，佪佪潰潰〔二〇〕，當何終極！春秋譏「鄭棄其師」〔二一〕，況棄人乎？一人吁嗟，王道爲虧〔二二〕，況百萬之衆，叫號哭泣〔二三〕，感天心乎？

〔一〕漢書元帝紀初元二年詔曰「慘怛於心」，顏師古注：「慘，痛也；怛，悼也。」

〔二〕鹽鐵論禁耕篇云：「端坐而民豪。」按「端坐」猶言「安坐」也。吳志虞翻傳孫策云：「端坐悒悒。」諸葛恪傳云：「端坐使老。」晉書東海王越傳云：「端坐京輦，以失據會。」

〔三〕舊脱「守」字，據邊議篇補。六韜王翼篇云：「修溝塹，治壁壘，以備守禦。」齊語云：「小

〔四〕詩君子陽陽毛傳云：「陶陶，和樂貌。」

〔五〕空格程本作「聽」，疑非。○鐸按：程本「聽」蓋「職」訛。

〔六〕六韜兵道篇云：「凡兵之道，莫過乎一。一者，能獨往獨來。」

〔七〕史記吳王濞傳云：「擊反虜者，深入多殺爲功。」

〔八〕後漢書馬援傳云「今更共陸陸」，章懷注：「『陸陸』猶『碌碌』也。」按莊子漁父篇：「祿祿而受變於俗。」史記平原君傳：「公等錄錄。」漢書蕭何曹參傳贊「當時錄錄」，顏師古注：「『錄錄』猶『鹿鹿』。」說文云：「逯，行謹逯逯也。娽，隨從也。」陸陸、碌碌、祿祿、錄錄、鹿鹿、逯逯、娽娽並通。

〔九〕後漢書橋玄傳云：「詣闕謝罪。」

〔一○〕「狀」上當脫「無」字。「無狀」注見斷訟篇。

〔一一〕周禮考工記匠人「外有九室」，鄭注：「如今朝堂，諸曹治事處。」疏云：「鄭據漢法，謂正朝之左右爲廬舍者也。」按後漢時，國家有大事，皆於朝堂會議。後漢書鄧騭傳云：「其有大議，皆詣朝堂，與公卿參謀。」袁安傳云：「武威太守孟雲上書：『北虜既已和親，而南部復往抄掠，北單于謂漢欺之，謀欲犯邊，宜還其生口以安慰之。』詔百官議朝堂。」又云：「竇太后兄車騎將軍憲北擊匈奴，安與太尉宋由、司空任隗及九卿詣朝堂上書諫。」班超後勇傳：「曹宗請擊匈奴，鄧太后召勇詣朝堂會議。」應奉後劭傳：「中平二年，漢陽賊東侵三輔，皇甫嵩討之，請發烏桓三千人。北軍中候鄒靖上言：『烏桓衆弱，宜開募鮮

卑。」事下四府。大將軍掾韓卓與劭相難反覆。於是詔百官大會朝堂。」陳球傳：「竇太后將葬。曹節等欲別葬太后，而以馮貴人配祔。詔公卿大會朝堂，令中常侍趙忠監議。」

盧植傳：「董卓大會百官於朝堂，議欲廢立。」鮮卑傳：「熹平六年，鮮卑寇三邊，夏育請徵幽州諸郡兵出塞擊之。大臣多有不同，乃召百官議朝堂。」皆其事也。

〔一一〕漢書傅喜傳云：「忠誠憂國。」按漢時每以不憂國責大臣。成帝紀永始四年詔曰：「公卿列侯、親屬近臣，四方所則，未聞修身遵禮，同心憂國者也。」孔光傳策免光云：「今相閣有所正處，而獨執異意者，曰駁議。駁議曰：某官某甲議以爲如是，下言臣愚戇，議出入三年，憂國之風復無聞焉。」朱博傳奏封事言：「丞相光志在自守，不能憂國。」蓋詔奏之文相沿如此。

〔一二〕「顧望」注見述赦篇。「止」當作「正」。後漢書郅惲子壽傳云：「違眾正議，以安宗廟。」皇甫規傳云：「互相瞻顧，莫肯正言。」皆此意。獨斷云：「其有疑事，公卿百官會議。若臺閣有所正處，而獨執異意者，曰駁議。駁議曰：某官某甲議以爲如是，下言臣愚戇，議異。」「違正」即「駁議」也。

〔一三〕漢書龔勝傳云：「日暮，議者罷。」

〔一四〕禮記學記云「雖舍之可也」，鄭注：「舍之，須後。」漢書食貨志「詔書且須後」，後漢書循吏衛颯傳「須後詔書」，顏師古、章懷注並云：「須，待也。」

〔一五〕詩民勞云：「汔可小安。」

〔一七〕漢書息夫躬傳云：「軍書交馳而輻湊，羽檄重迹而押至。」文穎曰：「押，音『狎習』之
　　「狎」。」文選陸倕石闕銘李善注引作「狎」。襄廿七年左傳云「晉、楚狎主諸侯之盟」，杜
　　注：「狎，更也。」

〔一八〕方言云：「征伀，遑遽也。」江、浙之間，凡窘猝怖遽謂之征伀。」「征伀」與「征伀」同。玉篇
　　云：「伀伀，懼貌。」〇鐸按：漢人讀「伀如章」，征伀，雙聲。

〔一九〕詩雨無正。

〔二〇〕爾雅釋訓云：「儚儚、洄洄，惽也。」釋文：「『洄洄』本作『裀裀』。」按玉篇作「個個」，與此
　　合。說文衣部又引「裀裀襩襩」。說文無「襩」字，當依此作「襩」。今爾雅無「襩襩」，蓋脫
　　佚也。〇鐸按：說文引「裀裀襩襩」，即爾雅「委委佗佗」之異文。說見馬瑞辰毛詩傳箋
　　通釋卷三。

〔二一〕閔二年。

〔二二〕後漢書魯恭傳云：「一夫吁嗟，王道爲虧。」鮑永後昱傳云：「一人呼嗟，王政爲虧。」蓋當
　　時成語也。小爾雅廣訓云：「吁嗟，嗚呼也。」有所歎美，有所傷痛，隨事有義也。」此即傷
　　痛之義矣。

〔二三〕「叫」舊脫，據實邊篇補。詩北山云：「或不知叫號。」

且夫國以民爲基，貴以賤爲本〔一〕。是以聖王養民，愛之如子〔二〕，憂之如家〔三〕。危者安之，亡者存之〔四〕，救其災患，除其禍亂〔五〕。是故鬼方之伐〔六〕，非好武也〔七〕，玁狁於攘〔八〕，非貪土也〔九〕，以振民育德〔一〇〕，安疆宇也〔一一〕。古者，天子守在四夷〔一二〕，自彼氐、羌，莫不來享〔一三〕，普天思服，行葦賴德〔一四〕。況近我民蒙禍若此，可無救乎？

〔一〕淮南子泰族訓云：「國主之有民也，猶城之有基。」新書大政上篇云：「聞之於政也，民無不以爲本也，國以爲本，君以爲本，吏以爲本。故國以民爲安危，君以民爲威侮，吏以民爲貴賤，此之謂民無不爲本也。」老子云：「貴以賤爲本，高以下爲基。」

〔二〕襄十四年左傳：「師曠曰：『養民如子。』」新序雜事一「養」作「愛」。說苑政理篇：「太公曰：『善爲國者，遇民如父母之愛子。』」

〔三〕漢書翟方進傳云：「憂國如家。」

〔四〕趙策：「張孟談曰：『亡不能存，危不能安，則無爲貴知士也。』」

〔五〕襄十一年左傳云：「救災患，恤禍亂。」廿八年傳云：「救其菑患。」

〔六〕易既濟九三：「高宗伐鬼方。」

〔七〕周語：「祭公謀父曰：『是先王非務武也。』」

〔八〕詩出車：「攘」作「襄」。釋文：「『襄』本或作『攘』。」後漢書蔡邕傳釋誨云：「玁狁攘而吉甫宴。」邕集難夏育擊鮮卑云：「周宣王命南仲、吉甫攘獫狁，威荆蠻。」○譯按：漢書

敘傳：「於惟帝典，戎夷猾夏，周宣攘之，亦列風雅。」作「攘」與此同，皆用三家詩。

〔九〕淮南子兵略訓云：「古之用兵者，非利土壤之廣，而貪金玉之略，將以存亡繼絕，平天下之亂，而除萬民之害也。」

〔一〇〕易蠱象詞。

〔一一〕後漢書馮衍傳云：「安其疆宇。」

〔一二〕昭廿三年左傳沈尹戌語。

〔一三〕詩殷武。

〔一四〕詩北山云：「普天之下。」文王有聲云：「無思不服。」「行葦」義見下篇。

凡民之所以奉事上者，懷義恩也。痛則無恥，禍則不仁〔一〕。忿戾怨懟，生於無恥。今羌叛久矣！傷害多矣！百姓急矣！憂禍深矣！上下相從，未見休時。無所能禦，徒自盡爾〔六〕。今數州屯兵十餘萬人〔七〕，皆廩食縣官〔八〕，歲數百萬斛，又有月直〔九〕。但此人耗，不可勝供〔一〇〕，而反憚暫出之費，甚非計也。

〔一〕「禍」舊作「福」，據程本改。

〔二〕「禍」舊作「福」，據程本改。

不一命大將以掃醜虜〔二〕，而州稍稍興役〔三〕，連連不已〔四〕。若排籬障風，探沙擁河〔五〕，

〔二〕詩常武云：「仍執醜虜。」漢書黥布傳云「埽淮南之眾」，顏師古注：「埽者，謂盡舉之，如埽地之爲。」「掃」與「埽」同。

〔三〕意林「州」下有「縣」字。按本書皆以「州郡」連言，此亦當作「州郡」。漢書西南夷傳云：「州郡擊之不能服。」

〔四〕詩皇矣云：「執訊連連。」漢書東方朔傳云：「綿綿連連，殆哉！世之不絕也。」

〔五〕「簾」舊作「棧」，「擁」舊作「灌」，並據意林改。御覽九「簾」作「翣」。「翣」與「箑」通，扇也。八百五十四「簾」又作「糠」，「探」作「陶」。按「陶」當作「掏」，一切經音義七引通俗文云：「掜出曰掏。」探、掏義同。

〔六〕意林作「無益於事，徒自弊耳」。

〔七〕哀元年左傳云：「夫屯晝夜九日。」杜注：「『夫』猶『兵』也。」疏云：「屯是戍守之名，故詩序云：『屯戍於母家。』」「十」舊作「才」，據程本改。後漢書西羌傳虞詡說任尚云：「三州屯兵二十餘萬人，棄農桑，疲苦徭役，而未有功效，勞費日滋。」

〔八〕急就篇云「稟食縣官帶金銀」，顏師古注：「稟食縣官，官給其食也。」漢書地理志顏注：「稟，給也。」「廩」與「稟」同。後漢書南蠻傳李固云「計人稟五升」，章懷注：「古升小，故人日五升也。」

〔九〕後漢書陳寵後忠傳注引謝承書云：「施延到吳郡海鹽，取卒月直，賃作半路亭父，以養

其母。

〔一〇〕「耗」猶「費」也。漢書西南夷傳都尉萬年曰：「兵久不決，費不可共。」顏師古注：「共，讀曰『供』。」

且〔一〕夫危者易傾，疑者易化。今虜新擅邊地，未敢自安，易震蕩也〔二〕。百姓新離舊壤〔三〕，思慕未衰〔四〕，易獎厲也〔五〕。誠宜因此遣大將誅討，迫脅離逖破壞之〔六〕。周書曰：「凡彼聖人必趨時〔八〕。」是故戰守之策，不可不早定也〔九〕。如寬假日月〔七〕，蓄積富貴，各懷安固之後，則難動矣。

〔一〕「且」舊作「是」。○鐸按：且、是草書形近，故多相亂。兵？」史記春申君傳同，姚本「且」作「是」，史記鄭世家：「齊彊，而厲公居櫟，即不往，且率諸侯伐我納厲公。」今本「且」作「是」，誤並與此同。或謂「是」猶「且」，非也。

〔二〕襄廿六年左傳：「析公曰：『楚師輕窕，易震蕩也。』」秦策：「且王攻楚之日，則惡出

〔三〕「壤」舊作「懷」。

〔四〕漢書元帝紀永光四年詔曰：「頃者，徙郡國民以奉園陵，令百姓遠棄先祖墳墓，破業失產，親戚別離，人懷思慕之心，家有不安之意。」

〔五〕「獎」舊作「將」。按說文云：「獎，嗾犬厲之也。」經典多作「獎」。漢書哀帝紀云：「獎厲

太子。」逸周書和寤解云「王乃厲翼於尹氏八士」，孔晁注：「厲，獎厲也。」

〔六〕書多方云：「離逖爾土。」漢書趙充國傳云：「虜破壞，可日月冀。」

〔七〕史記封禪書：「公孫卿曰：『非少寬假，神不來。』」

〔八〕周祝解。「凡」作「觀」，「趨」作「趣」。○鐸按：周書云「凡彼濟者必不怠，觀彼聖人必

趣時。」此作「凡彼聖人」者，因上句而誤記耳。趨、趣古字通。

〔九〕漢書高帝紀：「韓信曰：『吏卒皆山東之人，日夜企而望歸，及其鋒而用之，可以有大功。

天下已定，民皆自寧，不可復用。不如決策東向。』」此文意與彼同。

邊議〔一〕第二十三

明於禍福之實者，不可以虛論惑也；察於治亂之情者，不可以華飾移也〔二〕。是

故不疑之事，聖人不謀〔三〕；浮游之說，聖人不聽〔四〕。何者？計不背見實而更爭言

也〔五〕。是以明君先盡人情，不獨委夫良將，修己之備，無恃於人〔六〕，故能攻必勝敵，

而守必自全也。

〔一〇〕鐸按：上篇駁公卿大夫之非議，此則進而責主上之惑邪說矣，故別爲篇。

〔二〕韓非子姦劫弒臣篇云：「聖人者，審於是非之實，察於治亂之情也。」

〔三〕韓非子内儲説上：「惠子曰：『凡謀者，疑也。疑也者，誠疑以爲可者半，以爲不可者半。』」

〔四〕禮記緇衣云「大人不倡游言」，鄭注：「『游』猶『浮』也，不可用之言也。」漢書韓安國傳云：「詘邪臣浮説。」史記蘇秦傳云：「明主絶疑去讒，屏流言之迹。」

〔五〕詩小旻云：「維邇言是争。」漢書灌夫傳：「韓安國云：『譬如賈豎女子争言，何其無大體也！』」

〔六〕孫子九變篇云：「用兵之法，無恃其不來，恃吾有以待也；無恃其不攻，恃吾有所不可攻也。」

羌始反時，計謀未善，黨與未成，人衆未合，兵器未備，或持竹木枝，或空手相附〔二〕，草食散亂〔三〕，未有都督〔三〕，甚易破也。然太守令長，皆奴怯畏愞不敢擊〔四〕。故令虜遂乘勝上彊〔五〕，破州滅郡，日長炎炎〔六〕，殘破三輔，覃及鬼方〔七〕。若此已積十歲矣。百姓被害，迄今不止。而癡兒騃子〔八〕，尚云不當救助，且待天時。用意若此，豈人也哉！

〔一〕王先生云：「『附』疑『搏』。」○鐸按：「附」疑當作「拊」。

〔二〕「草食」疑當爲「草舍」。後漢書馮異傳云：「王郎起，光武自薊東南馳，晨夜草舍。」○俞樾云：「汪説非也。「草食」當爲「草創」。「創」字缺其半，因誤爲「食」耳。實邊篇云：「前羌始叛，草創新起。」是其明證。」○鐸按：俞説至確。古書倉、食二字多相亂。墨子七患篇：「故倉無備粟，不可以待凶饑。」今本「倉」譌作「食」，皆其例。又「草創」已見勸將篇，義詳彼注。

〔三〕漢書敍傳敍西域傳云：「昭、宣承業，都護是立，總督城郭，三十有六。」「都督」即謂都護總督也。魏志夏侯惇傳云：「使惇都督二十六軍，留居巢。」其後遂以名官。漢書蘇建後武傳：「李陵曰：『陵雖駑怯。』」亦見霍光諸葛豐傳。武帝紀：「天漢三年，匈奴入雁門，太守坐畏愞棄市。」閩粵王傳云：「東粵王餘善發兵距漢，漢使大司農張成、故山州侯齒將屯，不敢擊，卻就便處，皆坐畏愞誅。」畏愞、畏愞、畏愞義並同。「擊」上當有「討」字，見下篇。後漢書西羌傳云：「時羌歸附既久，無復器甲，或持竹竿木枝以代戈矛，或負板案以爲楯，或執銅鏡以象兵，郡縣畏懦不能制。」本此及實邊篇。

〔四〕「奴」，讀爲「駑」。

〔五〕史記高祖紀云：「秦兵强，常乘勝逐北。」「上」疑「自」之誤。黥布傳云：「楚王恃戰勝自彊。」○鐸按：「上」謂虜勢騰上，字蓋不誤。

〔六〕吳語：「申胥曰：『日長炎炎。』」韋昭注：「炎炎，進貌。」

〔七〕詩蕩。

〔八〕説文云：「癡，不慧也。譺，騃也。懝，騃也。」方言云：「癡，騃也。」周禮司刺「三赦曰蠢愚」鄭注：「蠢愚，生而癡騃童昏者。」癡、譺、懝、佁、騃同字。夫躬傳云：「左將軍公孫祿、司隸鮑宣，皆外有直項之名，内實騃不曉政事。」後漢書獨行傳：「戴就曰：『薛安騃。』」

夫仁者恕己以及人〔一〕，智者講功而處事〔二〕。今公卿内不傷士民滅没之痛，外不慮久兵之禍〔三〕，各懷一切〔四〕，所脱避前〔五〕，苟云不當動兵，而不復知引帝王之綱維〔六〕，原禍變之所終也。

〔一〕説文云：「恕，仁也。」管子版法解云：「取人以己者，度恕而行也。度恕者，度之於己也。」漢書鼂錯傳云：「取人以己之所不安，勿施於人。」楚辭離騷云：「羌内恕己以量人兮。」

〔二〕魯語云：「夫仁者講功，而智者處物。」周語云「言智必及事」，韋昭注：「能處事物爲智。」文十八年左傳云：「德以處事，事以度功。」禮記文王世子鄭注：「『物』猶『事』也。」

〔三〕孫子作戰篇云：「夫兵久而國利者，未之有也。」後漢書左雄

〔四〕後漢紀和帝永元十三年班超上書曰：「公卿大夫，咸懷一切，而莫肯遠慮。」後漢書左雄

傳云：「各懷一切，莫慮長久。」按漢書平帝紀元始元年顏師古注：「一切者，權時之事，非經常也。猶如以刀切物，苟取整齊，不顧長短縱橫，故言一切。」

〔五〕句有誤字。續漢書五行志劉昭注載延光四年馬融上書云：「臣恐受任典牧者，苟脫目前，皆粗圖身一時之權，不顧爲國百世之利。」「所脫避前」，意當與「苟脫目前」同。漢紀成帝永始元年王仁上疏云：「萬乘之主，當持久長，非一切畢決目前者。」

〔六〕管子禁藏篇云：「法令爲維綱。」

易制禦寇〔一〕，詩美薄伐〔二〕，自古有戰，非乃今也〔三〕。傳曰：「天生五材，民並用之，廢一不可，誰能去兵？兵所以威不軌而昭文德也，聖人所以興，亂人所以廢〔四〕。」齊桓、晉文、宋襄、衰世諸侯，猶恥天下有相滅而己不能救〔五〕，況皇天所命四海主乎？晉、楚大夫，小國之臣，猶恥己之身而有相侵〔六〕，況天子三公典世任者乎？公劉仁德，廣被行葦〔七〕，況含血之人，己同類乎〔八〕？一人吁嗟，王道爲虧，況滅沒之民百萬乎？書曰：「天子作民父母〔九〕。」父母〔一〇〕之於子也，豈可坐觀其爲寇賊之所屠剝〔一二〕，立視其爲狗豕之所噉食乎〔一三〕？

〔一〕易蒙上九：「利禦寇。」盧學士云：「『制』疑『利』。」

潛夫論箋校正

〔二〕漢書韋賢傳劉歆議曰:「臣聞周室既衰,四夷並侵,獫狁最彊,于今匈奴是也。至宣王而伐之,詩人美而頌之曰:『薄伐獫狁,至于太原。』」顏師古注:「小雅六月之詩也。」

〔三〕詩載芟云:「匪今斯今,振古如茲。」趙策蘇秦説趙王曰:「大王乃今然後得與士民相親。」

〔四〕襄廿七年左傳。

〔五〕公羊傳云:「天下諸侯有相滅亡者,桓公不能救,則桓公恥之。」○鐸按:僖二年、十四年。

〔六〕成十六年左傳:「樂武子曰:『不可以當吾世而失諸侯。』」○鐸按:武子,晉大夫欒書也。

〔七〕孫侍御云:「漢儒相承以行葦爲公劉之詩,蓋本三家舊説也。」列女傳晉弓工妻曰:「君聞昔者公劉之行乎?羊牛踐葭葦,惻然爲民痛之。」後漢書寇榮傳:「公劉敦行葦,世稱其仁。」蜀志彭羕傳:「慕公劉之德,行勿翦之惠。」班彪北征賦:「慕公劉之遺德,及行葦之不傷。」並與此同。○鐸按:德化篇亦云:「公劉厚德,恩及草木。」羊牛六畜,且猶感德。」與此篇所説並魯詩義,而齊、韓詩義同。説見陳喬樅魯詩遺説考十六。吳越春秋:「公劉慈仁,行不履生草,運車以避葭葦。」

〔八〕史記律書云:「自含血戴角之獸,見犯則校,而況於人?」孟子云:「聖人與我同類者。」

〔九〕洪範。

三五六

〔一〇〕「父母」二字舊脱，據程本補。○鐸按：「父母」二字以兩句相連而誤脱。列子仲尼篇

云：「孤犢未嘗有母，非孤犢也。」「非」上脱「有母」二字，例與此同。參俞樾古書疑義舉

例六。

〔一一〕漢書王莽傳云：「翟義黨王孫慶捕得，莽使太醫、尚方與巧屠共刳剝之。」○鐸按：「屠

剝」猶言「屠殺」耳。莽傳下文云：「量度五臟，以竹筳導其脈，知所終始，云可以治病。」

則是以罪犯作人體解剖，不當引以説此。

〔一二〕孟子云：「抑亦立而視其死與？」漢書貢禹傳云：「今民大飢而死，死又不葬，爲犬豬

所食。」

除其仁恩〔一〕，且以計利言之〔二〕。國以民爲基，貴以賤爲本。願察開闢以來〔三〕，

民危而國安者誰也？下貧而上富者誰也〔四〕？故曰：「夫君國將民之以，民實瘠，

而君安得肥〔五〕？」夫以小民受天永命〔六〕，竊願聖主深惟國基之傷病〔七〕，遠慮禍福之

所生〔八〕。

〔一〕莊子天下篇云：「以仁爲恩。」淮南子繆稱訓云：「仁者，積恩之見證也。」漢書丙吉傳

云：「誠其仁恩内結於心也。」

〔二〕商子算地篇云：「民生則計利。」孟子云：「枉尺而直尋者，以利言也。」

且夫物有盛衰，時有推移，事有激會，人有變[一]化[二]。智者挺象，不其宜乎！孟明補闕於河西[三]，范蠡收責於姑胥[四]，是以大功建於當世，而令名傳於無窮也[五]。

〔三〕御覽一引尚書中侯云：「天地開闢。」

〔四〕「下」、「上」舊互置。按管子山至數篇云：「民富君無與貧，民貧君無與富。」荀子富國篇云：「下貧則上貧，下富則上富。」

〔五〕楚語云：「夫君國者，將民之與處。民實瘠矣，君安得肥？」詩江有汜鄭箋云：「『以』猶『與』也。」○鐸按：下文「是以晏子輕困倉之蓄」，亦以「以」爲「與」。又治要引楚語上亦無「矣」字，與此同。

〔六〕書召誥。○鐸按：此經巫列篇亦引。說詳彼。

〔七〕方言云：「惟，凡思也。」

〔八〕管子君臣下篇云：「審知禍福之所生。」

〔一〕舊作「愛」。

〔二〕史記蔡澤傳云：「物盛則衰，天地之常數也。進退盈縮，與時變化，聖人之常道也。」平準書贊云：「事勢之流，相激使然。」「推移」注見斷訟篇。

〔三〕文三年左傳。○鐸按：魯僖公三十三年四月，秦、晉殽之戰，晉虜孟明。後放歸，秦穆公

不替孟明。及文三年五月，秦伐晉，渡茅津，封殺尸而還，遂霸西戎，用孟明也。故曰「孟明補闕於河西」。

〔四〕「姑」舊作「故」。姑胥即姑蘇也。後漢紀光武紀二方望謝隗囂書云：「范蠡收績於姑蘇。」後漢書隗囂傳作「范蠡收責勾踐」。章懷注：「收責，謂收其罪責也。」後漢紀作「績」，蓋袁氏所改。按「收責」讀如齊策「收責於薛」，言破吳以償會稽之敗，如歸責然也。

〔五〕秦策：「蘇秦曰：『寬則兩軍相攻，迫則杖戟相撞，然後可建大功。』」史記司馬相如傳喻巴蜀檄云：「名聲施於無窮，功烈著而不滅。」

今邊陲搔擾〔一〕，日放族禍〔二〕，百姓晝夜望朝廷救己〔三〕，而公卿以為費煩不可。

徒竊笑之〔四〕，是以〔五〕晏子「輕困倉之蓄而惜一杯之鑽」何異〔六〕？今但知愛見薄之錢穀〔七〕，而不知末見之待民先也，知傜役之難動〔八〕，而不知中國之待邊寧也〔九〕。

〔一〕成十三年左傳云：「虔劉我邊垂。」垂、陲古字通。說文云：「騷，擾也。」「搔」與「騷」同。後漢書敍傳云：「外內搔擾。」

〔二〕後漢書竇融傳云：「隗囂自知失河西之助，族禍將及。」「放」疑當作「被」，實邊篇云「百姓暴被殃禍」，即其證。○鐸按：下篇云「或覆宗滅族」，即此所謂「族禍」。

潛夫論箋校正

三六〇

〔三〕襄十六年左傳：「穆叔曰：『敝邑之急，朝不及夕，引領西望，曰庶幾乎！』」杜注：「庶幾
晉來救。」漢書韓信傳：「漢王大怒，罵曰：『吾困於此，旦暮望而來佐我！』」

〔四〕後漢書西羌傳虞詡云：「公卿選懦，容頭過身，張解設難，但計所費，不圖其安。」意與此
同。○鐸按：上篇「而論者多恨不從惑議。余竊笑之，所謂媢亦悔云云，乃節信笑諸論
者也。此亦當同。

〔五〕「以」「猶」「與」也。○鐸按：例見上文。

〔六〕今晏子無此文。○鐸按：蓋他書載晏子有此語，非必見晏子春秋。「鑽」疑當作「饡」。說
文：「饡，以羹澆飯也。」作「鑽」則與「困倉之蓄」不類矣。

〔七〕續漢書百官志云：「大司農掌諸錢穀金帛諸貨幣。郡國四時上月旦見錢穀簿，其遺未
畢，各具別之。邊郡諸官請調度者，皆爲報給，損多益寡，取相給足。」○鐸按：「薄」即
「簿」字，漢隸草、竹字頭不分。

〔八〕漢書高帝紀云「常繇咸陽」，應劭曰：「繇者，役也。」顏師古注：「繇，讀曰『傜』。」說文
云：「役，戍邊也。」傜、繇、役、役，並通。○鐸按：說文：「役，古文從人。」「傜役」亦見
下篇。

〔九〕鹽鐵論地廣篇云：「散中國肥饒之餘，以調邊境。邊境強則中國安。」急就篇云：「邊境
無事，中國安寧。」後漢書龐參傳：「永初元年，涼州先零種羌反叛，遣車騎將軍鄧騭討

之。」參上書有云:「方今西州流民擾動,而徵發不絕,重之以大軍,疲之以遠戍,農功消於轉運,資財竭於徵發。宜且振旅,督涼州士民轉居三輔,休徭役以助其時,止煩賦以益其財。」節信所云,正謂參等。

詩痛「或不知叫號,或慘慘劬勞〔一〕」。今公卿苟以己不被傷,故競割國家之地以與敵,殺主上之民以餧羌。爲謀若此,未可謂知,爲臣若此,未可謂忠〔二〕,才智未足使議〔三〕。

〔一〕北山。○鐸按:鄒漢勳讀書偶識三云:「如潛夫此言,則北山亦主於邊患。此北山對東國、南國,殆幽、并之北山也。」又「慘慘」程本作「慘以」,蓋三家詩異文。

〔二〕史記蘇秦傳秦説魏襄王云:「凡羣臣之言事秦者,皆姦人,非忠臣也。夫爲人臣,割其主之地以求外交,偷取一時之功,而不顧其後,顧大王孰察之。」此文大旨本於彼。

〔三〕藝文類聚四十八引桓子新論云:「堯試舜於大麓者,録天下事,如今之尚書官矣。宜得大賢智,乃處議持平焉。」

且凡四海之内者,聖人之所以遺子孫也;官位職事者,羣臣之所以寄其身也。

傳子孫者，思安萬世〔二〕，寄其身者，各取一閡〔三〕。故常其言不久行，其業不可久厭〔三〕。夫此誠明君之所微察也，而聖主之所獨斷〔四〕。今言不欲動民以煩可也。即然〔五〕，當修守禦之備。必今之計，令虜不敢來，來無所得〔六〕，令民不患寇，既無所失。今則不然，苟憚民力之煩勞，而輕使受滅亡之大禍。非人之主，非民之將，非主之佐，非勝之主者也〔七〕。

〔一〕新書過秦上篇云：「子孫帝王萬世之業也。」漢書佞幸董賢傳：「王閎云：『陛下承宗廟，當傳子孫於無窮。』」

〔二〕閡，讀爲「缺」。「一缺」猶今言「一任」矣。

〔三〕「久行」上有脫字。方言云：「厭，安也。」〇鐸按：漢書匈奴傳贊云：「規事建議，不圖萬世之固，而媮恃一時之事者，未可以經遠也。」〇鐸按：疑當作「故其言常不久行」，無脫字。

〔四〕管子明法解云：「明主者，兼聽獨斷。」霸言篇云：「獨斷者，微密之營壘也。」

〔五〕〇鐸按：「即」猶「若」也。說詳經傳釋詞卷八。

〔六〕「來」字舊不重。按後漢書陳俊傳云：「光武遣俊將輕騎馳出賊前，視人保壁堅完者，勅令固守，放散在野者，因掠取之。賊至無所得，遂散敗。」即此意也。漢書鼂錯傳云：「來而不能困，使得氣去，後未易服也。」

〔七〕孫子用閒篇文。「民」作「人」，無「非人之主」句。

潛夫論箋校正

三六二

且夫議者，明之所見也；辭者，心之所表也〔一〕。維其有之，是以似之〔二〕。諺

曰：「何以服很？莫若聽之〔三〕。」今諸言邊可不救而安者，宜誠〔四〕以其身若子弟補

邊太守令長丞尉，然後是非之情乃定，救邊乃無患。邊無患，中國乃得安寧。

〔一〕吕氏春秋離謂篇云：「辭者，意之表也。」

〔二〕詩裳裳者華。○鐸按：新序雜事一云「唯善故能舉其類」，下引此詩證之。劉向習魯

　　詩，此蓋亦用魯義也。

〔三〕說文云：「很，不聽從也。」禮記曲禮云「很毋求勝」，鄭注：「很，閡也。謂爭訟也。」

〔四〕「誠」疑「試」。○鐸按：「誠」字當在「宜」上，傳寫誤倒耳。下篇云：「今誠宜權時令邊郡

　　舉孝一人，廉吏世舉一人。」是其語例。箋非。

實邊〔一〕第二十四

夫制國者，必照察遠近之情僞〔二〕，預禍福之所從來〔三〕，乃能盡羣臣之筋力〔四〕，而

保興其邦家〔五〕。

〔一〕○鐸按：驅民內遷，前二篇已斥其謬矣。非但不可遷也，更當勸民往實之。此篇闡發實邊之要義。

〔二〕僖廿八年左傳云：「民之情偽，盡知之矣。」

〔三〕「預」下脫一字。說苑權謀篇云：「知命者預見存亡禍福之原。」呂氏春秋召類篇云：「禍福之所自來，眾人以為命焉，不知其所由。」

〔四〕莊子徐无鬼篇云：「筋力之士矜難。」

〔五〕詩瞻彼洛矣云：「保其家邦。」

前羌始叛，草創新起，器械未備，虜或持銅鏡以象兵，或負板案以類楯，惶懼擾攘，未能相持。一城易制爾〔一〕，郡縣皆大熾〔二〕。及百姓暴被殃禍，亡失財貨，人哀奮怒，各欲報讎〔三〕，而將帥皆怯劣軟弱，不敢討擊，但坐調文書，以欺朝廷〔四〕。實殺民百則言一，殺虜一則言百；或虜實多而謂之少，或實少而謂之多〔五〕。傾側巧文，要取便身利己，而非獨憂國之大計，哀民之死亡也〔六〕。

〔一〕御覽三百五十七作「逴邊擾攘，未能相一，誠易制也」。

〔二〕後漢書西羌傳論云：「永初之間，羣種蜂起。自西戎作逆，未有陵斥上國若斯其熾也。」

詩六月云「玁狁孔熾」，毛傳：「熾，盛也。」續漢書五行志云：「姦慝大熾。」王先生云：「『郡縣』下有脱文，宜言郡縣不爲意以至寇熾之事。」

〔三〕「哀」當作「褢」，與「懷」同。史記司馬相如傳喻巴蜀檄云：「人懷怒心，如報私讎。」

〔四〕史記李斯傳云：「高聞其文書相往來。」漢書匈奴傳顏師古注：「調，發也。」

〔五〕後漢書皇甫規傳云：「羌戎潰叛，不由承平，皆由邊將失於綏御，乘常守安，則加侵暴，苟競小利，則致大害，微勝則虛張首級，軍敗則隱匿不言。」按規所言，乃永和時事，而情狀正與此同。漢書王莽傳田況上言亦云：「盜賊始發，其原甚微，非部吏、伍人所能禽也。咎在長吏不爲意，縣欺其郡，郡欺朝廷，實百言十，實千言百。朝廷忽略，不輒督責，遂至延曼連州。」

〔六〕韓非子外儲説左下：「�危曰：『公傾側法令。』」漢書刑法志宣帝詔曰：「閒者吏用法，巧文寖深。」趙充國傳：「充國曰：『諸君但欲便文自營，非爲公家忠計也。』」按「便身利己」即賈誼傳所云「見利則逝，見便則奪，有便吾身者，則欺賣而利之」也。

又放散錢穀，殫盡府庫，乃復從民假貸，彊奪財貨。千萬之家，削身無餘，萬民匱〔二〕竭，因隨以死亡者，皆吏所餓殺也〔三〕。其爲酷痛，甚於逢虜〔三〕。寇鈔賊虜，忽然而過，未必死傷。至吏〔四〕所搜索剟奪〔五〕，游踵塗地〔六〕，或覆宗滅族，絕無種類，或孤

婦女〔七〕，爲人奴婢，遠見販賣〔八〕，至令〔九〕不能自活〔一〇〕者，不可勝數也〔一一〕。此之感天致災，尤逆陰陽〔一二〕。

〔一〕舊作「遺」。○鐸按：下文「又遭蝗旱飢遺」，又引周書「其民可遺竭也」，誤並與此同。唐人書「匚」或變作「辶」，見干祿字書。「匱」作「遺」，故誤爲「遺」矣。

〔二〕後漢書龐參傳云：「比年羌寇特困隴右，供徭賦役，爲損日滋，官負人責，數十億萬。今復募發百姓，調取穀帛，衒賣什物，以應吏求。外傷羌虜，内困徵賦，縣官不足，輒貸於民。民已窮矣，將從誰求？」西羌傳云：「自羌叛十餘年間，兵連師老，不暫寧息。軍旅之費，轉運委輸，用二百四十餘億，府帑空竭，延及内郡。邊民死者，不可勝數，并、涼二州，遂至虛耗。」

〔三〕後漢書南蠻傳：「中郎將尹就討益州叛羌，益州諺曰：『虜來尚可，尹來殺我。』」王氏所言，正指就等。漢書王莽傳云：「田況言：『今空復多出將率，郡縣苦之，反甚於賊。』」又云：「太師、更始合將銳士十餘萬人，所過放縱。東方爲之語曰：『寧逢赤眉，不逢太師。太師尚可，更始殺我。』卒如田況之言。」意與此同。

〔四〕「吏」舊作「使」。

〔五〕方言云：「搜、略，求也。」就室曰搜，於道曰略。」說文云：「索，入家搜也。」經典通用「索」。

〔六〕「游」當爲「旋」。漢書王子侯表序云：「旋踵亦絕」。鼂錯傳云「前死不還踵」，顏師古注：「還，讀曰『旋』。旋踵，回旋其足也。」鼂通傳云：「劉、項分爭，使人肝腦塗地。」

〔七〕王先生云：「『孤』下當有脫字。」繼培按：當作「幼孤」。史記司馬相如傳云：「幼孤爲奴。」或云：「孤婦女，謂略取婦女，使之孤獨也。」漢書南粵傳文帝賜佗書云：「寡人之妻，孤人之子。」○鐸按：或説是。孤，使動詞。

〔八〕後漢書光武帝紀建武七年詔：「吏人遭饑亂，及爲青、徐賊所略，爲奴婢下妻，欲去留者，恣聽之。敢拘制不還，以賣人法從事。」晉書刑法志陳羣新律序云：「舊律，盜律有和賣買人。」

〔九〕「令」舊作「今」。

〔一〇〕「活」舊作「治」。

〔一一〕「也」字疑衍。○鐸按：「也」字當在「陰陽」下。

〔一二〕漢書嚴助傳淮南王安上書云：「臣聞軍旅之後，必有凶年。言民之各以其愁苦之氣，薄陰陽之和，感天地之精，而災氣爲之生也。」魏相傳相上書亦用淮南語。

且夫士重遷〔一〕，戀慕墳墓〔二〕，賢不肖之所同也。民之於徙〔三〕，甚於伏法。伏法不過家一人死爾。諸亡失財貨，奪土遠移，不習風俗，不便水土，類多滅門，少能還

者。代馬望北，狐死首丘〔四〕，邊民謹頓〔五〕，尤惡內留。雖知禍大〔六〕，猶願守其緒業〔七〕，死其本處，誠不欲去之極。太守令長，畏惡軍事，皆以素非此土之人，痛不著身，禍不及我家〔八〕，故爭郡縣以內遷〔九〕。至遣吏兵〔一〇〕，發民禾稼，發徹屋室〔一一〕，夷其營壁〔一二〕，破其生業〔一三〕，彊劫驅掠，與其內人〔一四〕，捐棄羸弱，使死其處。當此之時，萬民怨痛，泣血叫號〔一五〕，誠愁鬼神而感天心。然小民謹劣〔一六〕，不能自達闕廷，依官吏家，迫將威嚴〔一七〕，不敢有摯〔一八〕。民既奪土失業，又遭蝗旱飢匱〔一九〕，逐道東走，流離分散〔二〇〕，幽、冀、兗、豫、荊、揚、蜀、漢，飢餓死亡，復失太半〔二一〕。邊地遂以丘荒〔二二〕，至今無人。原禍所起，皆吏過爾〔二三〕。

〔一〕「夫土重遷」當作「安土重遷」。漢書元帝紀永光四年詔曰：「安土重遷，黎民之性，骨肉相附，人情所願也。」通典一引崔實政論云：「小人之情，安土重遷，寧就飢餒，無適樂土之慮。」

〔二〕見救邊篇注。

〔三〕王先生云：「『於徙』疑『畏徙』之誤。」

〔四〕後漢書班超傳云：「狐死首丘，代馬依風。」文選古詩十九首李善注引韓詩外傳云：「詩曰：『代馬依北風，飛鳥棲故巢。』皆不忘本之謂也。」

〔五〕頓，讀爲「鈍」。○鐸按：方言十：「頓、愍、悎也。」謹頓，謂謹愿悎闇也。二字平列，又疊韻。

〔六〕〔大〕舊作「人」。○鐸按：班禄篇：「乃用奢夸廓人」「人」誤作「大」，猶此「大」誤作「人」也。

〔七〕鹽鐵論誹篇云：「緒業不備者，不可以言理。」

〔八〕列女傳魏曲沃負曰：「有禍必及吾家。」敍録云：「令壞郡縣，毆民内遷。」

〔九〕「争」下當脱「壞」字。

〔一〇〕漢書何並傳云：「並自從吏兵追林卿。」

〔一一〕詩十月之交云：「徹我牆屋。」趙策：「孟嘗君曰：『毋發屋室。』」按「發」字與上複，此當讀爲「廢」。説文云：「廢，屋傾也。」○鐸按：下「發」字不誤，上「發」字當爲「發」。説文云：「發，以足蹋夷艸。」引春秋傳曰：「發夷薀崇之。」今隱六年左傳作「芟夷」，杜注：「芟，刈也。」發、芟義近。「發民禾稼」，猶言「刈民禾稼」耳。後漢書西羌傳「乃遂刈其禾稼，發徹室屋」，即本此文，是其明證矣。「發」作「發」者，世人多見「發」，少見「發」，故字若不誤爲「發」，或改爲「芟」。班固答賓戲「夷險發荒」，一作「芟荒」，尤其著例。此「發」字不誤爲「發」，則校者亦必改爲「芟」。古書有因字誤，而轉足考見舊本者，此類是已。夫屋可言發〔鹽鐵論散不足篇「發屋賣業」是〕，而禾稼不可言發。汪不訂上句之誤，而輒

改下讀，蓋泥於廢，芟之本訓，而適忘成十三年左傳有「芟夷我農功」之文。故有待今日之補苴也。

〔一一〕漢書趙充國傳云：「行必爲戰備，止必堅營壁。」呂氏春秋似順論云「往而夷夫壘」，高誘注：「夷，平也。」

〔一二〕漢書荊王劉賈傳云：「入楚地，燒其積聚，以破其業。」高帝紀云：「不事家人生產作業。」高誘

〔一三〕後漢書循吏仇覽傳云：「勸人生業，爲制科令，至於果菜爲限，雞豕有數。」

〔一四〕○鐸按：「其」猶「之」也。此言太守令長强驅其民，使與之入居內郡也。本書之、其多互用，上文「此之感天致災」，以「之」爲「其」，猶此以「其」爲「之」矣。

〔一五〕詩雨無正云「鼠思泣血。」「叫號」見救邊篇。

〔一六〕○鐸按：漢書賈誼傳「其次廑得舍人」，注：「廑，劣也。」周語「余一人僅亦守府」，注：「僅」猶「劣」也。謹、廑、僅並字異而義同。

〔一七〕〔威〕舊作「滅」，據程本改。韓非子六反篇云：「吏威嚴而民聽從。」

〔一八〕〔摯〕疑「違」，字形相近而誤。○鐸按：二字形遠，無緣致誤。此疑當作「敢有不慹」。說文：「慹，怖也。」言敢有不懼耳。汪說失之。

〔一九〕〔匱〕舊作「遺」。○鐸按：此篇「匱」誤作「遺」，凡三見。說詳上。

〔二〇〕呂氏春秋貴直論：「狐援曰：『吾今見民之洋洋然東走，而不知所處。』」或云：此「東」疑

「奔」之誤。後漢書隗囂傳討王莽檄云：「生者則奔亡流散，幼孤婦女，流離係虜。」○鐸

按，寇發於西，故人民東走，下文兗、豫、荊、揚，皆在并、涼之東也。「東」字不誤。

〔二〕後漢書馮衍傳云：「四垂之人，肝腦塗地，死亡之數，不啻大半。」漢書高帝紀韋昭注：「凡數，三分有二爲太半，有一分爲少半。」

〔三〕意林云：「邊境牛羊，不可久荒。」「牛羊」即上文「太半」之誤。「丘」舊作「兵」，據敍録改。

後漢書梁統後冀傳云：「包含山藪，遠帶丘荒。」文選陸士衡歎逝賦云：「憖城闕之丘荒。」

隸釋廣漢太守沈子琚縣竹江堰碑云：「躬耕者少，溉田亚充。」「亚充」即「丘荒」。按

廣雅釋詁云：「丘，空也。」漢書息夫躬傳「丘亭」，後漢書龐參傳「丘城」，皆取此義。西

羌傳虞詡疏曰：「眾羌內潰，郡縣兵荒。」「兵荒」疑亦「丘荒」之誤。

〔三〕後漢書西羌傳云：「羌既轉盛，而二千石令長多內郡人，並無戰守意，皆爭上徙郡縣，以

避寇難。朝廷從之，遂移隴西徙襄武，安定徙美陽，北地徙池陽，上郡徙衙。百姓戀土，

不樂去舊，遂乃刈其禾稼，發徹室屋，夷營壁，破積聚。時連旱蝗飢荒，而驅蹴劫略，流離

分散，隨道死亡。或棄捐老弱，或爲人僕妾，喪其大半。」皆本此文。

夫土地者，民之本也，誠不可久荒以開敵心〔一〕。且扁鵲之治病也〔二〕，審閉結〔三〕

而通鬱滯〔四〕，虛者補之，實者瀉之〔五〕，故病愈而名顯。伊尹之佐湯也，設輕重而通有

無，損積餘以補不足，故殷治而君尊〔六〕。賈誼痛於偏枯躄痱之疾〔七〕。今邊郡千里，

地各有兩縣，户財置數百〔八〕，而太守周迴萬里，空無人民，美田棄而莫墾發〔九〕，中州

内郡〔一〇〕，規地拓〔一一〕境，不能半〔一二〕邊，而口户百萬〔一三〕，田畝一全〔一四〕，人衆地荒，無所

容足〔一五〕，此亦偏枯躄痱之類也。

〔一〕「開敵心」舊作「開墾」，據意林改。敍録亦云：「今又丘荒，慮必生心。」列女傳晉獻驪姬
云：「邊境無主，則開寇心。」夫寇生其心，民嫚其政，國之患也。」按晉語「開」作「啓」。漢

〔二〕史記云：「扁鵲者，姓秦氏，名越人。」

〔三〕漢書藝文志論經方云：「通閉解結，反之於平。」

〔四〕素問六元正紀大論：「黄帝曰：『鬱之甚者，治之奈何？』岐伯曰：『木鬱達之，火鬱發
之，土鬱奪之，金鬱泄之，水鬱折之。』」「滯」字舊脱，據意林補。淮南子俶真訓云：「血脈
無鬱滯。」

〔五〕素問三部九候論：「岐伯曰：『必先度其形之肥瘦，以調其氣之虚實。實則瀉之，虚則
補之。』」

〔六〕管子地數篇云：「昔日桀霸有天下，而用不足。湯有七十里之薄，而用有餘。伊尹善通
移輕重，開闔決塞，通於高下徐疾之策，坐起之費時也。」

〔七〕新書解縣篇云：「天下非特倒縣而已也，又類躄，且病痱。夫躄者一面病，痱者一方痛。」

〔八〕漢書文帝紀二年顏師古注：「『財』與『纔』同。」

〔九〕漢書劉屈氂傳云：「興美田以利子弟賓客。」

〔一〇〕漢書司馬相如傳大人賦云「在乎中州」，顏師古注：「中州，中國也。」「內郡」注見救邊篇。

〔一一〕「拓」與「柝」同。

〔一二〕「半」舊作「生」，孫侍御改。

〔一三〕「口戶」疑倒。

〔一四〕王先生云：「『全』當作『金』，謂直貴也。古以一斤爲一金。」繼培按：「一」蓋「不」字之壞。管子禁藏篇云：「戶籍田結者，所以知貧富之不訾也。」故善者必先知其田，乃知其人。田備然後民可足也。」「不全」即「不備」之謂。〇鐸按：汪說近是。

〔一五〕「荒」當爲「狹」。商子算地篇云：「地小人衆。」又云：「地狹而民衆者，民勝其地。」鹽鐵論園池篇云：「土狹而民衆。」史記貨殖傳云：「地小人衆。」皆其證也。通典一引崔實政論云：「今青、齊、兗、冀，人稠土狹，不足相供，而三輔左右及涼、幽州內附近郡，皆土曠人稀，厥田宜稼，悉不肯墾。今宜徙貧民不能自業者於寬地，此亦開草闢土振民之術也。」晏子春秋雜下云：「不得容足而

寓焉。

周書曰：「土多人少，莫出其材，是謂虛土，可襲伐也。土少人衆，民非其民，可
匱〔一〕竭也。」是故土地人民必相稱也〔二〕。今邊郡多害而役劇〔三〕，動入禍門〔四〕。不爲
興利除害，有以勸之，則長無與復之〔五〕，而內〔六〕有寇戎之心〔七〕。西羌北虜，必生闚
欲，誠大憂也。

〔一〕「匱」舊作「遺」。

〔二〕逸周書文傳解云：「土多民少，非其土也。土少人多，非其人也。」又云：「開望曰：『土
廣無守可襲伐，土狹無食可圍竭。一禍之來，不稱之災。』」孔晁注：「政以人土相稱爲善
也。」禮記王制云：「凡居民，量地以制邑，度地以居民。地邑民居，必參相得也。」尉繚子
兵談篇云：「量土地肥墝而立邑，建城稱地，以城稱人，以人稱粟。三相稱，則內可以固
守，外可以戰勝。」商子來民篇云：「地方百里者，山陵處什一，藪澤處什一，谿谷流水處
什一，都邑蹊道處什一，惡田處什一，良田處什四。□此食作夫五萬。其山陵谿谷藪澤，
可以給其材，都邑蹊道，足以處其民。先王制土分民之律也。今秦之地，方千里者五，而
穀土不能處二，田數不滿百萬，其藪澤谿谷名山大川之財物貨寶，又不盡爲用。此人不
稱土也。」

〔三〕後漢書和帝紀永元十三年詔曰：「幽、并、涼州戶口率少，邊役眾劇。」

〔四〕史記趙世家：「李兌曰：『同類相推，俱入禍門。』」

〔五〕○鐸按：「有以勸之，則長無與復之」「與」「猶」「以」也，互文耳。

〔六〕〔內〕舊作「門」。

〔七〕管子法法篇云：「期於興利除害。」治國篇云：「先王者善爲民除害興利，故天下之民歸之。所謂興利者，利農事也。所謂除害者，禁害農事也。農事勝則入粟多，入粟多則國富，國富則安鄉重家，安鄉重家，則雖變俗易習，敺眾移民，至於殺之，而民不惡也。此務粟之功也。上不利農則粟少，粟少則人貧，人貧則輕家，輕家則易去，易去則上令不能必行，上令不能必行，則禁不能必止，禁不能必止，則戰不必勝，守不必固矣。」鹽鐵論未通篇云：「傳曰：『大軍之後，累世不復。』方今郡國田野有隴而不墾，城郭有宇而不實，邊郡何饒之有乎？」漢書嚴助傳淮南王安上書云：「四年不登，五年復蝗，民生未復。」徐樂傳云：「間者，關東五穀數不登，年歲未復，民多窮困，重之以邊境之事，推數循理而觀之，民宜有不安其處者矣。不安故易動，易動者，土崩之埶也。」鼂錯傳云：「陛下不救，則邊民絕望，而有降敵之心。」

百工制器，咸填其邊，散之兼倍，豈有私哉？乃所以固其內爾。先聖制法，亦

務實邊，蓋以安中國也。譬猶家人遇寇賊者，必使老小羸軟居其中央，丁彊武猛衛

其外〔一〕。內人奉其養，外人禦其難，蚩蚩距虛，更相恃仰，乃俱安存〔二〕。

〔一〕白虎通五行篇云：「丁者，強也。」論衡無形篇云：「身氣丁彊。」

〔二〕呂氏春秋不廣篇云：「北方有獸名曰蹶，鼠前而兔後，趨則跲，走則顛，常爲蚩蚩距虛取

甘草以與之。蹶有患害也，蚩蚩距虛必負而走。」爾雅釋地作「邛邛岠虛」。韓非子外儲

說左上云：「不恃仰人而食。」新書道德說云：「物莫不仰恃德。」論衡感類篇云：「功無

大小，德無多少，人須仰恃賴之者，則爲美矣。」

詔書法令：二十萬口，邊郡十萬，歲舉孝廉一人；員除世舉廉吏一人〔三〕。羌反

以來，戶口減少，又數易太守，至十歲不得舉。當職勤勞而不錄〔三〕，賢俊蓄積而不

悉〔三〕，衣冠無所覬望〔四〕，農夫無所貪利，是以逐稼中災，莫肯就外。古之利其民，誘

之以利，弗脅以刑〔五〕。易曰：「先王以省方觀民設教〔六〕。」是故建武初〔七〕，得邊郡，戶

雖數百，令歲舉孝廉，以召來人。今誠宜權時令邊郡舉孝一人，廉吏世〔八〕舉一人，益

置明經百石一人〔九〕，內郡人將妻子來占著〔一〇〕，五歲以上，與居民同均，皆得選舉。

又募運民耕邊入穀，遠郡千斛，近郡二千斛，拜爵五大夫〔一一〕。可不欲爵者，使食倍

潛夫論箋校正

三七六

賈於内郡〔三〕。如此，君子小人各有所利，則雖欲令無往，弗能止也。此均〔三〕苦樂，

平傜役，充邊境，安中國之要術也。

〔一〕「詔書」以下，文有脱誤。按後漢書丁鴻傳云：「永元四年，代袁安爲司徒。時大郡口五六十萬，舉孝廉二人，小郡口二十萬并有蠻夷者，亦舉二人。帝以爲不均，下公卿會議。鴻與司空劉方上言：「凡口率之科，宜有階品，蠻夷錯雜不得爲數。自今郡國，率二十萬口，歲舉孝廉一人，四十萬，二人；六十萬，三人；八十萬，四人；百萬，五人；百二十萬，六人；不滿二十萬，二歲一人；不滿十萬，三歲一人。」帝從之。」和帝紀永元十三年詔曰：「幽、并、涼州，户口率少，邊役衆劇，束修良吏，進仕路狹。撫接夷狄，以人爲本。其令緣邊郡，口十萬以上，歲舉孝廉一人；不滿十萬，二歲舉一人；五萬以下，三歲舉一人。」○俞樾云：「依文詮解，亦自可通。後漢書丁鴻傳：『自今郡國，率二十萬口，歲舉孝廉一人。』又和帝紀：『令緣邊郡，口十萬以上，歲舉孝廉一人。』是漢制舉孝廉，内郡與邊地不同。此文則合併言之。『詔書法令，二十萬口』，此以内地言也；『邊郡十萬』，此以邊地言也，其下云『歲舉孝廉一人』，則合内地邊地而言也。如分別言之，當云『詔書法令，郡國二十萬口，歲舉孝廉一人；邊郡十萬口，歲舉孝廉一人』，則文義自明矣。『員除世』句，乃『三十』二字之誤。『除』疑當爲『際』。『際，至也。』『世』乃『三十』二字之誤。『除』疑當爲『際』。『際，至也。』『世』與『至』一聲之轉。以『際』爲『至』，蓋漢人語。『員際三十，舉廉吏一

人」，言滿三十員，則舉一廉吏也。下文云「廉吏世舉一人」，「世」亦當爲「卅」。〇鐸

按：俞說是。「世」即「卅」之訛。說文：「卅，三十并也。」述赦篇「令世歲老古時一赦」，

浮侈篇「或丁夫世不傅犂鋤」，「世」字誤與此同。

〔二〕毛詩卷耳序云：「知臣下之勤勞。」汝墳鄭箋云：「賢者而處勤勞之職。」

〔三〕「不」字舊脫，據程本補。新語術事篇云：「道術蓄積而不舒。」吳越春秋：「伍子胥曰：

『平王卒，吾志不悉矣。』」

〔四〕漢書杜周傳云「衣冠謂欽爲盲杜子夏」，顏師古注：「衣冠，謂士大夫也。」說文云：「覢，

欽幸也。」小爾雅廣言云：「覢，望也。」

〔五〕「利其民」之「利」當爲「理」。理，治也。襄廿六年左傳云：「古之治民者，勸賞而畏刑。」

杜注：「樂行賞而憚用刑。」〇鐸按：「利」當爲「制」，涉上下文二「利」字而誤。「制」本作

「利」，故與「利」恆相亂，邊議篇「易利禦寇」，舊訛「制」，卜列篇「奉成陰陽而制物」，舊誤

「利」，其比也。「制民」與篇首「制國」義近。書呂刑「折民惟刑」，一作「制民惟刑」，陶潛

〔六〕觀象辭。

〔七〕後漢光武紀元。

〔八〕〇鐸按：「世」當爲「卅」，說見上。「人」程本作「又」，訛。

四八目引同，此古言「制民」之證。

〔九〕○鐸按：上文「邊郡舉孝一人，廉吏卅舉一人」，皆言口率，不言其秩，疑此「百石」當爲「百户」，言此時邊郡户口銳減，每百户得增置一明經，所謂權宜之計也。

〔一〇〕「占」舊作「召」。史記田叔傳云「因占著名數，家於武功」，索隱云：「言卜日而自占著家口名數，隸於武功，猶今附籍然也。」漢書宣帝紀地節三年詔曰「流民自占八萬餘口」顏師古注：「占者，謂自隱度其户口而著名籍也。」二家説「占」字各異，顏氏得之。○鐸按：小司馬以「家」爲「家口」亦誤。説文：「家，居也。」言居於武功也。列子天瑞篇「國不足，將嫁於衞」，家、嫁古字通。

〔一一〕漢書百官公卿表云：「爵九級，五大夫。」

〔一二〕「可」疑「其」之誤。「賈」讀爲「價」。墨子號令篇云：「牧粟米布錢金，出内畜産，皆爲平直其賈，與主人券書之。事已，皆各以其賈倍賞之。又用其賈貴賤多少賜爵。欲爲吏者許之。其不欲爲吏，而欲以受賜賞爵禄若贖土親戚所知罪人者，以令許之。」此文本於彼。

〔一三〕「此均」二字舊倒。

潛夫論箋校正卷六

卜列〔一〕第二十五

天地開闢有神民，民神異業精氣通〔二〕。行有招召〔三〕，命有遭隨〔四〕，吉凶之期，天難諶斯〔五〕。聖賢雖察不自專，故立卜筮以質神靈〔六〕。孔子稱「蓍之德圓而神，卦之德方以智」。又曰：「君子將有行也，問焉而以言，其受命而嚮〔七〕。」是以禹之得皋陶，文王之取呂尚，皆兆告其象，卜底其思，以成其吉〔八〕。

〔一〕鐸按：「列」猶「論」也。小爾雅廣詁：「列，次也。」廣言：「列，陳也。」論語序集解云：「論，次也。」史記張儀傳索隱云：「論，陳也。」凡陳說事理而有序次為「論」，亦可謂之「列」。下三篇同。

〔二〕御覽一引尚書中候云：「天地開闢。」楚語：「觀射父云：『古者民神不雜，民之精爽不攜貳者，則明神降之，在男曰覡，在女曰巫，是使制神之處位次主，而為之牲器時服，而後使先聖之後之有光烈而敬恭明神者以為之祝，使名姓之後而心率舊典者為之宗。於是乎有天地神名類物之官，是謂五官，各司其序，不相亂也。民是以能有忠信，神是以能有明

德。民神異業，敬而不瀆，故神降之嘉生，民以物享，禍災不至，求用不匱。」路史前紀三

引此文，誤以「神民」爲帝者名氏，又以「行」字帶上讀，陳耀文天中記十一嘗正之。○鐸

按：山海經海内經有「神民之丘」，郭注：「神民，言上有神人。」或此「神民」爲古帝者名

氏，未可知也。

〔三〕 荀子勸學篇云：「言有召禍也，行有招辱也。」

〔四〕 莊子列禦寇篇云：「達大命者隨，達小命者遭。」春秋繁露重政篇云：「人始生有大命，
是其體也。有變命存其閒者，其政也。政不齊，則人有忿怒之志。若將施危難之中而時
有遭隨者，神明之所接絕屬之符也。」遭命、隨命，注見論榮篇。

〔五〕 詩大明。「諶」今作「忱」。漢書貢禹傳、後漢書胡廣傳、續漢書律曆志論、春秋繁露如天
之爲篇，説文諶字下並與此同。○鐸按：毛詩作「忱」用借字，三家作「諶」用本字。爾雅
釋詁：「諶，信也。」相列篇亦引此詩，「諶」作「忱」，蓋後人依毛詩改之。

〔六〕 禮記祭義云：「昔者聖人建陰陽天地之情，立以爲易。易抱龜南面，天子卷冕北面，雖有
明知之心，必進斷其志焉，示不敢專，以尊天也。」史記龜策傳云：「君子謂夫輕卜筮無神
明者，悖；背人道信禎祥者，鬼神不得其正。故書建稽疑，五謀而卜筮居其二，五占從其
多，明有而不專之道也。」白虎通蓍龜篇云：「聖人獨見先覩，必問蓍龜何？示不自專
也。」論衡辨祟篇云：「聖人舉事，先定於義，義已定立，決以卜筮，示不專己，明與鬼神同

意共指，欲令衆下信用不疑。」卜筮篇云：「俗信卜筮，謂卜者問天，筮者問地，蓍神龜靈，

兆數報應，故捨人議而就卜筮，違可否而信吉凶。」實知篇云：「若蓍龜之知吉凶，蓍草稱

神，龜稱靈矣。」

[七] 並易繫辭上傳。　而嚮，「而」字王弼本作「如」，古通。○鐸按：而、如古通。顧炎武嘗舉二
十餘事，見日知錄卷三十二。　嚮，釋文云：「又作『響』。」嚮，隸俗字，説文所無。

[八] 六韜文師篇云：「文王將田，史編布卜曰：『田於渭陽，將大得焉。非龍非彲，非虎非羆，
兆得公侯，天遺汝師，以之佐昌，施及三王。』文王曰：『兆致是乎？』史編曰：『編之太祖
史疇爲禹占得皋陶，兆比於此。』文王乃齋三日，田於渭陽，卒見太公坐茅以漁，乃載與俱
歸，立以爲師。」宋書符瑞志上史編作史徧，云：「王至於磻溪之水，呂尚釣於涯。王下趨
拜曰：『望公七年，乃今見光景於斯。』」按志所言，皆本緯書。○鐸按：昭元年左傳杜
注：「底，致也。」

夫君子聞善則勸樂而進[一]，聞惡則循[二]省而改尤，故安靜而多福，小人聞
善[三]，聞惡[四]即懾懼而妄爲，故狂躁而多禍。是故凡卜筮者，蓋所問吉凶之情，言興
衰之期，令人修身慎行以迎福也[五]。

[一] 脱一字。○鐸按：孟子梁惠王上篇「而民歡樂之」，宋孫奭音義云：「『歡樂』本一作『勸

樂」。昭九年左傳叔孫昭子引詩「經始勿亟，庶民子來」，杜注：「言文王始經營靈臺，非

急疾之，衆民自以爲子義來勸樂爲之。」此「勸樂」二字蓋本孟子。

〔二〕「循」當作「修」。

〔三〕「善」下脱六字。

〔四〕「聞惡」二字補。

〔五〕漢書王貢兩龔鮑傳序云：「嚴君平卜筮於成都市。以爲卜筮者賤業，而可以惠衆人。有

邪惡非正之問，則依蓍龜爲言利害。與人子言依於孝，與人弟言依於順，與人臣言依於

忠，各因執導之以善。從吾言者，已過半矣。」

且聖王之立卜筮也，不違民以爲吉，不專任以斷事〔一〕。故鴻範之占，大同是

尚〔二〕。書又曰：「假爾元龜，罔敢知吉〔三〕。」詩云：「我龜既厭，不我告猶〔四〕。」從此觀

之，蓍龜之情，儻有隨時儉易〔五〕，不以誠邪？將世無史蘇之材〔六〕，識神者少乎？及

周史之筮敬仲〔七〕，莊叔之筮穆子〔八〕，可謂能探賾索隱，鉤深致遠者矣〔九〕。使獻公早

納史蘇之言，穆子宿備莊叔之戒〔一〇〕，則驪姬、豎牛之讒，亦將無由而入，無破國危身

之禍也〔一一〕。

〔一〕論衡卜筮篇云：「世人言卜筮者多，得誠實者寡。論者或謂蓍龜可以參事，不可純用。」

〔二〕「鴻」今作「洪」。

〔三〕書西伯戡黎。○鐸按：論衡卜筮篇云：「紂至惡之君也。當時災異繁多，七十卜而皆凶，故祖伊曰：『格人元龜，罔敢知吉。』賢者不舉，大龜不兆。」孫星衍尚書今古文注疏云：「『以賢者』訓『格人』，則古文尚書自作『人』，與今文異也。」段玉裁古文尚書撰異云：「『格人』作『假人』，此蓋如禮記『假爾大龜有常』之訓，疑今文尚書本然。然史記作『假人』，假、格古通用。論衡以『賢者』訓『格人』，則今文尚書與古文尚書同也。『爾』字恐有誤。」陳喬樅今文尚書經說考八云：「作『假爾』者，當是小夏侯本。曲禮：『假爾泰龜有常，假爾泰筮有常』，鄭注以爲『命龜筮詞』，自是經師相傳舊說。『爾』古文作『尒』，與『人』相近。漢書言夏侯建從五經諸儒問與尚書相出入者，牽引以次章句，具文飾說。夏侯勝非之曰：『建所謂章句小儒，破碎大道。』建亦非勝爲學疏略，難以應敵。建卒自顯門名經。此蓋建據曲禮文，疑尚書『假人』爲『假尒』之譌，故讀從『尒』字。王符所引，殆小夏侯尚書與？」孫、段、陳三家定作「假爾」者爲今文尚書是也。古文作「格人」者，「人」即「尒」字之壞，蓋可無疑。

〔四〕小旻。

〔五〕易繫辭上傳云「辭有險易」，釋文引京房注：「險，惡也；易，善也。」古字險、儉通用。易屯卦「動乎險中」，隸釋劉修碑作「儉」。否卦「儉德」，李鼎祚周易集解引虞翻曰：「儉」或作「險」。」襄廿九年左傳：「險而易行」，史記吳世家作「儉」。

〔六〕僖十五年左傳。

〔七〕莊廿二年左傳。○鐸按：「及」猶「若」也。訓見經傳釋詞卷五。

〔八〕昭五年左傳。

〔九〕易繫辭上傳。

〔一〇〕○鐸按：「宿」亦「早」也。周書寤儆篇孔晁注：「宿，古文夙。」爾雅釋詁：「夙，早也。」

〔一一〕○鐸按：晉語一：「獻公卜伐驪戎，史蘇占之曰：『勝而不吉。』公弗聽，遂伐驪戎，克之，獲驪姬以歸。有寵，立以爲夫人。生奚齊。驪姬請使申生主曲沃，重耳處蒲城，夷吾處屈，奚齊處絳。公許之。史蘇曰：『亂本生矣。』驪姬果作難，殺太子，而逐二公子。」故曰：「使獻公早納史蘇之言，則驪姬之讒亦將無由而入。」此與僖十五年史蘇占獻公筮嫁伯姬於秦事不相涉，故備説之。汪箋略。

聖人甚重卜筮，然不疑之事，亦不問也〔一〕。甚敬祭祀，非禮之祈，亦不爲也〔二〕。

故曰:「聖人不煩卜筮[三]」,「敬鬼神而遠之[四]」。夫鬼神與人殊氣異務,非有事故,何奈於我[五]? 故孔子善楚昭之不祀河[六],而惡季氏之旅泰山[七]。今俗人筮[八]於卜筮,而祭非其鬼[九],豈不惑哉!

[一]桓十一年左傳云:「卜以決疑,不疑何卜?」

[二]禮記曲禮云:「非其所祭而祭之,名曰淫祀。」

[三]哀十八年左傳。

[四]論語。

[五]史記吳世家:「專諸曰:『是無奈我何。』」

[六]哀六年左傳。○鐸按:黃河古稱河。

[七]論語。

[八]「筮」疑「狎」。

[九]論語:「非其鬼而祭之,諂也。」

亦有妄傳姓於五音,設五宅之符第[一],其爲誣也甚矣!古有陰陽,然後有五行[二]。五帝右據行氣[三],以生人民[四],載世遠,乃有姓名敬民[五]。名字者,蓋所以別

眾狠而顯此人爾，非以紀〔六〕五音而定剛柔也。今俗人不能推紀本祖，而反欲以聲音言語定五行，誤莫甚焉〔七〕。

〔一〕論衡詰術篇云：「五音之家，用口調姓名及字，用姓定其名，用名正其字。口有張歆，聲有外內，以定五音宮商之實。」又云：「圖宅術曰：『宅有八術，以六甲之名數而第之，第定名立，宮商殊別。宅有五音，姓有五聲。宅不宜其姓，姓與宅相賊，則疾病死亡，犯罪遇禍。』」王先生云：「『傳』當作『傅』。」○鐸按：程本作「博」，亦誤。

〔二〕春秋繁露五行相生篇云：「天地之氣，合而爲一，分爲陰陽，判爲四時，列爲五行。行者行也，其行不同，故謂之五行。」

〔三〕家語五帝篇：「孔子曰：『昔某也聞諸老聃曰：天有五行，木、火、金、水、土，分時化育，以成萬物。其神謂之五帝。』」釋名釋天云：「五行者，五氣也。」白虎通五行篇云：「言行者，欲言爲天行氣之義也。」王先生云：「『右』疑當作『各』。」繼培按：「各」字是也。漢書律曆志云：「三代各據一統。」

〔四〕禮記大傳云：「王者禘其祖之所自出，以其祖配之。」鄭注：「王者之先祖皆感太微五帝之精以生，蒼則靈威仰，赤則赤熛怒，黃則含樞紐，白則白招拒，黑則汁光紀。」疏云：「言『蒼則靈威仰』至『汁光紀』者，春秋文耀鉤文。」宣三年公羊傳何休注：「上帝，五帝在太微之中，迭生子孫，更王天下。」疏云：「此五帝者，即靈威仰之屬。」

〔五〕「敬民」蓋「號氏」之誤。

〔六〕「紀」舊作「絕」。

〔七〕論衡詰術篇云：「人之有姓者，用禀於天。天得五行之氣爲姓耶？以口張歙聲外內爲姓也？如以本所禀於天者爲姓，若五穀萬物禀氣矣，何故用口張歙聲內外定正之乎？」

夫魚處水而生〔一〕，鳥據巢而卵。即〔二〕不推其本祖，諧音而可，即〔三〕呼鳥爲魚，可內〔四〕之水乎？呼魚爲鳥，可棲之木邪〔五〕？此不然之事也。命駒曰犢，終必〔六〕爲馬。是故凡姓之有音也，必隨其本生祖所王也。太皡木精，承歲而王，夫其子孫咸當爲角。神農火精，承熒惑而王，夫其子孫咸當爲徵。黃帝土精，承鎮而王，夫其孫咸當爲宮。少皡金精，承太白而王，夫其子孫咸當爲商。顓頊水精，承辰而王，夫其子孫咸當爲羽〔七〕。雖號百變，音行不易。

〔一〕莊子至樂篇文。

〔二〕「即」字疑衍，蓋「卵」之駁文。○鐸按：「即」猶「若」也。訓見經傳釋詞卷八。汪以爲衍文，非。

〔三〕「即」與「則」同。

〔四〕「内」讀爲「納」。

〔五〕說文云：「西，鳥在巢上。或從木，妻作棲。」

〔六〕「必」舊作「不」。

〔七〕漢書律曆志云：「五星之合於五行，水合於辰星，火合於熒惑，金合於太白，木合於歲星，土合於鎮星。」御覽五引尚書考靈耀云：「歲星木精，熒惑火精，鎮星土精，太白金精，辰星水精。」開元占經十九引春秋運斗樞云：「歲星帥五精聚於東方七宿，蒼帝以仁良溫讓起。熒惑帥五精聚於南方七宿，赤帝以寬明多智略起。填星帥五精聚於中央，黃帝以重厚賢聖起。太白帥五精聚於西方七宿，白帝以勇武誠信多節義起。辰星帥五精聚於北方七宿，黑帝以清平靜潔通明起。」「填」與「鎮」同。

俗工又曰：「商家之宅，宜西出門〔二〕。」此復虛矣。五行當出乘其勝，入居其奧。五行皆然。又曰：「宅有宮商之第，直符之歲〔三〕。」既然者，於〔四〕其上增損門數，即可以變其音而過乃安吉。商家向東入〔二〕，東入反以爲金伐木，則家中精神日戰鬥也。

其符邪？今一宅也，同姓相代，或吉或凶；一宮也，同姓相代，或遷或免；一宮也，成、康居之日以興，幽、厲居之日以衰。由此觀之，吉凶興衰不在宅明矣〔五〕。

〔一〕論衡詰術篇云：『圖宅術曰：『商家門不宜南向，徵家門不宜北向，則商金南方火也，徵火北方水也。水勝火，火賊金，五行之氣不相得，故五姓之宅，門有宜嚮。嚮得其宜，富貴吉昌，嚮失其宜，貧賤衰耗。』』

〔二〕文有脫誤。

〔三〕論衡調時篇云：『太歲在子，子宅直符，午宅爲破。』

〔四〕舊作「放」。

〔五〕論衡詰術篇云：『今府廷之內，吏舍連屬，門嚮有南北，長吏舍傳，間居有東西。長吏之姓，必有宮商，諸吏之舍，必有徵羽。安官遷徙，未必角姓門南嚮也。失位貶黜，未必商姓門北出也。』

及諸神祇太歲、豐隆、鉤陳、太陰將軍之屬〔一〕，此乃天吏，非細民所當事也。天之有此神也，皆所以奉成陰陽而利物也〔二〕，若人治之有牧守令長矣。向之何怒？背之何怨？君民道近，不宜相責，況神致貴，與人異禮，豈可望乎〔三〕？

〔一〕韓非子飾邪篇云：『豐隆、五行、太乙、王相、攝提、六神、五括、天河、殷搶、歲星。』張晏曰：『豐隆，雷師。』漢書揚雄傳云：『詔招搖與太陰兮，伏鉤陳使當兵。』王逸離騷注云：『太陰，歲後三辰也。』服虔曰：『鉤陳，紫宮外營陳星。』按抱朴子登涉篇有諸臯太陰將

軍。○鐸按：「及」猶「若」也，與上「及周史之筮敬仲」同。

〔二〕漢書律曆志云：「萬物棣通，族出於寅，人奉而成之。」「利」何本作「吏」。按利、吏並誤，當是「刌」字。説文云：「刌，裁也。從刀，從寸。」刌、利字形相近而誤。

〔三〕論衡譏日篇云：「堪輿歷歷上諸神非一，聖人不言，諸子不傳，殆無其實。天道難知，假令有之，諸神用事之日也。忌之何福？不諱何禍？王者以甲子之日舉事，民亦用之，王者聞之，不刑法也。夫王者不怒民不與己相避，天神何爲獨當責之？」説文云：「謹，責望也。」經典通作「望」。

且欲使人而避鬼，是即道路不可行，而室廬不復居也。此謂賢人君子秉心方直，精神堅固者也〔一〕。至如世俗小人，醜妾婢婦〔二〕，淺陋愚戀，漸染既成，又數揚精破膽。今不順精誠所向〔三〕，而彊之以其所畏，直亦增病爾。何以明其然也？夫人之所以爲人者，非以此八尺之身也〔四〕，乃以其有精神也。人有恐怖死者，非病之所加也，非人功之所宰也〔五〕。然而至於遂不損者〔六〕，精誠去之也〔七〕。今通士〔一〇〕或欲彊羸病之愚人〔一一〕，必之其所不能〔一二〕，惶〔八〕，嬰人畏螻蟻而發聞〔九〕。吾又恐其未盡善也〔一三〕。

〔一〕詩定之方中云「秉心塞淵」，毛傳：「秉，操也。」淮南子氾論訓云：「聖人心平志易，精神内守，物莫足以惑之。」魯語云：「血氣强固。」

〔二〕禮記曲禮鄭注：「婢之言卑也。」

〔三〕莊子漁父篇云：「真者，精誠之至也。不精不誠，不能動人。」論衡感虛篇云：「精誠所加，金石爲虧。」

〔四〕考工記云：「人長八尺。」説文云「夫，丈夫也。周制以八寸爲尺，十尺爲丈。人長八尺，故曰丈夫。」

〔五〕句有誤字。

〔六〕損，謂病減也。後漢書袁安後閔傳云：「封觀當舉孝廉，以兄名位未顯，遂稱風疾。後數年，兄得舉，觀乃稱損。」方言云：「尌，益也。凡病少愈而加劇，亦謂之不尌。」郭注：「言雖少損無所益也。」

〔七〕漢書東方朔傳云：「精神散而邪氣及。」

〔八〕舊作「蓋奔枊猛虎而不惶」。按韓非子守道篇云：「服虎而不以柙，此貴育之所患。」意與此背。荀子臣道篇云：「狎虎則危，災及其身。」論衡遭虎篇亦云：「夫虎，山林之獸，不狎之物也。」廣雅釋詁云：「惶，懼也。」

〔九〕「嬰人」猶「嬰兒」。發聞，謂發聲聞於人也。韓策張儀説韓王曰：「夫秦卒之與山東之卒

移風易俗之本，乃在開其心而正其精。今民生不見正道，而長於邪淫誑惑之中，其信之也，難卒〔二〕解也。惟王者能變之〔三〕。

〔一〕「卒」讀爲「猝」。

〔二〕漢書地理志云：「孔子曰：『移風易俗，莫善於樂。』言聖王在上，統理人倫，必務其本而易其末。」淮南子泰族訓云：「誠決其善志，防其邪心，啓其善道，塞其姦路，與同出一道，則民性可善，而風俗可美也。」

也，猶孟賁之與怯夫也。以重力相壓，猶烏獲之與嬰兒也。」是亦孟賁、嬰兒對舉之證。

〔一〇〕荀子不苟篇云：「物至而應，事起而辨，若是則可謂通士矣。」淮南子修務訓云：「通士者，不必孔、墨之類。」

〔一一〕禮記問喪云：「身病體羸。」韓非子十過篇云：「士大夫羸病。」

〔一二〕大戴禮曾子立事篇云：「彊其所不能。」

〔一三〕論語云：「未盡善也。」

巫列[一]第二十六

凡人吉凶，以行爲主，以命爲決。行者，己之質也；命者，天之制也[二]。在於己者，固可爲也，在於天者，不可知也。巫覡祝請，亦其助也，然非德不行。巫史祝祈者，蓋所以交鬼神而救細微爾，至於大命[三]，末如之何[四]。譬民人之請謁於吏矣，可以解微過，不能脫正罪。設有人於此[五]，晝夜慢侮君父之教，干犯先王之禁，不克己心，思改過[六]善，而苟驟發請謁，以求解免，必不幾矣[七]。不若修己，小心畏慎，無犯上之必令也[八]。故孔子不聽子路，而云「丘之禱久矣[九]」。孝經云：「夫然，故生則親安之，祭則鬼享之。」由此觀之，德義無違，鬼[一〇]神乃享，福祚乃隆[一二]。故詩云：「降福穰穰，降福簡簡，威儀板板。既醉既飽，福祿來反[一二]。」此言人德義美茂，神歆享醉飽，乃反報之以福也。

〔一〕〇鐸按：此篇論却災致福，在己修德，不在禱祀。説雖是，而適暴露作者爲有神論者。舊作「正列」者訛。

〔二〕白虎通壽命篇云：「命者何謂也？人之壽也，天命已使生者也。」

〔三〕哀十五年左傳云:「大命隕墜。」

〔四〕論語云:「吾末如之何也已矣。」

〔五〕孟子云:「有人於此。」

〔六〕「過」下脫一字。○鐸按:邵校本臆補「遷」字。

〔七〕「幾」讀爲「冀」。○鐸按:讀學篇「必無幾矣」同。

〔八〕「必令」疑倒。述赦篇云:「姦軌之減十八九,可勝必也。」即其例。或云:「必令,謂罰嚴而必也。」

〔九〕論語。

〔一〇〕「鬼」字舊脫。

〔一一〕昭廿年左傳云:「鬼神用享,國受其福。」

〔一二〕詩執兢。「板板」今作「反反」。○鐸按:程本「穰穰」作「攘攘」。爾雅釋訓:「穰穰,福也。」釋文:「今作『穰』。」阮元校勘記云:「毛詩執兢:『穰穰,衆也。』字從禾,言若黍稷之衆多也。爾雅:『攘攘,福也。』字從示,言禳除災禍,則神降之福也。今本蓋據毛詩改之。」陳喬樅詩經四家異文考云:「初學記十五引詩亦作『攘』字,與爾雅及潛夫論合,是三家今文有作『攘攘』者。毛詩『穰』作『穰』,『板』作『反』,與三家文異。」穰穰,衆也。板板,大也。「反」借字,「板」字訛。

虢公〔一〕延神而呕亡〔二〕，趙嬰祭天而速滅〔三〕，此蓋所謂神不歆其祀，民不即其事

也〔四〕。故魯史書曰：「國將興，聽於民；將亡，聽於神〔五〕。」楚昭不穰雲〔六〕，宋景不移

咎〔七〕，子產距神竈〔八〕，邾文公違卜史〔九〕，此皆審己知道，身以俟命者也〔一〇〕。晏平仲

有言：「祝有益也，詛亦有損也〔一一〕。」季梁之諫隋侯〔一二〕，宮之奇説虞公〔一三〕，可謂明

乎天人之道，達乎神明之分矣。

〔一〕「公」字舊脱。

〔二〕莊卅二年左傳。○鐸按：事亦見周語上。

〔三〕成五年左傳。○鐸按：傳云：「嬰夢天使謂己：『祭余，余福女。』祭之明日而亡。」此云

「祭天」，即祭其神。

〔四〕昭元年左傳。

〔五〕莊卅二年左傳。

〔六〕哀六年左傳。○鐸按：傳云：「是歲也，有雲如衆赤鳥，夾日以飛。楚子使問諸周史。」

〔七〕周太史曰：『其當王身乎！若禜之，可移於令尹、司馬。』王曰：『除腹心之疾，而置諸股

肱，何益？』遂弗禜。」杜注：「禜，禳祭。」此文「穰」當爲「禳」。兩京本、述古堂本不誤。

〔七〕呂氏春秋制樂篇。○鐸按：事亦見淮南子道應訓、新序雜事四、論衡變虛篇。

〔八〕昭十七年左傳。○鐸按：距、岠古字通，俗作「拒」。神竈欲用瓘、斝、玉瓚禳火，而子産拒之也。

〔九〕文十三年左傳。

〔一〇〕禮記中庸云：「君子居易以俟命。」「身」上脱一字，當是「修」字。孟子云：「殀壽不貳，修身以俟之，所以立命也。」

〔一一〕昭廿年左傳。○鐸按：傳無下「也」字，晏子春秋外篇同。内篇諫上作「則詛亦有損也」。

〔一二〕桓六年左傳。○鐸按：「隋」字後人所改，傳作「隨」。

〔一三〕僖五年左傳。○鐸按：此本作「宮奇之説虞公」。宮之奇而稱宮奇，猶介之推之稱介推（見過利篇、交際篇）。上文楚昭王作楚昭，宋景公作宋景，皆名字剪截之例也。「宮奇之説虞公」，與「季梁之諫隋侯」一律，若如今本，則句法參差矣。卜列篇：「周史之筮敬仲」，莊叔之筮穆子」，相列篇：「唐舉之相李兊、蔡澤，許負之相鄧通、條侯」，語例並與此同。

夫妖不勝德〔一〕，邪不伐正〔二〕，天之經也〔三〕。雖時有違，然智者守其正道，而不近於淫鬼。所謂淫鬼者，閑邪精物〔四〕，非有守司真神靈也〔五〕。鬼之有此，猶人之有姦

言賣平以干求者也〔六〕。若或誘之〔七〕，則遠來不止，而終必有咎〔八〕。鬼神亦然，故申

繹曰：「人之所忌，其氣炎以取之。人無釁焉，妖不自作〔九〕。」是謂人不可多忌，多忌

妄畏，實致妖祥。

〔一〕史記殷本紀：「伊陟曰：『臣聞妖不勝德。』」

〔二〕淮南子繆稱訓云：「正身直行，衆邪自息。」

〔三〕孝經。

〔四〕史記留侯世家贊云：「學者多言無鬼神，然言有物。」齊悼惠王世家：「魏勃少時，欲求見

齊相曹參，家貧無以自通，乃常獨早夜掃齊相舍人門外。相舍人怪之，以爲物而伺之。」

索隱：「姚氏云：『物，怪物。』」說文云：「毅攺，大剛卯也。以逐精鬼。」漢書藝文志雜占

類有人鬼精物六畜變怪二十一卷。

〔五〕大戴禮曾子天員篇云：「陽之精氣曰神，陰之精氣曰靈。神靈者，品物之本也。」

〔六〕賣平，以市道爲喩。周禮小宰「聽賣買以質劑」，鄭司農云：「質劑，謂市中平賈，今時月

平是也。」漢書食貨志云：「諸司市常以四時中月實定所掌，爲物上中下之賈，各自用爲

其市平。」法言學行篇云：「一闀之市，必立之平。」李軌注：「市無平，必失貴賤之正。」鹽

鐵論本議篇云：「開委府於京，以籠貨物。賤即買，貴則賣。是以縣官不失實，商賈無所

貿利，故曰平準。」禁耕篇云：「山海有禁而民不傾，貴賤有平而民不疑。縣官設衡立準，

人從所欲，雖使五尺童子適市，莫之能欺。今罷去之，則豪民擅其用而專其利。決市間巷，高下在口吻，貴賤無常。」本議篇又云：「行姦賣平，農民重苦。」「賣平」即所謂「高下在口吻」也。《續漢書·五行志》云：「桓帝之初，京師童謠曰：『游平賣印自有平，不辟賢豪及大姓。』」後漢書竇武傳章懷注引「平」作「評」。蓋勳傳注引續漢書云：「中平元年，黃巾賊起，故武威太守酒泉黃儁被徵失期。梁鵠欲奏誅儁，勳爲言得免。儁以黃金二十斤謝勳。勳謂儁曰：『吾以子罪在八議，故爲子言，吾豈賣評哉？』終辭不受。」「評」與「平」同。郭太後許劭傳：「劭與從兄靖俱有高名，好共覈論鄉黨人物，每月輒更其品題，故汝南俗有月旦評焉。」「月旦評」亦取「月平」之義。漢時市列，每月評定貴賤，如今時朔望有長落矣。

〔七〕說文云：「黜，相訹呼也。」或從言、秀。

〔八〕宣十二年左傳云：「必有大咎。」

〔九〕莊十四年左傳。「炎」正義本作「餤」，釋文作「炎」。按漢書五行志、藝文志並作「炎」，顏師古曰：「炎，讀與『餤』同。」風俗通過譽篇亦云：「人之所忌，炎自取之。」續漢書五行志贊云：「妖豈或妄，氣炎以觀。」亦用此傳文也。○鐸按：「餤」即「炎」之後出加聲旁字。說見楊遇夫先生積微居小學述林卷五。

且人有爵位，鬼神有尊卑。天地山川、社稷五祀〔二〕、百辟卿士有功於民者〔三〕，天子諸侯所命祀也〔三〕。若乃巫覡之謂獨語〔四〕，小人之所望畏，土公、飛尸、咎魅、北君、衡聚、當路、直符七神〔五〕，及民間繕治微蔑小禁，本非天王所當憚也〔六〕。

〔一〕禮記王制云：「天子祭天地，諸侯祭社稷，大夫祭五祀。天子祭天下名山大川，諸侯祭名山大川之在其地者。」

〔二〕禮記月令云：「命百縣雩祀百辟卿士有益於民者。」祭法云：「此皆有功烈於民者也。」

〔三〕僖卅一年左傳云：「不可以閒成王、周公之命祀。」

〔四〕○鐸按：「謂獨」疑當作「請禱」。

〔五〕論衡解除篇云：「宅中主神，有十二焉。」青龍、白虎，列十二位。龍虎猛神，天之正鬼也。飛尸流凶，不敢安集。」○鐸按：周廣業意林附編引裴氏新言：「俗間有土公之神。」「土公」即今俗所謂「土煞」，程本作「土公」，訛。

〔六〕後漢書來歙後歷傳云：「皇太子驚病不安，避幸安帝乳母野王君王聖舍。太子乳母王男、廚監邴吉等以爲聖舍新繕修，犯土禁，不可久御。」鍾離意傳章懷注引東觀記曰：「意在堂邑，出俸錢，帥人作屋，功作既畢，爲解土祝曰：『興功役者令，百姓無事。如有禍祟，令自當之。』」論衡解除篇云：「世間繕治宅舍，鑿地掘土，功成作畢，解謝土神，名曰解土。爲土偶人以像鬼形，令巫祝延以解土神。已祭之後，心快意喜，謂鬼神解謝，殃禍

舊時京師不防〔一〕，動功造禁，以來吉祥應瑞〔二〕，子孫昌熾〔三〕，不能過前。且夫以
君畏臣，以上需下，則必示弱而取陵〔四〕，殆非致福之招也〔五〕。

除去。

〔一〕〇鐸按：「不防」二字疑有誤。

〔二〕漢書車千秋傳云：「每有吉祥嘉應，數褒賞丞相。」王莽傳云：「神祇懽喜，申以福應，吉瑞累仍。」按「應瑞」字倒，「瑞應」見三式篇。〇鐸按：呂氏春秋不侵篇云「不足以來士矣」，高注：「『來』猶『致』也。」或「來」當爲「求」。隸書求、來多相亂，書呂刑：「惟貨惟來」，馬融本作「求」。楚策「寡人之得求反」，御覽人事部引作「來」。逸周書大聚篇：「王若欲來天下民。」（玉海二十、六十引如此）周祝篇：「彼觀萬物，則何爲來？」孟子離婁篇：「舍館定，然後來見長者乎？」今本「來」並誤作「求」。是其例。

〔三〕詩閟宮云：「俾爾昌而熾。」後漢書西南夷傳朱輔上遠夷樂德歌詩云：「子孫昌熾。」

〔四〕僖八年左傳云：「示之弱矣。」昭十八年左傳云：「下陵上替。」〇鐸按：「需」亦「畏」也。周禮考工記輈人「馬不契需」，先鄭注：「需，讀爲『畏需』之『需』。」是「需」與「畏」同義。哀六年左傳：「需，事之下也。」十四年傳：「需，事之賊也。」釋文並云：「需，疑也。」「疑」亦畏怯恐懼之義（禮記雜記：「五十不致毀，六十不毀，七十飲酒食肉，皆爲疑死。」鄭注：

「疑」猶「恐」也。荀子宥坐篇「其赴百仞之谷不懼」，大戴禮勸學篇「懼」作「疑」)。鬼神

亦天王之臣，故曰「君畏臣，上需下，示弱取陵」也。

〔五〕易震象曰：「震來虩虩，恐致福也。」周禮男巫「招弭以除疾病」鄭注：「招，招福也。」

嘗觀上記〔一〕，人君身修正〔二〕賞罰明者，國治而民安，民安樂者，天悦喜而增歷

數。故書曰：「王以小民受天永命〔三〕。」孔子曰：「天之所助者順也，人之所助者信

也。履信思乎順，又以尚賢，是以自天祐之，吉無不利〔四〕。」此最卻凶災而致福善之

本也〔五〕。

〔一〕「上記」注見思賢篇。

〔二〕漢書匡衡傳云：「聖德純備，莫不修正。」賈山傳顏師古注：「修正，謂修身正行者。」宣帝

紀元康元年詔云：「吏民厥身修正。」

〔三〕召誥。○鐸按：陳喬樅今文尚書經説考二十云：「經言『上下勤恤』，即務求治國安民之

道。民安乃命永。○鐸按：王符之言，亦述今文尚書説也。」

〔四〕易繫辭上傳。○鐸按：王弼本「賢」下「利」下並有「也」字，此省。

〔五〕漢書李尋傳云：「凶災銷滅，子孫之福不旋日而至。」治要載仲長統昌言云：「王者官人

無私，唯賢是親，勤恤政事，屢省功臣，賞錫期於功勞，刑罰歸乎衆惡，政平民安，各得其

所，則天地將自從我而正矣，休祥將自應我而集矣，惡物將自舍我而亡矣。」意與此同。

相列[一]第二十七

《詩》所謂「天生烝民，有物有則」[二]。是故人身體形貌皆有象類[三]，骨法角肉各有分部，以著性命之期，顯貴賤之表[四]。一人之身，而五行八卦之氣具焉[五]。故師曠曰「赤色不壽」，火家性易滅也[六]。《易》之説卦「巽為人多白眼」，相揚四白者兵死，此猶金伐木也[七]。經曰：「近取諸身，遠取諸物」[八]。「聖人有見天下之至賾，而擬諸形容，象其物宜」[九]。此亦賢人之所察，紀往以知來，而著為憲則也。

〔一〕○鐸按：此篇論人體有象類，角肉有分部。故審其形貌，則知富貴；觀其氣色，而驗吉凶。此本古人迷信。然謂人之骨相，若材木之有曲直，萬物之有常宜。苟矜其奇，不爲修省改尤，則富貴必不能坐致，而有福轉爲災者，則不無可取。

〔二〕烝民。

〔三〕《春秋繁露·人副天數》篇云：「人有三百六十節，偶天之數也。形體骨肉，偶地之厚也。上有耳目聰明，日月之象也。體有空竅理脈，川谷之象也。心有哀樂喜怒，神氣之類也。」

〔四〕淮南子精神訓云：「頭之圓也象天，足之方也象地。」○鐸按：列子楊朱篇：「人肖天地之類。」漢書刑法志：「夫人宵天地之貌。」皆此義。

論衡骨相篇云：「人命稟於天，則有表候於體。察表候以知命，猶察斗斛以知容矣。表候者，骨法之謂也。」又云：「貴賤貧富，命也。操行清濁，性也。非徒命有骨法，性亦有骨法。」又云：「知命之人，見富貴於貧賤，睹貧賤於富貴。按骨節之法，察皮膚之理，以審人之性命，無不應者。」

〔五〕易乾鑿度：「孔子曰：『八卦之序成立，則五氣變形。故人生而應八卦之體，得五氣以爲五常。』」按五氣，五行之氣。論衡物勢篇云：「一人之身，含五行之氣，故一人之行，有五常之操。五常，五行之道也。

〔六〕逸周書太子晉解云：「汝色赤白，火色不壽。」

〔七〕王先生云：「四白，謂睛之上下左右皆露白，易所謂多白眼也。相婦人法：目有四白，五

〔八〕夫守宅。見唐書方技袁天綱傳。」

〔九〕易繫辭下傳。

〔十〕繫辭下傳。王本「有」下有「以」字，無「至」字，「諸」下有「其」字。○鐸按：此「至」字蓋涉繫辭上傳「言天下之至賾而不可惡也」增。

人之相法，或在面部，或在手足，或在行步，或在聲響[一]。面部欲溥平潤澤[二]，手足欲深細明直，行步欲安穩覆載[三]，音聲欲溫和中宮。頭面手足，身形骨節，皆欲相副稱。此其略要也。

[一] 論衡骨相篇云：「相或在面，或在內，或在外，或在形體，或在聲氣。」

[二] 王先生云：「『溥』當作『博』。」○鐸按：「博平」謂寬而平，王說是。

[三] 按「安穩」古作「安隱」，「隱」亦「安」也。詩緜鄭箋云：「民心定，乃安隱其居。」三國志武帝傳裴松之注引鄭康成盤庚注云：「安隱於其衆。」董卓傳注引華嶠漢書曰：「卓欲遷都長安，召公卿以下大議。司徒楊彪曰：『昔盤庚五遷，殷民胥怨，故作三篇以曉天下之士，而海內安穩。』」成二年左傳「韓厥俯定其右」，杜注：「俯，安隱之。」莊子應帝王篇「其臥徐徐」，司馬彪注：「徐徐，安隱貌。」○鐸按：廣雅釋詁一：「隱，安也。」王氏疏證云：「說文：『晉，所依據也。讀與隱同。』方言：『隱，據，定也。』『隱』與『晉』通。今俗語言『安穩』者，『隱』聲之轉也。」

夫骨法爲祿相表，氣色爲吉凶候[一]，部位爲年時[二]，德行爲三者招[三]，天授性命表有顯微，色有濃淡，行有薄厚，命有去就。是以吉凶期會，祿位成敗，有不決然。

必〔四〕。非聰明慧智〔五〕，用心精密，孰能以中？

〔一〕荀子非相篇云：「相人之形狀顏色，而知其吉凶妖祥。」論衡自然篇云：「吉凶蚩色見於面，人不能爲色自發也。」自紀篇云：「人面色部七十有餘，頰肌明潔，五色分別，隱微憂喜，皆可得察。占射之者，十不失一。」

〔二〕「時」下脱一字。

〔三〕○鐸按：招，準的也。詳後注。

〔四〕「必」下有脱字。

〔五〕禮記中庸云：「惟天下至聖爲能聰明睿智。」

昔內史叔服過魯，公孫敖〔一〕聞其能相人也，而見其二子焉。叔服曰：「穀也食子，難也收子，穀也豐下，必有後於魯〔二〕。」及穆伯之老也，文伯居養，其死也，惠叔典哭〔三〕。魯竟立獻子〔四〕，以續孟氏之後。及王孫說相喬如〔五〕，子上幾商臣〔六〕，子文憂越椒〔七〕，叔姬惡食我〔八〕，單襄公察晉厲〔九〕，子貢觀邾魯〔一〇〕，臧文聽禦説〔一一〕，陳咸見張〔一二〕，賢人達士〔一三〕，察以善心，無不中矣。及唐舉之相李兑、蔡澤〔一四〕，許負之相鄧通、條侯〔一五〕，雖司命班禄，追紁行事，弗能過也。

〔一〕「孫」舊作「妖」。王先生云：「妖」當是「姓」字之誤。古者孫、姓通用。詩麟之趾「振振

公姓」，毛傳：「公姓，公孫也。」

〔二〕文元年左傳。○鐸按：杜注云：「穀，文伯。難，惠叔。食子，奉祭祀供養者也。收子，

葬子身也。豐下，蓋面方。」

〔三〕文十四年左傳。王侍郎云：「典哭」疑「典喪」。」繼培按：「喪」字是也。漢書武五子傳

「霍光徵王賀典喪」，顏師古注：「令爲喪主。」

〔四〕獻子，穀之子。

〔五〕周語。○鐸按：「及」猶「若」也。下「及唐舉」同。

〔六〕文元年左傳。按禮記玉藻鄭注：「幾」猶「察」也。

〔七〕宣四年左傳。

〔八〕昭廿八年左傳。

〔九〕周語。

〔一〇〕定十五年左傳。

〔一一〕莊十一年左傳。○鐸按：傳作「御說」，釋文云：「本或作『禦』。」史記宋世家、漢書古今

人表並與此同。

〔一二〕「張」下脫一字，程本作空格。漢書有兩陳咸：一陳萬年子，見萬年傳；一王莽時講禮祭

酒,見莽傳。

〔一三〕漢書王商史丹傅喜傳贊云:「雖宿儒達士,無以加焉。」

〔一四〕史記蔡澤傳。

〔一五〕絳侯事見史記絳侯世家。佞幸傳云:「上使善相者相通。」不云許負,此當別有所據。○鐸按:漢書外戚傳:「許負相薄姬,當生天子。」薄姬為文帝母,鄧通為文帝幸臣,宜有令許負相通之事,特佞幸傳未言其名耳。

雖然,人之有骨法也,猶萬物之有種類,材木之有常宜。巧匠因象[一],各有所授,曲者宜為輪,直者宜為輿,檀宜作輻,榆宜作轂[二],此其正法通率也[三]。若有其質,而工不材[四],可如何? 故凡相者,能期其所極,不能使之必至。十種之地[五],膏壤雖肥,弗耕不穫[六];千里之馬,骨法雖具,弗策不致[七]。

〔一〕舊脫「輪直者宜為」五字。按御覽九百五十二引崔實政論云:「師曠曰:『人骨法猶木有宜,曲者為輪,直者為輿,榆宜作轂。』」今據補。○鐸按:詩魏風伐檀疏云:「言君子之人身自斬伐檀木,欲以為輪輻之用。」是檀宜作輻也。

〔二〕韓非子有度篇云:「巧匠目意中繩。」

〔三〕率,讀如律。治要載崔實政論云:「不可為天下通率。」

〔四〕「材」與「裁」同。晉語云:「童昏嚚瘖僬僥,官師之所不材也。」

〔五〕「地」舊作「也」。

〔六〕易無妄六二:「不耕穫。」詩甫田毛傳:「大田過度,而無人功,終不能穫。」

〔七〕後漢書馬援傳云:「昔有騏驥,一日千里,伯樂見之,昭然不惑。近世有西河子輿,亦明相法。子輿傳西河儀長孺,長孺傳茂陵丁君都,君都傳成紀楊子阿。臣援嘗師事子阿,受相馬骨法,考之於行事,輒有驗效。」尉繚子武議篇云:「良馬無策,遠道不致。」

夫瓠而弗琢,不成於器〔一〕;士而弗仕,不成於位。若此者,天地所不能貴賤,鬼神所不能貧富也。或王公孫子,仕宦終老,不至於穀〔二〕。或庶隸廝賤,無故騰躍〔三〕。詩稱「天難忱斯〔四〕」,性命之質,德行之招〔五〕,窮極爵位。此受天性命,當必然者也。參錯授受〔六〕,不易者也。

〔一〕鹽鐵論殊路篇云:「孔子曰:『瓠不瓠,瓠哉!瓠哉!』故人事加則爲宗廟器,否則斯養之瞽才。」

〔二〕論語:「子曰:『三年學不至於穀,不易得也。』」孔安國注:「穀,善也。」釋文引鄭康成注:「穀,祿也。」此亦當訓「穀」爲「祿」。

〔三〕漢書食貨志云:「物痛騰躍。」

〔四〕「忱」卜列篇作「諶」，此蓋後人據毛詩改之。

〔五〕質，招皆以射的為喻。周禮司裘「王大射，則共虎侯、熊侯、豹侯設其鵠」，鄭司農云：「方

十尺曰侯，四尺曰鵠，二尺曰正，四寸曰質。」淮南子原道訓云「先者則後者之弓矢質的

也」，高誘注：「質的，射者之準執也。」呂氏春秋本生篇云「萬人操弓，共射其一招」，高誘

注：「招，埻的也。」盡數篇云：「射而不中，反修於招，何益於中？」別類篇云「射招者欲

其中小也」，高注並云：「招，埻藝也。」質、準、埻同字。

〔六〕「受」字舊脫。

然其大要，骨法為主，氣色為候〔一〕。　五色之見，王廢有時〔二〕。　智者見祥，修善迎

之，其有憂色，循〔三〕行改尤。　愚者反戾，不自省思，雖休徵見相，福轉為災。　於戲君

子，可不敬哉！

〔一〕史記淮陰侯傳：「蒯通曰：『僕嘗受相人之術，貴賤在於骨法，憂喜在於容色。』」

〔二〕「時」字舊脫。　按夢列篇云「五行王相謂之時」，今據補。　「時」與下之、尤、思、災為韻。　長

短經察相篇注引相經云：「五色並以四時判之。　春三月，青色王，赤色相，白色囚，黃、黑

二色皆死。　夏三月，赤色王，白色相，青色死，黑色囚。　秋三月，白色王，黑色相，黃、黑

赤色死，青、黃二色皆囚。　冬三月，黑色王，青色相，白色死，黃與赤二色囚。　若得其時色

王相者吉，不得其時色王相若囚死者凶。」

〔三〕「循」當作「修」。

卷二十八

潛夫論箋校正卷七

夢列[一]第二十八

凡夢：有直，有象，有精，有想，有人，有感，有時，有反，有病，有性。

在昔武王，邑姜方震太叔[二]，夢帝謂己：「命爾子虞，而與之唐。」及生，手掌曰「虞」[三]，因以爲名。成王滅唐，遂以封之[四]。此謂直應之夢也[五]。詩云：「維熊維羆，男子之祥；維虺維蛇，女子之祥[六]。」「衆維魚矣，實維豐年；旐維旟矣，室家蓁蓁[七]。」此謂象之夢也[八]。

孔子生於亂世[九]，日思周公之德，夜即夢之[一〇]。此謂意精之夢也。人有所思，即夢其到；有憂即夢其事。此謂記想之夢也。今事[一一]，貴人之夢，即爲祥，賤人夢之即爲妖，君子夢之即爲榮，小人夢之即爲辱。此謂人位之夢也。晉文公於城濮之戰，夢楚子伏己而盬其腦[一二]，是大惡也。及戰，乃大勝。此謂極反之夢也。陰雨之夢，使人厭迷，陽旱之夢，使人亂離，大寒之夢，使人怨悲，此謂感氣之夢也。大風之夢，使人飄飛[一三]。

春夢發生，夏夢高明，秋冬夢熟藏[一四]。

此謂應時之夢也。　陰病夢寒，陽病夢熱〔一五〕，內病夢亂，外病夢發，百病之夢，或散或集〔一六〕。此謂氣之夢也〔一七〕。人之情心，好惡不同〔一八〕，或以此吉，或以此凶。當各自察，常占所從〔一九〕。此謂性情之夢也。

〔一〕〇鐸按：夢有多品，或吉或凶。夢吉而喜樂縱恣，則吉者不吉；夢凶而悲憂恐懼，則凶者真凶。故夢無問吉凶善惡，常戒慎修省以迎之，則皆吉矣。　敍錄云：「吉凶之應，與行相須。」此猶上篇勉人務實進善之趣也。

〔二〕〇鐸按：「震」與「娠」同。

〔三〕王先生云：「『掌』疑『文』。」〇鐸按：左傳作「有文在手曰虞」。此四字誠不了，然古文簡質，正不必改。

〔四〕昭元年左傳。

〔五〕論衡紀妖篇云：「或曰：『人亦有直夢。夢見甲，明日則見甲矣。夢見君，明日則見君矣。』曰：然，人有直夢。直夢皆象也，其象直耳。」

〔六〕斯干。

〔七〕無羊。

〔八〕王先生云：「『象』下脫一字。」

〔九〕莊子讓王篇：「孔子曰：『今吾抱仁義之道，以遭亂世之患。』」

〔一〇〕論語。

〔一一〕王先生云：「『今』疑作『同』。」為「全」，全、今形近之誤。○鐸按：「今事」猶言「今一事也」。古人語急，不煩改字。下文「今一寢之夢」，若急言之，亦得為「今夢」也。

〔一二〕僖廿八年左傳。○鐸按：疏引服虔注：「如俗語相罵云『嗻汝腦』矣。」伏己，謂伏於己身之上。論衡卜筮篇云：「晉文公與楚子戰，夢與成王搏，成王在上而盬其腦。」是知晉文在下矣。

〔一三〕迷、離、悲、飛韻。

〔一四〕生、明、藏韻。

〔一五〕素問脈要精微論云：「陰盛則夢涉大水恐懼，陽盛則夢大火燔灼。」亦見列子周穆王篇。

〔一六〕熱、發、集韻。

〔一七〕孫侍御云：「『氣』上當有『病』字。」繼培按：素問舉痛論云：「黃帝曰：『余知百病生於氣也。』」論衡訂鬼篇云：「病篤者氣盛。」

〔一八〕王侍郎云：「據下云『心精好惡』，『情』當作『精』。」繼培按：論衡書虛篇云：「情心不同。」超奇篇亦云：「表著情心。」是「情心」連文之證。管子內業篇云：「彼心之情，利安以寧。」襄卅一年左傳：「子產曰：『人心之不同，如其面焉。』」漢書元帝紀永光四年詔曰：「公卿大夫，好惡不同。」○鐸按：下文「心精」字皆「情」之借。精、情古字通，荀子修

身篇：「術順墨而精雜污」，以「精」爲「情」，是其證。此文依下例作「精心」，而讀爲「情」，則兩得之矣。

〔一九〕同、凶，從韻。

故先有差忒者〔一〕，謂之精〔二〕；晝有所思，夜夢其事，乍吉乍凶，善惡不信者〔三〕，謂之想；貴賤賢愚，男女長少，謂之人；風雨寒暑謂之感；五行王相謂之時〔四〕；陰極即吉，陽極即凶，謂之反；觀其所疾，察其所夢，謂之病；心精好惡，於事驗〔五〕，謂之性。凡此十者，占夢之大略也〔六〕。

〔一〕「忒」舊作「武」，據天中記廿三改。按説文云：「忒，失常也。貳，更也。」經典多借「貳」爲「忒」。

〔二〕王先生云：「『謂之精』上有脱文。下云『凡此十者，占夢之大略』，而文止言其八，必有解釋真、象二夢，而今佚之。」

〔三〕「凶善」二字舊倒。

〔四〕周禮占夢：「掌其歲時，觀天地之會，辨陰陽之氣。」鄭注：「陰陽之氣，休王前後。」白虎通五行篇云：「木生火，火生土，土生金，金生水，水生木。是以木王，火相，土死，金囚，水休。」五行大義云：「五行體休王者，春則木王火相水休金囚土死，夏則火王土相木休

水囚金死，六月則土王金相火休木囚水死，秋則金王水相土休火囚木死，冬則水王木相
金休土囚火死。」

〔六〕孟子云：「此其大略也。」

〔五〕脱一字。

而決吉凶者之〔一〕類以多反，其何故哉〔二〕？豈人覺爲陽，人寐爲陰〔三〕，陰陽之務
相反故邪？此亦謂其不甚者爾。借如使夢吉事而己意大喜樂〔四〕，發於心精，則真
吉矣。夢凶事而己意大恐懼憂悲，發於心精，即真惡矣。所謂秋冬夢死傷也，吉者
順時也。雖然，財爲大害爾，由弗若勿夢也〔五〕。

〔一〕「之」字疑衍。

〔二〕「何」舊脱。按交際篇云「斯何故哉」，今據補。

〔三〕論衡紀妖篇云：「卧夢爲陰候，覺爲陽占。」

〔四〕以下文例之，此脱二字。

〔五〕「所謂」以下，文有脱誤。王先生云：「『秋冬夢死傷』，疑是釋『五行王相謂之時』義，上當
有『春夏夢生長』語。」○鐸按：疑尚脱「凶者」一五字句。

凡察夢之大體：清絜鮮好，貌堅健〔一〕，竹木茂美，宮室器械新成，方正開通，光明溫和，升上向興之象皆爲吉喜，謀從事成〔二〕。諸臭汙腐爛，枯槁絕霧〔三〕，傾倚徵〔四〕邪，劓刖不安〔五〕，閉塞幽昧，解落墜下向衰之象皆爲〔六〕，計謀不從，舉事不成。妖孽怪異〔七〕，可憎可惡之事皆爲憂。圖畫卯胎〔八〕，刻鏤非真，瓦器虛空，皆爲見欺紿〔九〕。倡優俳儷，侯〔一〇〕小兒所戲弄之象，皆爲懽笑〔一一〕。此其大部也〔一二〕。

〔一〕「貌」上脱一字。

〔二〕晏子春秋問上：「景公曰：『謀必得，事必成。』」

〔三〕「絕」當作「晻」。説文云：「晻，不明也。」「霧」與「雺」通。洪範「曰蒙」，鄭康成本作「雺」，書盤庚「予不掩爾善」，五經異義作「不絕」，見詩文王疏，此其比也。晻、絕字形相近。○鐸按：「絕霧」疑當作「詫霶」，「詫」誤爲「純」，又轉爲「絕」耳。爾雅釋訓：「詫詫，亂也。」廣雅釋詁三：「頓，亂也。」玉篇心部：「怔，亂也。」詫、頓、怔並字異而義同。「霶」與「督」通。楚辭九章惜誦「中悶瞀之詫詫兮」，王逸注：「詫，亂也。」「詫督」二字平列，猶言「眊亂」矣。云：「霶者，氣不釋，鬱冥冥也。」史記宋世家亦作「霶」。

〔四〕「徵」疑「㣲」。○鐸按：「徵」蓋「㣲」字之誤。㣲，讀爲「違」。廣雅釋詁三：「㣲、違、離也。」「㣲」即「違」之同部借假。説文：「蘬，衺也。」周語「以逞其違」，韋昭注：「違，邪也。」「違邪」與「蘬衺」同。㣲、歕字形不近，無緣致誤，且「欹邪」與「傾倚」義複，故知汪説

非是。

〔五〕説文云：「爇魗，不安也。」引易困九五「爇魗困于赤芾」。乾鑿度云：「至于九五，劓刖不安。」○鐸按：荀易作「劓劓」，鄭注：「當爲『倪仉』。」書秦誓作「杌隉」，傳：「杌隉，不安。」此雙聲字，以聲表義，故無定形。

〔六〕「爲」下脱二字。

〔七〕漢書五行志云：「凡草木之類謂之妖，妖猶夭胎，言尚微。蟲豸之類謂之孽，孽則牙孽矣。」説文作「祆蠥」。

〔八〕「卵」當作「卵」。卵胎，物之未成者，故爲「見欺紿」。易林晉之益，震之觀並云：「缺破不成，胎卵未生，弗見兆形。」或云：「殈」聲誤爲「卯」，説文云：「殈，胎敗也。」○鐸按：前説近是。

〔九〕「紿」與「詒」同。

〔一〇〕「侯」疑「及」。○鐸按：「及」字涉上四字而加人旁，因誤爲「侯」。

〔一一〕「懽」舊作「觀」，據何本。

〔一二〕○鐸按：「大部」疑「大都」。廣雅釋訓：「都，凡也。」韓愈畫記：「乃命工人存其大都焉。」「大都」蓋有所本。或曰：「大部」猶「大類」也。

夢或甚顯而無占，或甚微而有應，何也？曰：本所謂之夢者，困不了察之稱[二]，而懵懵冒冒名也[三]。故亦不專信以斷事。人對計事[三]，起而行之，尚有不從[四]，況於忘忽雜夢[五]，亦可必乎？惟其時有精誠之所感薄，神靈之所告者[六]，乃有占爾。

〔一〕「了」爲「憭」之假借。說文云：「憭，慧也。」「憭，不憭也。」〇鐸按：「困」謂困倦，俗字作「睏」。後漢書孔融傳：「小而聰了。」亦以「了」爲「憭」。後漢書耿純傳：「昨夜困乎？」即此義。夢本於昏睡中矇矓得之，故爲「困不了察之稱」而亦「懵懵冒冒名」也。

〔二〕說文云：「儚，惽也。」「儚，不明也。」「懵」蓋「儚」之別體。爾雅釋訓云：「儚儚、洄洄，惽也。」釋文：「『儚儚』字或作『懜』，『洄洄』本或作『悔』。」說文引爾雅「禗禗禗」，本書救邊篇又作「佪佪潰潰」。「儚潰」即「儚儚惽惽」，今爾雅脫「惽惽」。詳救邊篇注。〇鐸按：「懵懵冒冒」三字平列，皆惽亂不明之意。「冒」與「眊」聲近，漢書息夫躬傳「眊眊不知所爲」，「懵眊」謂昏惽眊亂也（師古注：「眊，心亂也。眊，目闇也。」分二義，失之）。「懵眊」即「懵懵冒冒之名」，猶潛歎篇「幽隱囚人」、班禄篇「奢夸廓人」及俗語「細微末節」、「寬洪大量」之類，皆以三同義字爲定語耳。

〔三〕〇鐸按：「對」字無義，疑當作「討」。說文：「討，治也。」與「計」義相近，故連言。討、對

形近易誤，廣雅釋詁三：「討，治也。」本說文，今本「討」訛爲「對」，是其比。

〔四〕○鐸按：廣雅釋詁三：「從，就也。」謂成就也。

〔五〕忘，讀若「怳」。老子云：「無狀之狀，無象之象，是爲忽怳。」禮記祭義云：「夫何慌忽之有！」淮南子原道訓云「驚怳忽」，高誘注：「怳忽，無之象也。」管子水地篇云：「目之所以視，非特山陵之見也，察于荒忽。」莊子至樂篇云：「雜乎芒芴之間。」漢書司馬相如傳云「軋物荒忽」，張揖曰：「不分明之貌。」史記作「洸忽」。

〔六〕呂氏春秋精通篇云：「今夫攻者，砥礪五兵，佹衣美食，發且有日矣。所被攻者不樂，非或聞之也，神者先告也。身在乎秦，所親愛在於齊，死而志氣不安，精或往來也。」此所言即其義。淮南子天文訓云「陰陽相薄感而爲雷」，高誘注：「薄，迫也。感，動也。」

是故君子之異夢，非妄而已也，必有事故焉。小人之異夢，非橐〔一〕而已也，時有禎祥焉〔二〕。是以武丁夢獲聖而得傅說〔三〕，二世夢白虎而滅其封〔四〕。

〔一〕「橐」舊作「槩」。○鐸按：「橐」隸變作「乘」。此「橐」字若不誤爲「槩」，則後人亦必改爲「乘」矣。

〔二〕「禎」舊作「真」，據程本改。禮記中庸云：「必有禎祥。」○鐸按：「事故」與「禎祥」疑當互易。下文「武丁夢獲聖」承「禎祥」言，「二世夢白虎」蒙「事故」言也。

〔三〕楚語。

〔四〕「滅」字舊脫，據何本補。事見史記秦始皇紀。「封」猶「邦」也。○鐸按：「滅其封」亦見下文。說文：「封，爵諸侯之土也。」

夫奇異之夢，多有故而少無爲者矣〔一〕。今一寢之夢，或屢遷化，百物代至，而其主不能究道之，故占者有不中也。此非占之罪也，乃夢者過也。或言夢審矣，而說者不能連類傳觀，故其善〔二〕惡有不驗也。此非書之罔，乃說之過也。是故占夢之難者，讀其書爲難也〔三〕。

〔一〕○鐸按：「爲」與「謂」同。「無謂」見史記秦始皇紀。

〔二〕「善」字舊脫。

〔三〕晏子春秋雜下：「占夢者曰：『請反具書。』」漢書藝文志雜占類：「黃帝長柳占夢十一卷，甘德長柳占夢二十卷。」隋書經籍志五行類：「京房占夢書三卷。」

夫占夢必謹其變故，審其徵候，內考情意，外考王相，即〔一〕吉凶之符，善惡之效，庶可見也。

夢列第二十八

四二一

且凡人道見瑞而修德者，福必成，見瑞而縱恣者，福轉爲禍；見妖而戒懼者，禍

必成，見妖而戒懼者，禍轉爲福〔一〕。是故太姒有吉夢，文王不敢康吉〔二〕，祀於羣神，

然後占於明堂，並拜吉夢。修省〔三〕戒懼，聞喜若憂，故能成吉以有天下〔四〕。虢公夢

見蓐收賜之上田，自以爲有吉，凶〔五〕史嚚，令國賀夢〔六〕。聞憂而喜，故能成凶以滅

其封。

〔一〕「即」與「則」同。

〔一〕呂氏春秋制樂篇：「湯曰：『吾聞祥者，福之先者也。見祥而爲不善，則福不至。妖者，
禍之先者也。見妖而爲善，則禍不至。』」治要載桓譚新論云：「災異變怪者，天下所常
有，無世而不然。逢明主賢臣智士仁人，則修德善政省職慎行以應之，故咎殃消亡，而禍
轉爲福。」

〔二〕○鐸按：爾雅釋詁：「康，樂也。」晉語一：「抑君亦樂其吉而備其凶？」「康吉」即「樂其
吉」也。或以「吉」字屬下讀，非。

〔三〕「省」舊作「發」。

〔四〕御覽八十四引帝王世紀云：「文王自商至程，太姒夢見商庭生棘，太子發取周庭之梓，樹

之於闕閒，梓化爲松柏柞棫。覺而驚，以告文王。文王不敢占，召太子發，命祝以幣，告
於宗廟羣神，然後占之於明堂。及發並拜吉夢，遂作程寤，今亡，御覽
按程寤解出周書，今亡，御覽

及藝文類聚多引之。

〔五〕「凶」舊作「因」。

〔六〕晉語。○鐸按：晉語二無「賜上田」語。神賜虢公上田，事在周惠王十五年，即魯莊公三
十二年，周語、莊三十二年左傳並載之。此文蓋合二事爲一。

易曰：「使知懼，又明於憂患與故〔一〕。」凡有異夢感心，以及人之吉凶，相之氣
色，無問善惡，常恐懼修省，以德迎之〔二〕，乃其逢吉〔三〕，天禄永終〔四〕。

〔一〕繫辭下傳。○鐸按：繫辭云：「其出入以度，外內使知懼，又明於憂患與故。」此節引
其文。

〔二〕易震象曰：「君子以恐懼修省。」淮南子繆稱訓云：「身有醜夢，不勝正行。國有妖祥，
不勝善政。」

〔三〕書洪範云：「子孫其逢吉。」○鐸按：馬融注：「逢，大也。」此文本周語。周語：「道而得
神，是謂逢福」，韋昭注：「逢，迎也。」上文云「以德迎之」，則知節信「逢吉」之義當與
韋同。

〔四〕論語。○鐸按：堯曰篇首章之語，倣古文尚書人之大禹謨。

釋難〔一〕第二十九

庚子〔二〕問於潛夫曰：「堯、舜道德，不可兩美，實若韓子戈伐之説邪〔三〕？」

〔一〕○鐸按：此篇所明者大要有四：堯、舜俱賢，非矛盾之説，一也；周公尊王，故誅管、蔡，二也；耕者食之本，學又耕之本，三也；賢人憂國愛民，亦爲身作，四也。蓋時人有疑者，故設爲客難而答之。

〔二〕王先生云：「庚」疑「唐」字之誤。唐，空也。「唐子」，設詞，即亡是公、子虛之類。」○鐸按：小邾子後有庚氏，見路史。且下文問者又有秦子，當何説？

〔三〕韓非子難一「戈伐」作「矛楯」。詩小戎云「蒙伐有苑」，毛傳：「伐，中干也。」按「伐」爲「瞂」之借。方言云：「盾，自關而東或謂之瞂，或謂之干；關西謂之盾。」○鐸按：下文亦作「矛盾」。

潛夫曰：「是不知難而不知類。今夫伐者盾也，厥性利；戈者矛也，厥性害。

是戈〔二〕爲賊，伐爲禁也，其不俱盛，固其術也。夫堯、舜之相於〔三〕，人也，非戈與伐

也，其道同仁，不相害也〔三〕。舜、伐何如弗得俱堅？堯、伐何如不得俱賢哉〔四〕？且

夫堯、舜之德，譬猶偶燭之施明於幽室也〔五〕，前燭即盡照之矣，後燭入而益明。此非

前燭昧而後燭彰也，乃二者相因而成大光，二聖相德而致太平之功也〔六〕。是故大鵬

之動，非一羽之輕也〔七〕；騏驥之速，非一足之力也。衆良相德〔八〕，而積施乎無極也。

堯、舜兩美，蓋其則也〔九〕。

〔一〕「戈」舊作「伐」。

〔二〕相於，兩相加被之辭。文五年左傳疏引鄭康成箴膏肓云：「禮，天子於二王後之喪，含爲
先，襚次之，賵次之。於諸侯，含之，賵之。小君亦如之。於諸侯臣，襚之。諸侯
相於，如天子於二王後。」儀禮聘禮鄭注：「大問曰聘，諸侯相於久無事，使卿相問之禮。」藝文類聚五十三孔融與韋林
甫書曰：「患解憂除，王母相於，與喜俱來，使我安居。」急就篇有「尚自於」一
人言「自於」。二人言「相於」。呂氏春秋不侵篇云：「豫讓，國士也，而猶以人之於己也爲
念。」高誘注：「『於』猶『厚』也。」「相於」亦「相厚」之意矣。○鐸按：「相於」亦見下篇。

〔三〕伐、害韻。

〔四〕堅、賢韻。兩「伐」字有一誤。

〔五〕禮記仲尼燕居云:「譬如終夜有求于幽室之中,非燭何見?」

〔六〕「德」何本作「得」。德、得古字通。漢書王襃傳聖主得賢臣頌云:「若堯、舜、禹、湯、文、武之君、獲稷、契、臯陶、伊尹、呂望,明明在朝,穆穆列布,聚精會神,相得益章。故聖主必待賢臣而弘功業,俊士亦俟明主以顯其德。」

〔七〕莊子逍遙篇云:「鵬之背,不知其幾千里也。怒而飛,其翼若垂天之雲。」詩簡兮疏引五經異義云:「公羊說,樂萬舞以鴻羽,取其勁輕,一舉千里。」抱朴子廣喻篇云:「六翮之輕勁。」

〔八〕「德」與「得」同。

〔九〕力、極、則韻。

伯叔曰〔一〕:「吾子過矣〔二〕。韓非之取矛盾以喻者,將假其不可兩立,以詰堯、舜之不得並之勢。而論其本性之仁與賊,不亦失是譬喻之意乎?」

〔一〕王先生云:「『伯叔』是『唐子』之誤。『伯』是『唐』之壞,『叔』字草書如『子』也。」○鐸按:此篇詰者不一人。此人蓋氏伯字叔,繼庚子起而相難也。伯益之後爲伯氏,見風俗通。

〔二〕儀禮士冠禮鄭注:「吾子,相親之辭。吾,我也。子,男子之美稱。」

潜夫曰：「夫譬喻也者，生於直告之不明，故假物之然否以彰之〔一〕。物之有然否也，非以其文也，必以其真也。今子舉其實文之性以喻，而欲使鄙也釋其文，鄙也惑焉。且吾聞問陰對陽，謂之彊說，論西詰東，謂之彊難。子若欲自必以則昨反思，然後求，無苟自彊〔二〕。

〔一〕墨子小取篇云：「辟也者，舉物而以明之也。」「辟」即「譬」之省。荀子非相篇云：「談說之術，分別以喻之，譬稱以明之。」淮南子要略云：「假象取耦，以相譬喻。」

〔二〕「自必」以下，文有脫誤。

庚子曰：「周公知管、蔡之惡，以相武庚〔一〕，使肆厥毒，從而誅之，何不仁也？若其不知，何不聖也？二者之過，必處一焉〔二〕。

〔一〕舊脫，孫侍御補。史記管蔡世家云：「二人相紂子武庚、祿父，治殷遺民。」

〔二〕本孟子。○鐸按：公孫丑下篇：「陳賈曰：『周公使管叔監殷，管叔以殷畔。知而使之，是不仁也。不知而使之，是不智也。』」

潛夫曰：「書二子挾庚子父以叛〔一〕，然未知其類之與？抑抑相反〔二〕？且天知

桀惡而帝之夏，又知紂惡而王之殷，使虐二國，殘賊下民，多縱厥毒，滅其身〔三〕，亦可

謂不仁不知乎？」

〔一〕王先生云：「『庚子父』當是武庚祿父，『庚』上脱『武』字，『子』是『祿』之蝕而僅存者。」繼

培按：管蔡世家云：「管叔、蔡叔疑周公爲之不利於成王，乃挾武庚以作亂。」漢書翟方

進傳云：「昔成王幼，周公攝政，而管、蔡挾祿父以叛。」

〔二〕文有脱誤。

〔三〕「滅」上脱一字。韓詩外傳十：「公子晏子曰：『昔者，桀殘賊海内，賦歛無度，萬民甚苦。

是故湯誅之，爲天下戮笑。』白虎通禮樂篇云：『殷紂爲惡日久，其惡最甚，斲涉刳胎，殘

賊天下。』孟子云：『賊仁者謂之賊，賊義者謂之殘。殘賊之人，謂之一夫。聞誅一夫

紂矣。』」

庚子曰：「不然。夫桀、紂者，無親於天，故天任之〔一〕而勿憂〔二〕，誅之而勿哀。

今管、蔡之與周公也，有兄弟之親，有骨肉之恩〔三〕，不量能而使之，不堪命而任之，故

曰異於桀、紂〔四〕之與天也。」

〔一〕舊脱。

〔二〕晉語云：「輕其任而不憂其危。」

〔三〕漢書五行志：「董仲舒云：『多兄弟親戚骨肉之連。』」

〔四〕舊脱。

潛夫曰：「皇天無親〔一〕，帝王繼體之君〔二〕，父事天。王者爲子，故父事天也〔三〕。率土之民，莫非王臣也〔四〕。將而必誅〔五〕，王法公也。無偏無頗〔六〕，親疏同也〔七〕。大義滅親〔八〕，尊王之義也。立弊之天爲周公之德因斯也〔九〕。過此而往者，未之或知〔一〇〕。」

〔一〕僖六年左傳引周書。

〔二〕「繼體」注見五德志。

〔三〕漢書郊祀志：「王莽奏言：『王者父事天，故爵稱天子。』」白虎通爵篇云：「爵所以稱天子者何？王者父天母地，爲天之子也。」

〔四〕詩北山。

〔五〕昭元年公羊傳。

〔六〕書洪範。

〔七〕公、同韻。

〔八〕隱四年左傳。

〔九〕文有脱誤。

〔一〇〕易繫辭下傳。義、斯、知韻。

秦子問於潛夫曰:「耕種,生之本也;學問,業之末也。」老聃有言:「大丈夫處其實,不居其華。」而孔子曰:「耕也,餒在其中;學也,禄在其中〔一〕。」敢問〔二〕今使舉世之人,釋耨耒而程相羣於學,何如〔三〕?」

〔一〕論語。

〔二〕「敢」舊作「敦」,據程本。

〔三〕○鐸按:「程」、「羣」二字疑當互易。家語儒行解「程功積事」,王肅注:「『程』猶『効』也。」「羣相程於學」,言羣起而相効於學也。

潛夫曰:「善哉問!君子勞心,小人勞力〔一〕。故孔子所稱,謂君子爾。今以目所見,耕,食之本也。以心原道,即〔二〕學又耕之本也。易曰:「立天之道,曰陰與

陽，立地之道，曰柔與剛；立人之道，曰仁與義〔三〕。天反德者爲災〔四〕。

〔一〕襄九年左傳知武子語。

〔二〕「即」與「則」同。

〔三〕說卦傳。

〔四〕此語上下有脫誤。當設爲問辭，下乃答之。宣十五年左傳云：「天反時爲災，地反物爲妖，民反德爲亂。亂則妖災生。」此文蓋用其說。

潛夫曰：「嗚呼！而未之察乎？吾語子。夫君子也者，其賢宜君國而德宜子民也〔一〕。宜處此位者，惟仁義人，故有仁義者，謂之君子。夫君子也者，愛人，愛人，故不忍危也；義也者聚人，聚人，故不忍亂也〔二〕。是故君子夙夜箴規，蹇蹇匪懈者〔三〕，憂君之危亡〔四〕，哀民之亂離也〔五〕。故賢人君子，推其仁義之心，愛〔六〕之君猶父母也，愛居世之民猶子弟也。父母將臨顛隕之患，子弟將有陷溺之禍者〔七〕，豈能墨乎哉〔八〕！是以仁者必有勇〔九〕，而德人必有義也〔一〇〕。

〔一〕注見三式篇。

〔二〕荀子議兵篇作「彼仁者愛人，愛人，故惡人之害之也；義者循理，循理，故惡人之亂

之也〕。

〔三〕易蹇六二：「王臣蹇蹇。」詩烝民云：「夙夜匪解。」「箴規」見明闇篇注。

〔四〕毛詩山有樞序云：「政荒民散，將以危亡。」

〔五〕詩四月云：「亂離瘼矣。」

〔六〕「愛」下脫二字。

〔七〕孟子云：「陷溺其民。」

〔八〕墨，讀爲「默」。說文云：「默，讀若『墨』。」漢書李陵傳：「陵墨不應。」田蚡傳：「嬰墨墨不得意。」「墨」皆「默」之省。

〔九〕論語。

〔一〇〕文子微明篇云：「次五有德人。」

且夫一國盡亂，無有安身〔一〕。詩云：「莫肯念亂，誰無父母〔二〕。」言將皆爲害，然有親者憂將深也。是故賢人君子，既憂民，亦爲身作〔三〕。夫蓋滿於上〔四〕，沾溥在下〔五〕，棟折榱崩，懼有厭患〔六〕。故大屋移傾〔七〕，則下之人不待告令，各爭其柱之〔八〕。仁者兼護人家者，且自爲也。易曰：「王明並受其福〔九〕。」是以次室倚立而嘆嘯〔一〇〕，楚女揭幡而激王〔一一〕。仁惠之恩，忠愛之情，固能已乎〔一二〕？

〔一〕呂氏春秋諭大篇云：「天下大亂，無有安國；一國盡亂，無有安家；一家皆亂，無有安身。」亦見務大篇。

〔二〕汙水。○鐸按：此二句愛日篇亦引。毛傳云：「京師者，諸侯之父母也。」陳喬樅謂魯詩義，説見魯詩遺説考十。陳奐詩毛氏傳疏云：「此不以父母爲京師，本三家詩。」

〔三〕「作」字誤。○鐸按：爾雅釋言：「作，爲也。」「亦爲身作」，與下文「且自爲也」義同。

〔四〕○鐸按：滿，讀爲「漫」。方言十三：「漫，敗也。」「淫敝爲漫」。郭注：「漫，謂水潦漫潦壞屋也。」或曰：「滿」當爲「漏」，字之誤也。説文：「屚，屋穿水下也。」書傳皆以「漏」爲之。

〔五〕○鐸按：「溥」當爲「濡」。隸書「濡」字或作「溽」，因誤爲「溥」。「沾濡」即「霑濡」。屋漏於上，則人霑濡在下矣。

〔六〕魯語：「叔孫穆子曰：『夫棟折而榱崩，吾懼壓焉。』」

〔七〕説文云：「陊，落也。」「移傾」即「陊陁」假借字。

〔八〕「其」當作「共」。柱，謂楹柱之。太玄經上次七：「升於顛臺，或柱之材。」或云：「其」當爲「楮」，聲之誤也。亦作「枝柱」，後漢書崔駰後寔傳云：「枝柱邪傾。」楊震傳云：「官殿垣屋傾倚，枝柱而已。」又章帝紀元和元年詔云：「支柱橋梁。」「支」與「枝」同。○鐸按：或説是也。俗音訛。

〔九〕井九三。

〔一〇〕「立」當作「柱」。列女傳云:「魯漆室女,當穆公時,君老,太子幼,女倚柱而嘯。旁人聞之,莫不爲之慘者。」續漢書郡國志:「東海郡蘭陵有次室亭」,劉昭注:「地道記曰:『故魯次室邑』。」列女傳『漆室之女』或作『次室』。」按論衡實知篇亦作「次室」。○鐸按:御覽四百八十八引列女傳作「七室」,注云:「一邑七宮也。」古以「漆」爲「七」,見墨子貴義篇。梁端列女傳校注云:「漆、次一聲之轉。」

〔一一〕亦見列女傳。「揭幡」作「持幟」。按漢書鮑宣傳:「王咸舉幡太學下,曰:『欲救鮑司隷者會此下。』」後漢書虞詡傳:「詡子顗與門生百餘人,舉幡候中常侍高梵車,訴言枉狀。」○鐸按:此見列女傳辯通傳楚處莊姪傳。

〔一二〕○鐸按:「固」與「顧」同。「顧」猶「豈」也。訓見助字辨略。

交際[一]第三十

語曰：「人惟舊，器惟新[二]。」昆弟世疏，朋友世親[三]。」此交際之理，人之情也。今則不然，多思遠而忘近[四]，背故而向新[五]，或歷載而益疏，或中路而相捐，悟先聖之典戒[六]，負久要之誓言[七]。斯何故哉？退而省之[八]，亦可知也。勢有常趣，理有固然。富貴則人爭附之，此勢之常趣也；貧賤則人[九]爭去之，此理之固然也[十]。

〔一〕○鐸按：孟子萬章下篇：「敢問交際何心也？」趙注：「際，接也。」此篇論朋友交接之道，尤貴久要，貧賤不改。乃漢世則有競趨富貴，爭去貧賤，交利相親，交害相疏者矣。其同時貞士有朱穆著崇厚論、絕交論二篇，與俗薄若此，故節信歷舉四難、三患而非之。其略見後漢書本傳及章懷注所引，並可參觀。

〔二〕書盤庚云：「人惟求舊，器非求舊惟新。」熹平石經作「人維舊」。○鐸按：此本今文尚書。

〔三〕新、親韻。襄廿六年左傳云：「伍舉奔鄭，將遂奔晉。聲子將如晉，遇之於鄭郊，班荊相

與食而言復故。」杜注：「布荆坐地，共議歸楚事。」「朋友世親」蓋本此。

〔四〕鬼谷子內揵篇云：「日進前而不御，遙聞聲而相思。」

〔五〕列女傳晉趙衰妻云：「好新而嫚故，無恩。」御覽四百九十五引東觀漢記云：「陳忠上疏稱，語曰：『迎新千里，送故不出門。』」

〔六〕「悟」當作「悟」。說文云：「悟，逆也。」

〔七〕論語云：「久要不忘平生之言。」書湯誓云：「爾不從誓言。」趙策云：「寡人與子有誓言矣。」新、捐，言韻。

〔八〕論語云：「退而省其私。」

〔九〕「人」字舊脫，據意林補。御覽八百卅六同。

〔一〇〕齊策：「譚拾子曰：『理之固然者，富貴則就之，貧賤則去之。』」風俗通窮通篇作「富貴則人爭歸之，貧賤則人爭去之，此物之必至，而理之固然也。」○鐸按：後漢書朱穆傳論章懷注引蔡邕正交論云：「逮夫周德始衰，頌聲既寢，伐木有鳥鳴之刺，谷風有棄予之怨。自此以降，彌以陵遲，或闕其始終，或彊其比周。是以搢紳患其然，而論者諄諄如也。其論交也，曰：『富貴則人爭趣之，貧賤則人爭去之。』」所謂搢紳疾淺薄，絕交遊，即指節信及朱穆等人也。人爭去之，貧賤則人争趣之，貧賤則人淺薄而携貳者有之，惡朋黨而絕交遊者有之。其論交也，曰：

夫與富貴交者，上有稱舉之用〔一〕，下有貨財之益。與貧賤交者，大有賑〔二〕貸之費，小有假借之損。今使官人〔三〕雖兼桀、跖之惡〔四〕，苟結駟而過士，士猶以爲〔六〕榮而歸焉，況其實有益者乎？使處子〔七〕雖苞顏、閔之賢〔八〕，苟被褐而造門〔九〕，人猶以爲辱而〔一〇〕恐其復來，況其實有損者乎？

〔一〕「舉」舊作「譽」，據意林、御覽改。史記秦始皇紀：「趙高曰：『高素小賤，幸稱舉令在上位。』」漢書朱雲傳：「妄相稱舉。」蓋寬饒傳：「爲太中大夫，使行風俗，多所稱舉貶黜。」何武傳：「有司劾奏武，公孫祿互相稱舉。」楚辭九辯「世雷同而炫曜兮」，王逸注：「俗人羣黨相稱舉也。」皆其證。

〔二〕「賑」當作「振」。

〔三〕哀三年左傳云：「官人蕭給。」按「官人」荀子疆國篇：「士大夫益爵，官人益秩。」楊倞注：「官人，羣吏也。」正論篇：「士大夫以爲道，官人以爲守。」楊注：「官人，守職事之官也。」此則以爲居官者之通稱矣。○鐸按：「官人」亦見下文。錢大昕恒言錄卷三云：「杜田杜詩博議謂『官人』乃隋、唐間語，不知漢人已有此語。」

〔四〕「桀跖」見慎微篇注。

〔五〕史記仲尼弟子傳云：「子貢相衞，而結駟連騎，排藜藿，入窮閻，過謝原憲。」

〔六〕「爲」字據意林補。

故富貴易得宜，貧賤難得適〔一〕。好服謂之奢僭，惡衣謂之困厄〔二〕，徐行謂之飢餒，疾行謂之逃責〔三〕，不候謂之倨慢〔四〕，數來謂之求食〔五〕，空造以爲無意〔六〕，奉贄以爲欲貸〔七〕，恭謙以爲不肖，抗揚以爲不德〔八〕。此處子之羈薄〔九〕，貧賤之苦酷也〔一０〕。

〔一〕「得宜」意林作「爲客」，御覽「客」作「交」。按宜，適義同，呂氏春秋適威篇高誘注：「適，宜也。」後漢書馮衍傳云：「富貴易爲善，貧賤難爲工。」

〔二〕論語云：「士志於道，而恥惡衣。」

〔三〕孟子云：「徐行後長者謂之弟，疾行先長者謂之不弟。」漢書諸侯王表序云：「有逃責之臺。」

〔四〕「慢」意林作「敖」。候，謂進謁。漢書董仲舒傳云：「主父偃候仲舒。」

〔五〕孟子云：「其志將以求食也。」

〔七〕「處子」即「處士」。後漢書逸民傳序云：「處子耿介，羞與卿相等列。」文選束皙補亡詩白華篇「堂堂處子」，李善注云：「處子，處士也。」

〔八〕漢書儒林傳谷永疏云：「關內侯鄭寬中有顏子之美質，包商、偓之文學。」「包」與「苞」通。

〔九〕老子云：「聖人被褐懷玉。」說文云：「褐，粗衣。」

〔一０〕「辱而」舊空，據程本。

〔六〕見下「貨財」句注。

〔七〕白虎通文質篇云:「私相見亦有贄何? 所以相尊敬長和睦也。」

〔八〕「德」舊作「得」,據意林改。

〔九〕薄,讀爲「縛」。釋名釋言語云:「縛,薄也;使相薄著也。」

〔一〇〕適,厄、責、食、貸、德、酷韻。

夫處卑下之位,懷北門之殷憂,内見讁於妻子〔一〕,外蒙譏於士夫〔二〕。嘉會不從禮〔三〕,餞御不逮衆〔四〕,貨財不足以合好〔五〕,力勢不足以杖急〔六〕。歡忻久交〔七〕,情好曠而不接,則人無故自廢疎矣。漸疎則賤者逾自嫌而日引,貴人逾務黨而忘之〔八〕。夫以逾疎之賤,伏於下流〔九〕,而望日忘之貴,此谷風所爲内摧傷〔一〇〕,而介推所以赴深山也〔一一〕。

〔一〕詩北門云:「憂心殷殷。」又云:「室人交徧讁我。」「讁」與「謫」同。

〔二〕「士夫」謂士大夫。

〔三〕漢書賈誼傳云:「富人大賈,嘉會召客。」

〔四〕詩六月云「飲御諸友」,毛傳:「御,進也。」漢書蔡義傳云:「以明經給事大將軍莫府,家

交際第三十

四三九

貧，常步行，資禮不逮衆。」

〔五〕白虎通文質篇云：「朋友之際，五常之道，有通財之義，振窮救急之意。中心好之，欲飲食之，故財幣者，所以副至意也。」定十年左傳云：「兩君合好。」

〔六〕漢書爰盎傳云：「一旦有緩急，寧足恃乎？」李尋傳云「近臣已不足杖矣」，顏師古注：「杖，謂倚任也。」

〔七〕漢書高后紀四年詔云：「驩欣交通。」「歡忻」與「驩欣」同。

〔八〕漢書外戚傳：「子夫上車，主拊其背曰『行矣！即貴，願無相忘。』」

〔九〕論語：「君子惡居下流。」漢書楊敞傳楊惲報孫會宗書云：「下流之人，衆毀所歸。」

〔一〇〕詩小雅。

〔一一〕僖廿四年左傳。○鐸按：已見遏利篇。

夫交利相親，交害相疎。是故長誓而廢〔一〕，必無用者也。交漸而親，必有益者也。俗人之相於也〔二〕，有利生親，積親生愛，積愛生是，積是生賢，情苟賢之，則不自覺心之親之，口之譽之也〔三〕。無利生疎，積疎生憎，積憎生非，積非生惡，情苟惡之，則不自覺心之外之，口之毀之也。是故富貴雖新，其勢日親，貧賤雖舊，其勢日疎〔四〕，此處子所以不能與官人競也。世主不察朋交〔五〕之所生，而苟信貴臣之言，此

絜士所以獨隱翳﹝六﹞，而姦雄所以黨飛揚也﹝七﹞。

﹝一﹞「長」下舊有「救」字，衍。「長誓」即詩考槃「永矢」，鄭箋云：「永，長；矢，誓。」

﹝二﹞「相於」注見釋難篇。

﹝三﹞史記袁盎傳云：「諸君譽之，皆不容口。」

﹝四﹞「疎」舊作「除」，據諸子品節改。尹文子大道篇云：「處名位，雖不肖，不患物不親己，在貧賤，不患物不疎己。親疎係乎勢利，不係乎不肖與仁賢也。」

﹝五﹞「交」程本作「友」。

﹝六﹞楚語韋昭注：「翳，鄣也。」

﹝七﹞三略云：「姦雄相稱，彰蔽主明。」淮南子精神訓云：「趣舍滑心，使行飛揚。」高誘注：「飛揚，不從軌度也。」「黨」當作「常」，「常飛揚」與「獨隱翳」對文。程本作「黨能臣」，誤。○鐸按：「黨」與「獨」正相對，本政篇「此正士之所獨蔽，而羣邪之所黨進」，其例也。能、態古字通。素問風論：「顧問其診，及其病能。」「病能」即「病態」。「態臣」見荀子臣道篇。然則程本作「黨能臣」，蓋不誤。又下文「此姦雄所以逐黨進，而處子所以愈擁蔽也」，義與此同，益知「黨」字不可輕改矣。

昔魏其之客﹝一﹞，流於武安，長平之吏，移於冠軍﹝二﹞，廉頗﹝三﹞、翟公﹝四﹞，載盈載

虛〔五〕。夫以四君之賢,藉舊貴之夙恩,客猶若此,則又況乎生貧賤者哉?惟有古烈之風,志義之士〔六〕,爲不然爾。恩有所結〔七〕,終身無解,心有所矜,賤而益篤。詩云:「淑人君子,其儀一兮,心如結兮〔八〕。」故歲寒然後知松柏之後彫,世〔九〕隆然後知其人之篤固也〔一〇〕。

〔一〕舊空,據程本。

〔二〕風俗通窮通篇用此四語,事見史記魏其武安侯傳及衛將軍驃騎傳。

〔三〕史記。

〔四〕史記汲黯鄭當時傳論。

〔五〕文選陸士衡齊謳行及沈休文冬節後至丞相第詩注:「載」,並作「再」。論衡講瑞篇云:「少正卯在魯,與孔子並。孔子之門,三盈三虛,惟顏淵不去。」

〔六〕漢書季布欒布田叔傳贊云:「雖古烈士,何以加哉!」張湯傳:「湯客田甲所,責湯行義有烈士之風。」「古烈」即謂古烈士。魏志鮑勛傳上文帝疏亦云:「陛下仁聖惻隱,有同古烈。」

〔七〕漢書丙吉傳云:「誠其仁恩內結於心也。」

〔八〕鳲鳩。

〔九〕「世」舊作「也」。

〔一〇〕論語云：「歲寒然後知松柏之後彫也。」釋文云：「『彫』依字當作『凋』。」莊子讓王篇：

「孔子曰：『天寒既至，霜雪既降，吾是以知松柏之茂也。』陳、蔡之隘，於吾其幸乎？」爾

雅釋詁云：「篤，固也。」○鐸按：「篤固」已見過篇。

侯嬴〔一〕、豫讓〔二〕，出身以報恩〔三〕；轉諸、荊軻〔四〕，奮命以效用〔五〕。故死可爲也，處

之難爾〔六〕。龐勛、敎貉〔七〕，一旦見收，亦立爲義報，況累舊乎？故鄒陽稱之曰：「桀

之狗可使吠堯，跖之客可使刺由〔八〕。」豈虛言哉？俗士淺短，急於目前，見赴有益則

先至，顧無用則後背〔九〕。是以欲速之徒〔一〇〕，競推上而不暇接下，爭逐前而不遑卹

後〔一一〕。是故韓安國能遺田蚡五百金〔一二〕，而不能賑一窮〔一三〕；翟方進稱淳于長〔一四〕，而

不能薦一士。夫安國、方進，前世之忠良也〔一五〕，而猶若此，則又況乎末塗之下相

哉〔一六〕？此姦雄所以逐黨進，而處子所以愈擁蔽也〔一七〕。非明聖之君，孰能

照察〔一八〕？

〔一〕史記信陵君傳。

〔二〕史記刺客傳。

〔三〕史記春申君傳：「歇爲人臣，出身以殉其主。」按「出身」猶吳王濞傳云「棄軀」

〔四〕並見刺客傳。

〔五〕後漢書班超傳超妹昭上書云：「超之始出，志捐軀命，冀立微功，以自陳效。」張皓後綱傳云：「奮身出命，掃國家之難。」南匈奴傳云：「耿秉因自陳受恩，分當出命效用。」董卓傳云：「掌戎十年，士卒大小相狃彌久，戀臣畜養之恩，爲臣奮一旦之命，乞將之北州，效力邊垂。」皆「奮命效用」之意。

〔六〕史記廉頗藺相如傳論云：「知死必勇。非死者難也，處死者難。」按後漢書朱穆傳論云：「至乃田、竇、衞、霍之游客，廉頗、翟公之門賓，進由勢合，退由衰異；又專諸、荆卿之感激，侯生、豫子之投身，情爲恩死，命緣義輕。皆以利害移心，懷德成節，非夫交照之本，未可語失得之原也。」語本此。

〔七〕「龐勛」未詳，疑「豎須」之誤。豎須即豎頭須，晉文公守藏者也。教貂即寺人披，史記晉世家稱爲履鞮，李善注文選司馬遷報任少卿書及范蔚宗宦者傳論引史並作履貂，後漢書宦者傳序作勃貂。古書「勃」多作「教」。教貂、豎須事並見僖廿四年左傳。○俞樾云：「龐勛疑即龐涓。『涓』字缺壞，止存右旁，遂誤爲『勛』耳。龐涓與孫臏同學，及既事魏爲將軍，忌孫臏，乃以法刖而黥之，後卒爲孫臏射死，與寺人勃貂皆反復小人。此言『一旦見收，亦爲義報』，故下文言『桀之狗可使吠堯，跖之客可使刺由』，明以桀狗、跖客喻此兩

人，則此兩人皆非良士可知矣。」〇鐸按：下文言「故鄒陽稱之」云云，則勃貂當作貂勃。

齊策六：「貂勃嘗惡田單。安平君聞之，故爲酒召貂勃，曰：『單何以得罪於先生，故常見惡於朝？』貂勃曰：『跖之狗吠堯，非貴跖而賤堯也，狗固吠非其主也。』安平君任之於王。」其後齊王幸臣九人之屬毁單，貂勃諫王，王乃殺九子而益封安平君以夜邑萬户。是鄒陽稱之者乃齊之貂勃，非晉之寺人勃貂也。鄒陽之語本於貂勃，而此文云「一旦見收，亦立爲義報」，則爲貂勃事甚明。又龐勛，汪説固誤，俞説亦未必然，闕之可也。

〔八〕史記鄒陽傳獄中上梁孝王書語。

〔九〕「背」舊作「輩」。漢書張耳陳餘傳贊云：「何鄉者慕用之誠，後相背之繆也？」

〔一〇〕襄廿六年左傳：「伊戾騁告公曰：『太子將爲亂，既與楚客盟矣。』公曰：『爲我子，又何求？』對曰：『欲速。』」

〔一一〕詩谷風云：「遑恤我後。」「卹」與「恤」同。

〔一二〕史記韓安國傳。

〔一三〕「賑」當作「振」。「振窮」注見過利篇。

〔一四〕漢書翟方進傳。

〔一五〕「忠良」見實貢篇。

〔一六〕韓非子顯學篇云：「授車就駕，而觀其末塗。」漢書鼂錯傳云：「及其末塗之衰也。」

〔七〕漢書元帝紀永光元年詔曰:「壬人在位,而吉士雍蔽。」顏師古注:「雍,讀曰『壅』。」擁、雍古字通。後漢書朱暉傳穆崇厚論云:「務進者趨前而不顧後,榮貴者矜己而不待人,智不接愚,富不賑貧,貞士孤而不恤,賢者厄而不存,故田蚡以尊顯致安國之金,淳于以貴執引方進之言。夫以韓、翟之操,為漢之名宰,然猶不能振一貧賢,薦一孤士,又況其下者乎?」此文本之。

〔八〕「照察」見愛日篇注。

且夫怨惡之生〔一〕,若二人偶焉〔二〕。苟相對也,恩情相向,推極其意,精誠相射,貫心達髓〔三〕,愛樂之隆〔四〕,輕相為死〔五〕,是故侯生、豫子刎頸而不恨。苟相背也,心情乖迕〔六〕,推極其意,分背奔馳,窮東極西,心尚未快〔七〕,是故陳餘、張耳老相全滅而無感痛〔八〕。從此觀之,交際之理,其情大矣。非獨朋友為然,君臣夫婦亦猶是也。當其歡也,父子不能間;及其乖也,怨讎不能先。是故聖人常慎微以敦其終〔九〕。

〔一〕王先生云:「『怨惡』當作『恩怨』。」恩者相對也,怨者相背也。

〔二〕禮記中庸:「仁者,人也。」鄭注:「人也,讀如『相人偶』之『人』,以人意相存問之言。」新書匈奴篇云:「薄使付酒錢,時人偶之。」

〔三〕漢書鄒陽傳云：「太后厚德長君，入於骨髓。」

〔四〕史記張丞相傳云：「鄧通方隆愛幸，賞賜累巨萬。」

〔五〕史記陳餘傳云：「安在其相爲死！」荀子議兵篇云：「政修，則民親其上，樂其君，而輕
爲之死。」

〔六〕「乑」即「互」字。漢書外戚傳杜欽説王鳳曰：「輕細微眇之漸，必生乖忤之患。」王商傳
云：「父子乖迕。」後漢書樂恢傳：「經曰：『天地乖互。』忤、迕、互並通。

〔七〕「快」舊作「決」。易艮六二：「其心不快。」

〔八〕見史記。「全」諸子品節作「吞」。孫侍御云：「當作『殄』。」繼培按：「全」蓋「禽」字之壞。
史記淮陰侯傳：「蒯生曰：『常山王、成安君，此二人相與，天下至驩也。然而卒相禽者
何也？』患生於多欲，而人心難測也。」「卒相禽」漢書蒯通傳作「卒相滅亡」。○鐸按：
汪説近是。陳深諸子品節好改古書，不出明人陋習，自不足據。

〔九〕注見慎微篇。

富貴未必可重，貧賤未必可輕。人心不同好〔一〕，度量相萬億〔二〕。許由讓其帝
位〔三〕，俗人有爭縣職〔四〕。孟軻〔五〕辭禄萬鍾〔六〕，小夫貪於升食〔七〕。故曰：鶡鵖羣游，終
日不休，亂舉聚跱，不離蒿茹〔八〕。鴻鵠高飛，雙别乖離〔九〕，通千達萬，志在陂池〔一〇〕。

鸞鳳翶翔黄歷之上〔二〕，徘徊太清之中〔二〕，隨景風而飄颻〔三〕，時抑揚以從容〔四〕，意
猶未得，喈喈然長鳴〔五〕，厲號振翼，陵朱雲，薄斗極〔六〕，呼吸陽露，曠旬不食〔七〕，其
意尚猶嗛嗛如也〔八〕。三者殊務，各安所爲。是以伯夷採薇而不恨〔九〕，巢父木棲而
自願〔一〇〕。由斯觀諸，士之志量，固難測度〔三〕。凡百君子〔三〕，未可以富貴驕貧賤，謂
貧賤之必我屈也〔三〕。

〔一〕　注見夢列篇。

〔二〕　史記司馬相如傳云：「人之度量相越，豈不遠哉？」

〔三〕　莊子讓王篇云：「堯以天下讓許由，許由不受。」

〔四〕　韓非子五蠹篇云：「古之讓天子者，是去監門之養，而離臣虜之勞也，故傳天下而不足多
　　　也。今之縣令，一日身死，子孫累世絜駕，故人重之。是以人之於讓也，輕辭古之天子，
　　　難去今之縣令者，薄厚之實異也。」

〔五〕　「孟軻」二字舊空，據程本。

〔六〕　孟子。

〔七〕　億、職、食韻。　小夫，即孟子所謂「小丈夫」也。「升」當作「斗」。漢書百官公卿表「百石以
　　　下有斗食、佐史之秩」，顏師古注：「漢官名秩簿云：『斗食，月俸十一斛。』一説，斗食者，
　　　歲俸不滿百石，計日而食一斗二升，故云斗食。」漢隸「斗」作「升」。升、升字形相近，往往

致誤。論衡治期篇：「吏百石以上，若升食以下」，誤與此同。

〔八〕游、休、茆韻。莊子逍遙遊篇：「斥鴳曰：『我騰躍而上，不過數仞而下，翱翔蓬蒿之間，此亦飛之至也。』」釋文：「『鴳』字亦作『鷃』。司馬云：『鴳，鴳雀也。』」周禮醢人「茆菹」，注云：「鄭大夫讀『茆』為『茅』。」此亦當讀為「茅」。

〔九〕文選蘇武詩云：「黃鵠一遠別，千里顧徘徊。何況雙飛龍，羽翼臨當乖！」藝文類聚卅蘇武報李陵書云：「乖離邈矣，相見未期。」

〔一〇〕飛、離、池韻。禮記月令云「毋漉陂池」，鄭注：「畜水曰陂，穿地通水曰池。」按說苑政理篇云：「鴻鵠高飛，不就汙池。何則？其志極遠也。」是陂池非鴻鵠志矣。「陂池」當為「天池」。史記陳涉世家：「涉太息曰：『嗟乎！燕雀安知鴻鵠之志哉？』」索隱引尸子云：「鴻鵠之鷇，羽翼未合，而有四海之心。」漢書張良傳：「高祖歌曰：『鴻鵠高飛，一舉千里，羽翼已就，橫絕四海。』」莊子逍遙遊篇云：「窮髮之北，有冥海者，天池也。」

〔一一〕「黃歷」疑「萬仞」之誤。淮南子覽冥訓云：「鳳皇曾逝萬仞之上，翱翔四海之外。」鹽鐵論

〔一二〕毀學篇云：「翱翔萬仞。」淮南子精神訓云：「遊於太清。」後漢書蔡邕傳章懷注：「太清，謂天也。」

〔一三〕爾雅釋天疏引尸子仁義篇述太平之事云：「其風春為發生，夏為長嬴，秋為方盛，冬為安靜，四氣和為通正。此之為永風。」按「永」爾雅作「景」。御覽八百廿引符瑞圖云：「祥

〔一五〕詩卷阿云：「雝雝喈喈。」

〔一六〕淮南子人間訓云：「奮翼揮矯，凌乎浮雲，背負青天，膺摩赤霄。」高誘注：「赤霄，飛雲也。」「斗」舊作「升」。按爾雅釋地云：「北戴斗極爲空桐。」

〔一七〕得、翼、極、食韻。楚辭遠遊云：「餐六氣而飲沆瀣兮，漱正陽而含朝霞。」惜誓云「吸衆氣而翱翔」，王逸注：「衆氣，謂朝霞、正陽、淪陰、沆瀣之氣也。」

〔一八〕續漢書五行志云：「言永樂雖積金錢，慊慊常若不足。」「嗛嗛」與「慊慊」同。

〔一九〕史記。

〔二〇〕皇甫謐高士傳云：「巢父，堯時隱人也。年老，以樹爲巢而寢其上，故人號之曰巢父。」淮南子泰族訓云：「山居木棲。」

〔二一〕禮記禮運云：「人藏其心，不可測度也。」

〔二二〕詩雨無正。

〔二三〕史記魏世家云：「魏文侯子擊逢文侯之師田子方於朝歌，引車避，下謁。田子方不爲禮。子擊因問曰：『富貴者驕人乎？且貧賤者驕人乎？』子方曰：『亦貧賤者驕人耳。夫諸侯而驕人，則失其國；大夫而驕人，則失其家。貧賤者，行不合，言不用，則去之楚、越，

風者，瑞風也。一曰景風。」

中、容韻。楚辭懷沙王逸注：「從容，舉動也。」

四五〇

若脱躩然。奈何其同之哉?」

詩云:「德輶如毛,民鮮克舉之[一]。」世有大難[二]者四,而人莫之能行也,一曰恕,二曰平,三曰恭,四曰守。夫恕者仁之本也[三],平者義之本也[四],恭者禮之本也[五],守者信之本也[六]。四者並立,四行乃具,四行具存,是謂真賢。四本不立,四行不成,四行無一,是謂小人。

〔一〕悉民。

〔二〕「難」舊作「男」。

〔三〕大戴禮衛將軍文子篇:「孔子曰:『恕則仁也。』」家語顏回篇:「回曰:『一言而有益於仁,莫如恕。』」孟子云:「強恕而行,求仁莫近焉。」說苑貴德篇云:「夫仁者必恕然後行。」

〔四〕管子水地篇云:「至平而止,義也。」

〔五〕易繫辭上傳云:「禮言恭。」說苑雜言篇:「孔子曰:『不恭無禮。』」

〔六〕僖廿八年左傳晉史云:「信以守禮。」成二年傳:「孔子曰:『信以守器。』」十五年傳申叔時云:「信以守禮。」十六年傳申叔時云:「信以守物。」九年傳:「范文子曰:『信以守之。』」襄十一年傳魏絳語同。昭五年、六年傳叔向並云:「守之以信。」

所謂恕者，君子之人，論彼恕於我〔一〕，動作消息於心〔二〕，己之所無，不以責下，我之所有，不以譏彼〔三〕，感己之好敬也，故接士以禮，感己之好愛也，故遇人有恩〔四〕，己欲立而立人，己欲達而達人〔五〕，善人之憂我也，故先勞人〔六〕，惡人之忘我也，故常念人〔七〕。凡品則不然，論人不恕己〔八〕，動作不思心〔九〕，無之己而責之人，有之我而譏之彼〔一〇〕，己無禮而責人敬，己無恩而責人愛，貧賤則非人初不我憂也，富貴則是我之不憂人也。行己若此〔一一〕，難以稱仁矣。

〔一〕王先生云：「『彼』下脫『則』字。」

〔二〕易豐象曰：「與時消息。」王先生云：「『消息』疑『則思』之誤。」○鐸按：王說是。下文云：「凡品則不然，動作不思心。」即其證。

〔三〕淮南子主術訓云：「有諸己不非諸人，無諸己不求諸人。」

〔四〕孟子云：「仁者愛人，有禮者敬人。愛人者人恒愛之，敬人者人恒敬之。」

〔五〕論語。

〔六〕春秋繁露楚莊王篇云：「今晉不以同姓憂我，而強大厭我，我心望焉。」淮南子氾論訓云「以勞天下之民」，高誘注：「『勞』猶『憂』也。」

〔七〕詩晨風云：「忘我實多。」方言云：「念，常思也。」

〔八〕漢書成帝紀建始元年詔曰：「凡事恕己。」

〔九〕書洪範「五日思」，今文尚書作「思心」。漢書五行志云：「思心者，心思慮也。」

〔一〇〕晏子春秋問上云：「有之己，不難非之人，無之己，不難求之人。」春秋繁露仁義法篇云：「夫我無之求諸人，我有之而非諸人，人之所不能受也。」

〔一一〕論語云：「其行己也恭。」

所謂平者，內懷鳲鳩之恩〔一〕，外執砥矢之心〔二〕，論士必定於志行〔三〕，毀譽必參於效驗〔四〕；不隨俗而雷同，不逐聲而寄論〔五〕；苟善所在，不譏貧賤，苟惡所錯〔六〕，不忌富貴，不詘上而慢下，不厭故而敬新。凡品則不然，內偏頗於妻子〔七〕，外僭惑於知友〔八〕；得則譽之〔九〕，怨則謗之；平議無埻的〔一〇〕，譏譽無效驗；苟阿貴以比黨〔一一〕，苟〔一二〕剸聲以羣吠〔一三〕，事富貴如奴僕〔一四〕，視貧賤如偶客〔一五〕；百至秉權之門，而不一至無勢之家〔一六〕。執心若此〔一七〕，難以稱義矣〔一八〕。

〔一〕詩鳲鳩毛傳云：「鳲鳩之養其子，朝從上下，暮從下上，平均如一。」

〔二〕詩大東云：「周道如砥，其直如矢。」程本「矢」作「砥」。大戴禮五帝德云：「日月所照，

〔三〕 注見論榮篇。　王先生云：「『志行』疑當作『墇的』。」○鐸按：志行乃論士之墇的。下文
　　 「平議無墇的」以射喻，此以實言，語異義同，不當改此就彼。

〔四〕 韓非子姦劫弒臣篇云：「人主誠明於聖人之術，而不苟於世俗之言，循名實而定是非，因
　　 參驗而審言辭。」魏策云：「魏文侯曰：『求其好掩人之美而揚人之醜者，而參驗之。』」

〔五〕 漢書楊敞傳楊惲報孫會宗書云：「竊恨足下不深惟其終始，而猥隨俗之毀譽也。」楚辭
　　 劉歆移書太常博士云：「雷同相從，隨聲是非。」

〔六〕 「錯」，「措」之借。

〔七〕 書洪範云：「無偏無頗。」

〔八〕 書洪範云：「『惑』疑『忒』。」書洪範云：「民用僭忒。」

〔九〕 王侍郎云：「公如越，得太子適郢。」杜注：「得，相親說也。」

〔一0〕 說文云：「訂，平議也。」後漢書樊宏後準傳云：「願以臣言下公卿平議。」「墇的」舊作「惇
　　 均」。按說文云：「墇，射臬也。讀若準。臬，射準的也。」一切經音義一引通俗文云：
　　 「射堋曰墇，墇中木曰的。」

莫不砥礪。」○鐸按：士禮居舊藏明刻本作「砥夭」，費士璣跋云：「夭，古矢字。即詩『周
道如砥，其直如矢」，陳刻改作砥礪。」

〔一〕管子重令篇云：「阿貴事富。」禮記儒行云：「讒諂之民，有比黨而危之者。」

〔二〕「茍」字疑衍。○鐸按：上下文對句，字數皆相等，此不當少一字。

〔三〕「羣吷」注見賢難篇，程本作「羣諛」，誤。

〔四〕史記貨殖傳云：「凡編戶之民，富相什則卑下之，佰則畏憚之，千則役，萬則僕。」

〔五〕漢書匡衡傳云：「家貧，庸作以供資用。」韓非子外儲説左上云：「賣庸而播耕者，主人費家而美食，調布而求易錢者，非愛庸客也。曰：如是，耕者且深，耨者熟耘也。」「庸」與「傭」通。

〔六〕管子明法篇云：「十至私人之門，不一至於庭。」

〔七〕列女傳趙將括母曰：「父子不同，執心各異。」詩小弁云「君子秉心」鄭箋：「秉，執也。」

〔八〕「矣」字舊脫，依上文例補之。

所謂恭者，內不敢傲於室家，外不敢慢於士大夫〔一〕；見賤如貴，視少如長；其禮先入，其言後出〔二〕；恩意無不答，禮敬無不報〔三〕；覿賢不居其上〔四〕，與人推讓，事處其勞，居從其陋〔五〕，位安其卑，養甘其薄〔六〕。凡品則不然，內慢易於妻子〔七〕，外輕侮於知友〔八〕；聰明不別真偽，心思不別善醜；愚而喜傲賢，少而好陵長〔九〕；恩意不相答，禮敬不相報；覿賢不相推〔一〇〕，會同不能讓〔一一〕；動欲擇其佚，居欲處其安，

養欲擅其厚,位欲爭其尊,見人謙讓,因而嗤之〔二〕,見人恭敬,因而傲之,如是而自謂賢能智慧。爲行如此,難以稱忠矣〔三〕。

〔一〕「大」字疑衍。上云:「外蒙譏於士夫。」「士夫」與「室家」對。

〔二〕逸周書官人解云:「其禮先人,其言後人。」

〔三〕禮記曲禮云:「太上貴德,其次務施報,禮尚往來。往而不來,非禮也;來而不往,亦非禮也。」

〔四〕晏子春秋問上云:「親賢不居其上,受禄不過其量。」

〔五〕舊作「德」。

〔六〕淮南子泰族訓云:「民交讓,爭處卑,委利,爭受寡;力事,爭就勞。」

〔七〕「慢易」注見斷訟篇。

〔八〕説苑尊賢篇:「田忌曰:『申孺爲人,侮賢而輕不肖者。』」敬愼篇:「舟綽曰:『輕侮人者

〔九〕隱三年左傳云:「少陵長。」

〔一0〕禮記儒行云:「推賢而進達之。」

〔一一〕管子八觀篇云:「時無會同,喪蒸不聚,則齒長輯睦毋自生矣。」注云:「鄉里每時當有會

義乎?」

同,所以結恩好也。」

〔二二〕廣韻云:「嗤,笑也。」按說文云:「㰦,戲笑貌。」「嗤」即「㰦」字。

〔二三〕「矣」字舊脫。○鐸按:上文云:「恭者,禮之本也。」則依上下文例,當云「難以稱禮矣」。今言「稱忠」者,「忠」亦「禮」也。禮記禮器篇云:「忠信,禮之本也。」是其義。

所謂守者,心也。有度之士〔一〕,情意精專,心思獨觀〔二〕,不驅於險塗之俗〔三〕,不惑於眾多之口〔四〕,聰明懸絕,秉心塞淵〔五〕,獨立不懼,遯世無悶〔六〕,心堅金石〔七〕,志輕四海,故守其心而成其信。凡器則不然〔八〕,內無持操〔九〕,外無準儀〔一〇〕,傾側險詖〔一一〕,求同於世〔一二〕,口無定論,不恆其德〔一三〕,二三其行〔一四〕。秉操如此,難以稱信矣〔一五〕。

〔一〕○鐸按:呂氏春秋有度篇:「賢主有度而聽,故不過。」高誘注:「度,法也。」

〔二〕史記鄒陽傳上梁孝王書云:「越攣拘之語,馳域外之議,獨觀於昭曠之道。」

〔三〕「塗」當作「巇」。楚辭九辯云:「何險巇之嫉妒兮。」七諫怨世云:「何周道之平易兮,然蕪穢而險戲。」王逸注:「『險戲』猶『傾危』也。」文選廣絕交論李善注引作「險巇」。

〔四〕史記鄒陽傳上梁孝王書云:「感於心,合於行,親於膠漆,昆弟不能離,豈惑於眾哉?」又云:「不奪於眾多之口。」

〔五〕詩定之方中。

〔六〕易大過象詞。

〔七〕韓非子守道篇云:「懷金石之心。」後漢書王常傳云:「心如金石。」大戴禮禮察篇云:「堅如金石。」

〔八〕「器」當依上文作「品」。

〔九〕淮南子人間訓云:「內有一定之操。」漢書董仲舒傳云:「所持操或詩繆。」

〔一〇〕韓非子顯學篇云:「行無常儀。」

〔一一〕荀子成相篇云:「讒人罔極,險詖傾側此之疑。」說文云:「憸,憸詖也。」經典通用「險」。毛詩卷耳序:「無險詖私謁之心」,釋文:「崔云:『險詖,不正也。』」漢書禮樂志「貪饕險詖」,顏師古注:「言行險曰詖。」楚元王傳劉向封事云「壞散險詖之聚」,師古曰:「險詖言曰詖。」翟方進傳「險詖陰賊」,師古云:「詖,佞也。」敍傳「趙敬險詖」,師古云:「詖,辯論也。古文以為頗字。」王逸注楚辭離騷云:「頗,傾也。一曰佞也。」按說文:「詖,辯論也。」九歎靈懷篇「不從俗而詖行兮」,王注:「『詖』猶『傾』也。」「險詖」與「傾側」同意。字亦作「陂」,漢書景十三王傳「趙敬肅王彭祖險陂」,師古注:「陂,謂傾側也。」

〔一二〕「世」舊作「心」。

〔一三〕易恆九三。

夫是四行者，其輕如毛，其重如山〔一〕，君子以爲易，小人以爲難〔二〕。孔子曰：「仁遠乎哉？我欲仁，仁斯至矣〔三〕。」又稱「知德者尟〔四〕」。俗之偏黨〔五〕，自古而然〔六〕，非乃今也〔七〕。凡百君子，競於驕僭，貪樂慢傲，如〔八〕賈一倍〔九〕，以相高〔一〇〕。苟能富貴，雖積狡惡，爭稱譽之〔一一〕，終不見非；苟處貧賤，恭謹〔一二〕，祇爲不肖，終不見是。此俗化之所以浸敗，而禮義之所以消衰也。

〔一〕詩烝民云：「德輶如毛。」楚策云：「國權輕如鴻毛，而積禍重於邱山。」○鐸按：上引烝民詩發端，此遙應之。

〔二〕山、難韻。

〔三〕論語作「斯仁至矣」。後漢書列女傳班昭女誡引與此同。

〔四〕「尟」論語作「鮮」。按尟，俗「鮮」字，見廣韻二十八獮，説文作「尟」。

〔五〕書洪範云：「無偏無黨。」

〔六〕昭卅二年左傳云：「自古以然。」

〔五〕「矣」字舊脱。

〔四〕詩泯：「二三其德。」

〔七〕詩載芟云：「匪今斯今，振古如茲。」「乃今」見邊議篇。

〔八〕「消息於心」至此，舊錯入德化篇。

〔九〕「一」當作「三」，詩瞻卬云：「如賈三倍。」

〔一〇〕脫一字。

〔一一〕史記呂不韋傳云：「來往者皆稱譽之。」

〔一二〕以上文例之，「恭謹」上脫二字。

世有可患者三。三者何？曰：情實薄而辭稱厚，念實忽而文想憂〔一〕，懷不來而外克期〔二〕。不信則懼失賢，信之則詿誤人〔三〕。此俗士可厭之甚者也。是故孔子疾夫言之過其行者〔四〕，詩傷「蛇蛇碩言，出自口矣。巧言如簧，顏之厚矣」〔五〕。

〔一〕禮記表記云：「情疎而貌親，在小人則穿窬之盜也。」按「想憂」疑當作「相愛」。

〔二〕後漢書獨行傳：「范式，字巨卿，山陽金鄉人。去遊太學為諸生，與汝南張劭為友。劭字元伯。二人並告歸鄉里，式謂元伯曰：『後二年當還，將過拜尊親，見孺子焉。』乃共剋期日。後期方至，元伯具以白母，請設饌以候之。母曰：『二年之別，千里結言，爾何相信之審耶？』對曰：『巨卿信士，必不乖違。』母曰：『若然，當為爾醞酒。』至其日，巨卿果到，升堂拜飲，盡歡而別。」「剋」即「克」字，與「刻」通。

〔三〕漢書文帝紀三年詔曰:「濟北王背德反上,註誤吏民。」顏師古注:「『註』亦『誤』也。」按說文:「註,誤也。誤,謬也。」

〔四〕論語云:「君子恥其言而過其行。」皇侃義疏本「而」作「之」。○鐸按:論語泰伯篇「人而不仁,疾之已甚,亂也。」論衡問孔篇「而」亦作「之」。此別本用字之異,非「之」與「而」同也。

〔五〕巧言。

今世俗之交也,未相照察而求深固,探懷扼腕,拊心祝詛〔一〕,苟欲相護論議而已〔二〕,分背之日,既得之後,則相棄忘〔三〕。或受人恩德,先以濟度〔四〕,不能拔舉,則因毀之,為生瑕釁〔五〕,明言我不遺力〔六〕,無奈自不可爾〔七〕。詩云:「知我如此,不如無生〔八〕。」先合而後忤〔九〕,有初而無終〔一〇〕,不若本無生意,彊自誓也〔一一〕。

〔一〕燕策:「樊於期偏袒扼腕而進曰:『此臣日夜切齒拊心也!』」

〔二〕漢書翟方進傳云:「胡常與方進同經,心害其能,議論不右方進。方進知之,候伺常大都授時,遣門下諸生至常所問大義疑難,因記其說。如是者久之,常知方進之宗讓己,內不自得。其後居士大夫之間,未嘗不稱述方進。遂相親友。」論議相護,皆如此類矣。

〔三〕詩谷風云:「將安將樂,女轉棄予。」又云:「忘我大德。」

〔四〕「濟度」注見務本篇。

〔五〕史記李斯傳云:「成大功者,在因瑕釁而遂忍之。」

〔六〕趙策云:「秦之攻我也,不遺餘力矣。」後漢書盧芳傳云:「不敢遺餘力,負恩貸。」

〔七〕淮南子人間訓云:「夫物無不可奈何,有人無奈何。」高誘注:「事有人材所不及,無奈之何也。」莊子人間世篇云:「知其不可奈何,而安之若命。」

〔八〕苕之華。

〔九〕淮南子人間訓云:「眾人先合而後忤。」

〔一〇〕詩蕩云:「靡不有初,鮮克有終。」權輿序云:「與賢者有始而無終。」

〔一一〕○鐸按:此蓋本魯詩說。詳陳喬樅魯詩遺說考卷十五。

君子屢盟,亂是用長〔一〕。大人之道,周而不比〔二〕,微言相感〔三〕,掩若同符〔四〕,又焉用盟〔五〕?孔子恂恂,似不能言者,又稱「誾誾言,惟謹也」〔六〕。士貴有辭〔七〕,亦憎多口〔八〕。故曰:「文質彬彬,然後君子〔九〕。」與其不忠,剛毅木訥,尚近於仁〔一〇〕。

〔一〕詩巧言。○鐸按:二語述赦篇亦引之。

〔二〕論語。

〔三〕漢書藝文志論詩賦云:「古者,諸侯卿大夫交接隣國,以微言相感。」

〔四〕漢書王莽傳云：「與周公異世同符。」方言云：「掩，同也。」○鐸按：荀子儒效篇：「晻
然若合符節。」義同，言契合無閒也。

〔五〕○鐸按：此亦本魯詩說。詳魯詩遺說考卷十一。

〔六〕論語作「便便言，惟謹爾」。按漢書萬石君石奮傳云：「僮僕訢訢如也，唯謹。」顏師古
注：「訢，讀與『閒閒』同。」奮傳文本論語，論語古本蓋有作「閒閒」者。史記孔子世家作
「辯辯」，閒、辯或字形相近而誤。○鐸按：論語鄉黨篇鄭注：「便便，辯也。」便、辯同
聲而通用，故史記作「辯辯」。此作「閒閒」，蓋涉鄉黨下文「閒閒如也」而誤記也。至萬石
君傳「訢訢如也」，正「閒閒如也」之異文。而綴以鄉黨上文「惟謹」者，亦如後世碎金集錦
耳。汪說失之。

〔七〕襄卅一年左傳云：「子產有辭，諸侯賴之。」

〔八〕孟子云：「士憎茲多口」，趙注：「離於凡人而爲士者益多口」，破「憎」爲「增」，此則從本訓。
○鐸按：憎惡義爲長。翟灝四書考異云：「憎多口，即論語『禦人口給，屢憎於人』
之意。」

〔九〕論語。

〔十〕論語。「納」今作「訥」。○鐸按：此即「君子欲訥於言」之「訥」，謂言語遲鈍。作「納」蓋
草書形誤。

嗚呼哀哉！凡今之人[一]，言方行圓[二]，口正心邪，行與言謬，心與口違[三]；論古則知稱夷、齊、原、顏，言今則必官爵職位，虛談則知以德義爲賢，貢薦則必閥閱爲前[四]。處子雖躬顏、閔之行[五]，性勞謙之質[六]，秉伊、呂之才，懷救民之道[七]，其不見資於斯世也，亦已明矣！

〔一〕詩召旻云：「於乎哀哉！維今之人，不尚有舊！」「嗚呼」與「於乎」同。

〔二〕韓非子解老篇云：「所謂方者，內外相應也，言行相稱也。」

〔三〕淮南子齊俗訓云：「言與行相悖，情與貌相反。」逸周書官人解云：「言行不類，終始相悖，外內不合，雖有節見行，曰非成質者也。」

〔四〕史記高祖功臣侯者年表序云：「明其等曰伐，積功曰閱。」伐，閥古今字。○鐸按：「閥閱」上疑脫「以」字。

〔五〕漢書律曆志云「陞下躬聖」，顏師古注：「躬聖者，言身有聖德也。」

〔六〕易謙九三：「勞謙，君子有終，吉。」

〔七〕孟子云：「故就湯而說之以伐夏救民」。

明忠[一]第三十一

人君之稱，莫大於明[三]；人臣之譽，莫美於忠[三]。此二德者，古來君臣所共願也。然明不繼踵[四]，忠不萬一者[五]，非必愚闇不逮而惡名揚也[六]，所以求之非其道爾[七]。

〔一〕○鐸按：此文論國之所以治者，在上下同心。所謂同心者，君明臣忠也。明君操法術握權柄於上，則忠臣敬言奉禁竭心稱職於下。二者相須，則成功致治矣。而其所反覆申明者，尤在「明據下起」，忠依上成」一義，故以明忠命篇。

〔二〕○鐸按：「大」亦「美」也。易繫辭上傳「莫大乎蓍龜」，釋文「大」作「善」，漢書藝文志、白虎通蓍龜篇、定八年公羊傳注、家語禮運篇注並同。「善」與美、大同義。晉語「彼將惡始而美終」，注：「美，善也。」詩桑柔箋：「善」猶「大」也。」是其證。敘錄云「君有美稱」，則互文見義矣。

〔三〕襄九年左傳云：「君明臣忠。」新書大政下篇云：「臣之忠者，君之明也。臣忠君明，此之謂政之綱也。」

〔四〕晏子春秋雜下云：「比肩繼踵而在。」

〔五〕「一」舊作「全」，據治要改。

〔六〕孝經云：「揚名於後世。」○鐸按：治要脱「揚」字。

〔七〕「以」舊作「道」，「其道」下有「之」字，據治要改、刪。毛詩甫田序云：「所以求者非其道也。」

夫明據下起，忠依上成。二人同心，則利斷金〔一〕。能知〔二〕此者，兩譽俱具〔三〕。要在於明操法術，自握權秉而已矣〔四〕。所謂術者，使下不得欺也〔五〕，所謂權者，使勢不得亂也。術誠明，則雖萬里之外，幽冥之內〔六〕，不得不求效，權誠用，則遠近親疏，貴賤賢愚，無不歸心矣〔七〕。周室之末則不然，離其術而舍其權，怠於己而恃於人。是以公卿不思忠，百僚不盡力〔八〕，君王孤蔽於上，兆黎宛亂於下〔九〕，故遂衰微侵奪而不振也〔一〇〕。

〔一〕易繫辭上傳。按以「二人同心」爲君臣，蓋漢時易家舊説。漢書匡衡傳：「衡上疏乞骸骨。上報曰：『朕嘉與君同心合意。』」翟方進傳册云：「朕嘉與君同心一意。」王莽傳詔云：「誠嘉與君同心合意。」師丹傳策免丹云：「殆謬於二人同心之利焉。」後漢書和帝紀

永元十二年詔曰：「若上下同心，庶或有瘳。」桓帝紀和平元年詔曰：「羣公卿士，虔恭爾位，戮力一意，勉同斷金。」王常傳云：「幸賴靈武，輒成斷金。」馮異傳云：「千載一會，思成斷金。」郎顗傳云：「臣願陛下發揚乾剛，援引賢能，勤求機衡之寄，以獲斷金之利。」張酺傳敕云：「陰陽不和，萬人失所。朝廷望公思惟得失，與國同心，勤求機衡之寄，以獲斷金之利。」張任。誰當與吾同憂責者？非有望於斷金也。」楊震傳云：「親近倖臣，而託病自絜，求去重傳崔瑗志賦云：「協準獲之貞度兮，同斷金之玄策。何天衢於盛世兮，超千載而垂績。」續漢書百官志劉昭注引蔡質漢儀載高賜奏光祿勳劉嘉，廷尉趙世云：「既無忠信斷金之用，而有敗禮傷化之尤。」御覽二百七引應劭漢官儀沖帝冊書曰：「三公國之楨幹，朝廷取正，以成斷金。」治要載崔實政論云：「今朝廷以聖哲之姿，龍飛天衢，大臣輔政，將成斷金。」並用此義。越絕書德序外傳記引易云：「君臣同心，其利斷金。」則直以訓詁易經辭矣。

〔二〕「知」舊作「如」，據治要改。

〔三〕說苑雜言篇云：「賢人閉其智，塞其能，待得其人然後合，故言無不聽，行無見疑，君臣兩與，終身無患。」乃「譽」之誤。韓非子難一云：「堯、舜之不可兩譽，矛楯之說也。」

〔四〕韓非子說疑篇云：「凡術也者，主之所以執也；法也者，官之所以師也。」主道篇云：「謹執其柄而固握之。」淮南子要略云：「主術者明，攝權操柄，以制羣下。」「秉」與「柄」同。

哀十七年左傳「國子實執齊柄」，史記蔡澤傳索隱引作「秉」，服虔曰：「秉，權柄也。」說文云：「柄，或從秉。」

〔五〕韓非子八說篇云：「明君之道，賤德義，貴法術，倒言而詭使，參聽無門户，故智者不得欺。」

〔六〕注見德化篇。

〔七〕論語云：「天下之民歸心焉。」

〔八〕漢時詔令多言「公卿百寮」。永始二年詔曰：「公卿大夫，其勉悉心以輔不逮。百寮各修其職。」漢書成帝紀河平元年詔曰：「公卿申敕百寮，深思天誡。」哀帝紀元壽元年詔曰：「公卿大夫，其各悉心勉帥百寮。」後漢書明帝紀詔曰：「公卿百寮，將何以輔朕不逮？」

〔九〕韓非子定法篇云：「君無術則弊於上，臣無法則亂於下。」「弊」即「蔽」之誤。漢書公孫弘傳對策云：「不得其術，則主蔽於上，官亂於下。」

〔一〇〕韓非子五蠹篇云：「智困於内，而政亂於外，則亡不可振也。」

夫帝王者，其利重矣，其威大矣。徒懸重利，足以勸善，徒設嚴威，可以懲姦〔一〕。乃張重利以誘民，操大威以驅之〔二〕，則舉世之人，可令冒白刃而不恨〔三〕，赴湯

火而不難〔四〕，豈云但率之以共治而不宜哉？若鷹，野鳥也〔五〕，然獵夫御之，猶使終日奮擊而不敢怠，豈有人臣而不可使盡力者乎〔六〕？

〔一〕魯語云：「夫君人者，其威大矣。」韓非子詭使篇云：「夫利者所以得民也，威者所以行令也。」内儲說上云：「有威足以服人，而利足以勸人，故能治之。」呂氏春秋壹行篇云：「王者之所藉以成也何？藉其威與其利。非强大則其威不威，其威不威，則不足以禁也，其利不利，則不足以勸也。故賢主必使其威利無敵，故以禁則必止，以勸則必爲。」

〔二〕「之」治要作「民」。

〔三〕鹽鐵論繇役篇：「子曰：『白刃可冒。』」禮記中庸「冒」作「蹈」。漢書李廣後陵傳司馬遷云：「冒白刃，北首争死敵。」

〔四〕漢書鼂錯傳云「能使其衆蒙矢石，赴湯火。」尹文子大道篇云：「越王勾踐謀報吳，欲人之勇，路逢怒蛙而軾之。比及數年，民無長幼，臨敵雖湯火不避。」

〔五〕「野鳥」舊脱，據治要補。

〔六〕「乎」治要作「哉」。淮南子主術訓云：「人主處權勢之要，而持爵祿之柄，審緩急之度，而適取予之節。是以天下盡力而不倦。」

詩云：「伐柯伐柯，其則不遠〔二〕。」夫神明之術，具在君身，而君〔二〕忽之，故令臣鉗口結舌而不敢言〔三〕。此耳目所以蔽塞，聰明所以不得也。制下之權，日陳君前，而君釋之，故令羣〔四〕臣懈弛而背朝〔五〕。此威德所以不照〔六〕，而功名所以不建也〔七〕。

〔一〕伐柯。

〔二〕舊脫，依下文例補。

〔三〕注見賢難篇。

〔四〕舊作「君」。

〔五〕「懈弛」注見考績篇。「朝」彙函作「亂」。按淮南子要略云：「百官背亂，不知所用。」

〔六〕獨斷云：「皇者，煌也。盛德煌煌，無所不照。」

〔七〕漢書鼂錯傳云：「人主所以尊顯，功名揚於萬世之後者，以知術數也。故人主知所以臨制臣下而治其眾，則羣臣畏服矣；知所以聽言受事，則不欺蔽矣。」

詩云：「我雖異事，及爾同僚。我即爾謀，聽我敖敖〔一〕。」夫惻隱人皆有之〔二〕，是故耳聞啼號之音，無不爲之慘悽悲懷而傷心者〔三〕；目見危殆之事，無不爲之灼怛驚〔四〕而赴救之者。君臣義重〔五〕，行路禮輕〔六〕，過耳悟目之交〔七〕，未恩未德，非賢〔八〕非

貴，而猶若此，則又況於北面稱臣被寵者乎〔九〕？

〔一〕板。「敖敖」今作「嚻嚻」，詳賢難篇。○鐸按：此魯詩。陳喬樅魯詩遺說考卷十六云：
　　「敖敖」毛詩作「嚻嚻」，文與魯異。爾雅釋訓：「敖敖，傲也。」郭璞注以爲傲慢賢者。
　　「敖敖」二字，正釋此詩之語。」

〔二〕孟子。

〔三〕史記張釋之傳云：「上自倚瑟而歌，意慘悽悲懷。」

〔四〕「驚」下脫一字。

〔五〕後漢書何敞傳敞上封事云：「君臣義重，有不得已也。」

〔六〕文選蘇子卿詩云：「誰爲行路人？」

〔七〕詩東門之池毛傳：「晤，遇也。」「悟」與「晤」通。

〔八〕「賢」舊作「貧」。

〔九〕史記陸賈傳說尉佗曰：「宜郊迎，北面稱臣。」

是故進忠扶危者，賢不肖之所共願也。誠皆願之而行違者，常苦其道不利而有
害，言未得信而身敗爾〔一〕。歷〔三〕觀古來愛君憂主敢言之臣，忠信未達，而爲左右所
鞠按〔三〕，當世而覆被〔四〕，更爲否愚惡狀〔五〕之臣者〔六〕，豈可勝數〔七〕哉？孝成終沒之日，

不知王章之直，孝哀終没之日，不知王嘉之忠也〔八〕。此後賢雖有憂君哀主之情，忠誠正直之節〔九〕，然猶且沈吟觀聽行己者也〔一〇〕。

〔一〕「信」舊作「言」，據治要改。過秦下篇云：「忠言未卒於口，而身糜没矣。」莊子外物篇云：「人主莫不欲其臣之忠，而忠未必信。」淮南子主術訓云：「效忠者希不困其身。」新書

〔二〕○鐸按：「歷」治要作「廣」，與「曠」同。

〔三〕「鞫」舊作「掬」，據治要改。説文云：「籟，窮治罪人也。」「鞫」與「籟」通，亦作「鞠」，詳述赦篇。「鞫按」猶漢書王商傳云「窮竟考問」也。

〔四〕按「覆被」猶言「覆冒」，詳述赦篇。

〔五〕治要作「愚惡無狀」。

〔六〕大戴禮曾子制言中篇云：「畏之見逐，智之見殺，固不難詘身而爲不仁，宛言而爲不智。」

〔七〕「數」字據治要補。

〔八〕並見漢書。按嘉傳云：「嘉死後，上覽其對而思嘉言，復以孔光代嘉爲丞相，徵用何武爲御史大夫。」是孝哀未嘗不知嘉也。梅福傳云：「王章資質忠直。」此言「忠直」本之。

〔九〕漢書傅喜傳云：「忠誠憂國。」

〔一〇〕後漢書賈復傳云：「帝召諸將議兵事，未有言，沈吟久之。」文選古詩云：「沈吟聊躑躅。」

鳴鶴在陰，其子和之〔二〕。相彼鳥矣，猶求友聲〔三〕。故人君不開精誠以示賢忠，賢忠亦無以得達。易曰：「王明並受其福〔三〕。」是以忠臣必待明君乃能顯其節，良吏必得察主乃能成其功〔四〕。君不明，則大臣隱下而〔五〕過忠，又〔六〕羣司舍法而阿貴〔七〕。

〔一〕易中孚九二。

〔二〕詩伐木。「忠信未達」至此，舊錯入德化篇。

〔三〕井九三。

〔四〕漢書王襃傳聖主得賢臣頌云：「及其遇明君遭聖主也，運籌合上意，諫諍即見聽，進退得關其忠，任職得行其術。故世必有聖知之君，而後有賢明之臣而弘功業，俊士亦俟明主以顯其德。」

〔五〕「而」舊作「不」。

〔六〕「又」字衍。

〔七〕商子修權篇云：「秩官之吏，隱下而漁民。」韓非子姦劫弒臣篇云：「國有擅主之臣，則羣下不得盡智力以陳其忠，百官之吏不得奉法以致其功矣。」「阿貴」見上篇。

夫忠言所以爲安也，不貢必危；法禁所以爲治也，不奉必亂。忠之貢與不貢，

法之奉與不奉，其秉[二]皆在於君，非臣下之所能爲也。是故聖人求之於己，不以責下[三]。

〔一〕「秉」與「柄」同。

〔二〕○鐸按：治要有「也」字。

凡爲人上，法術明而賞罰必者，雖無言語而勢自治[一]。治勢一成，君自不能亂也，況臣下乎？法術不明而賞罰不必者，雖日號令，然勢自亂。亂勢一成，君自不能治也，況臣下乎？是故勢治者，雖委之不亂；勢亂者，雖勤之不治也[二]。堯、舜恭己無爲而有餘，勢治也；胡亥、王莽馳騖而不足[三]，勢亂也[四]。故曰：善者[五]求之於勢，弗責於人[六]。是以明王審法度而布教令，不行私以欺法，不黷教以辱命[七]，故臣下敬其言而奉其禁，竭其心而稱其職[八]。此由法術明而威權任也。

〔一〕「故人君」至此，舊錯入交際篇。

〔二〕商子定分篇云：「聖人必爲法令。置官也，置吏也，爲天下師，所以定名分也。名分定，則大詐貞信，民皆愿慤而各自治也。故夫名分定，勢治之道也；名分不定，勢亂之道也。故勢治者不可亂，勢亂者不可治。」

〔三〕舊脱三字，據治要補。

〔四〕韓非子難勢篇云：「堯、舜生而在上位，雖有十桀、紂亦生而在上位，雖有十堯、舜而亦不能治者，則勢亂也。故曰：勢治者則不可亂，而勢亂者則不可治也。」漢書揚雄傳云：「世亂則聖哲馳騖而不足，世治則庸夫高枕而有餘。」「恭」治要作「拱」。按「恭己無為」本論語。胡亥當作秦政。史記秦始皇紀云：「天下之事，無大小皆決於上。上至以衡石量書，日夜有呈，不中呈，不得休息。」漢書王莽傳云：「莽自見前顓權以得漢政，故務自攬眾事，又好變改制度，政令煩多，當奉行者，輒質問乃以從事，前後相乘，憒眊不渫。莽常御燈火至明，猶不能勝。」所謂馳騖而不足者也。德

〔五〕善者，當云「善為國者」。○鐸按：此承上言，「善者」即「善為國者」，古人語簡質耳。

〔六〕管子法法篇云：「故善者之養天民也，猶良工之為鵝羮也。」義與此同。

〔七〕管子任法篇云：「凡人君之所以為君者，勢也。故人君失勢，則臣制之矣。勢在上，則君制於臣矣；勢在下，則君制於臣矣。」

〔八〕管子正世篇云：「法立令行，故群臣奉法守職。」修權篇云：「立法明分，而不以私害法，則治。」商子修權篇云：「愛人不私賞也，惡人不私罰也，置儀設法以度量斷者，上主也。」商子

夫術之爲道也，精微而神，言之不足，而行有餘；有餘，故能兼四海而照幽冥。權之爲勢也，健悍以大，不待貴賤，操之者重，重，故能奪主威而順當世[一]。是以明君未嘗示人術而借下權也[二]。孔子曰：「可與權[三]。」是故聖人顯諸仁，藏諸用[四]，神而化之，使民宜之[五]，然後致其治而成其功。功業效於民，美譽傳於世，然後君乃得稱明，臣乃得稱忠。此所謂明據下作[六]，忠依上成，二人同心，其利斷金也[七]。

〔一〕舊作「也」。

〔二〕韓非子難三云：「術者，藏之於胸中，以偶衆端而潛御羣臣者也。」心度篇云：「主之所以尊者權也。」外儲説右下：「方吾子曰：『吾聞之古禮，行不與同服者同車，不與同族者共家，而況君人者乃借其權而外其勢乎？』」商子修權篇云：「權制獨斷於君則威。」六韜守土篇云：「無借人國柄。借人國柄，則失其權。」

〔三〕論語。孫侍御據論語「可」上補「未」字。○鐸按：此引以證「未嘗借下權」當有「未」字。

〔四〕易繫辭上傳。

〔五〕繫辭下傳。

〔六〕○鐸按：篇首「作」作「起」，互文。説文云：「作，起也。」

〔七〕治要「金」下有「者」字。

本訓〔一〕第三十二

上古之世，太素之時，元氣窈冥，未有形兆，萬精合并，混而爲一，莫制莫御。若斯久之，翻然自化，清濁分別，變成陰陽。陰陽有體，實生兩儀，天地壹鬱，萬物化淳〔三〕，和氣生人，以統理之〔三〕。

〔一〕○鐸按：此節信集中表現其唯物主義天道觀之重要論著。以爲元精自化，有道存乎其間，而道生於氣。氣有和有乖。凡四時五行，人類萬物，吉凶變異，莫非二氣迭相運而成之者也。和氣生人，而人行能動天地，故理政以和天氣，則可興大化而致太平。蓋旨遠辭微，諸政論之義皆從此出。學者循是以讀他篇，庶窺其思想體系之全矣。

〔二〕易繫辭下傳。王弼本「壹鬱」作「絪縕」。按說文作「壹㙉」。王本「淳」作「醇」，白虎通嫁娶篇引易與此同。

〔三〕○鐸按：史記天官書：「三光者，陰陽之精，氣本在地，而聖人統理之。」

是故天本諸陽，地本諸陰，人本中和〔一〕。三才異務，相待而成，各循其道，和氣

乃臻，機衡乃平〔二〕。

〔一〕以上本易乾鑿度，列子天瑞篇同。

〔二〕〔機〕舊從玉，據班禄篇改。

天道曰施，地道曰化，人道曰爲〔一〕。爲者，蓋所謂感通陰陽而致珍異也〔二〕。人行之動天地，譬猶車上御馴馬，蓬中擢舟船矣〔三〕。雖爲所覆載〔四〕，然亦在我何所之可〔五〕。孔子曰：「時乘六龍以御天〔六〕。」「言行君子所以動天地也，可不慎乎〔七〕？」從此觀之，天□〔八〕其兆，人序其勳，書故曰：「天功人其代之〔九〕。」如〔一○〕蓋理其政以和天氣，以臻其功〔一一〕。

〔一〕「曰」舊並作「日」。大戴禮曾子天員篇云：「天道曰員，地道曰方。方曰幽，員曰明。明者，吐氣者也；幽者，含氣者也。吐氣者施，而含氣者化，是以陽施而陰化也。」春秋繁露云：「天道施，地道化，人道義。」

〔二〕白虎通封禪篇云：「王者承天統理，調和陰陽。陰陽和，萬物序，休氣充塞，故符瑞並臻，皆應德而至。」漢書董仲舒、公孫弘傳皆言其事。

〔三〕「舟船」舊作「自照」。按敍録云：「聖人運之，若御舟車。」御覽七百六十九引此文作「篷

中欙舟」「舟」字據改。照、船字形相近，以意訂正。廣韻云：「篷，織竹夾箸覆舟也。」說

文無「篷」字，古蓋借「蓬」爲「篷」。櫂，櫂亦古今字。詩竹竿毛傳：「楫，所以櫂舟也。」

〔四〕禮記中庸云：「天之所覆，地之所載。」

〔五〕「可」疑「耳」。

〔六〕易乾文言。

〔七〕繫辭上傳。

〔八〕程本作「呈」。

〔九〕皋陶謨。「功」程本作「工」，與今書同。忠貴篇亦作「工」。○鐸按：今文家說此經，皆以

王者代天官人爲義。書堯典「百工」，史記作「百官」，則作「功」者借字也。

〔10〕「如」疑衍，或下有脫文。

〔二〕漢書李尋傳云：「古之王者，尊天地，重陰陽，敬四時，嚴月令，順之以善政，則和氣可立

致，猶枹鼓之相應也。」

是故道德之用，莫大於氣。道者，氣〔二〕之根也。氣者，道之使也。必有其根，其

氣乃生；必有其使，變化乃成〔三〕。是故道之爲物也，至神以妙；其爲功也，至彊以

大。天之以動，地之以靜，日之以光，月之以明，四時五行，鬼神人民，億兆醜類〔三〕，

變異吉凶，何非氣然？

〔一〕「氣」舊脫。

〔二〕易繫辭下傳云：「變化云爲。」

〔三〕定四年左傳云「將其類醜」，杜注：「醜，衆也。」禮記中庸云：「動則變，變則化。」

及其乖戾，天之尊也氣裂之〔一〕，地之大也氣動之〔二〕，山之重也氣徙之〔三〕，水之流也氣絕之〔四〕，日月神也氣蝕之〔五〕，星辰虛也氣隕之〔六〕，且有晝晦〔七〕，宵有〔八〕，大風飛車〔九〕拔樹〔一〇〕，債電爲冰〔一一〕，溫泉成湯〔一二〕，麟龍鸞鳳，蚩蝥蟓蝗〔一三〕，莫不氣之所爲也。

〔一〕舊脫「之」字，盧學士補。

〔二〕盧補。

〔三〕盧補。

〔四〕史記天官書所云「天開縣物，地動坼絕，山崩及徙川塞谿垙」是也。

〔五〕天官書云「日月薄蝕」，集解：「韋昭曰：『虧毀爲蝕。』」

〔六〕春秋繁露玉英篇云：「星墜謂之隕。」

〔七〕漢書楚元王傳劉向封事云「晝冥晦」，顏師古注：「僖十五年『九月己卯晦，震伯夷之廟』。」莊七年左傳：「恒穀梁傳曰：「晦，冥也。」

〔八〕王先生云：「『宵有』下有脱文。以『晝晦』例之，疑是『夜明』二字。」繼培按：淮南子泰族訓云：「晝冥宵光。」此亦當言『宵光』者，陽氣之動者也。」星不見，夜明也。」」「宵光」即左傳所云「夜明」。史記天官書云：「天雷電、蝦虹、辟歷、夜明。」

〔九〕隱三年左傳云「鄭伯之車僨於濟」，杜注：「既盟而遇大風，傳記異也。」疏云：「車踣而入濟，是風吹之墜濟水。」

〔一〇〕書金縢云：「天大雷電以風，大木斯拔。」漢書谷永傳云：「暴風三溱，拔樹折木。」○鐸按：「拔樹」疑當別爲句，而脱二字。

〔一一〕「債電」當是「歕雹」。説文云：「雹，雨冰也。」或「債」當爲「積」，白虎通災變篇云：「陰氣專精，積合爲雹。」

〔一二〕西京雜記：「董仲舒云：『寒水極陰而有溫泉。』」山海經海外東經「下有湯谷」，郭注：「谷中水熱也。」

〔一三〕爾雅釋蟲云：「食苗心，螟；食葉，蟘；食節，賊；食根，蟊。」「蠜蟊」即「蟊賊」。説文云：「蟓，董仲舒行志云：「宣公十五年冬，蝝生。」董仲舒、劉向以爲蝝，螟始生也。」説文云：「蝝，復陶也；劉向説，螟子也。蝝，蚍也。」

以此觀之,氣運感動,亦誠大矣。變化之爲,何物不能〔一〕?所變也神,氣之所動也。當此之時,正氣所加,非唯於人,百穀草木,禽獸魚鼈,皆口養其氣〔二〕。聲入於耳,以感於心〔三〕,男女聽〔四〕,以施精神。資和以兆胚,民之胎,含嘉以成體〔五〕。及其生也,和以養性,美在其中,而暢於四肢〔六〕,實於血脈,是〔七〕以心性志意,耳〔八〕目精〔九〕欲,無不貞〔一○〕廉絜懷履行者〔一一〕。此五帝三王所以能畫法像而民不違,正己德而世自化也〔一二〕。

〔一〕「者道之使也」至此,舊錯入德化篇。然此下尚有脫文。○鐸按:「變化之爲」疑當作「變化云爲」,易繫辭下傳語,下篇亦用之。

〔二〕「口」當作「和」。王先生云:「此文有脫誤。以下句例之,宜云『皆味食於口,以養其氣』。」○鐸按:「聲入於耳,以感於心」,指男女言,故繼之以「男女聽」云云。王氏以爲指禽獸魚鼈言,蓋未得其旨。

〔三〕尚書大傳云:「五載一巡守,羣后德讓,貢正聲而九族具成,雖禽獸之聲,猶悉關於律。」昭廿一年左傳:「泠州鳩曰:『夫音,樂之輿也;而鐘,音之器也。天子省風以作樂,器以鐘之,輿以行之,小者不窕,大者不槬,則和於物,物和則嘉成。故和聲入於耳而藏於

心，心億則樂。』」

〔四〕「聽」下脫一字。○鐸按：蓋脫「之」字。

〔五〕文有脫誤。以下篇參之，當云「民之胎也，資和以兆胚，含嘉以成體」。説文云：「胚，婦孕一月也。胎，婦孕三月也。」「胚」與「肧」同。

〔六〕易坤文言。「肫」王弼本作「支」。

〔七〕「是」字舊脫。

〔八〕「意耳」舊倒。

〔九〕「精」疑「情」。○鐸按：此書多以「精」爲情，詳下篇及夢列篇。

〔一〇〕「貞」疑「具」。

〔一一〕逸周書官人解云：「其壯者觀其廉潔，務行而勝私。」鹽鐵論散不足篇云：「履德行仁。」詩大東云「君子所履」，鄭箋：「君子皆法效而履行之。」

〔一二〕「畫法象」注見衰制篇。漢書公孫弘傳：「武帝策賢良制云：『蓋聞上古至治，畫衣冠，異章服，而民不犯。今何道而臻乎此？』對曰：『上古堯、舜之時，不貴爵賞而民勸善，不重刑罰而民不犯，躬率以正而遇民信也。』」

是故法令刑賞者，乃所以治民事而致整理爾，未足以興大化而升太平也〔一〕。夫

欲歷三王之絕迹〔二〕，臻帝、皇之極功者，必先原元而本本〔三〕，興道而致和，以淳粹之氣〔四〕，生敦龐之民〔五〕，明德義之表〔六〕，作信厚之心〔七〕，然後化可美而功可成也。

〔一〕史記酷吏傳序云：「法令者，治之具，而非制治清濁之源也。」漢書禮樂志：「劉向云：『教化，所恃以爲治也，刑法，所以助治也。今廢所恃而獨立其所助，非所以致太平也。』」

〔二〕史記司馬相如傳云：「殊尤絕迹。」

〔三〕按班固西都賦及漢書敍傳敍律曆志並云：「元元本本。」○鐸按：漢書薛宣傳注：「原，謂尋其本也。」廣雅釋詁一：「謜，度也。」原，謜古今字。「元」即「原」之借，春秋繁露重政篇云：「『元』猶『原』也。」

〔四〕易乾文言：「純粹精也。」「醇」與「純」通。楚辭遠遊云：「精醇粹而始壯。」

〔五〕成十六年左傳云：「民生敦龐。」

〔六〕禮記表記云：「仁者，天下之表也。」

〔七〕詩麟之趾云「振振公子」，毛傳：「振振，信厚也。」

德化〔一〕第三十三

人君之治，莫大於道，莫盛於德，莫美於教，莫神於化。道者所以持之也，德者

所以苞之也[二]，教者所以知之也，化者所以致之也。民有性，有情，有化，有俗。情性者，心也，本也。化俗者，行也，末也。末生於本，行起於心。是以上君撫世，先其本而後其末[三]，順[四]其心而理[五]其行。心精[六]苟正[七]，則姦匿[八]無所生[九]，邪意無所載矣。

[一] ○鐸按：此文則謂教化既敦，則邪惡不作，故道德爲本，仁義爲末，而威刑法律又其下焉。綱舉於前，比類發揮於後，亦有以見其思想體系之完整矣。

[二] 韓詩外傳五云：「德也者，苞天地之美。」淮南子説山訓云：「仁義在道德之包。」「苞」與「包」同。

[三] 漢書董仲舒傳云：「天令之謂命，命非聖人不行。質樸之謂性，性非教化不成。人欲之謂情，情非制度不節。是故王者上謹於承天意，以順命也，下務明教化民，以成性也，正法度之宜，別上下之序，以防欲也。修此三者，而大本舉矣。」

[四] 順舊作「慎」，據治要改。 ○鐸按：荀子仲尼篇「則慎行此道也」，成相篇「慎聖人」，楊注並云：「慎，讀爲『順』。」又仲尼篇「慎比而不邪」，王引之亦謂即禮記王制篇之「順比」。

[五] 理意林作「治」。 ○鐸按：説文：「順，理也。」理、順互文耳。

[六] 精治要作「情」。

〔九〕舊脫「無」字，「生」作「作」，據治要補、改。意林作「姦慝不生」。

〔八〕「匿」讀爲「慝」。○鐸按：此書通以「匿」爲「慝」。

〔七〕「正」舊作「亡」，據治要改。

夫化變民心也，猶政變民體也。德政加於民，則多滌暢姣好堅彊考壽〔二〕，惡政加於民，則多罷癃尫病夭昏札瘥〔三〕。故尚書美「考終命」，而惡「凶短折」〔三〕。國有傷明之政，則民多病目〔四〕；有傷聰之政，則民多病耳〔五〕；有傷賢之政，則賢多橫夭〔六〕。夫形體骨幹爲堅彊也〔七〕，然猶隨政變易，又況乎心氣精微不可養哉？詩云：「敦彼行葦，羊牛勿踐履。」方苞方體，惟葉柅柅〔八〕。」又曰：「鳶飛厲天，魚躍於淵。愷悌君子，胡不作人〔九〕？」公劉厚德，恩及草木，羊牛六畜，且猶感德〔一〇〕，仁不忍踐履生草〔二〕，則又況於民萌而有不化者乎〔三〕？君子修其樂易之德〔三〕，上及飛鳥，下及淵魚，無〔四〕不歡忻悦豫，則又況於士庶而有不仁者乎〔五〕？

〔一〕「滌」當作「條」，「考」當作「老」。禮記樂記云：「感條暢之氣。」漢書律曆志云：「陰陽萬物，靡不條鬯該成。」顏師古注：「『鬯』與『暢』同。」論衡齊世篇云：「語稱上世之人，侗長佼好，堅强老壽，百歲左右。」「姣」與「佼」通。「考壽」猶言「老壽」，詩雛鄭箋云：「又能昌

四八六

大其子孫，安助之以考壽，多與福祿。」○鐸按：此注「考當作老」與下文鑿枘，當删。又
滌、條古同聲，故周禮秋官「條狼氏」即「滌狼氏」。「滌暢」與「條昜」並以雙聲取義，尤不
可改。

〔二〕呂氏春秋明理篇子華子曰：「夫亂世之民長短頡䫻百疾，民多疾癘，道多褓繦，盲秃傴
尪，萬怪皆生。」高誘注：「尪，短仰者也。」史記平原君傳云：「有罷癃之病。」說文云
「尣，曲脛也。」古文從王作尪。」周語云：「無夭昏札瘥之憂。」漢書董仲舒傳云：「或
夭，或壽，或仁，或鄙，陶冶而成之，不能粹美，有治亂之所生，故不齊也。」故堯、舜行德，
則民仁壽，桀、紂行暴，則民鄙夭。」

〔三〕洪範。

〔四〕「目」舊作「因」。漢書五行志云：「傳曰：視之不明，是謂不悊。」又曰：「視氣毁，及人，
則多病目者，故有目痾。」

〔五〕「耳」舊作「身」。五行志云：「傳曰：聽之不聰，是謂不謀。」又曰：「聽氣毁，及人，則多
病耳者，故有耳痾。」

〔六〕王先生云：「『賢多』當作『民多』。」○俞樾云：「『傷賢』疑當作『傷睿』，故云『民多橫夭』，
即六極所謂凶短折也。凶短折爲思不睿之罰，故知當作『傷睿』矣。

〔七〕史記蔡澤傳云：「人生百體堅彊。」白虎通嫁娶篇云：「男三十，筋骨堅强。」昭廿五年左

〔八〕行葦。「梔梔」舊作「握握」，盧學士改。○陳喬樅魯詩遺說考十六云：「『維』作『惟』，今文皆云：「維葉梔梔。」今詩作「泥泥」。○陳喬樅魯詩遺說考十六云：「『維』作『惟』，今文皆如此，石經魯詩可證也。盧氏以『握』是『梔』之譌，良確。毛詩釋文『泥泥』下云：「張揖作苨苨。」今考廣雅釋訓：「苨苨，茂也。」「苨苨」亦三家之異文。」

傳杜注：「幹，骸骨也。」

〔九〕厲。「厲」作「戾」，「愷悌」作「豈弟」，「胡」作「遐」。○李富孫詩經異文釋云：「毛、鄭免詩毛氏傳疏云：「潛夫論作『胡不作人』，胡，何也。此三家義。」○鐸按：陳說是也。

〔一〇〕旱麓。「遐」今作「戾」，是如字讀。士冠禮注：「胡猶遐也。」胡，遐一聲之轉，文異而義同。陳皆訓「遐」爲「遠」，是如字讀。士冠禮注：「胡猶遐也。」胡，遐一聲之轉，文異而義同。陳李强三家以同毛，非是。

〔一〇〕「傷聰之政」至此，舊錯在「教化之所致」下，此下又錯入交際篇「消息於心」以下三十三行，明忠篇「忠信未達」以下五行。

〔一一〕列女傳晉弓工妻曰：「君聞昔者公劉之行乎？羊牛踐葭葦，惻然爲民痛之。恩及草木，豈欲殺不辜者乎？」白虎通情性篇云：「仁者不忍也。」○鐸按：劉向習魯詩，可知此亦魯詩說。

〔一二〕「萌」與「氓」同，注見班禄篇。

〔一三〕旱麓毛傳訓「豈弟」爲「樂易」。鄭箋云：「君子，謂太王、王季。」○鐸按：毛傳本周語下

〔一四〕「無」舊脫。

〔一五〕舊脫「於」字、「有」字，依上文例補。

聖深知之〔一〕，皆務正己以爲表〔二〕，明禮義以爲教，和德氣於未生之前，正表儀於咳笑之後〔三〕。民之胎也，合中和以成，其生也，立方正以長。是以爲仁義之心，廉恥之志〔四〕，骨著脈通〔五〕，與體俱生，而無麤穢之氣〔六〕，無邪淫之欲。雖放之大荒之外〔七〕，措之幽冥之內，終無違禮之行〔八〕，投之危亡之地，納之鋒鍔之間，終無苟全之心。舉世之人，行皆若此，則又烏所得亡〔九〕夫姦亂之民而加辟焉〔一○〕？上天之載，無聲無臭，儀形文王，萬邦作孚〔一一〕。此姬氏所以崇美於前，而致刑措於後也〔一二〕。

〔一〕「聖」下脫「人」字，或「明主」二字誤合爲「聖」。勸將篇云：「明主深知之。」○鐸按：志氏姓篇「吹律定姓，唯聖能之」，亦以「聖」爲「聖人」，蓋非脫字。

〔二〕禮記緇衣云：「上之所好惡，不可不慎也，是民之表也。」

〔三〕文六年左傳云：「引之表儀。」説文云：「咳，小兒笑也。」

〔四〕漢書賈誼傳云：「廉愧之節，仁義之厚。」○鐸按：「爲」猶「有」也。後漢書循吏仇覽

傳：「勸人生業，爲制科令，至於果菜爲限，雞豚有數。」爲、有互文，是其證。又賈誼傳

〔五〕著，讀「根著」之「著」。

〔六〕「愧」乃「醜」字之訛，「廉醜」即「廉恥」，賈子特變篇正作「廉恥」。箋未晰。

〔七〕「大荒」見山海經。

〔八〕周語云：「黷穢暴虐。」楚辭遠遊云：「精氣入而黷穢除。」

〔九〕列女傳衞靈夫人曰：「忠臣與孝子，不爲昭昭變節，不爲冥冥惰行。」論衡書虛篇云：「世稱柳下惠之行，言其能以幽冥自修潔也。」後漢書馮衍傳云：「修道德於幽冥之路。」周禮師氏「掌國中失之事」，故書「中」爲「得」。此蓋一本作「得」，一本作「中」，後人誤合之耳。

〔一〇〕「亡」疑衍，即「夫」字聲誤。○鐸按：「亡」疑「中」之壞。

〔一一〕○鐸按：辟，謂刑辟。爾雅釋詁：「辟，罪也。」

〔一二〕詩文王。「形」今作「刑」。「聲」舊作「馨」，據程本改。○鐸按：詩本據毛詩改之，非此書之舊，斷不可從。又漢書揚雄傳甘泉賦引詩同，蓋魯詩也。程本據毛詩改之，非此書之舊，斷不可從。又漢書揚雄傳甘泉賦引詩同，蓋魯詩也。「載」作「縡」，廣雅釋詁：「縡，事也。」皆本魯詩。陳氏魯詩遺說考十五謂潛夫論仍同毛氏作「載」，疑出後人所改，意其或然。

〔一三〕「也」舊脫。○鐸按：史記周本紀云：「成、康之際，天下安寧，刑錯四十餘年不用。」「錯」是「措」之借。○鐸按：下文作「錯」。

是故上聖〔一〕不務治民事而務治民心，故曰：「聽訟，吾猶人也。必也使無訟乎！」導之以德，齊之以禮〔二〕，務厚其情而明則務義〔三〕，民親愛則無相害傷之意，動思義則無姦邪之心。夫若此者，非法〔四〕律之所使也，非威刑之所彊也，此乃教化之所致也〔五〕。聖人甚〔六〕尊德禮而卑刑罰〔七〕，故舜先勅契以敬敷五教，而後命臯陶以五刑三居〔八〕。是故凡立法者，非以司民短而誅過誤〔九〕，乃以防姦惡而救禍敗，檢淫邪而內正道爾〔一〇〕。

〔一〕「聖」下舊有「故」字，衍。

〔二〕並論語。

〔三〕「則務」二字當作「其」。○鐸按：當作「而務明其義」。

〔四〕「法」字據治要補。

〔五〕「是故上聖」至此，舊錯在「有傷聰之政」上，今移正。「也」字據治要補。漢書董仲舒傳云：「夫萬民之從利也，如水之走下，不以教化隄防之，不能止也。是故教化立而姦邪皆止者，其隄防完也；教化廢而姦邪並出，刑罰不能勝者，其隄防壞也。古之王者明於此，是故南面而治天下，莫不以教化爲大務。立太學以教於國，設庠序以化於邑，漸民以仁，

摩民以誼，節民以禮。故其刑罰甚輕而禁不犯者，教化行而習俗美也。」

〔六〕「甚」舊作「其」，據治要改。

〔七〕漢書禮樂志董仲舒對策云：「王者承天意以從事，故務德教而省刑罰。」

〔八〕書堯典。

〔九〕王先生云：「司，讀爲『伺』。」〇鐸按：「伺」蓋「司」之後出加旁字，說文所無。

〔一〇〕禮記樂記云：「刑以防其姦。」新語道基篇云：「檢姦邪，消佚亂。」大戴禮勸學篇云：「所以防僻邪而道中正也。」内，讀爲「納」。

詩云：「民之秉夷，好是懿德〔一〕。」故民有心也，猶爲種之有園也。遭和氣則秀茂而成實，遇水旱則枯槁而生孽〔二〕。民蒙善化，則人〔三〕有士君子之心〔四〕；被惡政，則人有懷姦亂之慮。故善者之養天民也，猶良工之〔五〕爲麴豉也〔六〕。起居以其時〔七〕，寒溫得其適〔八〕，則一蔭之麴豉〔九〕盡美而多量〔一〇〕。其遇〔一一〕拙工〔一二〕，則一蔭之麴豉皆臭敗而棄捐〔一三〕。今六合亦由一蔭也〔一四〕，黔首之屬〔一五〕猶豆麥也，變化云爲〔一六〕，在將者爾。遭良吏則皆懷忠信而履仁厚，遇惡吏則皆懷姦邪而行淺薄〔一七〕。忠厚積則致太平，姦薄積則致危亡。是以聖帝明王，皆敦德化而薄威刑。德者所以修己也，威

者所以治人也。上智與〔一八〕下愚之民少，而中庸之民多〔一九〕。中民之生世也，猶鑠金

之在鑪也，從篤變化〔二〇〕，惟治所爲，方圓薄厚，隨鎔制爾〔二一〕。

〔一〕 烝民。「夷」今詩作「彝」，孟子引詩作「夷」。〇鐸按：毛詩作「彝」，正字；魯詩作「夷」，
用借字也。書洪範「是彝是訓」，史記宋微子世家引「彝」作「夷」。周禮司尊彝「祼用雞
彝」，禮記明堂位作「雞夷」，鄭注：「夷，讀爲『彝』。」是夷、彝同也。

〔二〕 説文云：「禽獸蟲蝗之怪謂之蠻。」「蠻」與「蠻」通。

〔三〕 「人」字據治要補。

〔四〕 春秋繁露俞序篇云：「教化流行，德澤大洽，天下之人，人有士君子之行而少過矣。」

〔五〕 「之」字據治要補。

〔六〕 孟子云：「天下之良工也。」説文云：「籟，酒母也。或作鞠。」「麴」與籟、鞠同。豉，説文
正作「尗」，云：「配鹽幽尗也。」史記貨殖傳云：「蘖麴鹽豉千荅。」

〔七〕 漢書卜式傳云：「以時起居。」禮記儒行鄭注：「『起居』猶『舉事動作』。」

〔八〕 吕氏春秋侈樂篇云：「寒、溫、勞、逸、飢、飽，此六者非適也。凡養也者，瞻非適而以之適
者也。」

〔九〕 説文云：「窨，地室也。」徐鍇云：「今謂地窖藏酒爲窨。」「蔭」與「窨」通。齊民要術云：
「作豉法，先作暖蔭屋，坎地深三二尺，密泥塞屋牖，勿令風及蟲鼠入也。」又云：「作麥麴

法，其房欲得板戶，密泥塗之。』説文「鼓，配鹽幽尗」，徐鍇云：「幽，謂造之幽暗也。」「暗」與「窨」義亦同。○鐸按：詩七月：「三之日納於凌陰。」陰、蔭、窨並同。今北人謂之「地窨子」。

〔一〇〕史記匈奴傳：「中行説曰：『漢所輸匈奴繒絮米蘗，令其量中必善美。』」

〔一一〕舊作「愚」，據治要改。

〔一二〕孟子云：「大匠不爲拙工改廢繩墨。」

〔一三〕舊作「損」，據治要改。

〔一四〕新書過秦上篇云：「履至尊而制六合。」淮南子原道訓高誘注：「四方上下爲六合。」

〔一五〕○鐸按：「由」與「猶」同。

〔一六〕禮記祭義云：「以爲黔首則」，鄭注：「黔首，謂民也。」

〔一七〕易繫辭下傳。

〔一八〕漢書刑法志文帝詔云：「牧民而道之以善者吏也。」公孫弘傳云：「先世之吏正，故其民篤。今世之吏邪，故其民薄。」禮樂志云：「世衰民散，小人乘君子，心耳淺薄，則邪勝正。」

〔一九〕論語云：「唯上智與下愚不移。」後漢書楊終傳云：「上智下愚，謂之不移。中庸之流，要

與舊作「則」。

潛夫論箋校正　　　四九四

在教化。」荀子王制篇云「中庸民不待政而化」，楊倞注：「中庸民易與爲善，故教則化之，不待政成之後也。」

〔一○〕「篤」疑「范」之誤。王先生云：「疑是『從革』。」○鐸按：作「范」是也。下言「隨鎔」，金曰鎔，竹曰范，對文則異，散文則通。

〔三一〕春秋繁露實性篇云：「中民之性，待漸於教訓而後能爲善。」漢書董仲舒傳云：「夫上之化下，下之從上，猶泥之在鈞，惟甄者之所爲，猶金之在鎔，惟冶者之所鑄。」

是故世之善否〔一〕，俗之薄厚，皆在於君。上聖和德〔二〕氣以化民心，正表儀以率羣下，故能使民比屋可封，堯、舜是也〔三〕。其次躬道德而敦慈愛，美教訓而崇禮讓，故能使民無爭心〔四〕而致刑錯〔五〕，文、武是也。其次明好惡而顯法禁，平賞罰而無阿私〔六〕，故能使民辟姦邪而趨公正，理弱亂以致治彊，中興是也〔七〕。治天下〔八〕，身處汙而放情〔九〕，怠民事而急酒樂〔一○〕，近頑童而遠賢才〔一一〕，親諂諛而疏正直，重賦稅以賞無功，妄加喜怒以傷無辜〔一二〕，故能亂其政以敗其民，弊其身以喪其國者〔一三〕，幽、厲是也。

〔一〕「否」治要作「惡」。

〔二〕「德」字舊脫，據上文補。

〔三〕新語無爲篇云：「堯、舜之民可比屋而封，桀、紂之民可比屋而誅者，教化使然也。」漢書
王莽傳云：「明聖之世，國多賢人，故唐、虞之時，可比屋而封。」論衡藝增篇云：「儒書又
言堯、舜之民可比屋而封，言其家有君子之行，可皆官也。」

〔四〕昭六年左傳云：「民知有辟，則不忌於上，並有爭心，以徵於書，而徼幸以成之。」

〔五〕上作「措」。

〔六〕孝經云：「示之以好惡，而民知禁。」韓非子五蠹篇云：「明其法禁，必其賞罰。」漢書金
日磾傳云：「亡所阿私。」呂氏春秋貴公篇高誘注：「『阿』亦『私』也。」

〔七〕毛詩序云：「烝民，尹吉甫美宣王也。任賢使能，周室中興焉。」史記周本紀云：「宣王即
位，二相輔之修政，法文、武、成、康之遺風，諸侯復宗周。」

〔八〕下有脱文。

〔九〕文選古詩云：「蕩滌放情志。」治要載桓範政要論節欲篇云：「儉者節欲，奢者放情。放
情者危，節欲者安。」

〔一〇〕大戴禮少閒篇云：「荒耽於酒，淫洗於樂。」

〔一一〕鄭語：「史伯曰：『侏儒戚施，實御在側，近頑童也。』」

〔一二〕治要載六韜文韜篇：「太公曰：『賢君之治國，其政平，吏不苛，其賦斂節，其自奉薄，不

〔二二〕詩抑云：「天方艱難，曰喪厥國。」毛詩序云：「衞武公刺厲王。」

以私善害公法，賞賜不加於無功，刑罰不施於無罪，不因喜以賞，不因怒以誅。」」

孔子曰：「三人行，必有我師焉。擇其善者而從之，其不善者，我則改之〔二〕。」詩

美「宜鑒於殷，自求多福〔二〕。是故世主誠能使六合之內，舉世之人，咸懷方厚之情，

而無淺薄之惡，各奉公正〔三〕之心，而無姦險〔四〕之慮，則義、農之俗，復見於茲，麟龍鸞

鳳，復畜於郊矣〔五〕。

〔一〕論語「我則」二字作「而」。○鐸按：襄卅一年左傳：「子產曰：『其所善者，吾則行之，

　　其所惡者，吾則改之。是吾師也。』」當是古本有如是者。

〔二〕文王。○鐸按：詩「自求多福」句在「宜鑒于殷」句上。

〔三〕「正」舊作「政」，據治要改。

〔四〕「險」舊作「賊」，據治要改。

〔五〕白虎通封禪篇云：「德至鳥獸，則鳳凰翔，鸞鳥舞，麒麟臻。」禮記禮運云：「鳳凰麒麟，

　　皆在郊椒。」

五德志〔一〕第三十四

自古在昔〔二〕，天地開闢〔三〕。三皇迭制，各樹號諡，以紀其世。天命五代，正朔三復〔四〕。神明感生〔五〕，爰〔六〕與有國。亡於嫚以〔七〕，滅於積惡。神微精以〔八〕，天命罔極〔九〕。或皇馮依〔一〇〕，或繼體育〔一一〕。太暤〔一二〕以前尚矣〔一三〕。迪斯用來〔一四〕，頗可紀錄。雖一精思〔一五〕，議而復誤。故撰古訓〔一六〕，著五德志〔一七〕。

〔一〕○鐸按：大戴禮有五帝德、帝繫二篇，此文本之，皆上古興亡史也。

〔二〕詩那。

〔三〕御覽一引尚書中候云：「天地開闢。」○鐸按：已見卜列篇。

〔四〕白虎通三正篇云：「禮三正記曰：『正朔三而改，文質再而復。』」

〔五〕禮記大傳鄭注云：「王者之先祖，皆感太微五帝之精以生。」詳卜列篇注。

〔六〕舊作「愛」。

〔七〕當作「易」，易、以聲近之誤。說文云：「嫚，侮易也。」經典通作「慢易」，注見斷訟篇。

〔八〕「以」字誤，或當在「精」字上，明忠篇「精微而神」是其例。論衡奇怪篇云：「說聖者以爲

稟天精微之氣。」此文意蓋與彼同。

〔九〕詩維天之命毛傳:「孟仲子曰:『大哉!天命之無極。』」文十七年左傳云:「命之罔極。」

〔一〇〕詩閟宮云「上帝是依」,鄭箋:「天用是馮依而降精氣。」僖五年左傳云:「神所馮依。」

〔一一〕史記外戚世家序云:「自古受命帝王及繼體守文之君。」

〔一二〕「暈」與「皡」同。隸書從「皐」之字多作「罩」。

〔一三〕大戴禮五帝德篇云:「孔子曰:『黃帝尚矣。』」史記三代世表序云「五帝三代之記尚矣」,索隱:「劉氏云『尚猶久古也。』」

〔一四〕猶云「由斯以來」也。○鐸按:楚辭九章懷沙:「易初本迪兮。」史記屈原傳「迪」作「由」。

〔一五〕史記鄒陽傳云:「雖竭精思。」一,讀「專壹」之「壹」。

〔一六〕詩烝民云:「古訓是式。」說文云:「僎,具也。」「撰」即「僎」之借。

〔一七〕大戴禮有五帝德篇。史記三代世表序云「終始五德之傳」,索隱云:「謂帝王更王,以金木水火土之五德傳次相承,終而復始,故云『終始五德之傳』也。」

世傳三皇五帝,多以爲伏羲、神農爲二皇〔一〕,其一者或曰燧人〔二〕,或曰祝融〔三〕,

或曰女媧〔四〕。其是與非，未可知也。我聞古有天皇、地皇、人皇〔五〕，以爲或及此謂，亦不敢明。凡斯數〔六〕，其於五經，皆無正文。故略依易繫，記伏羲以來，以遺後賢。雖多未必獲正，然罕可以浮游博觀〔七〕，共求厥真。

〔一〕淮南子原道訓云「泰古二皇」，高誘注：「二皇，伏羲、神農也。」獨斷云：「上古天子，庖犧氏、神農氏稱皇。」

〔二〕尚書大傳及禮緯含文嘉。說見風俗通 皇霸篇。禮記曲禮疏云：「宋均注援神契引甄耀度數燧人、伏羲、神農爲三皇。」

〔三〕禮號謚記。說見風俗通。白虎通亦引之。

〔四〕春秋運斗樞。說見風俗通。

〔五〕史記秦始皇紀：「博士議曰：『古有天皇，有地皇，有泰皇。』」索隱云：「泰皇當人皇也。」初學記九引春秋緯云：「天皇、地皇、人皇，兄弟九人，分九州，長天下。」御覽七十八引徐整三五歷紀云：「天皇、地皇、人皇爲太古。」

〔六〕「數」下脫一字。○鐸按：邵校本臆補「者」字。

〔七〕○俞樾云：「『然罕』二字絕句，言此義爲世所罕聞也。」篇中所陳，與太史公五帝紀、三代世表絕異。太史公曰：「余讀諜記，黃帝以來，皆有年數。稽其歷譜諜，終始五德之傳，古文咸不同乖異。」然則當時原有異同。今依潛夫説，則舜無娶曾祖姑之嫌，而稷、契皆

五〇〇

非堯弟，故自舜始舉之，於理爲近也。」孫詒讓札迻八二云：「『罕』疑當作『幸』。謂冀幸可以浮游博觀，與學者共求其真也。」○鐸按：俞讀固非，孫改恐亦未是。罕，少也。「罕可」蓋猶後世言「少可」、「差可」耳。陶潛感士不遇賦「罕無路之不澀」，「罕」義與此同，蓋漢末、魏、晉時方俗有此語。

大人迹出雷澤，華胥履之生伏羲〔一〕。其相日角〔二〕，世號太暤〔三〕。都於陳〔四〕。其德木〔五〕，以龍紀，故爲龍師而龍名〔六〕。作八卦，結繩爲網以漁〔七〕。

〔一〕御覽七十八引詩含神霧云：「大迹出雷澤，華胥履之生宓犧。」又引孝經鈎命決云：「華胥履跡，怪生皇犧。」注云：「跡，靈威仰之跡也。」

〔二〕御覽引孝經援神契云：「伏羲氏日角，衡連珠。」五行大義五引孝經鈎命決云：「伏羲日角，珠衡，戴勝。」

〔三〕漢書古今人表「太昊帝宓羲氏」，張晏曰：「太昊，有天下號也。」按律曆志云：「易曰：『炮犧氏之王天下也。』言炮犧繼天而王，爲百皇先，首德始於木，故爲帝太昊。作罔罟以佃漁，取犧牲，故天下號曰炮犧氏。」是班氏以太昊爲身號，炮犧爲世號矣。先儒言身號、世號往往岐異，今就與本書合者録之。

〔四〕昭十七年左傳云：「陳，太暤之墟也。」杜注：「太暤居陳。」

〔五〕御覽引春秋内事云：「伏羲氏以木德王。」

〔六〕昭十七年左傳。

〔七〕易繫辭下傳。○鐸按：下繫：「作八卦，作結繩而爲罔罟。」下「作」字涉上衍。王念孫說，見經義述聞。

後嗣帝嚳〔一〕，代顓頊氏〔二〕。其相戴干〔三〕，其號高辛〔四〕。厥質神靈〔五〕，德行祗肅，迎送日月〔六〕，順天之則〔七〕，能敍三辰以周民〔八〕。作樂六英〔九〕。世有才子八人：伯奮、仲堪、叔獻、季仲、伯虎、仲雄、叔豹、季狸，忠肅恭懿，宣慈惠和，天下之人謂之八元〔一〇〕。

〔一〕錢宮詹大昕云：「太史公三代世表謂堯、舜、禹、稷、契皆出黃帝。稷、契與堯同父，堯不能用，至舜始舉之。舜娶堯二女，乃是曾祖姑。此皆昔人所疑。惟潜夫論五德篇謂帝嚳爲伏羲之後，其後爲后稷，堯爲神農之後，舜爲黃帝後，禹爲少昊後，契爲顓頊後。少昊、顓頊不出於黃帝，堯不出於嚳，則舜無娶同姓之嫌，而稷、契之不爲堯所知，亦無足怪。於情事似近之。又考春秋命歷序稱黃帝傳十世二千五百二十歲，少昊傳八世五百歲，顓頊傳二十世三百五十歲，帝嚳傳十世四百歲。然則顓頊非黃帝孫，堯亦非帝嚳子。可以正史記之謬，與潜夫論亦相合。」

〔二〕漢書律曆志云：「春秋外傳曰，顓頊之所建，帝嚳受之，水生木，故爲木德。」

〔三〕御覽八十引春秋元命苞云：「帝嚳戴干，是謂清明，發節移度，蓋像招搖。」王先生云：「按元命苞言『厥象招搖』，則『干』當作『斗』，字形相涉而誤。戴斗者，頂方如斗也。」

〔四〕漢書律曆志云：「天下號曰高辛氏。」史記索隱：「宋衷曰：『高辛地名，因以爲號。』」

〔五〕大戴禮五帝德篇云：「高辛生而神靈，自言其名。」

〔六〕大戴禮云：「歷日月而迎送之。」

〔七〕大戴禮云：「順天之義。」

〔八〕禮記祭法云：「帝嚳能敍星辰以著衆。」

〔九〕周禮大司樂疏引樂緯云：「顓頊之樂曰五莖，帝嚳之樂曰六英。」注云：「能爲五行之道立根莖。六英者，六合之英。」高誘注淮南子齊俗訓以六英爲顓頊樂，御覽七十九、八十引帝王世紀又云：「顓頊作樂五英，帝嚳作樂六莖。」白虎通禮樂篇則以六莖屬顓頊，五英屬帝嚳，漢書禮樂志同。然此自本樂緯。下云「顓頊作樂五英」，「英」當爲「莖」，蓋傳寫之誤。

〔一〇〕文十八年左傳。「雄」今作「熊」，「貍」作「貍」，「恭」作「共」。○鐸按：下四人皆以獸爲字，則作「雄」者借字也。帝王世紀「伏羲曰皇雄氏」，亦作「黃熊」，易林蹇之大過「熊」與「宏」叶，是二字音近相通之證。

後嗣姜嫄，履大人迹生姬棄〔一〕。厥相披頤〔二〕。爲堯司徒〔三〕，又主播種，農植嘉穀〔四〕。堯遭水災，萬民以濟〔五〕。故舜命曰后稷〔六〕。周之興也，以棄代之，至今祀之〔七〕。初，烈山氏之有天下也，其子曰柱，能植百穀，故立以爲稷，自夏以上祀之。

〔一〕御覽一百卅五引春秋元命苞云：「周本姜嫄遊閟宮，其地扶桑，履大迹，生后稷。」史記周本紀云：「帝舜封棄於邰，號曰后稷，別姓姬氏。」

〔二〕披頤，宋書符瑞志作「柀頤」。按柀、枝並「岐」之誤。御覽三百六十八引春秋元命苞云：「后稷歧頤自求，是謂好農。蓋象角亢，載上食穀。」王先生云：「按詩大雅生民：『克岐克嶷』，『岐嶷』即『岐頤』也。岐者，頭骨隆起而岐出，嶷嶷然高，故象角亢。」○鐸按：馬瑞辰毛詩傳箋通釋二十五云：「元命苞『歧頤』，潛夫論『披頤』，皆即詩『岐嶷』之轉借，或本三家詩。」

〔三〕「司徒」當作「司馬」。詩閟宮鄭箋云：「后稷生而名棄，長大，堯登用之，使居稷官，民賴其功。後雖作司馬，天下猶以后稷稱焉。」疏引尚書刑德放云：「稷爲司馬，契爲司徒。」御覽二百九引尚書中候云：「稷爲大司馬。」論衡初稟篇云：「棄事堯爲司馬，居稷官，故爲后稷。」

〔四〕書呂刑。「植」今作「殖」。○鐸按：農，勉也。言勉植嘉穀也。經義述聞三王念孫説。

太姒夢長人感己，生文王〔一〕。厥相四乳〔二〕。爲西伯，興於岐〔三〕。斷虞、芮之訟而始受命〔四〕。武王駢齒〔五〕，勝殷遏劉〔六〕，成周道〔七〕。姬之別封衆多，管、蔡、成、霍、魯、衛、毛、聃、郜、雍、曹、滕、畢、原、酆、郇，文之昭也〔八〕。邘、晉、應、韓，武之穆也。凡、蔣、邢、茅、胙、祭，周公之胤也〔九〕。周、召、虢、吳、隨、邴、方、邗、息〔九〕、潘〔一〇〕、養、滑、鄗、宮、密、榮、丹、郭〔一一〕、楊、逢、管、唐、韓、楊〔一二〕、瓨〔一三〕、欒、甘、鱗、虞〔一四〕、王氏〔一五〕，皆姬姓也〔一六〕。

〔一〕　史記周本紀云：「古公止於岐，少子季歷生昌，有聖瑞。古公曰：『我世當有興者，其在

〔二〕　御覽引春秋元命苞云：「文王四乳，是謂含良。蓋法酒旗，布恩施惠。」

〔三〕　御覽八十四引詩含神霧云：「大任夢長人感己，生文王。」

〔五〕　繫辭云：「臼杵之利，萬民以濟。」

〔六〕　書堯典。

〔七〕　昭廿九年左傳云：「有烈山氏之子曰柱，爲稷，自夏以上祀之。」禮記祭法云：「厲山氏之有天下也，其子曰農，能殖百穀。夏之衰也，周棄繼之，故祀以爲稷。」鄭注：「厲山氏或曰有烈山氏。」此合二書言之。

昌乎!」昌立,是爲西伯,西伯曰文王。」說文云:「妃,周文王所封。或從山作「岐」,因岐
山以名之也。」

〔四〕史記劉敬傳云:「文王爲西伯,斷虞、芮之訟,而詩人稱西伯受命。」周本紀又云:「詩人道西伯,蓋受命之年稱王而斷
斷虞、芮之訟,而詩人稱西伯受命。」齊太公世家云:「周西伯政平,及
虞、芮之訟。」

〔五〕御覽三百六十八引春秋元命苞云:「武王駘齒,是謂剛強。參房誅害,以從天心。」

〔六〕詩武。

〔七〕漢書律曆志云:「武王伐商紂,水生木,故爲木德,天下號曰周室。」五行志云:「昔周公
制禮樂,成周道。」

〔八〕僖廿四年左傳。「成」作「郕」,「邗」作「邢」,「茆」作「茅」,「祚」作「胙」。茆,讀爲「茅」,詳
交際篇。

〔九〕「息」舊作「自」,據路史國名紀五、後紀十改。隱十一年左傳疏引世本:「息國,姬姓。」說
文作「鄖」。

〔一〇〕廣韻二十六桓「潘」字注云:「周文王子畢公之子季孫食采於潘,因氏焉。」

〔一一〕僖五年左傳云:「虢仲、虢叔,王季之穆也。」疏引賈逵云:「虢仲封東虢,制是也。虢叔
封西虢,虢公是也。」按「虢公」僖二年公羊傳作「郭」。○鐸按:公羊釋文云:「郭,音虢,

又如字。

〔二〕「楊」重見。後紀十載姬國有陽,在楊上。上文「楊」字蓋即「陽」之譌。此「楊」字當從手,襄廿九年左傳云:「虞、虢、焦、滑、霍、揚、韓、魏,皆姬姓也。」○鐸按:左傳「揚」當從木,辯見洪亮吉春秋左傳詁。

〔三〕「觚」疑「狐」。晉語云:「狐氏出自唐叔。」○鐸按:狐氏,晉姬姓。見下篇。

〔四〕「鱗」當作「鮮」。昭十二年穀梁傳「晉伐鮮虞」,范甯注:「鮮虞,姬姓國。」世本文。鄭語云「北有衛、燕、狄、鮮虞」,韋昭注:「鮮虞,姬姓白狄也。」疏云:

〔五〕國名紀。後紀「王」作「主」,以「主」爲國名。按太子晉之後爲王氏,見志氏姓篇。

〔六〕○鐸按:以上伏羲,木德,後嗣譽、棄。

有神龍首出常羊,感任姒〔二〕,生赤帝魁隗。身號炎帝,世號神農,代伏羲氏〔二〕。其德火紀,故爲火師而火名〔三〕。是始〔四〕斲木爲耜,揉木爲耒耨。日中爲市,致天下之民,聚天下之貨,交易而退,各得其所〔五〕。

〔一〕舊脱「羊」字,「任」作「姓」。御覽七十八引帝王世紀云:「神農氏母曰任姒,有喬氏之女,名女登。爲少典妃。遊於華陽,有神龍首感女登於常羊,生炎帝。」又引孝經鈎命決云「任已感龍生帝魁」,注云:「魁,神農名。『已』或作『姒』。」

〔二〕淮南子時則訓云「赤帝祝融之所司者萬二千里」，高誘注：「赤帝，炎帝，號爲神農。」漢書律曆志云：「易曰：『炮犧氏没，神農氏作。』以火承木，故爲炎帝。教民耕農，故天下號曰神農氏。」

〔三〕昭十七年左傳。

〔四〕「始」舊作「以」，依下文例改。

〔五〕易繫辭。按「揉木爲耒耜」，與釋文或本同。

後嗣慶都，與龍合婚，生伊堯〔一〕。代高辛氏。其眉八彩〔二〕。世號唐〔三〕。作樂大章〔四〕。始禪位〔五〕。武王克殷，而封其胄於鑄〔六〕。

〔一〕初學記九引詩含神霧云：「慶都與赤龍合婚，生赤帝伊祁堯。」按隸釋帝堯碑云：「帝堯者，其先出自塊隗，翼火之精。有神龍首出於常羊□□□□□生赤□□□□□□爰嗣八九，慶都與赤龍交而生伊堯。」成陽靈臺碑云：「昔者慶都□□□□□兆舍穹精氏，姓曰伊，游觀河濱，感赤龍交，始生堯。」淮南子修務訓高誘注：「堯母慶都，蓋天帝之女。寄伊長孺家，年二十無夫。出觀於河，有赤龍負圖而至，奄然陰雲，赤龍與慶都合而生堯。」按誘説本春秋合誠圖，御覽八十引之。

〔二〕御覽引春秋元命苞云：「堯眉八彩，是謂通明。歷象日月，璇璣玉衡。」

〔三〕漢書律曆志云：「帝堯封於唐。蓋高辛氏衰，天下歸之。木生火，故爲火德，天下號曰陶唐氏。」

〔四〕白虎通云：「堯樂曰大章。」

〔五〕孟子云：「唐、虞禪。」

〔六〕禮記樂記云：「武王克殷反商，未及下車，而封帝堯之後於祝。」鄭注：「『祝』或爲『鑄』。」續漢書郡國志「濟北郡蛇邱有鑄鄉城」，劉昭注：「周武王未及下車，封堯後於鑄。」按鑄、祝聲相近。淮南子俶真訓「冶工之鑄器」，高誘注：「鑄，讀如『唾祝』之『祝』。」

含始吞赤珠，尅曰『玉英生漢』，龍感女媪，劉季興〔一〕。

〔一〕藝文類聚九十八引詩含神霧云：「含始吞赤珠，刻曰『玉英生漢』」，後赤龍感女媪，劉季興也。」「尅」與「刻」同。史記高祖紀索隱引王符云：「太上皇名煓。」此書無之，蓋小司馬誤也。漢書律曆志云：「漢高祖皇帝伐秦繼周，木生火，故爲火德。」〇鐸按：以上神農，火德，後嗣堯。

大電繞樞炤野，感符寶，生黃帝軒轅〔二〕。代炎帝氏。其相龍顏〔三〕，其德土行〔三〕。

以雲紀，故爲雲師而雲名〔四〕。作樂咸池〔五〕。是始制衣裳〔六〕。

〔一〕藝文類聚一引河圖握矩起云:「大電繞樞星,炤郊野,感符寶而生黃帝。」御覽七十九「符」作「附」,初學記九引詩含神霧同。大戴禮五帝德篇云:「黃帝曰軒轅。」〇鐸按:初學記九引帝王世紀:「黃帝母曰附寶。」

〔二〕御覽七十九引春秋元命苞云:「黃帝龍顏,得天庭陽。上法中宿,取象文昌。戴天履陰,秉數制剛。」

〔三〕史記五帝紀云:「有土德之瑞。」漢書律曆志云:「易曰:『神農氏沒,黃帝氏作。』火生土,故爲土德。」

〔四〕昭十七年左傳。

〔五〕白虎通云:「黃帝樂曰咸池。」

〔六〕繫辭。

後嗣握登,見大虹,意感生重華虞舜〔一〕。其目重瞳〔二〕。事堯,堯乃禪位,曰:「格爾舜!天之歷數在爾躬。允執厥中,四海困窮,天祿永終〔三〕。」乃受終於文祖〔四〕。世號有虞〔五〕。作樂九韶〔六〕。禪位於禹。武王克殷,而封胡公嬀滿於陳,庸以元女大姬〔七〕。

〔一〕御覽八十一引詩含神霧云:「握登見大虹,意感生帝舜。」史記五帝紀云:「虞舜者,名曰

重華。」

〔二〕御覽三百六十六引春秋元命苞云：「舜重瞳子，是謂滋涼。上應攝提，以象三光。」御覽多誤字，據白虎通聖人篇訂正。

〔三〕論語。「格」今作「咨」，「厥」作「其」。

〔四〕書堯典。

〔五〕漢書律曆志云：「帝舜處虞之媯汭，堯禪以天下。火生土，故爲土德。天下號曰有虞氏」

〔六〕白虎通云：「舜樂曰簫韶。」呂氏春秋古樂篇云：「舜乃令質修九招、六列、六英，以明帝德。」「招」與「韶」同。

〔七〕禮記樂記云：「武王克殷反商，未及下車，而封帝舜之後於陳。」襄廿五年左傳云：「庸以元女大姬配胡公，而封諸陳。」王先生云：「『大姬』下脫『配之』二字。」○鐸按：以上軒轅，土德，後嗣舜。

大星如虹，下流華渚，女節夢接，生白帝摯青陽。世號少暤〔一〕。代黃帝氏，都於曲阜〔二〕。其德金行〔三〕。其立也，鳳皇適至，故紀於鳥。鳳鳥氏〔四〕歷正也，玄鳥氏司分者也，伯趙氏司至者也，青鳥氏司啓者也，丹鳥氏司閉者也。祝鳩氏司徒也，雎鳩氏司馬也，尸鳩氏司空也，爽鳩氏司寇也，鶻鳩氏司事也。五鳩，鳩民者也。五雉爲

五工正，利器用，夷民者也〔五〕。是始〔六〕作書契，百官以治，萬民以察〔七〕。有才子四人，曰重，曰該，曰修，曰熙，實能金木及水，故重爲勾芒，該爲蓐收，修及熙爲玄冥。

恪恭厥業，世不失職，遂濟窮桑〔八〕。

〔一〕初學記十引河圖云：「帝摯少昊氏，母曰女節，見大星如虹，下流華渚，既而夢接，意感生白帝朱宣。」御覽引帝王世紀云：「少昊帝名摯，字青陽。」按漢書律曆志以摯爲黃帝子青陽子孫，與此異。

〔二〕定四年左傳「封於少皞之虛」，杜注：「少皞虛，曲阜也。」帝王世紀云：「都曲阜。」漢書律曆志云：「土生金，故爲金德。天下號曰金天氏。」

〔三〕漢書律曆志云：「土生金，故爲金德。天下號曰金天氏。」

〔四〕「鳥」舊脫。

〔五〕昭十七年左傳「鳳皇」作「鳳鳥」，「利器用」下有「正度量」一句。又云：「九扈爲九農正，扈民無淫者也。」此亦當有之。

〔六〕「始」舊作「故」。

〔七〕繫辭。

〔八〕昭廿九年左傳無「恪恭厥業」句。

後嗣修紀，見流星，意感生白帝文命戎禹〔一〕。其耳參漏〔二〕。爲堯司空〔三〕，主平

水土，命山川〔四〕，畫九州，制九貢。功成，賜玄珪，以告勳於天〔五〕。舜乃禪位，命如堯

詔〔六〕，禹乃即位。作樂大夏〔七〕。世號夏后〔八〕。

〔一〕「戎」舊作「我」。御覽八十二引尚書帝命驗云：「禹白帝精，以星感。修己山行，見流星，意感栗然，生姒戎文命。」御覽八十二引尚書帝命驗云：「姒，禹氏。禹生戎地，一名文命。」按御覽引帝王世紀及宋書符瑞志「紀」並作「己」。孝經鈎命決作「紀」，亦見御覽。

〔二〕御覽八十二引雒書靈准聽云：「有人大口，兩耳參漏。」注云：「謂禹也。」白虎通聖人篇云：「禹耳三漏，是謂大通。興利除害，決河疏江。」

〔三〕書堯典。

〔四〕書呂刑。「命」今作「名」。

〔五〕書禹貢。「珪」今作「圭」。說文云：「古文圭從玉。」

〔六〕論語云：「舜亦以命禹。」

〔七〕白虎通云：「禹樂曰大夏。」

〔八〕漢書律曆志云：「伯禹，虞舜嬗以天下。土生金，故爲金德。天下號曰夏后氏。」皇侃論語義疏引白虎通云：「夏以揖讓受禪爲君，故褒之稱后。后，君也。」又云：「夏得禪授，是君與之，故稱后也。」

傳嗣子啓。啓子太康、仲康更立。兄弟五人，皆有昏德，不堪帝事，降須洛汭，是謂五觀〔一〕。

〔一〕楚語：「士亹曰：『啟有五觀。』」韋昭注：「五觀，啟子太康昆弟也。觀，雒汭之地。書曰：『太康失國，昆弟五人須於雒汭。』」按漢書古今人表「下中太康」注：「啓子。兄弟五人，號五觀。」「下上中康」，注：「太康弟。」按太康、仲康不在五觀之數。此并言之，蓋誤。○鐸按：史記魏世家正義「觀國，夏啓子太康第五弟之所封也」以五觀爲一人。

此以爲五人，與書序合。

孫相嗣位，夏道浸衰。於是后羿自鉏遷於窮石，因夏民以代夏政，滅相。妃后緡方娠，逃出自竇，奔〔二〕於有仍，生少康焉。爲仍〔三〕牧正〔三〕。

〔一〕「奔」襄四年左傳作「歸」。

〔二〕「爲仍」舊作「仍妃」，據傳改。

〔三〕按襄四年傳「以代夏政」下即接「恃其射也」，滅相乃浞事，見哀元年傳，傳文「滅夏后相」至「爲仍牧正」在「伐斟、鄩」下。此文敍事，有乖先後。

羿恃己[一]射也，不修民事，而淫於原獸；棄武羅、伯因、熊髡、尨圉[二]，而用寒

浞。浞，柏[三]明氏讒子弟也。柏明氏惡而棄之。夷羿收之，信而使之，以爲己相。

浞行媚於內，施賂於外，愚弄於[四]民，虞羿於田，樹之詐匿[五]，以取其國家，外內咸

服。羿猶不悛，將歸自田，家眾殺而烹之，以食其子。子不忍食諸，死於窮門。

[一]「己」傳作「其」。

[二]○鐸按：程本作「龍圉」，文選桓溫薦焦秀表注引傳同。漢書人表作「厖圉」。

[三]「柏」傳作「伯」。○鐸按：柏、伯古字通。上文「伯因」，人表作「柏因」。郭璞注穆天子傳
云：「古『伯』字多從木。」謂伯仲字多作「柏」也。

[四]「於」傳作「其」。

[五]匿，讀爲「慝」。○鐸按：傳作「慝」。

靡奔於有鬲氏[一]。浞因羿室生澆及豷，恃其讒慝[二]詐偽，而不德於民，使澆用

師，滅斟灌及斟尋氏，處澆於過，處豷於戈[三]，使椒求少康。逃奔有虞，爲之胞正[四]。

虞思妻以二妃[五]，而邑諸綸，有田一成，有眾一旅，能布其德，而兆其謀，以收夏眾，

撫其官職。靡自有鬲收二國之燼，以滅浞，而立少康焉。乃使女艾誘澆，使后杼誘

獶〔六〕，遂滅過、戈，復禹之績，祀夏配天，不失舊物〔七〕。十有七世而桀亡天下〔八〕。

〔一〕〇鐸按：傳無「於」字。水經淮水注引傳作「逃於有鬲氏」，於「字不省，與此同。

〔二〕本書「慝」皆作「匿」。按爾雅釋訓：「諉諉、謞謞，崇讒慝也。」釋文云：「慝，諸儒並女陟反，言隱匿其情以飾非。」是「讒慝」正當爲「讒匿」，此疑後人所改。

〔三〕按傳，獶、澆當易置。

〔四〕「胞」傳作「庖」。按胞、庖古通用。列子楊朱篇「胞廚之下」，釋文云：「『胞』崔本作『庖』。」庚桑楚篇「湯以胞人籠伊尹」，釋文云：「『胞』本又作『庖』。」漢書百官公卿表少府屬官有胞人，東方朔傳「館陶公主胞人臣偃」，顏師古注並云：「『胞』與『庖』同。」王方伯云：「禮記祭統云：『夫祭有畀煇胞翟閽者。』又云：『胞者，肉吏之賤者也。』亦以『胞』爲『庖』。」莊子養生主篇「庖丁爲文惠君解牛」，釋文云：「『庖』本又作『胞』。」

〔五〕「妃」傳作「姚」。

〔六〕「后」傳作「姚」。

〔七〕「后」傳作「季」。杜注：「季杼，少康子后杼也。」夏道浸衰，以下，本襄四年、哀元年左傳。〇鐸按：「夏道浸衰」至「處澆於戈」，「靡自有鬲」至「立少康焉」，襄四年。餘皆哀元年。

〔八〕史記三代世表云：「從禹至桀十七君十四世。」夏本紀集解：「徐廣曰：『從禹至桀十七世。』」漢書律曆志云：「夏后氏繼世十七王。」

武王克殷，而封其後於杞〔一〕，或封於繒〔二〕。又封少暭之冑於祁〔三〕。

〔一〕禮記樂記云：「武王克殷反商，下車而封夏后氏之後於杞。」

〔二〕周語云：「有夏雖衰，杞、繒猶在。」韋昭注：「杞、繒二國，夏後也。」

〔三〕王先生云：「『祁』當作『郳』。」昭十七年左傳：「郯子來朝，昭子問少昊氏鳥名官何故？郯子曰：『吾祖也，我知之。』」繼培按：路史國名紀二，少昊後有祁國，即承潛夫論誤本言之。

澆才力蓋衆〔一〕，驟其勇武而卒以亡。故南宮括曰：「羿善射，奡盪舟，俱不得其死也〔二〕。」

〔一〕漢書鄒陽傳云「衆不可蓋」，顏師古注：「蓋，覆蔽也。」項羽傳云：「力拔山兮氣蓋世。」季布傳云：「布弟季心氣蓋關中。」義並同。○鐸按：史記貨殖傳：「田農拙業，而秦陽以蓋一州。」義亦同。

〔二〕論語。「奡」與「澆」同。

姒姓分氏,夏后、有扈、有南、斟尋、泊溉、辛、褒、費、戈、冥、繪,皆禹後也〔一〕。

〔一〕史記夏本紀論云:「禹爲姒姓,其後分封,用國爲姓,故有夏后氏、有扈氏、有男氏、斟尋氏、彤城氏、褒氏、費氏、杞氏、繪氏、辛氏、冥氏、斟戈氏。」索隱云:「系本『男』作『南』,『尋』作『鄩』,『費』作『弗』,而不云彤城及褒。又斟戈氏,左傳、系本皆云斟灌氏。」此文『褒』舊作『襄』,據史記改。「戈」上無『斟』字,疑脫。「泊溉」不見於史,蓋即『彤城』之誤。〇鐸按:有男氏逸周書史記篇作有南氏,與世本同。水經注以爲有南之國在南郡,則作『男』者乃同音借字。以上少暤,金德,後嗣禹。

搖光如月正白,感女樞幽防之宮,生黑帝顓頊〔二〕。其相駢幹〔三〕。身號高陽,世號共工〔三〕。代少暤氏。其德水行〔四〕,以水紀,故爲水師而水名〔五〕。承少暤衰,九黎亂德,乃命重黎討訓服〔六〕。歷象日月,東西南北〔七〕。作樂五英〔八〕。有才子八人,蒼舒、隤凱、擣演、大臨、厖降、庭堅、仲容、叔達、齊聖廣淵、明允篤誠,天下之人謂之八凱〔九〕。共工氏有子曰勾龍,能平九土,故號后土,死而爲社,天下祀之〔一〇〕。

〔一〕御覽七十九引河圖云:「瑤光之星如蜺,貫月,正白,感女樞幽房之宮,生黑帝顓頊。」初學記九「蜺」作「虹」,又二引詩含神霧云:「瑤光如蜺貫月,正白,感女樞幽房之宮,生顓頊。」此云

〔二〕 「搖光如月」，誤。「搖」與「瑤」、「防」與「房」古字並通。

〔三〕 御覽七十九引春秋元命苞云：「顓頊併幹，上法月參。集威成紀，以理陰陽。」三百七十一引作「駢幹」。

〔三〕 禮記祭法云「共工氏霸九州」，鄭注：「在太昊、炎帝之間。」魯語韋昭注同。漢書律歷志云：「共工氏伯九域。」言雖有水德，在火木之間，非其序也。任知刑以彊，故伯而不王。」淮南子原道訓云：「共工與高辛爭爲帝。」兵略訓云：「共工爲水害，故顓頊誅之。」按共工爲顓頊所誅，不當襲用其號。漢書律歷志以高陽爲有天下號，此云身號亦異。昭十七年、廿九年左傳共工氏，此並以爲顓頊事，或出左氏家舊說也。

〔四〕 昭十七年左傳。

〔五〕 漢書律歷志云：「金生水，故爲水德。」

〔六〕 楚語：「觀射父云：『少皞之衰也，九黎亂德，顓頊受之。』乃命南正重司天以屬神，命火正黎司地以屬民，使復舊常，無相侵瀆。」「服」上疑脫「不」字。「訓」與「馴」同，史記索隱云：「史記『馴』字，徐廣皆讀曰『訓』。訓，順也。」

〔七〕 下有脫文。大戴禮五帝德篇云：「顓頊乘龍而至四海，北至於幽陵，南至於交趾，西濟於流沙，東至於蟠木。動靜之物，大小之神，日月所照，莫不砥礪。」

〔八〕 「英」當作「莖」，詳上。

〔九〕文十八年左傳「隤凱」作「隤敱」，「擣演」作「擣戁」，「八凱」作「八愷」。按説文「戁」字下引春秋傳「擣」亦從手。　志氏姓篇「演」作「戁」，與傳同。○鐸按：龙降程本作龍降，誤。　王氏廣雅疏證一二云：「自庭堅以上皆以二字爲名。爾雅：『厖、洪、大也。』『洪』與『降』古同聲。大臨、龙降，或皆取廣大之義與？」

〔一〇〕昭廿九年左傳：「蔡墨曰：『共工氏有子曰勾龍，爲后土。』魯語：『展禽曰：『共工氏之伯九有也，其子曰后土，能平九土，故祀以爲社。』此合二書言之。○鐸按：漢書郊祀志作「能平水土」。

娀簡吞燕卵生子契〔一〕，爲堯司徒，職親百姓，順五品〔二〕。

〔一〕史記殷本紀云：「殷契母曰簡狄，有娀氏之女，爲帝嚳次妃。三人行浴，見玄鳥墮其卵，簡狄取吞之，因孕，生契。契長而佐禹治水，有功，封於商，賜姓子氏。」書中候云：「玄鳥翔水，遺卵於流，娀簡拾吞，生契封商。」注：「玄鳥，燕也。翔水，徘徊於水上。娀，氏也。簡，簡狄也，契母名。商，國名，詩云：『天命玄鳥，降而生商。』是也。」禮記月令鄭注亦稱娀簡。　殷本紀作「訓」。　淮南子人閒訓「五品不愼」，御覽五十九引淮南子作「不順」。

〔二〕書堯典。「順」今作「遜」。　殷本紀作「訓」。

太平。

扶都見白氣貫月，意感生黑帝子履〔一〕。其相二肘〔二〕。身號湯，世號殷〔三〕。致

〔一〕御覽八十三引河圖云：「扶都見白氣貫月，意感生黑帝湯。」注云：「詩含神霧同。」御覽脫「意」字，據藝文類聚十補。○鐸按：孫志祖讀書脞錄據大戴禮少閒篇「商履代興」，白虎通姓名篇「湯王後更名，爲子孫法，本名履也」，謂湯名天乙，又名履，自無可疑。劉氏論語正義說「予小子履」亦云：「潛夫論亦稱子履，是履爲湯名也。」

〔二〕御覽八十三引維書靈准聽云：「湯臂二肘，是謂神剛。」按論衡骨相篇亦云：「湯臂再肘。」又引春秋元命苞云：「黑帝子湯長八尺一寸，連珠庭，臂二肘。」白虎通聖人篇作「三肘」。御覽三百六十九引元命苞又云：「湯臂四肘。」藝文類聚十二引元命苞、初學記九引帝王世紀、宋書符瑞志並同。○鐸按：「四肘」合兩臂言之。「三肘」誤。

〔三〕漢書律曆志云：「湯伐夏桀，金生水，故爲水德。天下號曰商，後曰殷。」孟康曰：「初契封商，湯居殷而受命，故二號。」

後衰，乃生武丁。即位，默以不言，思道三年，而夢獲賢人以爲師。乃使以夢像求之四方側陋，得傅說，方以胥靡築於傅巖。升以爲大公，而使朝夕規諫。恐其有

憚怠也，則勑曰：「若金，用汝作礪；若濟巨川，用汝作舟楫；若時大旱，用汝作霖雨。啓乃心，沃朕心。若藥不瞑眩，厥疾不瘳；若跣不視地，厥足用傷。爾交修余，無棄！」故能中興，稱號高宗〔一〕。及帝辛而亡，天下謂之紂〔二〕。

〔一〕「武丁」以下見楚語。「大公」楚語無「大」字。○鐸按：「夢像」楚語作「象夢」，誤倒，王念孫據此訂正之。

〔二〕史記三代世表云：「帝辛是爲紂。」

武王封微子於宋〔一〕，封箕子於朝鮮〔二〕。

〔一〕禮記樂記云「投殷之後於宋」，鄭注：「投，舉徙之辭也。時武王封紂子武庚於殷墟，所徙者微子也。後周公更封而大之。」按史記殷本紀云：「周武王崩，武庚與管叔、蔡叔作亂，成王命周公誅之，而立微子於宋，以續殷後。」宋世家同。

〔二〕史記宋世家。

子姓分氏，殷、時、來、宋、扐、蕭、空同、北段，皆湯後也〔一〕。

〔一〕史記殷本紀論云：「契爲子姓，其後分封，以國爲姓，有殷氏、來氏、宋氏、空桐氏、稚氏、

北殷氏、目夷氏。」索隱云：「按系本子姓無稚氏，北殷氏作髦氏，又有時氏、蕭氏、黎氏。」

按稚氏即黎氏之誤，此文又誤「黎」爲「扐」，誤「殷」爲「段」。同，桐古字通。髦氏，隱元年

左傳疏引世本作比髦。○鐸按：世本比髦蓋北髦之訛，乃一氏，路史後紀四亦誤分之。

以上顓頊，水德，後嗣契。　五德表列于左：

伏羲木德　　　帝嚳　　棄

神農火德　　　堯

軒轅土德　　　舜　　禹

少暤金德　　　契

顓頊水德

潛夫論箋校正卷九

志氏姓[一]第三十五

昔者聖王觀象於乾坤，考度於神明，探命歷之去就，省羣臣之德業，而賜姓命氏，因彰德功[二]。傳稱民[三]之徹官百，王公之子弟千世能聽其官者，而物賜之姓，是謂百姓。姓有徹品十[四]，於王謂之千品[五]。昔堯賜契姓子，賜棄姓姬，賜禹姓姒，氏曰有夏；伯夷爲姜，氏曰有呂[六]。下及三代，官有世功，則有官族，邑亦如之[七]。若夫五帝三王之後世微末，因是以爲姓，則不能改也。故或傳本姓，或氏號邑諡[八]，或氏於國[九]，或氏於爵，或氏於官，或氏於字，或氏於事，或氏於居[一〇]，或氏於志。

世，所謂號也；文、武、昭、景、成、宣、戴、桓，所謂諡也；齊、魯、吳、楚、秦、晉、燕、趙，所謂國也；王氏、侯氏、王孫、公孫，所謂爵也；司馬、司徒、中行[一二]、下軍[一三]，所謂官也；伯有、孟孫、子服、叔子[一三]，所謂字也；巫氏、匠氏、陶氏[一四]，所謂事也；東門、西門[一五]、南宮、東郭[一六]、北郭，所謂居也；三烏[一七]、五鹿[一八]、青牛[一九]、白

馬〔二〇〕，所謂志也〔二一〕。凡厥姓氏，皆出屬而不可勝紀也〔二二〕。

〔一〕○鐸按：吹律定姓，肇自軒轅，胙土命氏，傳之唐世，由來尚矣。中葉以降，譜牒湮沉，溷冒因仍，昧其初祖，重以古今遞嬗，南北遷移，聲有轉訛，字多增省，重姓貤謬，治絲而棼。蓋在昔已病奇觚，後來幾成絶學。考姓氏之書，世本最古。繼是有作，則節信此文及應劭氏姓篇、賈執英賢傳之類，卓爾見稱。次則林寶元和姓纂、鄧名世古今姓氏書辨證、王應麟姓氏急就篇、鄭樵通志氏族略諸書，並傷齟齬。明季以還，又不下十餘部，羣相蹈襲，自鄶無譏。凌氏統譜，更爲妄作。清嘉慶中，武威學者張澍，尋潛夫之墜緒，慕仲遠之博聞，爲姓氏五書，刊行者有尋源、辨誤二種，雖不無瑕纇，實洞見本原，李慈銘所謂涼土之傑出者也。今校正此卷，則有取其説焉。

〔二〕白虎通姓名篇云：「所以有氏者何？所以貴功德，賤伎力，或氏其官，或氏其事，聞其氏即可知其德，所以勉人爲善也。」

〔三〕「民」舊作「氏」。

〔四〕「十」字舊空。

〔五〕「傳稱」以下見楚語。「子弟」下「千」字、「世」字並衍。○鐸按：「千世」當從楚語作「之質」。十二字爲句。

〔六〕舊脱「子賜棄姓」四字，據天中記廿四補。禮記大傳疏引鄭康成駁五經異義云：「堯賜伯

夷姓曰姜，賜禹姓曰姒，賜契姓曰子，賜稷姓曰姬，著在書傳。」周語：「太子晉云：『禹賜姓曰姒，氏曰有夏；四嶽賜姓曰姜，氏曰有呂。』」

〔七〕隱八年左傳。

〔八〕「邑」字衍。

〔九〕「國」舊作「爵」，今移正，與下文相應。

〔一〇〕以上二十字舊脫。按御覽三百六十二引風俗通氏姓篇序俱與此同，今據補。

〔一一〕中行見下晉公族注。

〔一二〕元和姓纂云：「左傳，晉欒黶爲下軍大夫，子孫氏焉。」按欒氏世將下軍。僖廿七年傳：「欒枝將下軍。」文十二年傳：「欒盾將下軍。」成二年傳：「欒書將下軍。」襄十三年傳：「欒黶將下軍。」

〔一三〕「子」疑「孫」，並見下。

〔一四〕風俗通作「巫、卜、陶、匠」，此亦當有卜氏。

〔一五〕意林作「西都」，通志氏族略五、鄧名世古今姓氏書辨證四並同。廣韻十二齊「西」字注、通鑑引「西門豹」注又引作「西郭」。

〔一六〕意林、廣韻、通鑑注並無「東郭」，疑衍。○鐸按：此所舉皆以四爲率，又東、西、南、北亦順，則「東郭」不當有。

〔七〕氏族略三引風俗通云：「有三烏大夫，因氏焉。」漢有三烏羣。」元和姓纂又云：「三烏，姜

姓，炎帝之後，爲侯國，因氏焉。」

〔八〕氏族略三云：「晉公子重耳封舅犯於五鹿，支孫氏焉。」按漢書有五鹿充宗。○鐸按：姓

纂十姓云：「趙有將軍五鹿盧。」

〔九〕氏族略四云：「魏初平中，有青牛先生，山東人也。」按王氏著書在初平前，是古有此姓

矣。青牛先生見魏略，魏志管甯傳裴松之注引之。

〔一〇〕氏族略四引風俗通云：「微子乘白馬朝周，因氏焉。」

〔一一〕「志」意林作「地」。按風俗通作「職」，志、職聲相近。

〔一二〕「出」當作「此」。漢書王莽傳云：「如此屬不可勝記。」淮南子氾論訓亦云：「凡此之屬，

皆不可勝著於書策竹帛，而藏於官府者也。」

衛侯滅邢，昭公娶同姓，言皆同祖也〔一〕。近古以來，則不必然。古之賜姓，大諦

可用，其餘則難。周室衰微，吳、楚僭號，下歷七國，咸各稱王〔三〕。故王氏、王孫氏、

公孫氏及氏謚官〔三〕，國自有之，千八百國，謚官萬數，故元不可同也。及孫氏者，或

王孫之班也，或諸孫之班也〔四〕。故有〔五〕同祖而異姓，有同姓而異祖。亦有雜厝〔六〕，變

而相入，或從母姓〔七〕，或避怨讎〔八〕。夫吹律定姓，惟聖能之〔九〕。今民散久〔一〇〕，鮮克

達〔二〕音律。天主尊正其祖〔三〕。故且略紀顯者，以待士合揖損焉〔三〕。

〔一〕春秋僖廿五年「衞侯燬滅邢」，左傳云：「同姓也，故名。」哀十二年「孟子卒」，左傳云：
「昭公娶於吳，故不書姓。」論語：「陳司敗云：『君娶於吳爲同姓。』」御覽引風俗通云：
「公羊譏衞滅邢，論語貶昭公娶於吳，諱同姓也。」

〔二〕淮南子覽冥訓云：「晚世之時，七國異族。」高誘注：「七國，齊、楚、燕、趙、韓、魏、秦也。
齊姓田，楚姓羋，燕姓姬，趙姓趙，韓姓韓，魏姓魏，秦姓嬴，故異族也。」

〔三〕「氏諡」舊倒。

〔四〕「班」猶「別」也。

〔五〕「有」舊脫。

〔六〕漢書地理志云「五方雜厝」，晉灼云：「厝，古『錯』字。」

〔七〕漢書夏侯嬰傳云：「初嬰爲滕令奉車，故號滕公。」及曾孫頗尚主，主隨外家姓號孫公主，
故滕公子孫更爲孫氏。」

〔八〕如下所云智果、張良之類。○鐸按：廣韻十二霽「桂」字下載後漢炅橫四子改姓桂、昋、
炔，字皆九畫，亦其類也。

〔九〕白虎通姓名篇云：「古者，聖人吹律定姓，以記其族。」○鐸按：「聖」即「聖人」，詳德化篇
「聖深知之」注。

〔一〇〕論語。　○鐸按：敍録敍交際作「今民遷久」，同。説詳彼。

〔一一〕「達」舊作「遠」。

〔一二〕「天主」疑「人生」之誤。毛詩序云：「生民尊祖也。」王先生云：「『天主』疑『定姓』之誤。」

〔一三〕「士」當作「三」，「三合」即「參合」。韓非子主道篇云：「以參合閱焉。」史記倉公傳云：「參合於人。」後漢書文苑邊韶傳云：「檢括參合。」「揣」與「抱」同，史記十二諸侯年表序云：「七十子之徒，口受其傳指，爲有所刺譏襃諱挹損之文辭不可以書見也。」

伏羲姓風，其後封任、宿、須胊、顓臾四國，實司大皞與有濟之祀〔一〕，且爲東蒙主〔二〕。魯僖公母成風，蓋須胊之女也〔三〕。季氏欲伐顓臾，而孔子譏之〔四〕。

〔一〕見僖廿一年左傳。「胊」作「句」。按僖廿二年公羊傳作「胊」，文七年傳同。○鐸按：僖廿二年左傳亦作「句」。

〔二〕論語。

〔三〕左傳。

〔四〕論語。

炎帝苗胄，四嶽伯夷，爲堯典禮〔一〕，折民惟刑〔二〕，以封申、呂〔三〕。裔生尚〔四〕，爲文

王師〔五〕，克殷而封之齊〔六〕，或封許、向、或封於紀、或封於申〔七〕。申〔八〕城在南陽宛北

序山之下〔九〕，故詩云：「亹亹申伯，王薦之事，于邑于序，南國爲式〔一〇〕。」宛西三十里

有呂城〔一一〕。許在潁川，今許縣是也〔一二〕。姜戎居伊、洛之閒，晉惠公徙置陸渾〔一三〕。

州、薄、甘、戲、露、怡〔一四〕，及齊之國氏〔一五〕、高氏〔一六〕、襄氏〔一七〕、隰氏〔一八〕、士强氏〔一九〕、東

郭氏〔二〇〕、雍門氏〔二一〕、子雅氏〔二二〕、子尾氏〔二三〕、子襄氏〔二四〕、子淵氏〔二五〕、子乾氏〔二六〕、公

旗氏〔二七〕、翰公氏〔二八〕、賀氏〔二九〕、盧氏〔三〇〕、皆姜姓也。

〔一〕書堯典。

〔二〕書呂刑。

〔三〕史記齊太公世家云：「其先祖嘗爲四嶽，佐禹平水土，甚有功，虞、夏之際封於呂，或封於申。」詩崧高毛傳：「堯之時，姜氏爲四伯，掌四嶽之祀，述諸侯之職。於周，則有甫，有申，有齊，有許也。」按「甫」與「呂」通。書呂刑，孝經、禮記並引作甫刑。史記周本紀亦云：「甫侯言於王，作修刑辟。」

〔四〕「裔」上疑脫字。齊世家云：「夏、商之時，申、呂或封枝庶子孫，或爲庶人，尚其後苗裔也。」

〔五〕世家云：「西伯獵，遇太公於渭之陽，載與俱歸，立爲師。」

〔六〕世家云：「武王已平商而王天下，封師尚父於齊營邱。」

〔七〕水經注廿三陰溝水篇引世本云：「許、州、向、申、姜姓也，炎帝後。」

〔八〕「申」舊脫。

〔九〕漢書地理志南陽郡宛注云：「故申伯國。縣南有北筮山。」又育陽注云：「有南筮聚，在陽縣北，皆由誤讀此句，以「宛北」連文。陳奐詩毛氏傳疏已糾之。東北。」○鐸按：北序山又名北筮山。顧祖禹讀史方輿紀要踵括地志之謬，謂「申城在南

〔一〇〕與今詩不同，説見三式篇。

〔一一〕「城」舊作「望」。史記齊世家集解：「徐廣曰：『呂在南陽宛縣西。』」水經注淯水篇云：「梅溪又逕宛西呂城東。」

〔一二〕漢書地理志：「潁川郡，許故國，姜姓四岳後太叔所封。」

〔一三〕僖廿二年左傳：「秦、晉遷陸渾之戎於伊川。」襄十四年傳以爲姜戎氏，謂「諸戎是四岳之裔冑」，杜注：「四嶽之後皆姓姜，又別爲允姓。」昭九年傳云：「允姓之姦居於瓜州，伯父惠公歸自秦，而誘以來。」按僖傳杜注：「允姓之戎居陸渾，在秦、晉西北，二國誘而徙之伊川，遂從戎號，至今爲陸渾縣。」據疏，陸渾是敦煌之地名，徙之伊川，復以陸渾爲名，非本居伊、洛徙置陸渾也。僖十一年傳「伊、雒之戎同伐京師」，杜注：「雜戎居伊水、洛水之間者。」此又先居伊、雒，非秦、晉所遷者。

〔四〕「怡」舊作「帖」。史記索隱：「三皇本紀云：『神農氏，其後有州、甫、甘、許、戲、露、齊、

紀、怡、向、申、呂、皆姜姓之後。』路史後紀四云『黃帝封參盧於路』，注：『亦作『露』。』又

云：「伊、列、舟、騅、淳、戲、怡、向、州、薄、甘、隋、紀、皆姜國也。禹有天下，封怡以紹烈

山，是爲默台。」

〔五〕「氏」字舊空，據程本補。昭四年左傳杜注：「國氏，齊正卿，姜姓。」廣韻二十五德「國」字

注云：「太公之後。」唐書宰相世系表云：「齊文公赤生公子高，孫傒以王父字爲

〔六〕「高氏」舊空，據程本補。

氏。」按高傒見左傳。

〔七〕「襄」字舊空，據程本補。「氏」字各本並脫。襄廿三年左傳齊有襄罷師，廿五年傳齊有襄

伊，二襄皆齊公族。

〔八〕氏族略三云：「齊莊公子廖封於隰陰，故以爲氏。」齊語隰朋，韋昭注：「齊莊公之曾孫，

戴仲之子成子也。」○鐸按：齊有兩莊公，此春秋前之莊公贖。

〔九〕舊作「士氏、強氏」，據後紀四改。按「士」下「氏」字即「襄」字下所脫，今移正。○鐸按：

作「士氏、強氏」是也。成十八年左傳有士華免，杜注：「齊大夫。」又齊策一、呂氏春秋知

士篇有士尉。東觀漢記有彊華，「強」與「彊」同。路史合二氏而一之，蓋不足據。

〔一〇〕襄廿五年左傳：「東郭偃曰：『臣出自桓。』」

〔二一〕古今姓氏書辨證引世本云：「齊頃公生子夏勝，以所居門爲雍門氏。」按淮南子覽冥訓高誘注：「雍門，齊西門也。」

〔二二〕氏族略三云：「齊惠公之孫公孫竈字子雅之後。」○鐸按：亦見呂氏春秋慎行篇注、襄三十年左傳注、姓纂六止引英賢傳。

〔二三〕氏族略三云：「齊惠公之孫公孫蠆字子尾之後。」按公孫竈、公孫蠆見襄廿九年左傳，子雅、子尾見襄廿八年傳。昭十年傳疏云：「齊惠公生子樂、公子高。高生子尾、樂生子雅。」○鐸按：亦見呂氏春秋注、姓纂六止。

〔二四〕古今姓氏書辨證引世本云：「齊惠公子子襄之後。」「惠」舊作「桓」，據氏族略三改。

〔二五〕古今姓氏書辨證子泉氏引世本云：「齊頃公子子泉湫，因氏焉。」按「子泉」即「子淵」，唐人避諱改。　昭廿六年左傳齊有子淵捷子車，八年傳杜注：「子車，頃公之孫捷也。」○鐸按：氏族略亦作「子泉」，避唐諱相沿未改。

〔二六〕古今姓氏書辨證引世本云：「齊頃公子子乾之後，以王父字爲氏。　春秋時有子乾晳。」按昭十四年左傳作子韓晳。　氏族略三引世本云：「公子都字子乾。」

〔二七〕廣韻一東「公」字注云：「齊悼子公旗之後。」按「悼子」當是「悼公子」。○鐸按：亦見姓氏書辨證一東、氏族略三。

〔二八〕後紀四作「公翰」。○鐸按：廣韻一東載齊公族又有公牽氏、公紀氏、公牛氏，「公」字並

在前，此「翰公」蓋誤倒。

〔二九〕元和姓纂云：「齊公族慶父之後慶克生慶封，以罪奔吳，漢末徙會稽山陰。後漢慶儀爲汝陰令，曾孫純避安帝父諱，始改賀氏。」氏族略四云：「齊桓公之子公子無虧生慶克，亦謂之慶父。」

〔三〇〕元和姓纂云：「齊文公子高，高孫傒食采於盧，因姓盧氏。」○鐸按：廣韻十一模同，亦見唐書宰相世系表。

黃帝之子二十五人，班爲十二：姬、酉、祁、己、滕、葴、任、拘、釐、姞、嬛、衣氏也〔一〕。當春秋，晉有祁奚，舉子薦讎，以忠直著〔二〕。莒子姓己氏〔三〕。夏之興，有任奚爲夏車正，以封於薛，後遷於邳，其嗣仲虺居薛，爲湯左相〔四〕。王季之妃大任〔五〕。及謝、章、昌、采、祝、結、泉、卑、遇、狂大氏，皆任姓也〔六〕。姞氏女爲后稷元妃〔七〕，繁育周先〔八〕。姞氏封於燕〔九〕，及鄭文公有賤妾燕姞，夢神與之蘭曰：「余爲伯鯈〔一〇〕，余爾祖也。是以有國香，人服媚〔一一〕。」及文公見姞，賜蘭而御之。姞言其夢，且曰：「妾不才，幸而有子，將不信，敢徵蘭乎？」公曰：「諾。」遂生穆公〔一二〕。姞氏之別，有闞、尹〔一三〕、蔡、光、魯、雍〔一四〕、斷、密須氏〔一五〕。及漢，河東有郅都〔一六〕，汝南有郅君

〔一〕「滕薛任」舊作「勝藏侄」，據晉語四改。「拘」晉語作「荀」者非。元和姓纂「荀姓」亦云：「國語黃帝之後。」按拘、荀並從句得聲。「嫠」、「衣」，韋昭本作「禧」、「依」，史記五帝紀集解引虞翻注與此同。「嬛」字舊脫，亦依虞注補，韋本作「懷」。○經義述聞卷廿一王引之曰：「路史國名紀一、後紀五並作「荀」，以為作「荀」，廣韻四十五厚引晉語作「荀」，史「荀」作「苟」是也。廣韻：「荀姓出河內、河南、西河三望。」國語云：「本自黃帝之子。漢有苟參。古厚切。」「荀本姓郇，後去邑為苟，今出潁川。相倫切。」是荀姓為文王之後，苟姓為黃帝之後。軒轅黃帝傳亦作「苟」。潛夫論「苟」作「拘」，古聲相近。又案「依」當作「衣」。潛夫論正作「衣」，史記五帝紀集解、單行本索隱引國語並作「衣」。鄭注中庸曰：「今姓有衣者。」廣韻「衣」字云：「姓，出姓苑。」而「依」字不以為姓，則國語之本作「衣」明矣。○張澍養素堂文集十五與王伯申書云：「山海經大荒國北『毛民之國，依姓。』是古有依姓也。蓋衣為殷姓之後，齊人有之，見鄭康成禮記注、高誘呂氏春秋注。依則黃帝之後，各不相蒙。唐書孝友傳，梓潼有依政，可證已。廣韻于姓氏遺漏甚多，不得以其不載，遂謂無依姓也。」○鐸按：張說是，此文「衣」當據晉語改「依」。「藏」當作「蒇」。

〔二〕襄三年左傳。按氏族略三以奚為晉獻侯四世孫。晉語韋昭注云：「晉大夫高梁伯之

子。」此以為黃帝後，蓋誤。下晉公族有祁氏，奚之所自出也。○鐸按：祁奚事亦見晉語

七、呂氏春秋 去私篇。

〔三〕按文八年左傳云：「穆伯奔莒，從己氏。」隱二年左傳疏稱，譜云：「莒，嬴姓，少昊之後」，引世本：「莒自紀公以下為己姓。」是莒本姓嬴，改己，非黃帝之後己姓矣。

〔四〕定元年左傳「任奚」作「奚仲」，「虬」作「虵」。「邳」舊作「祁」，據傳改。○鐸按：奚仲作車，見世本作篇。

〔五〕詩大明「摯仲氏任」，毛傳：「摯國任姓之中女也。」周語：「富辰曰：『昔摯、疇之國也，由大任。』」韋昭注：「摯、疇二國，任姓，奚仲、仲虺之後。大任，王季之妃，文王之母也。」

〔六〕隱十一年左傳疏云：「世本氏姓篇云：『任姓，謝、章、薛、舒、呂、祝、終、泉、畢、過。』言此十國皆任姓也。」路史後紀五黃帝紀「謝、章」下「昌」上有舒、洛二國，又八高陽紀注云：「舒又自一國，乃黃帝之後任姓，見潛夫論。」國名紀一同。國名紀又云：「采，紀姓。王符作『卑、過』，訛。」後紀五又云：「遇見潛夫，或作『過』，非。」今按「采」即世本「舒」，「結」即世本「終」。國名紀「結」亦作「終」，其作「洛」者誤。洛見鄭語，韋昭以為赤狄隗姓也。昌、呂、卑、畢、遇、過，皆字形相近，傳本各異。「狂大」不載世本，後紀五、國名紀一並作「狂犬」，疑即太戎氏，見下。○鐸按：姓氏急就篇亦作「呂、畢、過」，「昌、卑、遇」蓋訛。

〔七〕「姞」舊作「台」。説文云：「姞，黄帝之後百鯈姓，后稷妃家也。」宣三年左傳云：「姞，吉人也，后稷之元妃也。」百鯈傳作伯鯈。

〔八〕昭元年左傳云：「蕃育其子孫。」繁、蕃古字通。御覽八百廿二引春秋元命苞云：「周先姜嫄履大人跡生后稷。」「周先」用彼文。

〔九〕隱五年左傳疏引世本云：「燕國，姞姓。」漢書地理志東郡南燕注云：「南燕國，姞姓，黃帝後。」王先生云：「後漢書郅惲傳注引潛夫論以『周先姞氏封於燕』爲句。」○鐸按：章懷讀「周先」屬下，不可從。

〔一〇〕「鯈」舊作「鯈」。

〔一一〕「媚」下脱「之」字。

〔一二〕宣三年左傳。

〔一三〕詩都人士「謂之尹、吉」，鄭箋：「吉，讀爲『姞』。尹氏、姞氏，周室昏姻之舊姓也。」後紀五、國名紀一「尹」並作「允」，誤。

〔一四〕桓十一年左傳「宋雍氏女於鄭莊公曰雍姞」，杜注：「雍，氏；姞，姓。」秦嘉謨世本輯補據之，謂此「燕」誤作「蔡」。又引「光」作「先」，謂與佚、姚同。復據文六年左傳「杜祁以君故，讓偪姞而上之」，杜注：「偪姞，姞姓之女。」訂「魯」爲「偪」，蓋可從。

〔五〕周語韋昭注引世本云：「密須，姞姓。」○鐸按：詩韓奕傳：「姞，蹶父姓也。」秦氏據訂「斷」爲「蹶」，宜亦可從。

〔六〕漢書酷吏傳。

〔七〕後漢書：「郅惲，字君章。」

〔八〕○鐸按：郅、姞同質部，音相近也。

少暤氏之世衰，而九黎亂德，顓頊受之，乃命南正重司天以屬神，命火正黎司地以屬民，使復舊常，無相侵瀆，是謂絕地天通〔二〕。夫黎，顓頊氏裔子吳回也〔三〕。爲高辛氏火正，淳耀天明地德，光四海也，故名祝融〔四〕。後三苗復九黎之德，堯繼重、黎之後不忘舊者，羲伯復治之。故重黎氏世序天地，別其分主，以歷三代，而封於程。其在周世，爲宣王大司馬，詩美「王謂尹氏，命程伯休父」。其後失守，適晉爲司馬，遷自謂其後〔五〕。

〔一〕「少暤氏」至此，本楚語。

〔二〕按大戴禮帝繫篇：「顓頊產老童，老童產重黎及吳回。」史記楚世家云：「帝嚳誅重黎，以其弟吳回爲重黎後，復居火正。」徐廣注引世本亦云：「老童生重黎及吳回。」是吳回與

黎非一人。而高誘注淮南時則訓云：「祝融，顓頊之孫，老童之子吳回也。」一名黎，爲高辛氏火正，號爲祝融。」與此同。是古有此說也。○鐸按：少昊氏之後曰重，顓頊氏之後曰重黎。對彼重則單稱黎，若自言當家，則稱重黎。楚世家索隱引劉氏說。

〔三〕「夫黎」以下本鄭語。「顓頊氏」八字，鄭語所無，蓋據他書。○鐸按：此上「顓頊受之」至「絕地天通」本楚語。

〔四〕「三苗」至「爲司馬」本楚語。按楚語云：「其在周，程伯休父其後也。當宣王時，失其官守，而爲司馬氏。」史記自序本之，又云：「司馬氏世典周史，惠、襄之間，司馬氏去周適晉。」此云「適晉爲司馬」，蓋誤。詩，常武詩。○鐸按：此疑當作「適晉焉。司馬遷自謂其後。」「焉」誤作「爲」，因以「司馬」帶上讀，而與楚語相違矣。古書焉、爲二字多相亂，楚語上篇：「胡美之爲？」下篇：「何寶之爲？」今本「爲」並誤作「焉」，猶此文「爲」訛作「爲」也。

祝融之孫，分爲八姓：己、禿、彭、姜、妘、曹、斯、羋〔一〕。己姓之嗣飂叔安〔二〕，其裔子曰董父〔三〕，實甚好龍，能求其嗜欲以飲食之，龍多歸焉〔四〕。乃學擾龍〔五〕，以事帝舜。賜姓曰董，氏曰豢龍，封諸鬷川。腠夷、彭姓豕韋，皆能馴龍者也〔六〕。豢龍逢以忠諫，桀殺之〔七〕。凡因祝融之子孫，己姓之班，昆吾、籍、扈、溫、董〔八〕。

〔一〕鄭語「禿」作「董」，「姜」作「禿」，「斯」作「斟」。按史記楚世家索隱引世本「斟」亦作「斯」。董、禿詳下。〇鐸按：作「斟」是也。路史國名紀三云：「斟，己姓。北海斟縣有斟亭。」漢書地理志作「圵」，音斟。玉篇作「圵」。張澍姓氏尋源十二侵亦據鄭語列斟氏，云：「他書引國語云『黎後有斟姓』，蓋以祝融即重黎也。」其四支斯氏，與此無涉。鄭語云：「斟氏無後。」故下文不復出。

〔二〕〇鐸按：漢書人表作廖叔安。論衡龍虛篇作飂叔宋，洪亮吉及孫蜀丞先生並謂「宋」字誤。

〔三〕〇鐸按：昭廿九年左傳「其」作「有」，論衡同。

〔四〕〇鐸按：「焉」，傳作「之」，論衡同。「焉」「猶」「之」也。

〔五〕〇鐸按：傳作「乃擾畜龍」，論衡同。上文云：「能求其嗜欲以飲食之」，則已無待於學。此蓋因畜、學音近，又涉傳下文「劉累學擾龍」而誤。

〔六〕「飂叔安」以下，本昭廿九年左傳。按傳云：「劉累學擾龍於豢龍氏，以事孔甲，賜氏曰御龍，以更豕韋之後。」蓋孔甲以豕韋國封累，非豕韋本能馴龍，而以累代之。此文蓋誤會傳意。「腰」傳作「毀」。

〔七〕荀子宥坐篇：「孔子曰：『以忠者爲必用耶？關龍逢不見刑乎！』」韓詩外傳四：「桀爲酒池，可以運舟，糟邱足以望十里，而牛飲者三千人。關龍逢進諫，桀囚而殺之。」按關，

絫聲相近。○黃生義府：「他書多作關龍逢，予乃知『關』當讀爲『絫』，即古絫龍氏之後也。若不讀潛夫論，鮮不以『關』爲姓，以『龍逢』爲名矣。」

〔八〕鄭語云：「己姓，昆吾、蘇、顧、溫、董。」按藉、蘇字形相近，往往致誤。史記惠景間侯者年表江陽侯蘇嘉，徐廣曰：「『蘇』一作『籍』。」晉世家獻侯籍，索隱云：「系本及譙周皆作『蘇』。」○鐸按：下文「周武王時有蘇忿生」云云，即承此言，則本作「蘇」明矣。

禿姓腠夷、豢龍，則夏滅之〔一〕。 彭〔二〕姓彭祖、豕韋、諸稽，則商滅之〔三〕。 姜姓會

〔一〕鄭語「禿」作「董」，「腠」作「豰」。○鐸按：此承上八姓言，則作「禿」是。

〔二〕「彭」舊作「祖」。○鐸按：箋重出，當刪。

〔三〕「彭姓」舊作「祖姓」，據鄭語改。

〔四〕舊脫「周」字。鄭語云：「禿姓舟人，則周滅之。」按史記楚世家云：「陸終生子六人，四曰會人。」索隱引系本作鄶人，即下妘姓之會也。此「會人」蓋「舟人」之誤。國名紀六引潛夫論：「曹有姜姓者。」「曹」又「會」之誤。

人，則周滅之〔四〕。

妘姓之後封於鄔、會、路、偪陽〔一〕。 鄔取仲任爲妻，貪冒愛恡，蔑賢簡能，是用亡

邦〔二〕。會在河、伊之間，其君驕貪嗇儉，減爵損禄，羣臣卑讓，上下不臨。詩人憂之，故作羔裘，閔其痛悼也；匪風，冀君先教也。會仲不悟，重氏伐之，上下不能相使，禁罰不行，遂以見亡〔三〕。路子嬰兒，娶晉成公姊爲夫人，酆舒爲政而虐之。晉伯宗怒，遂伐滅路〔四〕。荀罃武子伐滅偪陽〔五〕。曹姓封於邾〔六〕，邾顏子之支，別爲小邾〔七〕，皆楚滅之〔八〕。

〔一〕鄭語「鄶」作「鄔」，「會」作「鄶」。按韋昭注周語云：「鄶，妘姓之國。」○鐸按：姓氏急就篇下亦據周語作「鄶」。鄭語「鄔」字訛。

〔二〕周語云：「鄶之亡也，由仲任。」

〔三〕鄭語云：「濟、洛、河、潁之間，子男之國，虢、鄶爲大。虢叔恃勢，鄶仲恃險，是皆有驕侈怠慢之心，而加之以貪冒。」逸周書史記解云：「昔有鄶君，嗇儉，減爵損禄，羣臣卑讓，上下不臨，後□小弱，禁伐不行，重氏伐之，鄶君以亡。」按重氏滅鄶，在高辛十六年，見竹書紀年，非鄭語及詩所云也。此合言之，誤。後紀八高陽紀亦誤仍之。○鐸按：詩檜風釋文「檜」本又作「鄶」。此說羔裘、匪風，蓋本之三家詩序。○鐸按：陳氏魯詩遺說考七以此本魯詩說。又鄶國爲鄭武公所滅，見鄭康成詩譜，自與重氏滅鄶無涉。

〔四〕宣十五年左傳。「路」今作「潞」，「成公」作「景公」，「虐」作「殺」，又云：「虐我伯姬。」虐、殺義同。宣十八年傳云：「凡自虐其君曰弒。」○俞樾羣經平議三十二云：「『殺』與『虐』

同義，故尚書呂刑篇『惟作五虐之刑曰法』，墨子尚同中篇作『唯作五殺之刑曰法』。

○譯按：此說本惠棟春秋左傳補注。

〔五〕襄十年左傳。

〔六〕鄭語云：『曹姓鄒、莒。』鄒、邾聲相近。隱元年左傳杜注：『邾，今魯國鄒縣也。』史記楚世家云：『陸終生子六人，五曰曹姓。』集解引世本云：『曹姓者，邾是也。』

〔七〕莊五年左傳疏引杜世族譜云：『小邾，邾俠之後也。夷父顏有功於周，其子友別封爲附庸，居郳。』又引世本注云：『邾顏別封小子肥於郳，爲小邾子。』是友有二名也。

〔八〕漢書地理志云：『魯國騶，故邾國，曹姓，二十九世爲楚所滅。』隱元年左傳疏引世族譜云：『邾文公遷於繹。』桓公以下，春秋後八世而楚滅之。』續漢書郡國志江夏郡邾縣，劉昭注引地道記曰：『楚滅邾，徙其君此城。』水經注卅五江水篇「又東過邾縣南」，注云：『楚宣王滅邾，徙居於此。』

芈姓之裔熊嚴，成王封之於楚，是謂粥熊，又號粥子〔一〕。生四人，伯霜、仲雪、叔熊、季紃〔二〕。紃嗣爲荆子，或封於夔，或封於越〔三〕。夔子不祀祝融、粥熊，楚伐滅之〔四〕。

公族有楚季氏〔五〕、列宗氏、鬭强氏〔六〕、良臣氏〔七〕、耆氏、門氏〔八〕、侯氏、季融氏〔九〕、仲熊氏〔一〇〕、子季氏〔一一〕、陽氏〔一二〕、無鈎氏〔一三〕、蔿氏〔一四〕、善氏、陽氏〔一五〕、昭氏、景氏〔一六〕、嚴

氏〔一七〕、嬰齊氏〔一八〕、來氏〔一九〕、來纖氏、即氏、申氏〔二〇〕、訒氏〔二一〕、沈氏〔二二〕、賀氏、

咸氏〔二三〕、吉白氏、伍氏〔二四〕、沈瀙氏、餘推氏、公建氏〔二五〕、子南氏〔二六〕、子庚氏〔二七〕、子午

氏〔二八〕、子西氏〔二九〕、王孫、田公氏〔三〇〕、舒堅氏〔三一〕、魯陽氏〔三二〕、黑肱氏〔三三〕,皆芈姓也。

〔一〕按史記楚世家,鬻融子事文王,蚤卒,成王封其曾孫熊繹於楚。熊嚴則熊繹六世孫也。

〔二〕此合熊嚴、粥熊爲一人,誤矣。

〔三〕鄭語。

鄭語云:「芈姓夔、越,不足命也。」僖廿六年左傳:「夔子曰:『我先王熊摯有疾,鬼神弗赦,而自竄於夔。』」杜注:「熊摯,楚嫡子,有疾不得嗣位,故別封爲夔子。」楚世家正義引宋均樂緯注,以熊摯爲熊渠嫡嗣。世家又云:「熊渠立少子執疵爲越章王。」此文似以封夔、越者爲伯霜、仲雪諸人。

〔四〕僖廿六年左傳。「滅」下當脱「之」字。○鐸按:傳作「楚人讓之」,當據補「之」字。

〔五〕下云:「楚季者,王子敖之曾孫。」元和姓纂引世本云:「楚若敖生楚季,因氏焉。」○鐸按:氏族略四同。

〔六〕氏族略五引世本云:「若敖生鬬強,因氏焉。」

〔七〕「良」舊作「艮」,據後紀八改。○鐸按:秦氏世本輯補引正作「良臣氏」。

〔八〕後紀八有耆門氏。○鐸按:此疑當作「鬬耆氏」。氏族略四引英賢傳云:「鬬伯比之孫

鬭者仕晉，因氏焉。」「鬭」或作「門」，又倒在下。

〔九〕元和姓纂引世本云：「楚鬭廉生季融，子孫氏焉。」

〔一〇〕後紀八「熊」作「雄」，注云：「潛夫論作『熊』，非。」○鐸按：姓纂一宋、氏族略四並作「仲熊氏」。

〔一一〕古今姓氏書辨證引世本云：「楚公族。」○鐸按：姓纂六止同，脱「世本」二字。

〔一二〕昭十七年左傳「楚陽匄爲令尹」，杜注：「陽匄，穆王曾孫令尹子瑕。」疏引世本：「穆王生王子揚，揚生尹，尹生令尹匄。」按「揚」蓋「陽」之誤，匄以王父字爲氏。○鐸按：廿七年傳有陽匄子陽令終。

〔一三〕「鈞」舊作「鈞」，據氏族略三、後紀八、廣韻十虞「無」字注改。無鈞即蒍章字，見下。

〔一四〕左傳亦作「蓮」。氏族略三云：「蓮章食邑於蓮，故以命氏。」○鐸按：蒍、蓮同字，歌、寒對轉。

〔一五〕陽氏已見上，此誤。

〔一六〕離騷序云：「三閭之職，掌王族三姓曰屈、昭、景。」

〔一七〕元和姓纂云：「楚莊王支孫以謚爲姓，避明帝諱改爲嚴氏。」

〔一八〕氏族略四云：「楚穆王之子公子嬰齊之後。」按公子嬰齊字子重，見左傳。○鐸按：見宣十一年傳杜注。

〔一九〕氏族略三引風俗通云:「楚有來英。」

〔二〇〕申氏見下。

〔二一〕後紀八作「鈞」。按廣韻十八諄「鈞」字注引風俗通云:「鈞姓,楚大夫元鈞之後。」元和姓纂、氏族略四並同。

〔二二〕氏族略二云:「楚有沈邑。」楚莊王之子公子貞封於沈鹿,故爲沈氏。」

〔二三〕「咸」疑「箴」。元和姓纂云:「箴氏,楚大夫箴尹鬭克黃之後,子孫以官爲氏。」按箴尹克黃見宣四年左傳。

〔二四〕宣十二年左傳楚伍參,杜注:「伍奢之祖父。」

〔二五〕「公」疑是「子」。元和姓纂有子建氏,楚平王太子建之後。按太子建見昭十九年左傳。○鐸按:氏族略四引風俗通有公建氏。

〔二六〕氏族略三云:「楚莊王之子公子追舒之後,爲子南氏。」公子追舒字子南,見左傳。○鐸

〔二七〕氏族略三云:「楚公子午字子庚,其後以王父字爲氏。」按襄十二年左傳杜注:「子庚,莊王子午也。」

〔二八〕元和姓纂引世本云:「楚公子午之後。」氏族略三云:「楚公子申字子西之後。」按昭廿六年左傳杜

〔二九〕舊脱「子」字,據後紀八補。

注：「子西，平王之長庶。」

〔二〇〕荀子非十二子篇楊倞注引世本云：「楚平王孫有田公它成。」按「王孫」下疑脫「氏」字。

哀十一年左傳云：「子胥使於齊，屬其子於鮑氏，爲王孫氏。」氏族略四同。按潛夫論無「文叔爲大

〔二一〕元和姓纂云：「潛夫論楚公族有舒堅文叔爲大夫，爲王孫氏。」夫」之文，當別引他書，而傳寫失之。

〔二二〕楚語「惠王以梁與魯陽文子」，韋昭注：「文子，平王之孫，司馬子期子魯陽公也。」

〔二三〕氏族略四云：「楚共王之子公子黑肱之後。」按公子黑肱字子晳，見襄廿七年左傳。

楚季者，王子敖之曾孫也。蚡冒生蔿章者，王子無鈞也〔一〕。令尹孫叔敖者，蔿章之子也〔二〕。左司馬戌者，莊王之曾孫也〔三〕。葉公諸梁者，戌之第三弟也〔四〕。楚大夫申無畏者，又氏文氏〔五〕。

〔一〕「蔿章」左傳作「蓮章」，「鈞」舊作「鈎」。元和姓纂引云：「楚蚡冒生蓮章，爲王子無鈞氏。」氏族略三同。唐書宰相世系表云：「王子蔿章字無鈞。」

〔二〕僖廿七年左傳蔿賈，杜注：「孫叔敖之父。」宣十一年傳疏引服虔說同。高誘注呂氏春秋情欲篇、異寶篇、知分篇並云「賈子」，其注淮南子氾論訓則云：「孫叔敖，楚大夫蔿賈伯盈子。或曰章子也。」以叔敖爲蔿章子，蓋古有此說矣。

〔三〕昭十九年左傳沈尹戌，杜注：「莊王曾孫葉公諸梁父也。」廿七年傳稱左司馬沈尹戌。

〔四〕「弟」當作「子」。元和姓纂引風俗通云：「楚沈尹戌生諸梁，食采於葉，因氏焉。」呂氏春秋慎行論高誘注、定五年左傳杜注、楚語韋昭注並以諸梁爲戌之子。哀十九年傳稱沈諸梁。

〔五〕文十年左傳文之無畏，宣十四年傳稱申舟。○鐸按：淮南子主術訓稱文無畏，呂氏春秋行論篇注：「無畏申周，楚大夫也。」「舟」與「周」同。

洛邑有蘇秦〔三〕。

初，紂有蘇氏以妲己女而亡殷〔一〕。周武王時，有蘇忿生爲司寇而封溫〔二〕。其後

〔一〕文有脫誤。晉語：「史蘇曰：『殷辛伐有蘇，有蘇氏以妲己女焉。妲己有寵，於是乎與膠鬲比而亡殷。』」韋昭注：「有蘇，己姓之國。」按此節即上文昆吾之後籍國也。

〔二〕成十一年左傳。

〔三〕史記云：「蘇秦者，東周雒陽人。」索隱云：「蓋蘇忿生之後，己姓也。」○鐸按：「初」至「蘇秦」三十三字當在上文「昆吾、籍、扈、溫、董」下，今錯在此，語脈斷矣。

高陽氏之世有才子八人，蒼舒、隤凱、檮戭、大臨、尨降、庭堅、仲容、叔達，天下

之人謂之八凱〔一〕。

〔一〕注見五德志。

後嗣有皋陶，事舜。舜曰：「皋陶！蠻夷滑夏，寇賊姦宄，女作士〔一〕。」其子伯翳，能議百姓，以佐舜、禹〔二〕，擾馴鳥獸，舜賜姓嬴〔三〕。

〔一〕書堯典。「滑」今作「猾」。錢宮詹云：「説文無「猾」字。史記酷吏傳「滑賊任威」，漢書亦作「猾」。蓋篆體從水從犬之字，偏旁相涉而誤。」繼培按：敍錄作「猾夏」。○鐸按：此後出分化字，非偏旁涉誤。

〔二〕「姓」當作「物」。鄭語云：「伯翳能議百物以佐舜。」

〔三〕史記秦本紀云：「大費佐舜，調馴鳥獸，鳥獸多馴服，是爲柏翳，舜賜姓嬴氏。」「柏」與「伯」通。

後有仲衍〔一〕，鳥體人言〔二〕，爲夏帝大戊御〔三〕。嗣及費仲，生惡來、季勝〔四〕。武王伐紂，并殺惡來〔五〕。

〔一〕秦紀「仲」作「中」。○鐸按：趙世家同。

〔二〕「言」舊作「元」，據紀改。　趙世家又云：「人面鳥噣。」

〔三〕「夏」當作「殷」。　秦紀云：「帝大戊聞而卜之使御，吉，遂致使御。」趙世家云：「降佐殷帝
大戊。」

〔四〕按秦紀，仲衍玄孫中潏生蜚廉，蜚廉生惡來、季勝。費仲乃費氏費昌之後，出柏翳子若
木。中衍則柏翳子大廉玄孫鳥俗氏也。

〔五〕秦紀。

季勝之後有造父，以善御事周穆王。穆王遊西海忘歸，於是徐偃作亂，造父御，一日千里〔一〕，以征之。王封造父於趙城，因以爲氏。其後失守，至於趙夙，仕晉卿大夫，十一世而爲列侯，五世而爲武靈王，五世亡趙〔二〕。恭叔氏、邯鄲氏〔三〕、訾辱氏、嬰齊氏、樓季氏〔四〕、盧氏、原氏〔五〕，皆趙嬴姓也。

〔一〕意林作「造父主御，日行千里」。○趙世家作「徐偃王反，繆王日馳千里馬，攻徐偃王，大破之」。索隱引譙周曰：「徐偃王與楚文王同時，去周穆王遠矣。且王者行有周衛，豈聞亂而獨馳日行千里乎？」○鐸按：據此文作亂者乃徐偃，諒是另一人，史記「王」字衍，亦可解譙周之惑與？

〔二〕以上本趙世家。　漢書地理志云：「自趙夙後九世稱侯，四世敬侯徙都邯鄲，至曾孫武靈

王稱王，五世爲秦所滅。」

〔三〕文十二年左傳疏云：「趙穿別爲邯鄲氏，趙旃、趙勝、邯鄲午是其後。」按定十三年傳晉邯

鄲午，杜注：「午別封邯鄲。」魯語「與邯鄲勝擊齊之左」，韋昭注：「邯鄲勝，晉大夫趙旃

之子須子勝也。食采邯鄲。」

〔四〕氏族略四云：「樓季氏，潛夫論：『晉穆侯庶子樓季之後。』」古今姓氏書辨證引同，而駁

之云：「謹按晉趙衰少子嬰齊謂之樓季，而穆侯之後無聞，豈節信討論未審乎？」今按節

信本書正列樓季於趙宗，並未云出穆侯。鄧氏不檢原文而妄訾之，呂氏春秋當務篇所謂

「辨若此，不如無辨」也。

〔五〕僖廿四年左傳云：「文公妻趙衰，生原同、屏括、樓嬰。」杜注：「原、屏、樓，三子食邑。」按

宣十二年傳稱趙同、趙括、趙嬰齊。○鐸按：秦嘉謨據左傳改「盧氏」爲「屏氏」。又云：

「按左傳稱原同、屏括、樓嬰，又趙嬰齊稱同、括爲二昆，則其兄也。」而王符敍嬰齊氏于

屏、原二氏之上，未知何據？」

惡來後有非子，以善畜，周孝王封之於秦，世地理以爲西陲大夫，汧秦亭是

也〔二〕。其後列於諸侯，□世而稱王〔三〕。六世而始皇生於邯鄲，故曰趙政〔三〕。及梁、葛、

江、黃、徐、莒、蓼、六、英、皆皐陶之後也〔四〕。鍾離、運掩、菟裘、尋梁、修魚、白寘、飛

廉、密如、東灌、良、時、白、巴、〔公巴公巴〕剗、復、蒲,皆嬴姓也〔五〕。

〔一〕舊脫「王」字,「亭」作「高」。按秦紀云:「非子好馬及畜,善養息之。周孝王召使主馬於汧、渭之間,馬大蕃息,分土爲附庸,邑之秦。」地理志云:「今隴西秦亭秦谷是也。」紀又云:「秦仲死於戎,有子五人,其長者曰莊公。周宣王乃召莊公昆弟五人,與兵七千人,使伐西戎,破之。於是復予秦仲後及其先大駱地犬邱并有之,爲西垂大夫。」正義引括地志云:「秦州上邽縣西南九十里漢隴西郡西縣是也。」此云「非子爲西陲大夫」,蓋誤。「世地理」三字未詳,上下疑有脫文。○鐸按:據秦紀及地理志,此當云:「四世,宣王以爲西陲大夫,地理志汧秦亭是也。」脫誤無疑,而其舊不可考矣。

〔二〕按漢書地理志云:「莊公破西戎有其地,子襄公時,幽王爲犬戎所敗,平王東遷雒邑,襄公將兵救周有功,賜受酆、鄜之地,列爲諸侯。後八世,穆公稱伯,以河爲竟。十餘世,孝公用商君,制轅田,開仟伯,東雄諸侯。子惠公初稱王,得上郡、西河。孫昭王開巴、蜀,滅周,取九鼎。昭王曾孫政,并六國,稱皇帝。」空格程本作「五」字,誤。○鐸按:據史記十二諸侯年表、六國年表,秦自襄公爲諸侯,至穆公凡九世,自穆公至惠文王稱王,凡十八世。地理志襄公後數文公至穆公爲八世,又穆公後數康公罃至惠文王駟爲十七世,合之爲二十五世。程本作「五世」,蓋上脫「二十」二字耳。

〔三〕史記秦始皇紀。

〔四〕並見左傳。英,傳稱英氏。○鐸按:僖十七年春秋經:「齊人、徐人伐英氏。」傳:「齊人爲徐伐英氏,以報婁林之役也。」黃生義府云:「史記夏本紀『封皋陶之後于英、六』,索隱引地理志:『六安國,六縣,偃姓所封國。英地闕,不知所在。』予謂英即偃,二字音相近而轉。」舜妃女英,大戴記作女匽。故皋陶之後有英氏,又有偃氏。

〔五〕秦紀論云:「秦之先爲嬴姓。其後分封,以國爲姓,有徐氏、郯氏、莒氏、終黎氏、運奄氏、菟裘氏、將梁氏、黃氏、江氏、修魚氏、白冥氏、蜚廉氏、秦氏。」徐廣曰:「終黎,世本作鍾離。」此文與世本同。又以「將」爲「尋」,「冥」爲「實」,蓋誤。「密如」以下,譌錯不可讀。國名紀二、後紀七並本此立說,然所見已是誤本,復以己意分合,不可據也。○鐸按:「尋」當作「將」,「實」當作「冥」。張澍云:「白冥氏,路史以爲非複姓,誤。」「良」程本作「梁」,蓋即將梁,故秦氏世本輯補不引,自東灌下獨列時,白、巴、剡、復、蒲六氏,又謂「公巴公巴」四字衍,皆勝舊說。今據定十五氏如文。

帝堯之後爲陶唐氏〔一〕。後有劉累,能畜龍,孔甲賜姓爲御龍,以更豕韋之後〔二〕。至周爲唐杜氏〔三〕。周衰,有隰叔子違周難於晉國,生子輿,爲李〔四〕,以正於朝,朝無閒〔五〕官,故氏爲士氏;爲司空,以正於國,國無敗績,故氏司空,食采隨,故氏隨氏。士蔿〔六〕之孫會,佐文、襄,於諸侯無惡〔七〕;爲卿,以輔成、景,軍無敗政;爲成率,居

傳〔八〕，端刑法〔九〕，集〔一〇〕訓典，國無姦民，晉國之盜逃奔於王，王命隨會爲卿〔一一〕，是以受范，卒謚武子。武子文〔一二〕，成晉、荊之盟，降〔一三〕兄弟之國，使無閒隙，是以受郇、櫟〔一四〕。由此帝堯之後，有陶唐氏、劉氏、御龍氏、唐杜氏、隰氏、士氏、季氏〔一五〕、司空氏、隨〔一六〕氏、范氏、郇氏、櫟氏、巂氏〔一七〕、冀氏、彀氏〔一八〕、薔氏、擾氏〔一九〕、狸氏、傅氏〔二〇〕。楚〔二一〕令尹建〔二二〕嘗問范武子之德於文子〔二三〕，文子對曰：「夫子之家事治，言於晉國，竭情無私，其祝史陳信不媿，其家事無猜，其祝史不祈。」建歸，以告，康王〔二四〕曰：「神人無怨，宜夫子之股肱〔二五〕五君，以爲諸侯主也〔二六〕。」故劉氏自唐以下漢以上，德著於世，莫若范會之最盛也。斯亦有修己以安人之功矣〔二七〕。武王克殷，而封帝堯之後於鑄也〔二八〕。

〔一〕襄廿四年左傳。

〔二〕昭廿九年左傳。○鐸按：史記夏本紀集解引賈逵曰：「劉累之後，至商不絶，以代豕韋之後。」訓「更」爲「代」，本方言三。夏本紀「更」作「受」，李富孫春秋左傳異文釋云：「字形相似而亂。」

〔三〕襄廿四年左傳。

〔四〕「李」晉語作「理」。理、李古字通。○鐸按：韋注：「理，士官也。」「理」之爲「李」，猶「行

理」之爲「行李」矣。

〔五〕「閒」晉語作「姦」。○鐸按：國語多以「閒」爲「姦」，周語中「神無閒行」，韋注：「閒行，姦神淫厲之類也。」是其例。證以此引，則今本晉語「姦」字爲後人所改明矣。

〔六〕士蔿，即子輿。○鐸按：韋注：「子輿，士蔿之字。」

〔七〕晉語作「佐文、襄爲諸侯，諸侯無二心」。按昭廿六年左傳云：「王甚神聖，無惡於諸侯。」晉語上文云：「司馬侯見，曰：『諸侯皆有二心。是之不憂，而怒和大夫，非子〈謂范宣子〉之任也？』」韋注：「二心，欲叛晉。」「無二心」與「有二心」相反，言弗叛也。「二心」字亦見成三年左傳。襄廿七年左傳疏引晉語作「武子佐文、襄，諸侯無二心」，下句「諸侯」不省，義較明矣。古文有承上賓語省下主語之例，然亦有省之而義不顯者，此傳上文：「皆取其邑，而歸諸侯，諸侯是以睦於晉。」定本如是，古本無下「諸侯」二字，亦此類也。○鐸按：「無惡」與「無二心」雖同義，然恐「惡」字是「二心」二字誤合。又按：「於」猶「爲」也，「諸侯」二字似當重。

〔八〕晉語作「爲成師，居太傅」，韋昭引唐尚書云：「爲成公軍師。」按「師」當作「帥」，帥、率古通用。襄廿七年左傳疏引晉語作「爲元帥」。○鐸按：「師」當爲「帥」，經義述聞卷二十一王念孫說同。王氏又云：「『爲成帥』者，爲公之中軍帥也。左傳正義引作『及爲元帥』，『元』字蓋後人所改。」此「元帥」即「中軍帥」也。此傳上文「作三軍，謀元帥」，杜注：

「中軍帥。」疏云：「晉以中軍爲尊，而上軍次之。其二軍則上軍爲尊。」是凡爲晉中軍帥

者，即元帥矣。惟士會在晉成公之世實未將中軍，景公三年尚將上軍，見宣十二年左傳。

至七年，即魯宣十六年，晉侯始命之將中軍，且爲太傅。然則晉語「爲成帥」，本當言「爲

景帥」，以二君相接，故記之稍不審耳。

〔九〕舊重「法」字，衍。

〔一〇〕集晉語作「緝」。○鐸按：並「輯」之借。

〔一一〕按宣十六年左傳云：「以黻冕命士會將中軍，且爲太傅，於是晉國之盜逃犇於秦。」即晉
語所云「居太傅，國無姦民」也。此文兼采左、國，分爲二事，誤矣。

〔一二〕武子文當作「武子子文子」。晉語韋昭注：「文子，武子之子爕也。」

〔一三〕晉語作「豐」。王侍郎云：「『降』疑『隆』。」○鐸按：降，讀爲「隆」。說文：「隆，豐大
也。從生，降聲。」故二字通用。墨子尚賢中篇「穋隆播種」，書呂刑「隆」作「降」。禮記
喪服小記注「不以貳降」，釋文：「降，一本作『隆』。」魏策四「休祲降於天」，曾、劉本並作
「休烈隆於天」。荀子天論篇「隆禮尊賢而王」，韓詩外傳一「隆」作「降」。尚書大傳禹貢
「隆谷元玉」，鄭注：「隆，讀如『厖降』之『降』。」史記司馬相如傳「業隆於襃裷」，漢書「隆」
作「降」。其例不勝枚舉。

〔一四〕隰叔以下本晉語。

〔五〕「季氏」當作「士季氏」。古今姓氏書辨證云:「士蒍之後,貞子士渥濁生莊子士弱,弱生士文伯瑕,瑕生景伯彌牟,別爲士季氏。」亦見氏族略五、後紀十一。

〔六〕「隨」舊作「趙」。

〔七〕「彘」舊作「羸」。國名紀四郇、櫟下有彘。後紀十一云:「士魴受彘,故氏爲彘。」今據改。按成十八年左傳,士魴稱彘季。襄十四年傳彘裘,杜注:「士魴子也。」

〔八〕後紀十一云:「士蒍生士縠,爲縠氏。」按士縠見文二年左傳。

〔九〕「擾氏」當作「擾龍氏」。元和姓纂云:「劉累之後。」

〔一〇〕「狸」舊作「撰」。按周語,丹朱之後狸姓,在周爲傅氏。

〔一一〕「楚」下舊有「氏」字,衍。

〔一二〕建,屈建。

〔一三〕文子,趙武也。

〔一四〕當重「康王」。○鐸按:此讀「建歸以告」句,「康王曰」句,上「康王」二字探下省,而傳不省。

〔一五〕「股肱」傳作「光輔」。

〔一六〕「楚令尹」以下,本昭廿年左傳。○鐸按:此襄廿七年晉、楚盟時范武對屈建語,而晏子述之,其辭微多於彼。

〔二七〕論語云：「脩己以安人。」漢書高帝紀贊云：「春秋晉史蔡墨有言，『陶唐氏既衰，其後有劉累，學擾龍，事孔甲，范氏其後也。』而大夫范宣子亦曰：『祖自虞以上爲陶唐氏，在夏爲御龍氏，在商爲豕韋氏，在周爲唐杜氏，晉主夏盟爲范氏。』范氏爲晉士師，魯文公世奔秦。後歸于晉，其處者爲劉氏。劉向云：『戰國時，劉氏自秦獲於魏。』秦滅魏，遷大梁，都于豐，故周市說雍齒曰『豐故梁徙也』。是以頌高祖云：『漢帝本系，出自唐帝。降及于周，在秦作劉。涉魏而東，遂爲豐公。』豐公，蓋太上皇父。」按蔡墨事見昭廿九年左傳，范宣子事見襄廿四年傳，歸晉事見文十三年傳。

〔二八〕「鑄」舊作「社」，據五德志篇改。「社」或爲「祝」之誤，注見前篇。○鐸按：此當作「祝」。若本是「鑄」字，則無緣誤爲「社」矣。汪改非。

帝舜姓虞，又爲姚，居嬀。武王克殷，而封嬀滿於陳，是爲胡公〔一〕。陳袁氏〔二〕、咸氏〔三〕、舀氏、慶氏〔四〕、夏氏〔五〕、宗氏〔六〕、來氏、儀氏〔七〕、司徒氏〔八〕、司城氏〔九〕，皆嬀姓也。

〔一〕史記陳世家。

〔二〕「袁」舊作「哀」。廣韻二十二元「袁」字注云：「袁姓本自胡公之後，或作爰。」唐書宰相世系表云：「陳胡公滿生申公犀侯，犀侯生靖伯庚，庚生季子惛，惛生仲牛甫，甫生聖伯

順，順生伯他父，他父生戴伯，戴伯生鄭叔，鄭叔生仲爾金父，金父生莊伯，莊伯生諸，字

伯爰，孫宣仲濤塗，賜邑陽夏，以王父字為氏。」「轅」

本多作「袁」。○鐸按：公、穀並作「袁」。隸釋袁良碑云：「周之興，虞閼父典陶正，嗣滿

為陳侯，至玄孫濤塗，立姓曰袁。」急就篇顏注：「爰氏之先，本與陳同姓，其後或為「轅」

字，又作「袁」字，本一族也。」史記齊世家作「轅」，並古字通用。

〔三〕「咸」疑當作「鍼」。古今姓氏書辨證云：「陳僖公之孫鍼子，以所食邑為氏。」按鍼子見隱

八年左傳。襄廿四年傳陳鍼宜咎，杜注：「鍼子八世孫。」疏云：「世本文也。」○鐸按：

秦嘉謨輯補世本定為鍼氏。

〔四〕襄七年左傳陳有慶虎、慶寅。世族譜云：「慶虎，桓公之五世孫。」○鐸按：姓氏書辨證同。

〔五〕氏族略一云：「陳宣公之子少西，字子夏，其孫徵舒以王父字為氏。」按夏徵舒見宣十年

左傳。昭廿三年傳疏引世本云：「宣公生子夏，夏生御叔，御叔生徵舒。」○鐸按：姓纂

六止、三十五馬分列子夏氏、夏氏，非也。

〔六〕哀十四年左傳陳有宗豎，世族譜云：「宣公六世孫。」

〔七〕宣九年左傳陳有儀行父。

〔八〕氏族略四云：「陳有司徒公子招，其後為司徒氏。」按招見昭八年左傳，杜注：「哀公弟。」

○鐸按：亦見姓纂之七。

〔九〕氏族略四云:「哀公之子公子勝之後。」按勝見昭八年左傳。世族譜云:「司城氏公孫貞子,哀公孫。」按公孫貞子見哀十五年左傳,孟子所謂司城貞子也。

厲公孺子完奔齊,桓公說之,以爲工正〔一〕。其子孫大得民心,遂奪君而自立,是謂威王,五世而亡〔三〕。齊人謂陳田矣〔二〕。漢高祖徙諸田關中〔四〕,而有第一至第八氏〔五〕。丞相田千秋〔六〕、司直田仁〔七〕,及杜陽田先、碭田先〔八〕,皆陳後也。武帝賜千秋乘小車入殿,故世謂之車丞相〔九〕。及莽自謂本田安之後,以王家故更氏云〔一○〕。莽之行詐〔一二〕,實以田常之風〔一三〕。敬仲之支〔一三〕,有皮氏、占氏〔一四〕、沮氏〔一五〕、與氏〔一六〕、獻氏〔一七〕、子氏〔一八〕、鞅氏〔一九〕、梧氏〔二○〕、坊氏〔二一〕、高氏〔二二〕、芒氏〔二三〕、禽氏〔二四〕。

〔一〕莊廿二年左傳。○鐸按:亦詳史記齊世家、田完世家。

〔二〕按史記田完世家,陳氏自立,始於太公和,威王則和之孫也。漢書地理志云:「九世至和而篡齊,至孫威王稱王,五世爲秦所滅。」元后傳又云:「十一世田和有齊國,三世稱王。」

〔三〕句有脫誤。田完世家云:「敬仲之如齊,以陳氏爲田氏。」索隱云:「陳、田二字聲相近。」○鐸按:古讀「陳」如「田」,說見錢大昕十駕齋養新録五。此言齊人謂「陳」爲「田」,似無

脱誤。

〔四〕史記高祖紀在九年。○鐸按：貨殖傳云：「關中富商大賈大抵盡諸田。」

〔五〕後漢書第五倫傳云：「其先齊諸田。諸田徙園陵者多，故以次第爲氏。」元和姓纂引風俗通云：「第八氏亦齊諸田之後。田廣弟英爲第八門，因氏焉。」氏族略四云：「廣孫田登爲第二氏。」古今姓氏書辨證又云：「廣孫田癸爲第三氏。」

〔六〕田千秋，見下。

〔七〕漢書田叔傳云：「其先齊田氏也。」仁，叔少子。

〔八〕漢書儒林傳云：「漢興，田何以齊田徙杜陵，號杜田生。」又云：「丁寬授同郡碭田王孫。」此「杜陽」乃「杜陵」之誤。漢時稱先生或單言「先」，或單言「生」。史記鼂錯傳云：「學申、商刑名於軹張恢先所。」徐廣曰：「先」即「先生」。漢書錯傳作張恢生。又云：「上招賢良，公卿言鄧先。」顏師古注：「鄧先猶言鄧先生也。」史記叔孫通傳：「諸弟子以制禮，皆賜爲郎，喜曰：『叔孫生誠聖人也！』」漢書梅福傳云：「叔孫先非不忠也。」叔孫先與稱叔孫生同。此言田先，漢書言田生，其稱一也。○鐸按：漢書叔孫通傳：「生何言之諛也？」史記「生」作「先生」。其例不勝枚舉。

〔九〕漢書車千秋傳云：「本姓田氏，其先齊諸田，徙長陵。千秋年老，上優之，朝見得乘小車入宮殿中，故因號曰車丞相。」

〔一〇〕漢書元后傳云：「王建爲秦所滅，項羽起，封建孫安爲濟北王。至漢興，安失國，齊人謂之王家，因以爲氏。」

〔一一〕論語：「子曰：『久矣哉，由之行詐也！』」漢書敍傳答賓戲云：「呂行詐以賈國。」○鐸按：漢書王莽傳贊云：「迺始恣睢，奮其威詐。」

〔一二〕○鐸按：「以」猶「有」也。風俗通窮通篇：「貢士恩親，經傳無以也。」「無以」即「無有」。古讀「有」如「以」，説見顧炎武唐韻正。

〔一三〕「支」舊作「又」。上文云：「邾顏子之支，別爲小邾。」今依例改之。

〔一四〕廣韻二十四鹽「占」字注云：「占姓，陳大夫子占之後。」後紀十二占氏以下並加「子」字，氏族略三同。古今姓氏書辨證引世本云：「陳桓子生子占書，書生子良堅，堅子以王父字爲氏。」按子占，昭十九年左傳稱孫書，哀十一年傳稱陳書。

〔一五〕古今姓氏書辨證引世本云：「陳烈子生子沮與，後爲子沮氏。」

〔一六〕元和姓纂作「子輿，陳桓子生子石難，爲子輿氏。」按子輿以字爲氏，「子石」當是「子輿」。

〔一七〕元和姓纂子獻氏引世本云：「陳桓子生子占書，書生子良堅，堅子以王父字爲氏。」○鐸按：秦氏輯補世本氏姓篇注云：「姓纂稱陳桓子作桓公之後。」按「桓子」當作「桓公」。

〔一八〕「子」字誤，或當爲「宋」。元和姓纂云：「陳宣公生子楚，其後爲子宋氏。」按「宣公」當爲氏輯補世本氏姓篇注云：「姓纂稱陳桓子作桓公，僖子作僖公，皆出於世本，乃齊史之舊稱。」

「宣子」，即僖子子夷也。見下。○鐸按：當作子宋氏，傳寫脫「宋」字耳。宣子稱公，説見上注。

〔九〕元和姓纂云：「陳僖子簡子齒，爲子鞅氏。」

〔一〇〕元和姓纂作「子寱，陳僖子生宣子，其後爲子寱氏」。按哀十四年左傳杜注「宣子名夷。」疏引世本作其夷。

〔一一〕元和姓纂作「子枋，陳僖子生穆子安，爲子枋氏。」

〔一二〕元和姓纂作「子尚」，引世本云：「陳僖子生廩邱子尚意茲，因氏焉。」按哀十四年左傳杜注作廩邱子鼇茲。○鐸按：子尚字，意茲名。哀十四年左傳杜注云「廩邱子意茲」，疏引世本蓋所食邑，按：國名紀一注引世本云：「廩邱，齊大夫廩邱子邑。」氏族略三同。

〔一三〕元和姓纂子芒氏引世本云：「陳僖子生芒盈，因氏焉。」按哀十四年左傳杜注作芒子盈，疏引世本同。

〔一四〕古今姓氏書辨證云：「陳僖子生惠子得，爲子禽氏。」按惠子得亦見哀十四年傳杜注及疏引世本。

帝乙元子微子開，紂之庶兄也〔一〕。武王封之於宋〔二〕，今之睢陽是也〔三〕。宋孔氏〔四〕、

祝其氏〔五〕、韓獻氏〔六〕、季老男氏〔七〕、巨辰、經氏、事父氏、皇甫氏〔八〕、華氏〔九〕、魚氏〔一〇〕、

而董氏〔二一〕、艾、歲氏、鳩夷氏〔二二〕、中野氏、越椒氏〔二三〕、完氏、懷氏、不第氏〔二四〕、冀氏、牛氏〔二五〕、司城氏〔二六〕、冈氏〔二七〕、近氏、止氏、朝氏、教氏〔二八〕、右歸氏〔二九〕、三伉氏、王夫氏〔三〇〕、宜氏、徵氏、鄭氏〔三一〕、目夷氏〔三二〕、鱗氏〔三三〕、臧氏、虺氏、沙氏、黑氏、圍龜氏〔三四〕、既氏、據氏、磚氏、已氏、成氏〔三五〕、邊氏〔三六〕、戎氏〔三七〕、買氏、尾氏、桓氏〔三八〕、戴氏〔三九〕、向氏〔四〇〕、司馬氏〔四一〕，皆子姓也。

〔一〕史記宋世家。本名啓，漢人避諱作「開」。

〔二〕注詳五德志。

〔三〕漢書地理志云：「周封微子於宋，今之睢陽是也。」

〔四〕元和姓纂云：「正考父生孔父嘉，子孫以王父字爲氏。」按孔父見桓元年左傳。孔氏詳下。

〔五〕元和姓纂引風俗通云：「宋戴公子祝其爲司寇，因氏焉。見世本。」

〔六〕「韓」當作「幹」。古今姓氏書辨證引世本云：「宋司徒華定後爲幹獻氏。」氏族略四、後紀十並作「幹」。按宋司徒華定見襄廿九年左傳。○鐸按：張氏姓氏尋源十五翰亦云：「潛夫論今本作『韓獻』者誤。」

〔七〕後紀十以季老男爲三字姓，又別有季老氏、老男氏。古今姓氏書辨證引世本云：「宋華氏有華季老，其子氏焉。」成十五年左傳疏引世本云：「華督生世子家，家生秀老。」「秀

蓋即「季」之誤。

〔八〕唐書宰相世系表云：「宋戴公白生公子充石，字皇父，皇父生季子來，來生南雍缺，以王父字爲氏。」廣韻九麌「父」字注云：「漢初有皇父鸞，自魯徙居茂陵，改『父』爲『甫』。」按父、甫古通用，非改字也。皇父充石見文十一年左傳。○鐸按：巨辰、經氏，秦氏世本輯補據姓氏急就篇訂作白馬氏、經氏。姓纂六至有事父氏，本此，而他書無見，疑即皇父氏之訛衍。

〔九〕桓元年左傳宋華父督，疏引世本云：「華父督，宋戴公之孫好父説之子。」二年傳云：「會於稷，以成宋亂，爲賂故，立華氏也。」杜注：「督未死而賜族，督之妄也。」按華父爲督字，以字爲氏。

〔一〇〕僖九年左傳云：「宋襄公即位，以公子目夷爲仁，使爲左師以聽政，於是宋治，故魚氏世爲左師。」按目夷字子魚，襄公庶兄。○鐸按：姓氏急就篇引風俗通云：「宋公子魚，賢而有謀，以字爲氏。」

〔一一〕文十一年左傳宋有牻班。「而」或當作「牻」。○鐸按：氏族略三作牻氏。

〔一二〕「鳩」，氏族略四、古今姓氏書辨證、後紀十一注並引作「鷗」。○鐸按：淮南子氾論訓：「昔齊簡公釋其國家之柄，而專任其大臣，故使陳成田常、鴟夷子皮得成其難。」是齊有鷗夷氏，「鳩」字訛。又艾、歲氏，秦嘉謨世本輯補作艾氏、雍氏，謂此誤作歲氏。

〔三〕後紀十有椒氏。「越」字疑衍。元和姓纂、氏族略並以越椒爲楚羋姓。

〔四〕「第」舊作「弟」，據古今姓氏書辨證、氏族略五引改。元和姓纂引潛夫論不更氏，後紀十注云：「不更、不茅見潛夫論。」又別有不夷氏，云：「見世本。姓纂以爲不夷、甫須之後。」按本書無不更、不茅、不夷。第、夷聲相近，「第」誤爲「茅」，「夷」誤爲「更」。史記魯世家「煬公築茅闕門」，徐廣曰：「茅」一作「第」。「第」一作「夷」。正與此同。

〔五〕唐書宰相世系表云：「宋微子之後司寇牛父，子孫以王父字爲氏」按司寇牛父見文十一年左傳。○鐸按：姓纂十八尤，廣韻並同。

〔六〕元和姓纂引世本云：「宋戴公生東鄉克，孫樂喜爲司城」，杜注：「樂喜，子罕也。」禮記檀弓疏引世本云：「戴公生樂甫術，術生石甫願繹，繹生夷甫傾，傾生東鄉克，克生西鄉士曹，曹生子罕喜。」姓纂有脫文。○鐸按：秦嘉謨改「生」爲「孫」，而不知有脫文。程本「月」作「訛」。

〔七〕按「冈」爲「网」字之俗，見廣韻三十六養。○鐸按：程本改「罔」。

〔八〕氏族略四教氏引風俗通云：「宋左師教之後。」按左師教，宋繆公子，見隱三年公羊傳。「教」與「勃」同。○鐸按：程本訛「教」。又「近」當作「所」。所氏見姓纂八語、氏族略四引風俗通。

〔九〕元和姓纂右歸氏引此書。按「歸」蓋「師」之誤。姓纂有右師氏，引世本云：「宋武公生公

「子中代爲右師，因氏焉。」氏族略四武公、公子中作莊公、公子申。成十五年左傳疏引世

本云：「莊公生右師戊。」○鐸按：疏引世本有脫文，當云：「莊公生公子中，爲右師氏。」

「中」即「仲」字，氏族略「中」作「申」，莊公作武公，並誤。

(二○)「王」疑是「壬」，春秋襄元年有楚公子壬夫，此其比也。○鐸按：「亢」當作「伉」，姓纂引

風俗通云：「晉公子重耳封舅犯於三亢，支孫氏焉。」然此乃晉公族，不當列此。

(二一)昭廿一年左傳宋有鄭翩。○鐸按：秦嘉謨據姓氏急就篇，氏族略四引風俗通改「宜」爲

「宣」，云：「宋宣公後，以諡爲氏。」

(二二)廣韻六脂「夷」字注云：「宋公子目夷之後。」詳上魚氏注。

(二三)文七年左傳「鱗矔爲司徒」，疏引世本云：「桓公生公子鱗，鱗生東鄉矔。」成十五年傳：

「鱗矔爲少司寇」，杜注：「鱗矔孫。」

(二四)宋文公子圍龜字子靈，見成十五年左傳。○鐸按：見成五年傳，秦氏世本輯補亦衍「十」

字。昭廿二年左傳宋有臧士平（石經「士」訛「氏」）。文十六年傳宋有蕩虺，杜注：「意諸

之弟。」秦云：「疑以爲氏。」沙氏，秦據姓氏書辨證十二齊改泥氏。黑氏，秦據成五年傳

改靈氏。

(二五)哀十三年左傳宋有成矔。○鐸按：據氏，秦據姓纂二十一麥改獲氏，云：「宋大夫猛獲

之後。」

〔二六〕昭廿二年左傳「宋邊卬爲大司徒」，杜注：「卬，平公曾孫。」廣韻一先「邊」字注：「邊姓，宋平公子御戎字子邊，子孫以王父字爲氏。」陳留風俗傳云：「祖於宋平公。」氏族略三云：「宋公子城之後，城字子邊。或言宋平公子御戎字子邊，子孫以王父字爲氏。」

〔二七〕襄十九年左傳「齊靈公諸子仲子、戎子」，杜注：「諸子，諸妾姓子者。二子皆宋女。」戎子即戎氏女也。

〔二八〕急就篇顏師古注云：「宋桓公孫鱗矔爲宋司徒，號曰桓子，因爲氏焉。」唐書宰相世系表云：「宋桓公之後向魋亦號桓氏。」按桓魋見哀十三年左傳。

〔二九〕急就篇顏師古注云：「宋戴公生公子文遂，稱戴氏。」按昭八年左傳宋有戴惡。○鐸按：亦見廣韻、姓纂十九代。

〔三〇〕成十五年左傳「華元使向戌爲左師」，杜注：「向戌，桓公曾孫。」疏引世本云：「桓公生向父肸，肸生司城訾守，守生小司寇鱄及合左師。左師即向戌也。」廣韻四十一漾「向」字注云：「戌以王父字爲氏。」

〔三一〕哀十四年左傳宋桓魋弟司馬牛。史記仲尼弟子傳索隱云：「以魋爲宋司馬，故牛遂以司馬爲氏。」

閔公子弗父何〔二〕生宋父，宋父生世子，世子生正考父，正考父生孔父嘉，孔父嘉

生子木金父；木金父降爲士，故曰滅於宋〔二〕。金父生祁父，祁父生防叔；防叔爲華氏所偪，出奔魯，爲防大夫，故曰防叔。防叔生伯夏，伯夏生〔三〕叔梁紇，爲鄹大夫，故曰鄹叔紇，生孔子〔四〕。

〔一〕「何」舊作「河」。

〔二〕昭七年左傳：「孟僖子曰：『孔子，聖人之後也，而滅於宋。』」

〔三〕「生」舊脫。

〔四〕「閔公」以下本世本，詩那疏引之，「閔」作「湣」，彼云「宋父生正考父」，文有脫滅。王肅撰家語本姓解與此同，亦用世本也。○鐸按：臧庸拜經日記卷七二云：「王符所舉世數，與昭七年左傳杜注合，惟以子木降士爲滅於宋，與杜異。」

周靈王之太子晉，幼有成德，聰明博達〔一〕，溫恭敦敏。穀、雒水鬥，將毀王宮，太子晉諫，以爲不順天心，不若修政〔二〕。晉平公使叔譽聘於周，見太子，與之言，五稱而三窮，逡巡而退，歸告平公曰：「太子晉行年十五，而譽弗能與言〔四〕，君請事之。」平公遣師曠見太子晉。太子晉與語，師曠服德，深相結也。乃問曠曰：「吾聞太師能知人年之長短。」師曠對曰：「女色赤白，女聲清汙〔五〕，火色不

壽。」晉曰：「然。吾後三年將上賓於帝，女慎無言，殃將及女。」其後三年而太子

死〔六〕。孔子聞之曰：「惜夫！殺吾君也。」世人以其豫自知去期，故傳稱王子喬

仙〔七〕。仙之後，其嗣避周難於晉，家於平陽，因〔八〕氏王氏〔九〕。其後子孫世喜養性神仙

之術〔一〇〕。

〔一〕風俗通正失篇云：「周書稱靈王太子晉幼有盛德，聰明博達。」今逸周書太子晉解不載
此文，蓋脫佚也。○鐸按：「成德」即風俗通「盛德」。宣二年左傳「盛服將朝」，釋文：
「音成，本或作『成』。」是成、盛古通之證。

〔二〕「王」舊脫。

〔三〕以上本周語。

〔四〕○鐸按：臣對君不得自稱其字，「譽」當從周書作「臣」。

〔五〕逸周書二語互轉，風俗通與此同。○鐸按：風俗通脫「汙」字。

〔六〕以上本逸周書。

〔七〕「孔子聞之」以下，亦見風俗通。「知」字舊脫，據風俗通補。列仙傳云：「王子喬者，周靈
王太子晉也。」漢書梅福傳云：「至今傳以爲仙。」

〔八〕舊作「田」。

〔九〕唐書宰相世系表云：「周靈王太子晉，以直諫廢爲庶人，其子宗敬爲司徒，時人號曰王

家，因以爲氏。」

〔一〇〕梅福傳云：「福居家，嘗以讀書養性爲事。」

魯之公族，有蟜氏〔一〕、后氏〔二〕、眾氏〔三〕、臧氏〔四〕、施氏〔五〕、孟氏〔六〕、仲孫氏〔七〕、服氏〔八〕、公山氏〔九〕、南宮氏〔一〇〕、叔孫氏〔一一〕、叔仲氏〔一二〕、子我氏〔一三〕、子士氏〔一四〕、季氏〔一五〕、公鉏氏〔一六〕、公巫氏〔一七〕、公之氏〔一八〕、子干氏、華氏〔一九〕、子言氏〔二〇〕、子駒氏〔二一〕、子雅氏〔二二〕、子陽氏〔二三〕、東門氏〔二四〕、公析氏〔二五〕、公石氏〔二六〕、叔氏〔二七〕、子家氏〔二八〕、榮氏〔二九〕、展氏〔三〇〕、乙氏〔三一〕，皆魯姬姓也。

〔一〕禮記檀弓云：「季武子寢疾，蟜固不說齊衰而入見。」固蓋魯公族。○鐸按：史記仲尼弟子傳有蟜疵，正義：「漢書云：『魯人。』」

〔二〕禮記檀弓后木，鄭注：「后木，魯孝公子惠伯鞏之後。」疏引世本作「孝公生惠伯革，其後爲厚氏」。呂氏春秋察微篇郈昭伯，高誘注：「郈氏，魯孝公子惠伯華之後也」，以字爲氏。」華、革、鞏，字形相近之誤。郈昭伯見昭廿五年左傳。漢書古今人表作厚昭伯，五行志又作后氏。襄十四年左傳厚成叔，釋文云：「『厚』本或作『郈』。」風俗通過譽篇亦作「后」。后、厚、郈並通。○鐸按：經義述聞十九王引之曰：「昭二十五年傳言季郈者一，

言郇氏者二，言郇伯昭伯者二，言郇孫者四，「郇」字皆當作「后」。元和姓纂引風俗通曰：
「魯大夫郇伯食采於郇，因氏焉。」已誤以后孫之「后」為郇邑之「郇」。食采於郇者叔孫
氏，非后氏也。」又云：「呂氏春秋察微篇『魯季氏與后氏鬭雞』，今本『后』作『郇』，後人
依俗本左傳改之也。據注『以字為氏』，則作『后』明矣。」汪謂后，郇通，失考。

〔三〕隱元年左傳公子益師衆父之後。世族譜云：「衆父，孝公子。」

〔四〕隱五年左傳臧僖伯之後。疏云：「僖伯名彄，字子臧。」世本云「孝公之子。」〇鐸按：
經義述聞二十二王引之春秋名字解詁云：「臧，古『藏』字。彄，讀曰『區』。說文：『區，
踦區藏匿也。』彄、臧名字相應，或謂食采於臧，非。

〔五〕氏族略三云：「魯惠公之子公子尾字施父，其子因以為氏。」古今姓氏書辨證云：「施父
生施伯，伯孫頃叔生孝叔，始以王父字為氏。」按：施父見桓九年左傳。孝叔見成十一年
傳，杜注：「魯惠公五世孫。」

〔六〕文十五年左傳「齊人或為孟氏謀」，杜注：「慶父為長庶，故或稱孟氏。」

〔七〕左傳桓公公子慶父之後。古今姓氏書辨證云：「魯桓公四子，次曰慶父。」慶父生穆伯公孫
敖，敖生文伯穀、惠叔難，穀生孟獻子蔑，始以仲孫為氏。」

〔八〕服氏當是子服氏。古今姓氏書辨證云：「仲孫蔑之子伀，別為子服氏。」按孟獻子子仲孫
它子服見魯語。襄廿三年左傳孟椒，杜注：「孟獻子之孫子服惠伯，即它子。」昭三年傳

稱子服椒，其後有子服回、子服何。○鐸按：說亦見魯語注，昭十五年左傳疏、檀弓疏。

〔九〕定五年左傳魯有公山不狃。○鐸按：論語陽貨篇作公山弗擾。

〔一〇〕元和姓纂云：「魯孟僖子生閱，號南宮敬叔，叔生路，路生會，會生虔，爲南宮氏。見世本。」按南宮敬叔見昭七年左傳，「閱」作「說」。

〔一一〕莊卅二年左傳：「成季酖叔牙，立叔孫氏。」僖四年傳公孫茲稱叔孫戴伯，杜注：「叔牙之子。」○鐸按：經稱公孫茲，僖五年經、傳並稱公孫茲。

〔一二〕禮記檀弓叔仲皮，鄭注：「叔仲皮，魯叔孫氏之族。」疏引世本云：「桓公生僖叔牙，叔牙生武仲休，休生惠伯彭，彭生皮爲叔仲氏。」按彭當作彭生，文七年左傳稱叔仲惠伯。十八年傳云：「襄仲殺惠伯，公冉務人奉其帑以奔蔡，既而復叔仲氏。」○鐸按：姓纂一屋引東觀漢記云：「叔仲彭生帶，帶生仲叔、仲職及寅，代爲魯大夫。」

〔一三〕元和姓纂云：「魯叔孫成子生申，爲子我氏。」氏族略三云：「申字子我。」按叔孫成子名不敢，見定元年左傳。

〔一四〕古今姓氏書辨證引世本云：「魯叔孫成子生齊季，爲子士氏。」

〔一五〕左傳桓公子季友之後，亦曰季孫氏。○鐸按：詩魯頌駉鄭箋云：「季孫行父，季文子也。」疏：「行父是季友之後，故以季孫爲氏。左傳、世本皆有其事。」

〔一六〕襄廿三年左傳季武子子公彌稱公鉏氏。定八年傳公鉏極，杜注：「公彌曾孫。」

潛夫論箋校正

〔七〕襄廿九年左傳魯有公巫召伯。○鐸按：公巫召伯，魯文公子叔肸曾孫，見世族譜。

〔八〕元和姓纂云：「季悼子生惠伯鞅，鞅生懿伯柎，爲公之氏。」氏族略三云：「鞅字公之。」按

〔九〕季平子弟公之見昭廿五年左傳。

華氏當是子革氏。元和姓纂引世本云：「季平子支孫爲子革氏。」○鐸按：秦氏輯補世本子士氏下注云：「潛夫論誤作子干氏。」又華氏下注云：「史記孔子世家『季孫使公華、公賓、公林迎孔子。』王符以華氏次公之氏後，則華氏當即公華氏，」此疑當作子革氏、華氏。

〔一〇〕元和姓纂云：「季平子生昭伯寤之後。」氏族略三云：「昭伯字子言。」按季寤子言見定八年左傳，杜注：「季桓子之弟。」

〔一一〕「駒」舊作「駧」，據後紀十改。昭廿五年左傳子家羈，公羊傳作子家駒。荀子大略篇楊倞注云：「名羈，駒其字。」子駒氏蓋其後也。○鐸按：史記魯世家「魯敗翟于鹹，獲長翟喬如。富父終甥舂其喉，以戈殺之，埋其首於子駒之門。」集解引賈逵曰：「子駒，魯郭門名。」秦氏據此，則謂子駒以地爲氏。按駒讀爲「拘」，羈、拘名字相應，楊倞説似有理。且此節魯公族多以字爲氏，秦説蓋非。

〔一二〕○鐸按：姓纂六止引英賢傳：「季桓子生武叔寵，爲子雅氏。」昭三年左傳齊有公孫寵，亦字子雅。

五七四

〔三三〕元和姓纂云：「魯公族有子陽者，其後以王父字爲氏。」又有子揚氏，引世本云：「季桓子生穆叔，其後爲子揚氏。」按陽、揚古通用，疑本一氏。○鐸按：張澍分二氏，云：「路史…『世本無子陽。』」羅氏未見世本全文。」

〔三四〕僖廿六年左傳東門襄仲，杜注：「襄仲居東門，故以爲氏。」○鐸按：此本服虔説，見史記集解引。檀弓注：「仲遂，魯襄公之子東門襄仲。」疏云：「世本及左傳文也。」

〔三五〕史記仲尼弟子傳有公皙哀，本書遇利篇作「公析」，皙、析古通用。哀蓋魯公族，集解引家語云「齊人」，殆非也。○鐸按：姓纂作「公祈」，即「公析」之誤，而以爲衞後。

〔三六〕元和姓纂云：「魯僖公生共叔堅，堅生惠叔、子叔聲伯。」氏族略三又云：「悼公子堅字公石之後。」○鐸按：秦氏引姓纂一東作『子孫爲公石氏』，當是也。路史又云：「伯禽之後有公石氏。」

〔三七〕春秋襄十四年叔老，杜注：「聲伯子也。」疏云：「叔老，聲伯子，叔肸孫，故以叔爲氏。」禮記檀弓疏引世本云：「叔肸生聲伯嬰齊，齊生叔老。」

〔二八〕氏族略三云：「魯莊公之孫公孫歸父字子家，其後爲子家氏。」按公孫歸父子家見宣十年左傳，昭五年傳有子家羈。

〔二九〕定元年左傳榮駕鵝，杜注：「魯大夫榮成伯也。」魯語榮成伯，韋昭注：「聲伯之子也，名犖。」世族譜云：「叔肸曾孫。」○鐸按：襄廿八年傳杜注：「成伯，榮駕鵝。」

〔三〇〕隱八年左傳云：「無駭卒，羽父請謚於族，公命以字爲展氏。」杜注：「無駭，公子展之孫，故爲展氏。」廣韻二十八獮「展」字注云：「魯孝公之子子展之後。」

〔三一〕僖廿六年左傳「公使展喜犒師」，魯語作乙喜。

衛之公族，石氏〔一〕、世叔氏〔二〕、孫氏〔三〕、甯氏〔四〕、子齊氏〔五〕、司徒氏〔六〕、公文氏〔七〕、析龜氏〔八〕、公叔氏〔九〕、公南氏〔一〇〕、公上氏〔一一〕、公孟氏〔一二〕、將軍氏〔一三〕、子强氏〔一四〕、强梁氏〔一五〕、卷氏〔一六〕、會氏雅氏〔一七〕、孔氏〔一八〕、趙陽氏〔一九〕、田章氏、孤氏〔二〇〕、王孫氏〔二一〕、史龜氏〔二二〕、羌氏、羌憲氏〔二三〕、遂氏〔二四〕，皆衛姬姓也。

〔一〕隱四年左傳。石碏之後。世族譜云：「石碏，靖伯孫。」○鐸按：史記衛世家集解引賈逵曰：「石碏，衛上卿。」

〔二〕春秋世叔儀、世叔申、世叔齊，左傳並作太叔。桓九年傳疏云：「太叔儀，僖侯八世孫。」世族譜云：「太叔儀，義通也。」

〔三〕成十四年左傳疏引世本云：「孫氏出於衛武公。」唐書宰相世系表云：「衛武公和生公子惠孫，惠孫生耳，爲衛上卿，生武仲乙，以王父字爲氏。」

〔四〕襄廿五年左傳杜注：「甯氏出自衛武公。」氏族略三云：「衛武公生季亹，食采於甯，因以爲氏。」○鐸按：亦見姓纂四十六徑。

〔五〕蓋即齊氏。昭元年左傳衛齊惡，世族譜云：「昭伯子齊子無子，戴公以其子惡爲之後。」廿年傳齊豹稱齊子氏，杜注：「惡之子。」

〔六〕禮記檀弓衛司徒敬子氏，鄭注：「司徒，官氏，公子許之後。」元和姓纂云：「衛文公生公子許，其後爲司徒氏。」

〔七〕哀廿五年左傳衛有公要。

〔八〕「龜」字疑衍。昭廿年左傳衛有析朱鉏，杜注：「朱鉏，成子黑背孫。」氏族略三有公析氏，衛公子黑背字子析之後。○秦嘉謨云：「公析氏，左傳惟稱析，王符誤并析、龜二氏爲一氏。」○鐸按：此節下文史龜氏，「龜」亦訛作「鼅」，然龜氏不當重出，蓋是衍文。

〔九〕禮記檀弓公叔文子，疏引世本云：「獻公生成子尚田，田生文子拔，拔生朱，爲公叔氏。」○鐸按：檀弓上篇鄭注：「文子，獻公之孫，名拔。」疏引世本：「獻公生成子當，當生文子拔。」箋誤分「當」爲「尚田」二字。又姓氏書辨證云：「衛獻公少子發，國人謂之公叔，因以爲氏。」拔與發非一人，張氏尋源謂拔即發，竊所不取。

〔一〇〕氏族略三云：「衛獻公之子楚字公南，生子牟，爲公南氏。」按公南楚見昭廿年左傳。○

〔一一〕廣韻一東「公」字注云：「衛大夫有公上玉。」○張澍云：「墨子作公尚，字相通。」

〔一二〕秦嘉謨云：「『公』字注云：『襄二十九年傳之公子荊，即公南楚，見杜解。』」

〔一三〕昭廿年左傳衛公孟縶，杜注：「靈公兄。」定十二年傳衛公孟彄，杜注：「彄，孟縶子。」疏

〔三〕禮記檀弓疏引世本云：「靈公生昭子郢，郢生文子木，文子生簡子瑕，瑕生衞將軍文氏。」古今姓氏書辨證引世本作「郢生文子彌牟，爲將軍氏」。○鐸按：檀弓疏引世本「氏」上有脫文，當云「瑕生衞將軍文子，爲將軍氏」。上文「蘭生虎，爲司寇氏」，即其例。

云：「縶字公孟，故即以公孟爲氏。劉炫謂公孟生得賜族。」○鐸按：此引杜注在定十二年春秋經。

〔四〕元和姓纂云：「昭子郢之後。」

〔五〕元和姓纂引世本云：「衞將軍文子生慎子會，會生强梁，因氏焉。」○鐸按：氏族略四「强」作「彊」，同。

〔六〕當作卷子氏。古今姓氏書辨證卷子氏引世本云：「衞文公後卷子，子州氏焉。」後紀十：「衞後有卷子氏。」

〔七〕當作會雅氏。元和姓纂云：「衞靈公子虺生竈，爲會序氏。」氏族略四：「序，音『雅』。」後紀十：「衞後有會序氏。」○鐸按：秦嘉謨亦謂潛夫論誤分爲二氏。

〔八〕梁氏履繩云：「哀十一年傳，孔文子以孔姞妻太叔疾，是孔乃姞姓，故禮記祭統正義謂孔悝是異姓大夫。潛夫論以爲姬姓，誤也。」○鐸按：秦嘉謨亦云：「未知王符何據？」

〔九〕舊脫「氏」字。廣韻十陽「陽」字注云：「衞公子趙陽之後，以名爲氏。」按春秋定十四年「衞趙陽出奔宋」，杜注：「陽，趙鞅孫。」疏引世本云：「懿子兼生昭子舉，舉生趙陽。」兼

即厴也。厴見昭九年。世族譜：「以趙爲氏。」

〔一〇〕「孤」疑是「狐」。哀十五年左傳衞孟厴，漢書古今人表作狐厴。○鐸按：氏族略四有申章氏，路史鄭後有申章氏，張澍云：「楚有申章氏，見新序。」皆非衞公族，則不得以「田」爲「申」之譌。此田章氏未詳所出。

〔一一〕定八年左傳魏有王孫賈。哀廿六年傳有王孫齊，杜注：「賈之子昭子也。」

〔一二〕「龜」當爲「黿」，氏族略五史黿氏引世本云：「衞史黿之後。」按史黿即昭七年左傳史朝，漢書古今人表作史龜。廣韻四宵「黿」字注引風俗通云：「黿姓，衞大夫史黿之後。」龜、黿字形相近而誤。

〔一三〕古今姓氏書辯證引世本云：「衞公族羌之孫憲，爲羌憲氏。」○鐸按：上羌氏疑當是羌師氏，姓氏書辯證十陽有羌師氏，出世本。張澍云：「姓纂作『魏有羌師氏』，譌。」

〔一四〕○鐸按：秦氏輯補世本出蓬氏，云：「潛夫論誤作邃氏。」衞大夫有蓬瑗，字伯玉，孔子弟子。

晉之公族郤氏〔一〕，又班爲呂〔二〕，郤芮又從邑氏爲冀〔三〕，後有呂錡，號駒伯〔四〕。郤犨食采於苦，號苦成叔，郤至食采於溫，號曰溫季〔五〕，各以爲氏。郤氏之班，有州氏〔六〕、祁氏〔七〕。伯宗以直見殺，其子州犂奔楚〔八〕，又〔九〕以郤宛直而和，故爲子常所

妬，受誅〔二０〕。其子謼奔吳爲太宰〔二一〕，懲祖禍褐之行仍正直遇禍也，乃爲諂諛而亡

吳〔二二〕。凡郤氏之班，有冀氏、呂氏、苦成氏、溫氏、伯氏，靖侯之孫樂賓〔二三〕，及

富氏〔二四〕、游氏〔二五〕、賈氏〔二六〕、狐氏〔二七〕、羊舌氏〔二八〕、季夙氏〔二九〕、籍氏，及襄公之

孫駺〔三０〕，皆晉姬姓也。

〔一〕廣韻二十陌「郤」字注云：「郤姓，俗從关。」氏族略三二云：「晉大夫郤文子食邑於郤，以邑
爲氏。」按郤文子即晉語郤叔虎，韋昭注：「郤芮之父郤豹也。」

〔二〕按僖十年左傳：「不鄭言於秦伯曰：『呂甥、郤稱、冀芮實爲不從。』」三人疑皆同族。呂
甥，十五年傳稱瑕呂貽甥，又稱陰貽甥。陰，呂皆邑名。班，別也。

〔三〕成二年左傳疏引世本云：「郤豹生冀芮，芮生缺。」按僖十年左傳郤芮亦稱冀芮。卅三年
傳云：「白季使，過冀，見冀缺耨。」又云：「以一命命郤缺爲卿，復與之冀。」杜注：「還其
父故邑。」〇鐸按：晉語五「冀缺薦」，韋注：「郤成子也。」

〔四〕〔呂〕當作「郤」。郤錡號駒伯，見成十七年左傳。呂錡見成十六年，即宣十二年魏錡，世
族譜云：「魏錡，魏犨子，爲呂氏。」

〔五〕並見成十七年左傳。

〔六〕昭三年左傳杜注云：「郤稱，晉大夫，始受州。」州氏蓋以邑爲氏者。元和姓纂引風俗通
云：「晉州綽，其先食采於州，因氏焉。」按州綽見襄十八年左傳。

〔七〕襄廿一年左傳祁大夫,杜注:「祁奚也。食邑於祁,因以為氏。」氏族略三云:「晉獻侯四世孫。」

〔八〕成十五年左傳。○繹按:賢難篇:「伯宗之以死。」

〔九〕「又」字舊在「楚」上。

〔十〕昭廿七年左傳。○繹按:明闇篇:「郤宛得衆,而子常殺之。」亦見賢難篇。

〔一一〕定四年左傳云:「楚之殺郤宛也,伯氏之族出。伯州犁之孫嚭為吳太宰,以謀楚。」史記楚世家以嚭為宛之宗姓伯氏子。伍子胥傳集解引徐廣云:「伯州犁者,晉伯宗之子也。」蓋即本此書。然此書之意,本謂州犁奔楚後,其子又遇禍出奔。伯州犁之子曰郤宛,郤宛之子曰伯嚭。宛亦姓伯,又別氏郤。兩言其子,文意相貫,並未嘗以嚭為宛子也。唯傳云「伯州犁之孫嚭」,此稱「其子」殊誤,而高誘注呂氏春秋當染篇、重言篇,韋昭注越語,並云「嚭,州犁之子」,則古有此說矣。

〔一二〕史記吳世家云:「越王滅吳,誅太宰嚭,以為不忠。」

〔一三〕桓二年左傳。

〔一四〕按莊廿三年左傳云:「晉桓、莊之族偪,獻公患之。士蒍曰:『去富子,則羣公子可謀已。』」杜注:「富子,二族之富強者。」此以「富」為氏非也。○洪亮吉春秋左傳詁云:「尋繹上下文義,疑富子為羣公子之一。杜以富強解之,恐誤。」○繹按:洪氏雖規杜,固未

嘗以「富」爲氏，乃秦氏輯補世本既據此文及杜注出富氏，又引廣韻十五灰「槐」字注「晉
大夫富槐之後」以證之。然廣韻本說槐氏，不謂「富」爲氏。考富氏爲周室世卿，見本篇
下文，氏族略亦謂「富爲周大夫富辰之後」，秦氏不檢，而又援據失實，其誣甚矣！

〔五〕莊廿四年左傳云：「晉士蔿又與羣公子謀，使殺游氏之二子。」杜注：「游氏二子亦桓、莊
之族。」

〔六〕晉語云「賈佗公族也」，韋昭注：「賈佗，狐偃之子射姑太師賈季也。食邑於賈。」古今姓
氏書辨證云：「晉唐叔虞少子公明，周康王封之於賈爲附庸，謂之賈伯。曲沃武公取晉
并賈，因以其子孫爲大夫。」

〔七〕晉語云：「狐氏出自唐叔。」

〔八〕昭三年左傳：「叔向曰：『肸之宗十一族，惟羊舌氏在而已。』」疏引世族譜云：「羊舌，其
所食邑名。」

〔九〕昭五年左傳疏云：「世本，叔向兄弟有季夙。」元和姓纂引此書，以季夙氏爲晉靖公孫季
夙之後，誤。○鐸按：鄭樵以下諸家並沿誤。

〔一〇〕昭十五年左傳云：「孫伯黡司晉之典籍，以爲大政，故曰籍氏。」

晉穆侯生桓叔，桓叔生韓萬，傅晉大夫〔二〕，十世而爲韓武侯，五世爲韓惠王，五

世而亡國〔二〕。襄王之孽孫信,俗人謂之韓信都〔三〕。高祖以信爲韓王,後徙王代,爲匈奴所攻,自降之〔四〕。漢遣柴將軍擊之,斬信於參合,信妻子亡入匈奴中。至景帝〔五〕,信子頹當及孫赤〔六〕來降,漢封頹當爲弓高侯,赤爲襄城侯。及韓嫣,武帝時爲侍中,貴幸無比。案道侯韓說,前將軍韓曾〔七〕,皆顯於漢〔八〕。子孫各隨時帝分陽陵、茂陵、杜陵〔九〕,及漢陽、金城諸韓,皆其後也。信子孫餘留匈奴中〔一〇〕者,亦常在權寵,爲貴臣。及留侯張良,韓公族姬姓也。秦始皇滅韓,良弟死不葬,良〔一一〕散家貲千萬,爲韓報讎,擊始皇於博浪沙中,誤椎副車。秦索賊急,良乃變姓爲張〔一二〕,匿於下邳,遇神人黃石公,遺之兵法。及沛公之起也,良往屬焉。沛公使與韓信略定韓地,立橫陽君城〔一三〕爲韓王,而拜良爲韓信都〔一四〕。信都者〔一五〕,司徒也。俗前〔一六〕音不正,曰信都,或曰申徒〔一七〕,或勝屠〔一八〕,然其本共一司徒耳。後作傳者不知「信都」何因,彊安生意,以爲此乃代王爲信都也。凡桓叔之後,有韓氏、言氏〔一九〕、嬰氏〔二〇〕、禍餘氏〔二一〕、公族氏〔二二〕、張氏,此皆韓後姬姓也。昔周宣王亦有韓侯,其國也〔二三〕近燕,故詩云:「普彼韓城,燕師所完〔二四〕。」其後韓西亦姓韓,爲魏滿所伐,遷居海中〔二五〕。

〔一〕史記韓世家索隱云:「系本及左傳舊説,皆謂韓萬是曲沃桓叔之子。」晉語韋昭注:「桓

〔一〕叔生子萬，受韓以爲大夫，是爲韓萬。」傅疑「仕」，上云「趙夙仕晉卿大夫」，是其證。

〔二〕武侯，韓世家作武子，自武子至宣惠王凡八世。漢書地理志云：「韓自武子後，七世稱侯，六世稱王，五世而爲秦所滅。」○鐸按：自武子至惠王凡八世，與六國表合，漢志「七世稱侯」誤。

〔三〕史記韓王信傳集解引徐廣曰：「一云信都。」索隱以爲出楚漢春秋。

〔四〕王先生云：「『自』字疑衍，或『信』字之誤。」○鐸按：『自』疑『因』，『因』俗作『囙』，故誤。

〔五〕降漢在孝文十四年，非景帝時。

〔六〕「赤」傳作「嬰」。

〔七〕「曾」舊作「魯」。

〔八〕見史記、漢書。

〔九〕謂隨所事帝徙居其陵。

〔一〇〕「軍氏」至此，舊錯入後「軒氏」下。宋本蓋已如此，故後紀十所載衛、鄭公族往往淆亂。

〔一一〕「良」疑衍。

〔一二〕孫侍御云：「『張』當作『長』。張良易姓爲長，見高士傳。」繼培按：作「張」是也。史記留侯世家索隱云：「王符、皇甫謐並以良爲韓之公族姬姓也。秦索賊急，乃改姓名，而韓先有張去疾及張譴，恐非良之先代也。」是潛夫本作「張」矣。

〔三〕「城」路史發揮五、羅璧識遺並引作「成」,與史合。

〔四〕見史記留侯世家。按世家:「項梁使良求韓成,立以爲韓王,以良爲韓申徒,與韓王將千餘人西略韓地。」韓王信傳云:「張良以韓司徒降下韓故地,得信以爲韓將。」此云「沛公使使與韓信略地」,又以其事在拜司徒前,並誤。「信都」漢書功臣表又作「申都」,顔師古曰:「楚漢春秋作『信都』。」

〔五〕舊不重「信都」,據路史識遺補。

〔六〕前「疑」間。禮記檀弓「馬鬣封之謂也」,鄭注:「俗閒名。」王制:「東方曰寄,南方曰象,西方曰狄鞮,北方曰譯。」鄭注:「皆俗閒之名。」亦見論衡訂鬼篇。

〔七〕「申」舊作「司」。元和姓纂引風俗通云:「申徒本申屠氏,隨音改爲申徒。」○鐸按:此猶齊人以「司田」爲「申田」。管子小匡篇:「盡地之利,臣不如甯戚,請立爲大司田。」立政篇:「相高下,視肥墝,使五穀桑麻皆安其處,申田之事也。」晏子春秋諫上篇:「爲田野之不辟,倉庫之不實,則申田存焉。」申、司音不相近,故曰「不正」。

〔八〕史記酷吏傳:「周陽由爲河東尉時,與其守勝屠公争權,相告言罪。」索隱引風俗通云:「勝屠即申屠也。」

〔九〕「韓氏、言氏」當作「韓言氏」。元和姓纂引世本云:「晉韓厥生無忌,無忌生襄,襄生魯爲韓言氏。」氏族略五「魯」作「子魚」。按無忌、襄並見左傳。

〔一〇〕「嬰氏」當作韓嬰氏。元和姓纂云：「晉韓宣子玄孫韓嬰爲韓嬰氏。」

〔一一〕元和姓纂、氏族略四並引作「褐餘氏」。按當作「褐氏、餘氏」，即韓褐氏、韓餘氏。廣韻九魚「餘」字注云：「晉卿韓宣子之後，有名餘子者，奔於齊，號韓餘氏。」古今姓氏書辨證云：「韓餘，世本：『韓宣子子餘之後氏焉。』」又云：「韓褐，英賢傳曰：『韓厥後。』」韓褐、韓餘，此稱褐氏、餘氏，亦猶韓言、韓嬰之不言「韓」也。宣二年左傳晉有餘子之官，韓氏蓋嘗有爲此官者。廣韻「名餘子」，「名」當是「爲」。世本「子餘」，亦「餘子」之誤。氏族略引世本正作「餘子」。説苑修文篇有韓褐子。○鐸按：姓纂十三曷，氏族略四「褐餘氏」即據此書誤本。

〔一二〕宣二年左傳云：「晉成公即位，乃宦卿之嫡子而爲之田，以爲公族。」成十八年傳云：「韓無忌爲公族大夫。」襄七年傳云：「晉侯謂韓無忌仁，使掌公族大夫。」十六年傳云「韓襄爲公族大夫」，杜注：「無忌子。」公族氏蓋公族大夫之後也。○鐸按：秦氏亦謂公族氏蓋無忌後。

〔一三〕「也」疑當作「地」。

〔一四〕韓奕。「普」今作「溥」。鄭箋：「燕，安也。大矣彼韓國之城！乃古平安時衆民之所築完。」釋文云：「王肅、孫毓並云此燕國。」○鐸按：詩韓奕之梁山、韓城乃燕地之梁山、韓城，在今河北固安縣，非今陝西之梁山、韓城。顧炎武日知錄卷三、江永春秋地理考實卷

二並據此文及水經聖水注、灅水注辨之、經義述聞卷廿五王引之說同。　說詩者習知陝西

有古韓國，乃以之當燕地之韓侯城，皆未考地理故也。

〔五〕按韓西蓋即朝鮮。「朝」誤爲「韓」，「西」即「鮮」之轉，故尚書大傳以「西方」爲「鮮方」。索隱云：

史記朝鮮傳云：「朝鮮王滿者，故燕人也。自始全燕時，嘗略屬真番、朝鮮。」

「按漢書，滿姓衞，擊破朝鮮王而自王之。」

畢公高與周同姓，封於畢，因爲氏〔一〕。周公之羆也，高繼職焉〔二〕。其後子孫失

守，爲庶世〔三〕。及畢萬佐晉獻公，十六年使趙夙御戎，畢萬爲右，以滅耿滅魏封

萬〔四〕，今之河北縣是也〔五〕。魏顆又氏令狐〔六〕。自萬後九世爲魏文侯〔七〕。文侯孫縈

爲魏惠王，五世而亡〔八〕。畢陽之孫豫讓，事智伯，智伯國士待之，豫讓亦以見知之恩

報智伯，天下紀其義〔九〕。魏氏〔一〇〕、令狐氏、不雨氏、葉大夫氏、伯夏氏、魏強氏〔一二〕、

豫氏，皆畢氏，本姬姓也。

〔一〕史記魏世家。○鐸按：僖廿四年左傳：「管、蔡、郕、霍、魯、衞、毛、聃、郜、雍、曹、滕、畢、

原、酆、郇，文之昭也。」御覽六百十八引潁容云：「史記不識畢公文王之子，而言與周

同姓。」

〔二〕書康王之誥「畢公率東方諸侯」，疏引王肅云：「畢公代周公爲東伯，故率東方諸侯。」

〔三〕庶世 魏世家作「庶人」。

〔四〕以上本魏世家。 世家云：「趙夙爲御，畢萬爲右，以伐霍、耿、魏，滅之。以耿封趙夙，以魏封畢萬。」此文有脫誤。閔元年左傳云：「滅耿，滅霍，滅魏，賜趙夙耿，賜畢萬魏。」

〔五〕漢書地理志： 「河東郡河北，詩魏國，晉獻公滅之，以封大夫畢萬。」

〔六〕晉語令狐文子，韋昭注：「魏顆之子魏頡也。」襄三年左傳疏云：「世族譜，魏顆、魏絳俱是魏犫之子，顆別爲令狐氏，絳爲魏氏。」唐書宰相世系表云：「顆以獲秦將杜回功封令狐，生文子頡，因以爲氏。」

〔七〕禮記樂記疏引世本云：「萬生芒，芒生季，季生武仲州，州生莊子絳，絳生獻子荼，荼生簡子取，取生襄子多，多生桓子駒，駒生文侯。」○鐸按：史記索隱引世本作「畢萬生芒季，芒季生武仲州」。此云「自萬後九世爲魏文侯」，與樂記疏所引世本合。秦嘉謨輯補世本取索隱，張澍世本粹集補注取樂記疏，而謂芒、季爲二人恐誤。果如其說，則此文當刪「後」字，殆不然矣。

〔八〕漢書地理志云：「自畢萬後十世稱侯，至孫稱王，七世爲秦所滅。」按魏世家自惠王至王假被虜凡七世。○鐸按：六國表同。此云「五世而亡」，蓋獨數襄、哀、昭、安釐、景湣五王耳。若並惠王、王假計之，則爲七世。

〔九〕 趙策。

〔一〇〕 史記魏世家云：「從其國名爲魏氏。」

〔一一〕 元和姓纂云：「魏武子支孫莊子快生强，爲魏强氏。」

周厲王之子友封於鄭〔一〕。鄭恭叔之後〔二〕，爲公文氏〔三〕。軒氏〔四〕、馴氏〔五〕、豐氏〔六〕、游氏〔七〕、國氏〔八〕、然氏〔九〕、孔氏〔一〇〕、羽氏〔一一〕、良氏〔一二〕、大季氏〔一三〕。十族之祖，穆公之子也，各以字爲姓〔一四〕。及伯有氏〔一五〕、馬師氏〔一六〕、褚師氏〔一七〕，皆鄭姬姓也。

〔一〕 史記鄭世家。

〔二〕 隱元年左傳共叔段，杜注：「段出奔共，故曰共叔，猶晉侯在鄂，謂之鄂侯。」疏云：「賈、服以共爲諡。」此作恭叔，義與賈、服同。○鐸按：春秋經、傳之「共」，釋文及他書引多作「恭」，李富孫春秋左傳異文釋嘗舉九事證之。詩韓奕箋：「古之『恭』字或作『共』。」是「共」者借字也。至疏駁賈、服說，謂「作亂而出，非有其德可稱，翻四方，無人與之爲諡」，則洪氏左詁已議其非矣。

〔三〕 「文」當作「父」。莊十六年左傳公父定叔，杜注：「共叔段之孫。」○鐸按：父、文兩形相似，又涉上衛姬姓公文氏而誤。

〔四〕 左傳鄭穆公子喜子罕，其後爲罕氏。「軒」與「罕」通，昭元年左傳罕虎，公羊傳作軒虎。

〔一〕〇鐸按：廣韻二十三旱「罕」字注云：「左傳鄭有罕氏，出自穆公，以王父字爲氏。」子罕見成十四年左氏經、傳。

〔二〕〇鐸按：左傳鄭穆公子偃子游，其後爲游氏。〇鐸按：子游，公子偃。見成六年左傳杜注。

〔三〕「游」舊作「將」。左傳鄭穆公子偃子游，其後爲游氏。

〔四〕舊脫「氏」字。左傳鄭穆公子子豐，其後爲豐氏。世族譜云：「子豐，公子平。」

〔五〕左傳鄭穆公子騑子駟，其後爲駟氏。〇鐸按：子駟見襄八年左傳。

〔六〕左傳鄭穆公子發子國，其後爲國氏。〇鐸按：公子發見襄九年左傳。姓纂二十五德

〔七〕左傳鄭穆公子僑，字子產，生參，以王父字爲氏。」

〔八〕左傳鄭穆公子然，其後爲然氏。昭四年有然丹。〇鐸按：杜注：「然丹，鄭穆公孫。」

〔九〕「發生僑，字子產，生參，以王父字爲氏。」云：

〔一〇〕左傳鄭穆公子嘉子孔，其後爲孔氏。〇鐸按：襄九年。

〔一一〕左傳鄭穆公子子羽，其後爲羽氏。襄卅年有羽頡。世族譜云：「子羽，名輒。」〇鐸按：公孫揮，字子羽，見襄廿四年傳。

〔一二〕左傳鄭穆公子去疾子良，其後爲良氏。〇鐸按：宣四年傳杜注：「子良，穆公庶子。」

〔一三〕元和姓纂引世本云：「鄭穆公生大季子孔志父之後。」按襄十九年左傳士子孔，杜注：「子良父。」世族譜志父作公子志，以大季爲子良名，與世本異。

〔一四〕〇鐸按：自軒氏至大季氏凡十族，皆穆公子之後，惟大季似非字。

太伯君吳，端垂衣裳〔一〕，以治周禮。仲雍嗣立，斷髮文身，倮以爲飾〔二〕。武王克殷，分封其後於吳，令大賜北吳〔三〕。季札居延州來，故氏延陵季子〔四〕。闔閭之弟夫概王奔楚堂谿，因以爲氏〔五〕。此皆姬姓也。

〔一〕王先生云：「『垂』疑『委』。」○鐸按：當從哀七年左傳作「端委」。

〔二〕哀七年左傳：「倮」今作「臝」。○鐸按：洪氏左詁云：「釋文：『臝又作倮』，蓋本此。」

〔三〕漢書地理志云：「太伯卒，仲雍立，至曾孫周章，而武王克殷，因而封之。又封周章弟中於河北，是謂北吳，後世謂之虞。」

〔四〕史記吳世家云：「季札封於延陵，故號曰延陵季子。」禮記檀弓「延陵季子適齊」，鄭注：「季札封於延陵，故號曰延陵季子。」春秋傳謂延陵延州來。」昭廿七年左傳「吳子使延州來季子聘於上國」，杜注：「季子本封延陵，後復封州來，故曰延州來。」按此以延陵即延州來，與鄭説同。

〔五〕襄廿九年左傳：「鄭大夫盟於伯有氏。」亦見卅年傳。伯有即子良孫良霄字。

〔六〕昭七年左傳云「馬師氏與子皮氏有惡」，杜注：「馬師氏，公孫鉏之子罕朔也。」襄三十年，馬師頡出奔，公孫鉏代之爲馬師，與子皮俱同一族。

〔七〕昭二年左傳：「鄭公孫黑請以子印爲褚師」，杜注：「褚師，市官。」

鄭大夫有馮簡子〔一〕。後韓有馮亭，爲上黨守，嫁禍於趙，以致長平之變〔二〕。秦有將軍馮劫，與李斯俱誅〔三〕。漢興〔四〕有馮唐，與文帝論將帥〔五〕。後有馮奉世，上黨人也，位至將軍，女爲元帝昭儀，因家於京師〔六〕。其孫衍〔七〕，字敬通，篤學重義，諸儒號之曰「德行雍雍馮敬通」，著書數十篇，孝章皇帝愛重其文〔八〕。

〔一〕襄卅一年左傳。

〔二〕史記趙世家。

〔三〕史記秦始皇紀。

〔四〕「漢興」二字舊脱，據漢書馮奉世傳補。此言馮氏，俱本奉世傳。

〔五〕史記。

〔六〕漢書。

〔七〕當云「曾孫」。

〔八〕後漢書。按傳云：「子豹，字仲文，長好儒學，鄉里爲之語曰：『道德彬彬馮仲文。』」而不載敬通之號。

〔五〕定五年左傳。○鐸按：廣韻作棠谿氏，堂、棠同。

晉大夫郇息事獻公〔一〕，後世將中軍，故氏中行〔二〕，食采於智〔三〕。智果諫智伯而

不見聽，乃別族於太史爲輔氏〔四〕。

〔一〕左傳「郇」作「荀」。廣韻十八諄「荀」字注云：「荀姓本姓郇，後去「邑」爲「荀」。」

〔二〕文十三年左傳中行桓子，杜注：「荀林父也。」僖二十八年始將中行，故以爲氏。」史記趙世家索隱引世本云：「晉大夫逝敖生桓伯林父。」

〔三〕下當云「故氏智」。宣十二年左傳知莊子，杜注：「莊子，荀首。」「智」與「知」同。趙世家索隱引世本云：「逝敖生莊子首。」

〔四〕晉語。

晉大夫孫伯黶實司典籍，故姓籍氏。辛有二子董之，故氏董氏〔一〕。其二子適晉爲大史，籍黶與之共董

〔一〕昭十五年左傳。○譯按：杜注云：「辛有，周人也。其二子適晉爲大史，籍黶與之共董督晉典，因爲董氏。」

詩頌宣王，始有「張仲孝友」〔二〕，至春秋時，宋有張白蔑矣〔三〕。惟晉張侯〔三〕、張老〔四〕，實爲大家。張孟談相趙襄子以滅智伯，遂逃功賞，耕於負山〔五〕。後魏有張

儀、張丑〔一〇〕。至漢,張姓滋多。常山王張耳,梁人。丞相張蒼,陽武人也〔一七〕。東陽侯張相如〔一八〕。御史大夫張湯〔九〕,增定律令,以防姦惡,有利於民,又好薦賢達士,故受福祐〔一〇〕。子安世〔一一〕為車騎將軍,封富平侯,敦仁儉約,矜遂權〔一二〕而好陰德〔一三〕,是以子孫昌熾,世有賢胤,更封武始,遭王莽亂,享國不絕〔一四〕,家凡四公,世著忠孝行義〔一五〕。前有丞相張禹〔一六〕,御史大夫張忠〔一七〕;後有太尉張酺,汝南人,太傅張禹,趙國人〔一八〕。司邑閭里〔一九〕,無不有張者。河東解邑有張城,有西張城〔二〇〕,豈晉張之祖所出邪?

〔一〕 六月。

〔二〕 「白」當作「勹」,張勹見昭廿一年左傳。史記建元以來王子侯表距陽侯劉白,漢表作「勹」,誤與此同。「蔑」字衍,與下行「滅」字並而誤。

〔三〕 成二年左傳。 即解張。

〔四〕 成十八年左傳。

〔五〕 趙策「肎山」作「負親之邱」。 趙策一作「肎」疑當作「負」,負山即負丘。爾雅釋丘「丘背有丘為負丘」,是此丘所由得名也。○鐸按:「親之」二字蓋涉下文「韓、魏、齊、燕負親以謀趙」而衍。(「負親」亦見趙策三,黃丕烈戰國策札記卷中引吳正傳云……

「恐「燕」下「負親」字衍。」非也。）

〔六〕魏策。

〔七〕並見史記。

〔八〕史記文帝紀十四年。

〔九〕漢書張湯傳贊云：「馮商稱張湯之先與留侯同祖，而司馬遷不言，故闕焉。」

〔一〇〕「祐」疑「祜」。詩信南山、桑扈、下武並云「受天之祜」，鄭箋：「祜，福也。」漢書揚雄傳長楊賦云：「受神人之福祜。」○鐸按：長楊賦「祜」與虞、舞、胥、雅爲韻，或作「祐」，非。然楚辭天問：「驚女采薇鹿何祐？」與「喜」爲韻，則非「祜」之誤。王逸注：「祐，福也。」是「福祐」亦可言「福祐」，非必字誤。漢書王嘉傳：「宜思正萬事，順天人之心，以求福祐。」尤其明證矣。

〔一一〕漢書附湯傳。

〔一二〕「矜遂權」當作「務遠權」，漢書稱其「欲匿名迹，遠權勢」。按史記貨殖傳「微重而矜節」，徐廣曰：「『矜』一作『務』。」此務、矜相涉之證。○鐸按：傳封侯在前，爲車騎將軍在後，此文兩句當互轉。

〔一三〕按漢書張湯傳贊云：「湯雖酷烈，及身蒙咎，其推賢揚善，固宜有後；安世履道，滿而不溢；賀之陰德，亦有助云。」賀，安世兄也。陰德，謂賀爲掖庭令時，視養宣帝有恩。此以

「好陰德」屬安世，蓋誤。○鐸按：安世傳稱其隱人過失，即所謂陰德也。

〔四〕按漢書云：「安世五世孫純嗣侯，恭儉自修，王莽時不失爵，建武中，更封富平之別鄉爲武始侯。」此敍封武始於王莽前，誤也。

〔五〕湯爲御史大夫，安世爲大司馬，純爲大司空，純子奮亦爲司空，見後漢書純傳。

〔六〕漢書。

〔七〕漢書成帝紀陽朔二年。

〔八〕並見後漢書。前，後，謂東、西京也。

〔九〕司邑，謂司隸所部邑。

〔一〇〕漢書曹參傳云「別與韓信東攻魏將孫遫東張」，蘇林注：「東張屬河東。」水經涑水篇：「又南過解縣東，又西南注於張陽池。」注云：「又西南逕張陽城。竹書紀年齊師逐鄭太子齒奔張城南鄭者也，漢書之所謂東張矣。」

偃姓舒庸、舒鳩、舒龍、舒共、止龍、鄘、淫、參、會、六、院、蓼、高國〔一〕，慶姓樊、尹、駱、曼姓鄧、優〔二〕，歸姓胡、有、何〔三〕，葴姓滑、齊〔四〕，掎姓棲、疏〔五〕，御姓署、番、湯，嵬姓饒、攘、刹〔六〕，隗姓赤狄〔七〕，姮姓白狄〔八〕，此皆大吉之姓〔九〕。

〔一〕「偃姓舒庸、舒鳩、舒龍、舒共」舊作「優姓舒唐、鳩、舒龍、舒其」，據後紀七注引改。文出

世本，見文十二年左傳疏。後紀「止」下無「龍」字。按「止龍」當爲「舒鮑」，左傳疏引世本

有舒鮑，此下列鮑姓在酈上可證。「共」世本作「龔」，又別有舒蓼、「參」疑即「蓼」之誤。

「淫」後紀作「謠」，按當爲「繇」，後漢書郅惲傳有西部督郵繇延，章懷注：「繇姓，咎繇之

後。」「阮」後紀作「阬」，當爲「皖」，漢書地理志廬江郡皖縣在舒與龍舒之後，國名紀二引

地記：「皖，偃姓，皋陶後。」「白」與「皀」偏旁形近之誤。「高」當爲「鬲」，即漢志平原郡

之鬲，國名紀引郡國縣道記云：「古鬲國，偃姓，皋陶後。漢爲縣。」亦見國名紀六。「棐」

後紀作「棐」，王侍郎云：「疑是「裴」。」廣韻十五灰「裴」字注云：「裴姓，伯益之後，封於

萉鄉，因以爲氏。後徙封解邑，乃去邑從衣。」〇鐸按：「蓼」誤作「參」，秦嘉謨説同。其

上當據世本六舒補「舒」字，而移至「酈」上。「棐」程本作「築」，秦氏據僖十七年春秋「齊

人、徐人伐英氏」及史記陳杞世家「皋陶之後，或封英、六」，謂「築」當爲「英」。考英即今

湖北英山，六即今安徽六安，壤地相接，若伯益乃嬴姓，而解邑在今山西，去偃姓諸國

彌遠，則知王説謬而秦説是矣。今輒正其文如下：「偃姓舒庸、舒鳩、舒龍、舒共、舒鮑、

舒蓼、酈、繇、會、六、皖、英、高國。」言此十三國皆偃姓也。（王紹蘭説又有補證，見所爲

本書序中，徒勞無益，故不引。）

〔三〕「曼」舊作「嫚」。桓七年左傳疏引世本云：「鄧爲曼姓。」九年傳：「鄧南鄙鄾人。」此作

「優」當誤。〇鐸按：秦氏據晉語四改「慶」爲「滕」，當是。

〔三〕國名紀六云：「世本：『胡子國，歸姓。』」又云：「『有』本一作『洧』。」○鐸按：襄卅一年左傳「立胡女敬歸之子子野」，杜注：「胡，歸姓之國。」

〔四〕後紀五、國名紀一，『葴』作『箴』，『齊』作『濟』。

〔五〕『掎』後紀十四寒浞傳注，國名紀六作『猗』。按上云「黃帝之子」有葴氏，拘氏，此在葴姓下，疑「掎」即「拘」之誤。

〔六〕『剎』舊作『殺』，據前紀三、國名紀六改。國名紀『剎』一作『利』。○鐸按：「嬽姓饒、穰、穀」，秦氏據路史、左傳訂如此。

〔七〕周語：「富辰曰：『狄，隗姓也。』」韋昭注：「隗姓，赤狄也。」

〔八〕昭十二年穀梁傳范甯注：「鮮虞，姬姓白狄也。」疏云：「世本文。」○鐸按：此「姮」字疑「姬」之誤。○秦氏據程本作「姮」，以為即晉語黃帝後十二姓之酉。○鐸按：下文「短即犬戎氏」，「短」與「姮」形不相近，無緣致誤。秦說失之。

〔九〕孫侍御云：「『大吉』疑『太古』。」

齊有鮑叔，世為卿大夫〔一〕。 晉有鮑癸〔二〕。 漢有鮑宣，累世忠直，漢名臣〔三〕。 漢酈生為使者，弟商為將軍〔四〕，今高陽諸酈為著姓。 昔仲山甫亦姓樊，謚穆仲〔五〕，封於南陽。 南陽者，在今河內〔六〕。 後有樊儵子〔七〕。 曼姓封於鄧，後因〔八〕氏焉。 南陽鄧縣

上蔡北有古鄧城，新蔡北有古鄧城〔九〕。春秋時，楚文王滅鄧〔一〇〕。至漢有鄧通〔一一〕、鄧廣〔一二〕。後漢新野鄧〔一三〕禹，以佐命元功封高密侯〔一四〕。性慈仁嚴明，約勅諸家莫得權，京師清淨，若無貴戚，勤思憂民，晝夜不怠。是以遭羌兵叛，大水饑匱〔一六〕，而能復之，整平豐穰〔一七〕。太后崩後，羣姦相參，競加譖潤〔一八〕，破壞鄧氏，天下痛之〔一九〕。魯昭公母家姓歸氏〔二〇〕。漢有隗囂季孟〔二一〕。短即犬戎氏，其先本出黃帝〔二二〕。

〔一〕見左傳。按齊語韋昭注云：「鮑叔，姒姓之後。」

〔二〕宣十二年左傳。

〔三〕宣見漢書。宣子永，永子昱，見後漢書。「漢名臣」上當脫「爲」字。○鐸按：此三鮑並承上文言之，則偃姓十三國當有舒鮑明矣。

〔四〕史記酈食其傳。

〔五〕見周語。按後漢書樊宏傳云：「其先周仲山甫封於樊，因爲氏焉。」

〔六〕續漢書郡國志：「河內郡修武，故南陽，秦始皇更名。有南陽城、陽樊、欑茅田。」劉昭注引服虔曰：「樊，仲山之所居，故曰陽樊。」

〔七〕昭廿二年左傳「傾」作「頃」。

〔八〕「因」舊作「田」。

〔九〕按漢書地理志「南陽郡鄧」，注：「故國。」「汝南郡上蔡」，注：「故蔡國。」「新蔡」，注：

「蔡平侯自蔡徙此。」春秋桓二年「蔡侯、鄭伯會於鄧」，杜注：「潁川召陵縣西南有鄧城。」

疏云：「賈、服以鄧為國，言蔡、鄭會於鄧之國都。釋例以此潁川鄧城為蔡地，以鄧是小

國，去蔡路遠，蔡、鄭不宜遠會其都。」昭十三年左傳「蔡公召二子而盟於鄧」，杜注亦云：

「潁川召陵縣西南有鄧城。」召陵，漢屬汝南，杜云潁川，據當時言之。按漢志及左傳注，

鄧縣是鄧國，其上蔡、新蔡之鄧城，即在召陵西南者，乃蔡地。此合二地為一，蓋誤。

○鐸按：此疏謬駁賈、服，沈欽韓已辯之，詳左傳地名補注〔一〕。

〔一〇〕莊六年左傳。○鐸按：史記楚世家：「文王十二年，伐鄧，滅之。」楚文王十二年，即魯莊

公十六年，故此傳云：「十六年，楚復伐鄧，滅之。」

〔一一〕史記佞幸傳。○鐸按：鄧通事見遏利篇、賢難篇。

〔一二〕「廣」下脱「漢」字。鄧廣漢，霍光女壻，見漢書霍光傳及宣帝紀地節四年。○鐸按：此當

作「至漢有鄧通、鄧廣漢。後新野鄧禹」，「漢後」二字誤倒耳。汪以為脱「漢」字，非。

〔一三〕「鄧」舊脱。

〔一四〕後漢書。

〔一五〕空圍程本作「天」。

〔一六〕「匱」舊作「饋」。

〔一七〕後漢書和熹鄧皇后紀。

〔一八〕論語云：「侵潤之譖。」

〔一九〕續漢書五行志云：「安帝不能明察，信宮人及阿母聖等讒言，破壞鄧太后家。」事詳後漢書鄧隲傳。

〔二〇〕襄卅一年左傳。

〔二一〕後漢書。

〔二二〕「短」當為「姁」。上云「姁姓白狄」是也。山海經大荒北經云：「黃帝生苗龍，苗龍生融吾，融吾生弄明，弄明生白犬。白犬有牝牡，是為犬戎。」

及徐氏、蕭氏、索氏、長勺氏、陶氏、繁氏、騎氏、飢氏、樊氏、茶氏，皆殷氏舊姓也〔一〕。漢興，相國蕭何封鄼侯，本沛人〔二〕，今長陵蕭其後也。前將軍蕭望之，東海、杜陵蕭其後也〔三〕。御史大夫有繁延壽，南郡襄陽人也〔四〕，杜陵、新豐繁其後也。

〔一〕定四年左傳「騎」作「錡」。「茶」作「終葵」。又有條氏、尾勺氏、施氏。「殷氏」傳作「殷民」。漢書高惠高后文功臣表序：「杜業云：『湯法三聖，殷氏太平。』」〇鐸按：洪氏左詁、沈欽韓春秋左傳異文釋並以茶氏當施氏，沈

按續漢書五行志注載杜林疏亦作「殷氏」。

云：「荼，古讀『舒』，與『施』音相邇。」

〔二〕漢書。按廣韻三蕭「蕭」字注引風俗通云：「宋樂叔以討南宮萬立御説之功，受封於蕭，例附庸之國。」漢相國蕭何即其後氏也。

〔三〕漢書蕭望之傳云：「東海蘭陵人，徙杜陵。」廣韻「蕭」字注云：「本自宋支子，食采於蕭，後因爲氏。」漢侍中蕭彪始居蘭陵，彪玄孫望之居杜陵，望之孫紹復還蘭陵。

〔四〕「郡」舊作「陵」。漢書百官公卿表：「初元三年，丞相司直南郡李延壽子惠爲執金吾，建昭二年爲衞尉，三年爲御史大夫。一姓繁。」按馮奉世後野王傳作李，谷永、陳湯、蕭望之傳作繁。

周氏、邵氏、畢氏、榮氏、單氏、尹氏、鎦氏、富氏、聾氏、蔿氏〔一〕，此皆周室之世公卿家也。周、召者，周公、召公之庶子，食二公之采，以爲王吏，故世有周公、召公不絕也〔二〕。尹者，本官名也〔三〕，若宋有太師〔四〕，楚有令尹、左尹矣〔五〕。尹吉甫相宣王者大功績〔六〕，詩云「尹氏太師，維周之底」也〔七〕。單穆公、襄公、頃〔八〕公、靖公，世有明德，次聖之才〔九〕，故叔嚮美之以後必繁昌〔一〇〕。

〔一〕並見左傳。「鎦」舊作「鎦」。按「鎦」與「劉」同，宣十年「天王使王季子來聘」，傳稱劉康

公，杜注：「王季子，其後食采於劉。」襄十五年公羊傳云：「劉夏者何？天子之大夫也。

〔二〕劉者何？邑也。其稱劉何？以邑氏也。」

〔三〕鄭康成詩譜云：「文王受命，作邑於豐，乃分岐邦周、召之地，爲周公旦、召公奭之采地。周公封魯，死謚曰文公，召公封燕，死謚曰康公，元子世之，其次子亦世守采地，在王官，春秋時周公、召公是也。」詩疏云：「平王以西都賜秦，則春秋時周公、召公別於東都受采，存本周、召之名也，非復岐、周之地。晉書地道記云：『河東郡垣縣有召亭。』周則未聞。」按隱六年左傳周桓公，杜注：「周，采地。扶風雍縣東北有周城。」僖廿四年傳召穆公，杜注：「召，采地。扶風雍縣東南有召亭。」水經注渭水篇云：「雍水又東逕召亭南，亭故召公之采邑也。京相璠曰：『亭在周城南五十里。』」此西都時周、召采邑之可考者也。「王吏」舊作「主吏」，據程本改。昭卅年左傳：「王吏不討。」周語：「其貴國之賓至，則以班加一等，益虔；至於王吏，則皆官正蒞事。」皆「王吏」之證。

〔三〕毛詩崧高序鄭箋：「尹吉甫，周之卿士也。尹，官氏。」元和姓纂引風俗通云：「師、尹、三公，官也。以官爲姓。」

〔四〕「師」當作「宰」。左傳宋有太宰，無太師。○鐸按：宋太宰，韓非子説林下篇、內儲説上、下篇並有之。

〔五〕並見左傳。

〔六〕「者」疑當作「著」，或「有」字之誤。○鐸按：作「著」是也。

〔七〕節南山。「底」今作「氐」。○鐸按：此蓋魯詩。氏、底古通，毛詩用借字。

〔八〕「頃」舊作「頏」。○鐸按：「頃」誤作「頏」，猶班祿篇「頩甫」訛爲「傾甫」矣。

〔九〕王先生云：「『次』疑『叡』之誤。」○鐸按：「次聖」即「齊聖」，僞書囧命「昔在文、武，聰明齊聖」，詩小宛「人之齊聖」，文二年左傳「子雖齊聖」，本書五德志篇「齊聖廣淵」，皆是也。次、齊古同聲，説文「齌」或作「齎」，「齏」或作「案」，爾雅釋草：「茨，蒺藜。」説文作「薺」，引詩「牆有薺」，今詩作茨，又小雅楚茨，禮記玉藻注作「楚薺」，並二字通用之證。王說失之。又勸將篇「次聖繼之」，對「上聖」言，與此義別。

〔一○〕並見周語。按穆公爲靖公曾孫，此列於襄公上，誤也。○鐸按：周語下篇「繁」作「蕃」，同。

苦成〔一〕，城名也，在鹽池東北〔二〕。後人書之或爲「枯」〔三〕；齊人聞其音，則書之曰「庫成」〔四〕；燉煌見其字，呼之曰「車成」〔五〕。其在漢陽者，不喜「枯」、「苦」之字，則更書之曰「古成氏」〔六〕。堂谿，谿谷名也，在汝南西平〔七〕。禹字子啓者，啓開之字也〔八〕。前人書堂谿誤作「啓」，後人變之，則又作「開」。古漆雕開、公冶長〔九〕，前人書「雕」從易，消作「周」〔一○〕，書「冶」復誤作「蟲」〔一一〕，後人又傳〔一二〕作「古」，或復分爲古

氏、成氏、堂〔三〕氏、開氏、公氏、冶氏、漆氏〔四〕、周氏。此數氏者，皆本同末異。凡姓

之離合變分，固多此類，可以一況，難勝載也。

〔一〕「成」舊作「城」，據元和姓纂、氏族略五、國名紀五引改。左傳、魯語、晉語並作「苦成」。

〔二〕漢書地理志河東郡安邑，注：「鹽池在西南。」

〔三〕苦、枯古通用，儀禮士虞禮「鉶用苦」，鄭注：「古文『苦』爲『枯』。」

〔四〕「庫成」舊作「車」一字。按氏族略五引風俗通云：「苦成，方言音變爲『庫成』。」後紀十有庫成。

〔五〕「成」舊作「城」。按廣韻九麻「車」字注云：「世本有車成氏。」十四清「成」字注云：「晉戈己校尉燉煌車成將，古成氏之後。」後紀十有車成。吳語越大夫苦成，春秋繁露對膠西王問篇作「車成」，亦苦、車音近之證。

〔六〕「成」舊作「城」。氏族略五引風俗通云：「古成，苦成之後，隨音改焉。」後紀十有古成，廣韻十四清「成」字注云：「漢有廣漢太守古成雲。古，音枯。」

〔七〕「西平」當作「吳房」。漢書地理志汝南郡吳房，孟康曰：「本房子國，楚靈王遷房於楚。吳王闔間弟夫概奔楚，楚封於此，爲堂谿氏。以封吳，故曰吳房。今吳房城堂谿亭是。」

〔八〕文有脫誤。漢書景帝紀注：「荀悅曰：『諱啓之字曰開。』」閔元年左傳疏云：「漢景帝諱

〔九〕 並見論語。

〔一〇〕「洎」舊作「泊」。按説文云：「洎，少減也。」

〔一一〕「書治漢誤作盡」。舊作「書治漢誤作盡」。按盡、冶古字通，史記貨殖傳「作巧姦冶」，徐廣曰：「一作『盡』。」後漢書馬融傳「田開、古盡」，章懷注：「盡，音冶。晏子春秋曰：『公孫捷、田開疆、古冶子，事景公以勇。』」「盡」與「冶」通。」

〔一二〕「傳」與「轉」同。〇鐸按：史記文帝紀十四年：「魯人公孫臣上書陳終始傳五德事」，索隱：「傳，音轉也。」

〔一三〕「堂」舊作「常」。

〔一四〕「漆」舊作「梁」。按廣韻五質：「漆，俗作『柒』。」柒、梁形近之誤。

易曰「君子以類族辯物〔一〕」，「多識前言往行以蓄其德〔二〕」，「學以聚之，問以辯之〔三〕」。故略觀世記，采經書〔四〕，依國土，及有明文，以贊賢聖之後〔五〕，班〔六〕族類之祖，言氏姓之出，序此假意二篇，以貽後賢令之焉也〔七〕。

〔一〕 同人象詞。「辯」敍録作「變」。本書「辯」多爲「變」，此蓋後人據王易改之。

〔二〕 見讚學篇。彼文「識」作「志」，「蓄」作「畜」。

〔三〕乾文言。

〔四〕漢書元帝紀初元二年詔云：「道以經書。」

〔五〕漢書敍傳云：「總百氏，贊篇章。」顏師古注：「贊，明也。」

〔六〕「班」別也。

〔七〕按「今之焉」三字有誤，「今」或是「合」，此二語與前「略記顯者，以待士合挹損」意怡相同。淮南子修務訓云：「通士者，不必孔、墨之類，曉然意有所通於物，故作書以喻意，以爲知者也。」蓋即「喻意」之義。〇鐸按：「令」疑「參」之壞，「也」猶「耳」。此二篇記歷代興亡之迹，借以勸戒，故云「序此假意二篇，以貽後賢參之焉耳」。又此篇祇疏列國之氏，不無牴牾漏略，張澍養素堂文集卷十七姓氏論嘗議之，文繁不具引。

潛夫論箋校正卷十

敍錄[一]第三十六

夫生於當世，貴能成大功，太上有立德，其下有立言[二]。闒茸而不才[三]，先[四]器能當官[五]，未嘗服斯役[六]，無所效其勛。中心時有感，援筆紀數文[七]，字以綴愚情，財令不忽忘[八]。芻蕘雖微陋，先聖亦咨詢[九]。草創[一〇]敍先賢，三十六篇[一一]，以繼前訓[一二]，左丘明五經[一三]。

〔一〕○鐸按：凡古人著書，敍皆在後，又多爲韻語，此亦然。

〔二〕襄廿四年左傳。

〔三〕史記賈誼傳云：「闒茸尊顯」，索隱引胡廣云：「闒茸，不才之人。」

〔四〕「先」疑「无」。

〔五〕「文十年左傳云：「當官而行。」

〔六〕新書官人篇云：「王者官人有六等，六曰廝役。」斯、廝古今字。哀二年左傳「人臣隷圉免」，杜注：「去廝役。」釋文：「『廝』字又作『斯』。」引韋昭注漢書云：「析薪曰斯。」按

詩：「墓門有棘，斧以斯之。」毛傳：「斯，析也。」說文無「斯」字，依音義當作「斯」。宣十二年公羊傳「廝役扈養」，新序雜事四亦作「斯役」。漢書食貨志云「服役者不下二人」，顏師古注：「服，事也。」〇鐸按：「役」程本作「役」。役，古文役。

〔七〕初學記廿一引尚書中候云：「元龜負圖出，周公援筆以時文寫之。」

〔八〕「財」與「纔」同。說文云：「忽，忘也。」忘，不識也。」二字連文。漢書翟方進傳：「陳慶

〔九〕詩板云：「前我爲尚書時，嘗有所奏事，忽忘之，留月餘。」

云：……」按漢書藝文志論小說家云：「閭里小知者之所及，亦使綴而不忘，如或一言可采，此亦芻蕘狂夫之議也。」此文本於彼。

〔一〇〕論語云：「神謨草創之。」

〔一一〕「先賢」二字疑誤。〇鐸按：「先賢」與「前訓」當互易。此節通爲五言，「六」上疑脫「有」字。

〔一二〕周語云：「咨之前訓。」〇鐸按：「以」上疑脫一字。

〔一三〕白虎通五經篇云：「五經何謂？易、尚書、詩、禮、春秋也。」左傳序疏：沈氏云：「嚴氏春秋引觀周篇云：『孔子將修春秋，與左邱明乘如周，觀書於周史，歸而修春秋之經，邱明爲之傳，共爲表裏。』」漢書藝文志注：「左邱明，魯太史。」按「草創」下數語，疑有脫誤。

先聖遺業，莫大教訓。博學多識，疑則思問〔一〕。智明所成，德義所建。夫子好

學，誨人不倦〔二〕。故敍讚學第一。

〔一〕論語。

〔二〕論語。　凡經書已注本篇者，此不重出。

凡士之學，貴本賤末。大人不華，君子務實〔一〕。禮雖媒紹〔二〕，必載於贄〔三〕。時俗趨末，懼毀術〔四〕。故敍務本第二。

〔一〕文五年左傳云：「華而不實，怨之所聚也。」

〔二〕儀禮聘禮云：「士爲紹擯。」

〔三〕孟子云：「出疆必載質。」「贄」與「質」同。白虎通文質篇云：「贄者質也；質己之誠，致己之悃愊也。」

〔四〕句脫一字。程本作「行術」。○鐸按：「術」上疑脫「聖」字，下云「遂遠聖述」，是其例。

將修德行，必慎其原。故敍遏利第三。

人皆智德，苦爲利昏〔一〕。行汙求榮〔二〕，戴盆望天〔三〕。爲仁不富，爲富不仁〔四〕。

〔一〕史記平原君傳論云：「鄙語曰：『利令智昏。』」說苑貴德篇云：「凡人之性，莫不欲善其

德，然而不能爲善德者，利敗之也。」

〔二〕漢書楚元王傳劉向封事云：「行汙而寄治，身私而託公。」

〔三〕漢書司馬遷傳答任安書云：「僕以爲戴盆何以望天。」後漢書第五倫傳云：「戴盆望天，事不兩施。」

〔四〕孟子。

陵遲〔三〕，遂遠聖述〔四〕。故敍論衡第四。

世不識論，以士卒化〔一〕。弗問志行，官爵是紀。不義富貴，仲尼所恥〔二〕。傷俗

〔一〕字誤。王侍郎云：「『卒化』當作『族位』。論衡篇云：『今觀俗士之論也，以族舉德，以位命賢。』下文又以族、位對文，是其證。」

〔二〕論語。

〔三〕荀子宥坐篇云：「世之陵遲亦久矣。」漢書于定國傳云「俗化陵夷」，顏師古注：「言頹替也。」「陵夷」與「陵遲」同，說文作「夌徲」。

〔四〕「述」字誤。○俞樾云：「『述』，讀爲『術』。詩日月篇『報我不述』，釋文曰：『述，本亦作術。』『述』、術古通用，非誤也。」○鐸按：俞說是也。下敍本政云「述在於君」，亦以「述」爲「術」。

惟賢所苦〔一〕，察妒所患。皆嫉過己，以爲深怨〔二〕。或因纇礨〔三〕，或空造端〔四〕。痛君不察，而信讒言〔五〕。故敘賢難第五。

〔一〕方言云：「惟，凡思也。」

〔二〕燕策云：「我有深怨積怒於齊，而欲報之。」

〔三〕「纇礨」舊作「類豐」。淮南子氾論訓云：「夏后氏之璜，不能無考，明月之珠，不能無纇。」高誘注：「考，瑕礨也。纇，磐若絲之結纇也。」

〔四〕漢書楚元王後劉向傳元帝詔云：「俗人乃造端作基，非議訛欺。」

〔五〕詩沔水云「讒言其興」，毛傳：「疾王不能察讒也。」青蠅云：「無信讒言。」

原明所起，述暗所生〔一〕。距諫所敗〔二〕，禍亂所成。當塗之人，咸〔三〕欲專君〔四〕。雍蔽賢士，以擅主權〔五〕。故敘明暗第六〔六〕。

〔一〕○鐸按：「述」疑當作「迹」。漢書高惠高后文功臣表：「迹漢功臣，亦皆剖符世爵。」賈誼傳：「竊迹前事」，師古注：「尋前事之蹤跡。」跡、迹同。漢三老趙寬碑「追迹前勳」，本書本政篇「遠迹漢元以來」，皆其義。「迹」或作迹，故訛。

〔二〕史記殷本紀云:「知足以拒諫。」「距」與「拒」通。

〔三〕「咸」舊作「成」。

〔四〕治要載申子大體篇云:「一臣專君,羣臣皆蔽。」晏子春秋諫下云:「臣專其君,謂之不忠。」

〔五〕管子明法解云:「臣有擅主者,則主令不得行,而下情不上通。」

〔六〕○鐸按: 本篇「暗」作「闇」,同。

上覽先王,所以致太平〔一〕。考績黜陟,著在五經。罰賞之實,不以虛名。明豫德音〔二〕,焉問揚庭〔三〕。故敍考績第七。

〔一〕「太」字衍,本篇「致平」凡四見。法言寡見篇云:「因秦之法,清而行之,亦可以致平乎?」漢書王莽傳:「輔翼於帝,期於致平。」後漢書崔駰後實傳政論云:「以嚴致平,非以寬致平也。」馬融傳均曰:「治皆致平。」後漢紀明帝紀:「宋廣成頌云:『致平於仁義之淵。』中論審大臣篇云:「其術誠合乎致平之道。」又云:「治國致平之術。」皆其證。○鐸按: 篋「本篇」當云「此篇」。

〔二〕「豫」疑當作「務」。昭四年左傳云:「先王務修德音。」

〔三〕易夬:「揚于王庭。」○鐸按: 「焉」猶「乃」也,「於是」也。說見經傳釋詞二。揚庭,謂大公

人君選士，咸求賢能。羣[二]司貢薦，競進下材[三]。憎是掊克[三]，何官能治？買藥得贋[四]，難以爲醫。故敍思賢第八。

無私。

[一]「羣」舊作「君」。

[二]史記儒林傳云：「即有秀才異等，輒以名聞，其不事學若下材及不能通一藝，輒罷之。」漢書王嘉傳云：「下材懷危內顧。」

[三]詩蕩。「憎」今作「曾」。○鐸按：此蓋本魯詩。

[四]廣韻三十諫：「贋，僞物。」贋、贗古今字。韓非子說林下云：「齊伐魯，索讒鼎。魯以其贋往。齊人曰：『贗也。』魯人曰：『眞也。』」○鐸按：能，古音奴來反，說見唐韻正。

原本天人，參連相因[一]。致和平機[二]，述[三]在於君。奉法選賢，國自我身[四]。故敍本政第九。

[一]春秋繁露王道通三篇云：「古之造文者，三畫而連其中謂之王。三畫者，天、地與人也；而連其中者，通其道也。取天、地與人之中以爲貫而參通之，非王者孰能當？」

姦門竊位[五]，將誰督察[六]？

〔二〕 毛詩苤苢序云：「和平，則婦人樂有子矣。」鄭箋：「天下和，政教平也。」史記秦始皇紀
琅邪臺刻石辭云：「天下和平。」

〔三〕「述」當作「術」。○鐸按：述、術通，見上敍論榮。

〔四〕 淮南子泰族訓云：「身者，國之本也。」

〔五〕 注見賢難篇。

〔六〕「察」字失韻。○鐸按：爾雅釋詁：「存，察也。」察，存雙聲，察，讀爲「存」，即以「存」與
人、因、君、身爲韻。猶詩小雅小旻「是用不集」，毛傳：「集，就也。」集，就雙聲，讀爲
「就」，即以「就」與猶、咎、道爲韻，大雅常武「以脩我戎」，戎，汝雙聲，戎，讀爲「汝」，即以
「汝」與祖、父爲韻，易剝象傳「終不可用也」，用，以雙聲，用，讀爲「以」，即以「以」與
「載」爲韻（豐象傳用、事叶，亦同）。此皆古人變文叶韻之例，說見經義述聞卷二、古書疑
義舉例一、三。汪以「察」字失韻，蓋偶疏耳。

　　覽觀古今，爰暨書傳〔一〕。君皆欲治，臣恆樂亂。忠佞溷淆〔二〕，各以類進。常苦
不明〔三〕，而信姦論〔四〕。　故敍潛歎第十。

〔一〕 漢書成帝紀贊云：「博覽古今。」異姓諸侯王表序云：「書傳所記，未嘗有焉。」律曆志
云：「稽之於古今，考之於經傳。」

〔二〕漢書董仲舒傳云「賢不肖渾殽」，顏師古注：「渾殽，雜也。」「渾殽」與「溷淆」同。五行志又作「溷肴」。

〔三〕○鐸按：「常」當作「帝」。本篇云「人君之取士也，不能參聽民氓，斷之聰明，反徒信亂臣之說，獨用污吏之言」，又云「或君則不然，苟眩於愛，惟言是從」，即此所謂「帝苦不明，而信姦論」也。常、帝形近多相亂，述赦篇「其文常曰」，「常」訛作「帝」，猶此「帝」訛作「常」矣。

〔四〕漢書京房傳云：「房嘗宴見，問上曰：『幽、厲之君何以危？所任者何人也？』上曰：『君不明而所任者巧佞。』」

夫位以德興，德貴忠立。社稷所賴，安危是繫。非夫讜直貞亮，仁慈惠和〔一〕，事君如天〔二〕，視民如子〔三〕，則莫保爵位，而全令名。故敍忠貴第十一。

〔一〕文十八年左傳云：「宣慈惠和。」

〔二〕宣四年左傳云：「君，天也。」

〔三〕注見救邊篇。

先王理財，禁民爲非〔一〕。洪範憂民〔二〕，詩刺末資〔三〕。浮僞者眾，本農必衰。節

以制度，如何弗議？　故敍浮侈第十二。

〔一〕易繫辭下傳。

〔二〕漢書食貨志云：「洪範八政：一曰食，二曰貨。二者生民之本。」

〔三〕詩板云「喪亂蔑資」，毛傳：「蔑，無；資，財也。」鄭箋云：「其遭喪禍，又素以賦斂空虛，無財貨以共其事，窮困如此。」說苑政理篇又云：「相亂蔑資，曾莫惠我師」，此傷奢侈不節以爲亂者也。」「末資」即「蔑資」，蔑、末古通用，漢書韋玄成傳云「於蔑小子」，即書顧命「眇眇予末小子」也。○鐸按：劉向用魯詩説，此亦同。

積微傷行，懷安敗名〔一〕。明莫恣欲〔二〕，而無悛容〔三〕。足以愎諫〔四〕，聞善不從。

微安召辱，終必有凶。　故敍慎微第十三。

〔一〕僖廿三年左傳云：「懷與安，實敗名。」

〔二〕「明莫」猶言「晨昏」，或「明」爲「朝」之壞。○鐸按：或説長。程本「欲」訛「歡」。

〔三〕襄八年左傳云：「亦無悛容。」

〔四〕僖十五年左傳云：「愎諫違卜。」

明主思良，勞精賢知〔一〕。百寮阿黨〔二〕，不覈真僞，苟崇虛譽〔三〕，以相詿曜，居官

任職〔四〕，則無功效〔五〕。故敍實貢第十四。

〔一〕漢書匡衡傳云：「卑體勞心，以求賢爲務。」韓非子難二：「桓公曰：『吾聞君人者，勞於索人，佚於使人。』」「勞精」注見慎微篇。

〔二〕禮記月令云：「是察阿黨。」

〔三〕「譽」舊作「舉」，盧學士改。

〔四〕史記汲黯傳：「莊助曰：『使黯任職居官，無以踰人。』」

〔五〕漢書朱博傳云：「分職授政，以考功效。」翟方進傳云：「陳咸內自知行辟亡功效。」○鐸

按：此章換韻。

聖人養賢，以及萬民。先王之制，皆足代耕。增爵損禄，必程以傾〔一〕。先益吏俸，乃可致平〔二〕。故敍班禄第十五。

〔一〕逸周書史記解云：「昔有畢程氏，損禄增爵，羣臣貌匱，比而戾民，畢程氏以亡。」畢、必古字通。○鐸按：管子版法解「往事畢登」，宋本作「必」。隱元年左傳「同軌畢至」，説苑修文篇、隱三年公羊傳注並同，白虎通崩薨篇作「必」。漢書王襃傳聖主得賢臣頌「萬祥畢臻」，文選作「必」。今本逸周書作「畢程氏」，蓋後人不識古字而改之。又詩蕩：「大命以傾。」

〔三〕○鐸按：「致平」見上，亦見下章。

君憂臣勞〔二〕，古今通義〔三〕。上思致平，下宜竭惠〔三〕。貞良信士，咸痛數赦。姦

宄繁興，但以赦故。乃敍述赦第十六〔四〕。

〔一〕越語：「范蠡曰：『爲人臣者，君憂臣勞。』」

〔二〕漢書董仲舒傳云：「天地之常經，古今之通義。」○鐸按：語本孟子滕文公上篇。

〔三〕「惠」疑「慮」之誤。考績篇云：「羣臣所當盡情竭慮稱君詔也。」○鐸按：惠、慧古字通，

論語衞靈公篇「好行小慧」，鄭注：「魯讀『慧』爲『惠』。」即其證。「竭慧」猶言「竭知」。

義、惠、支、脂合韻，與上敍浮侈同。本篇用韻之例，或通章隔句韻，或四句一換韻。如汪

說，則後六句有韻，而「義」字失韻矣。

〔四〕前後文俱云「故敍」，此作「乃」，變文使與上相避。

先王御世，兼秉威德。賞有建侯，罰有刑渥。賞重禁嚴〔一〕，臣乃敬職。將修太

平，必循此法〔二〕。故敍三式第十七。

〔一〕「禁嚴」二字舊倒。

〔二〕「循」舊作「媚」。按考績篇云：「世主不循考功，而思太平。」今據改。

民爲國基，穀爲民命〔一〕。日力不暇，穀何由盛？公卿師尹，卒勞百姓〔二〕，輕奪民時，誠可憤諍！故敍愛日第十八。

〔一〕管子山權數篇云：「穀者，民之司命也。」初學記廿七引范子：「計然云：『五穀者，萬民之命，國之重寶。』」

〔二〕詩節南山。

觀吏所治，鬥訟居多。原禍所起，詐欺所爲。將絕其末，必塞其原。民無欺詒，世乃平安〔一〕。故敍斷訟第十九。

〔一〕論衡宣漢篇云：「聖主治世，期於平安。」

五帝三王，優劣有情〔一〕。雖欲超皇，當先致平〔二〕。必世後仁〔三〕，仲尼之經。遭衰姦牧，得不用刑？故敍衰制第二十。

〔一〕白虎通號篇云：「德合天地者稱帝，仁義合者稱王，別優劣也。」後漢書曹襃傳肅宗元和二

年詔云：「三五步驟，優劣殊軌。」章懷注引孝經鉤命決云：「三皇步，五帝驟，三王馳。」

〔二〕白虎通云：「號之爲皇者，煌煌人莫違也。煩一夫擾一士以勞天下，不爲皇也。不擾匹夫匹婦，故爲皇。」○鐸按：雖、唯古字通，言唯其欲超越三皇，則當先致太平也。

〔三〕論語。

聖王憂勤〔一〕，選練將帥〔二〕，授以鈇鉞〔三〕，假以權貴。誠多蔽暗，不識變勢，賞罰不明，安得不敗？故敍勸將第二十一。

〔一〕毛詩魚麗序云：「始於憂勤，終於逸樂。」漢書司馬相如傳云：「王者固未有不始於憂勤，而終於佚樂者也。」

〔二〕史記趙世家云：「選練舉賢，任官使能。」

〔三〕淮南子兵略訓云：「凡國有難，君自宮召將之。將軍受命，卜吉日以受鼓旗。君入廟門，西面而立。將入廟門，趨至堂下，北面而立。主親操鉞持頭授將軍其柄，曰：『從此上至天者，將軍制之。』復操斧持頭授將軍其柄，曰：『從此下至淵者，將軍制之。』」「鉞」與〔斧〕同。

蠻夷猾夏〔一〕，古今所患。堯、舜憂民〔二〕，皐陶御叛〔三〕。宣王中興〔四〕，南仲征邊〔五〕。

今民日死，如何弗蕃〔六〕？故敍救邊第二十二。

〔一〕志氏姓篇「猾」作「滑」。

〔二〕孟子云：「聖人之憂民如此。」

〔三〕「御」舊作「術」。按「御」與「禦」同。○鐸按：「抵御」字正當如此作。

〔四〕毛詩序云：「烝民，尹吉甫美宣王也。」任賢使能，周室中興焉。」

〔五〕詩常武。

〔六〕詩崧高云「四國于蕃」，鄭箋：「四國有難，則往扞禦之，爲之蕃屏。」杜注：「使爲屏藩之衞。」哀十六年左傳：「子西曰：『吾聞勝也信而勇，不爲不利，舍諸邊竟，使衞藩焉。』」「蕃」與「藩」通。

凡民之情，與君殊戾。不能遠慮〔一〕，各取一制〔二〕。苟挾〔三〕私議〔四〕，以爲國計。宜尋其言，以詰所謂〔五〕。故敍邊議第二十三。

〔一〕論語云「人無遠慮。」

〔二〕「各」舊作「督」。按本篇云：「各取一閧」，今據改。

〔三〕「挾」舊作「扶」。

〔四〕管子法法篇云：「明君在上位，民毋敢立私議自貴者。」

〔五〕漢書賈誼傳云：「聽言之道，必以其事觀之，則言者莫敢妄言。」

邊既遠門〔一〕，太守擅權。臺閣不察〔二〕，信其姦言。令壞〔三〕郡縣，毆民內遷。今

又丘荒，慮必生心〔四〕。故敍實邊第二十四。

〔一〕王先生云：「『門』疑『闕』。」繼培按：作「闕」是也。本篇云：「小民謹劣，不能自達闕
　　廷。」後漢書南蠻板楯蠻夷傳云：「雖陳冤州郡，而牧守不爲通理，闕庭悠遠，不能自
　　聞。」亦一證。

〔二〕後漢書仲長統傳昌言法誡篇云：「光武皇帝矯枉過直，政不任下，雖置三公，事歸臺
　　閣。」章懷注：「臺閣，謂尚書也。」

〔三〕「令壞」舊作「令懷」。

〔四〕王先生云：「『必』疑『戎』之誤。」莊廿八年左傳云：「戎之生心。」○鐸按：「慮」當作
　　「虞」，二字形音俱近，故訛。本篇云：「誠不可久荒，以開敵心。」又云：「西羌、北虜，必
　　生闚欲。」是其明證矣。王說失之。又按此以「心」與權、言、遷合韻，知閉口音之變，漢末
　　已然。近人謂始於胡曾之時，考之未審耳。胡曾有戲妻族語不正詩，見全唐詩。

天生神物，聖人則之〔一〕。蓍龜卜筮，以定嫌疑〔二〕。俗工淺源〔三〕，莫盡其才。自

大非賢〔四〕，何足信哉？ 故敍卜列第二十五。

〔一〕易繫辭下傳。

〔二〕禮記曲禮云：「卜筮者，先聖王之所以使民決嫌疑，定猶與也。」

〔三〕○鐸按：「源」疑當作「頑」，聲之誤也。廣雅釋詁一：「頑，愚也。」本篇云：「世俗小人，淺陋愚戇。」是其義。

〔四〕句有誤字。○鐸按：「大非」二字疑倒。本篇云：「聖賢雖察不自專，故立卜筮以質神靈。」又云：「及周史之筮敬仲，莊叔之筮穆子，可謂能探賾索隱，鉤深致遠者矣。」故曰「自非大賢，何足信哉」？

易有史巫〔一〕，詩有工祝〔二〕。聖人先成，民後致力〔三〕。兆黎勸樂〔四〕，神乃授福〔五〕。孔子不祈，以明在德〔六〕。故敍巫列第二十六。

〔一〕巽九二。

〔二〕楚茨。

〔三〕桓六年左傳云：「聖王先成民，而後致力於神。」

〔四〕王侍郎云：「孟子『而民歡樂之』，音義：『歡樂本亦作勸樂。』臧氏玉琳經義雜記引左氏昭九年注疏，謂晉、唐時本皆作『勸樂』，又引中庸『子庶民則百姓勸』，及漢書王莽傳注，

以證「歡」爲「勸」之誤。今按靈臺篇「不日成之」，鄭箋云：「言説文王之德，勸其事，忘己勞也。」綿篇「鼛鼓弗勝」，毛傳云「言勸事樂功也」，孔疏云：「是其勸樂之甚也。」「勸事樂功」即解「勸樂」之義。

〔五〕桓六年左傳云：「民和而神降之福。」

〔六〕即本篇「子路請禱」事也。禮記禮器云：「君子曰：『祭祀不祈。』」鄭注：「祈，求也。祀不爲求福也。」詩云「自求多福」，福由己耳。」在「孔子曰『我戰則克，祭則受福』」之後，古本或有「君子」作「孔子」者。○鐸按：禮器此節下文亦稱「孔子」，則「祭祀不祈」亦孔子語甚明。

五行八卦，陰陽所生，稟氣薄厚，以著其形〔一〕。天題厥象〔二〕，人實奉成〔三〕。弗修其行，福禄不臻。故敍相列第二十七。

〔一〕論衡無形篇云：「人禀氣於天，氣成而形立。」

〔二〕詩麟之趾疏引中候握河紀云：「帝軒題象，麒麟在囿。」後漢書曹褒傳章懷注引帝命驗曰：「順堯考德，題期立象。」宋均注云：「題五德之期，立將起之象。」「題象」蓋用彼文。

〔三〕白虎通三正篇云：「王者當奉順而成之。」

詩稱吉夢〔一〕，書傳亦多，觀察行事，占驗不虛。福從善來，禍由德痡〔二〕，吉凶之應，與行相須〔三〕。故敍夢列第二十八。

〔一〕斯干。

〔二〕爾雅釋詁云：「痡，病也。」

〔三〕説苑敬慎篇：「老子曰：『人爲善者，天報以福；人爲不善者，天報以禍。』新書大政上篇云：『行之善也，粹以爲福已矣；行之惡也，粹以爲菑已矣。故受天之福者，天不功焉；被天之菑，則亦無怨天矣，行自爲取之也。』」

論難横發，令道不通。後進疑惑，不知所從〔一〕。自昔庚子，而有責〔三〕云。予豈好辯〔三〕？將以明真。故敍釋難第二十九。

〔一〕論語云後進於禮樂」，何晏注：「先進、後進，謂士先、後輩也。」漢書游俠陳遵傳云：「爲後進冠。」馮奉世傳杜欽疏云：「臣聞功同賞異，則勞臣疑，罪鈞刑殊，則百姓惑。疑生亡常，惑生不知。所從亡常，則節趨不立；不知所從，則百姓亡所錯手足。」

〔二〕「責」舊作「貴」。

〔三〕孟子。

朋友之際，義存六紀〔二〕，攝以威儀〔三〕，講習王道〔三〕，善其久要，貴賤不改。今民遷久〔四〕，莫之能奉〔五〕。故敍交際第三十。

〔一〕白虎通三綱六紀篇云：「六紀者，謂諸父、兄弟、族人、諸舅、師長、朋友也。」

〔二〕詩既醉。

〔三〕易兌象曰：「君子以朋友講習。」漢書揚雄傳長楊賦云：「士有不談王道者，則樵夫笑之。」又法言吾子篇序云：「降周及孔，成於王道。」顏師古注：「言自周公以降，至於孔子，設教垂法，皆帝王之道。」或云：「王」當爲「至」。○鐸按：朋友交際，豈皆講習王道？至道所包者廣，當是也。

〔四〕論語云：「民散久矣。」遷、散同義，周語云：「猶有散遷懈慢，而著在刑辟，流在裔土。」○鐸按：「散」之爲「遷」，猶「播散」之爲「播遷」、「槃散」之爲「蹁躚」矣。志氏姓篇作「今民散久」。

〔五〕「奉」當作「矣」，與上韻協。○鐸按：作「矣」是也。

君有美稱，臣有令名，二人同心，所願乃成。寶權神術，勿示下情〔一〕，治勢一定〔二〕，終莫能傾。故敍明忠第三十一。

〔一〕「勿」舊作「匄」。按韓非子二柄篇云：「人主不掩其情，不匿其端，而使人臣有緣以侵其

主〕難三云:「術者,藏之於胸中,以偶衆端而潛御羣臣者也。」主道篇云:「君無見其所欲,君見其所欲,臣將自雕琢。君無見其意,君見其意,臣將自表異。」皆「勿示下情」之義。

〔三〕○鐸按:本篇作「治勢一成」,「成」亦「定」也。呂氏春秋仲冬紀「以待陰陽之所定」,高誘注:「定」猶「成」也。周禮小司徒「使各登其鄉之衆寡六畜車輦」,鄭注:「登,成也;」「成」猶「定」也。周語下「聽無聳,成也」,晉語二「謀既成矣」,四「民無成君」,吳語「吳、晉爭長未成」,韋昭注並云:「成,定也。」此二字古音同部,故互訓也。

人天情通,氣感相和,善惡相徵,異端變化〔一〕。聖人運之,若御舟車,作民精神,莫能〔二〕含嘉。故敍本訓第三十二。

〔一〕淮南子泰族訓云:「聖人者,懷天心聲,然能動化天下者也。故精誠感於內,形氣動於天,則景星見,黃龍下,祥風至,醴泉出,嘉穀生,河不滿溢,海不溶波,逆天暴物,則日月薄蝕,五星失行,四時干乖,晝冥宵光,山崩川涸,冬雷夏霜。天之與人,有以相通也。」

〔二〕「能」疑「不」。○鐸按:「莫能」二字疑倒。

潛夫論箋校正

六二八

明王統治，莫大身化〔二〕，道德爲本，仁義爲佐〔三〕。思心順政，責民務廣，四海治焉，何有消長？故敍德化第三十三。

〔一〕管子權修篇云：「身者，治之本也。」君臣上篇云：「身立而民化。」淮南子主術訓云：「人主之立法，先自爲檢式儀表，故令行於天下。」孔子曰：『其身正，不令而行，其身不正，雖令不從。』故禁勝於身，則令行於民矣。」道應訓：「詹何曰：『臣未嘗聞身治而國亂者也，未嘗聞身亂而國治者也。』」

〔二〕淮南子覽冥訓云：「持以道德，輔以仁義。」說苑談叢篇云：「萬物得其本者生，百事得其道者成。道之所在，天下歸之；德之所在，天下貴之；仁之所在，天下愛之，義之所在，天下畏之。」

上觀大古，五行之運，咨之詩，書，考之前訓〔一〕。氣終度盡，後代復進。雖未必正，可依傳問〔二〕。故敍五德志第三十四。

〔一〕周語云：「必問於遺訓，而咨於故實。」後漢書胡廣傳云：「必議之於前訓，咨之於故老。」

〔二〕「問」當作「聞」。哀十四年公羊傳云：「所傳聞異辭。」白虎通禮樂篇云：「聖人之道，猶有文質，所以擬其說，述所聞者，亦各傳其所受而已。」○鐸按：此書多以「問」爲「聞」，注見遏利篇「嗚呼問哉」下。

君子多識，前言往行。類族變物〔一〕，古有斯姓。博見同□□□□□□□□□〔二〕。

故敍志氏姓第三十五。

〔一〕○鐸按：本篇引易作「辯物」，説詳彼。

〔二〕○鐸按：此章脱文十三，諸本皆如是。校寫既竟，輒詳繹篇旨而補之。少孫續史，竊附通人；束晳補亡，存思在昔。十三字如下：「祖，以贊賢聖。序此假意，待士�898捐。」

附録一 傳贊

後漢書王符傳

王符，字節信，安定臨涇人也。少好學，有志操，與馬融、竇章、張衡、崔瑗等友善。安定俗鄙庶孽，而符無外家，爲鄉人所賤。自和、安之後，世務游宦，當塗者更相薦引，而符獨耿介不同於俗，以此遂不得升進。志意蘊憤，乃隱居著書三十餘篇，以譏當時失得，不欲章顯其名，故號曰潛夫論。其指訐時短，討讁物情，足以觀見當時風政，著其五篇云爾。（節）

後度遼將軍皇甫規解官歸安定，鄉人有以貨得雁門太守者，亦去職還家，書刺謁規。規臥不迎，既入而問：「卿前在郡食雁美乎？」有頃，又白王符在門。規素聞符名，乃驚遽而起，衣不及帶，屣履出迎，援符手而還，與同坐，極歡。時人爲之語曰：「徒見二千石，不如一縫掖。」言書生道義之爲貴也。符竟不仕，終於家。

韓愈後漢三賢贊之一

王符節信，安定臨涇。好學有志，爲鄉人所輕。憤世著論，潛夫是名。述赦之篇，以赦爲賊良民之甚，其旨甚明。皇甫度遼，聞至乃驚，衣不及帶，屣履出迎。豈若雁門，問雁呼卿？不仕終家，吁嗟先生！

附録二　序跋

乾隆甲戌鎮原重刊潛夫論序

余自蚤歲受讀昌黎文集，即識後漢三賢名，迨讀范史，始得詳其里居世次，及其著述文章，而潛夫先生者，又吾鄰邑臨涇人，其景慕尤甚焉。

臨涇在今鎮原縣，縣治之北百數十步，有潛夫山，山上有亭曰思潛亭，山後有墓曰潛夫墓。余以躬養之暇，蓋嘗至其地，登其亭，訪其事，悠然想見其爲人，未嘗不流連志之。

夫先生一布衣耳，而又丁漢室之衰，非有豐功偉烈，足以耀當時而垂後世也。而度遼一迎，榮流當代；昌黎一贊，名炳儒林，夫豈無所修爲，而令人愛慕一至此歟？

甲戌夏，原人將刻其全論若干篇，祈序於余。余職列詞館，凡有關國家政治之大，人物風俗之美者，分宜修明而表章之，矧以斯論之鐫，一事而三善備焉，敢以譾

陋，而自諉不能歟？

我皇上崇儒重道，微顯闡幽，使千百年久晦遺書，燦然復明於世，則文治之洽也。宰是邑者，能以勸農課士之暇，首舉其鄉之先達者以爲多士法，則邑令之明也。嗟邑士人能不吝其所有，急所先務，使先賢著作不至消蝕殆盡，則儒風之盛也。呼！覩斯刻者，其必不以余三善之言爲少謬矣。又寧至望古遙集，疑范史五篇爲未備，昌黎一贊爲虛文也哉！　乾隆甲戌賜進士出身翰林院庶吉士北地李方泰序

重刊潛夫論序

易曰：「潛之爲言也，隱而未見，行而未成，是以君子弗用也。」然觀樂行憂危，則知龍德而隱，必其器識百倍於流俗，雖終其身不求聞達，而本立德以立言，自可與立功者並垂於不朽。潛夫王先生，安定臨涇人也。其本傳載於後漢書，其論三十餘篇，僅傳其五，而其全編則見漢魏叢書。余向讀其論，見其剴切詳明，無所不備，未嘗不掩卷太息，而想見夫潛之所以爲潛也。

壬申冬，余筮仕鎮原，閲邑乘，知鎮原即古之臨涇，署之北爲潛夫山，山之原有潛夫墓，余以時陟其山，拜其墓，見其祠宇就傾，略爲補葺。竊以先生之學，其在漢也，詎不足以博富貴？乃遯世無悶，遺佚長終，古人所以深嘆於寂寞也。歲甲戌，諸生出其全編，謀授梓人，余閲之，知其爲叢書本也。其中陰陶、帝虎，所在過多，余孤陋寡聞，與文學劉君孟祥，各以所知，訂其一二，其餘一仍舊編，付之剞劂，凡三閲月而工竣。諸生快讀其書，其亦有聞風興起，好學立志者乎！祝其魯堂周泰元

刻潛夫論跋

吾鄉潛夫先生，後漢懿士也。本傳稱其著論三十餘篇，而邑乘僅載其五，思欲購其全集，而山陬僻壤，家鮮藏書，每興文獻無徵之感。丙寅冬，應試平郡，偶得之於市肆殘編中。因思秉懿之好，人有同心，鎮邑之人，無不欲讀先生之書，非重刊何以廣同好？但集中字多舛訛，弗克校讎，未敢冒昧從事。今邑侯祝其周父師，廣川孟祥劉先生詳加參訂，多所更正。於是邑之紳士踴躍釀資，遠徵梓人而剞劂之。始

事於甲戌三月,至閏四月而告竣。自是鎮邑之人無不獲讀先生之書矣,快孰大焉!
同里後學張鎮、方恆跋。(此刻無足取,版亦久燬,節錄序跋三篇,聊存甘肅鄉土文
獻耳。鐸識。)

王紹蘭潛夫論箋序

潛夫論三十五篇,行世本譌奪錯簡,棼如散絲。范史所載僅五篇,又經蔚宗刪
改。元和姓纂、太平御覽、路史諸書每有徵引,淮別滋多。唐、宋以來,久無善本,求
是去非,蓋其難也。

昔者吾友汪主事因可,續學超奇,通心而敏,會萃舊刻,網羅佚聞,宏邑雅言,審
定文讀,草創於嘉慶己巳、庚午間。時紹蘭讀禮家居,晨夕化我,耳剽緒言頗詳。辛
未服闋,握手河梁,方諄諄以鹽鐵論託其校勘,答言繕就是書,續行屬草,鄭重而別,
江關閴闊,忽忽者七八年。紹蘭奉職無狀,罷官歸,而因可墓有宿草。鍵戶省愆,故
人長往,庭菴門雀,不復聞空谷足音矣。

一日,陳子東爲告以因可書久成,已爲代謀剞劂,因际之書而屬之敍。受而讀

六三六

之，竊悲因可豐於學，嗇於年，又喜其能以書自延其年，東爲愛因可，莫能助其年，而能行其書以延其年，誠可貴也。

它日徧讀之，歎其解謬達恉，傳信闕疑，博訪通人，致精極覈，且能規節信之過而理董之，自稱曰箋，宗鄭申毛之義，意在斯乎！

惟采及芻言，是謂狐裘羔襃。即如斷訟篇「誅率」，公羊隱五年「衛師入盛」，傳：「君將不言率師，書其重者也。」何休注云：「分別之者，責元率。」當時未舉以相告。又如志氏姓篇「葉」疑是「棐」，尚有風俗通「裴氏，伯益之後」，見後漢書桓帝紀注，亦未引證，則紹蘭之疏略可知。

今索居多暇，溫尋舊文，又得如干條，要皆諓說讕言，無裨百一，九原不作，質正莫由。

紹蘭竊自惟質鈍學荒，罕問揚雄奇字之亭，莫窺蔡邕異書之帳，又無西州漆簡之授，徒諷南閣篆文之遺，深慕禮堂寫定之勤，殊媿任城墨守之陋，是以瑟縮經年，不能下筆。東爲敦迫不已，重其嗜古籍，竺故交，迺略書原委，附錄鄙說於後，勉副盛心焉。

嘉慶己卯秋七月王紹蘭序

浮侈篇：「於彈外不可以禦寇，内不足以禁鼠。」　「於」當爲「其」，太平

御覽兵部引作「其彈外不可禦盜，內不足禁鼷鼠」。

「校飾車馬，多畜奴婢。」鹽鐵論散不足篇：「今富者連車列騎，驂貳輜軿。中者微輿短轂，煩尾掌蹄。夫一馬伏櫪，當中家六口之食，亡丁男一人之事。」又云：「今庶人富者，銀黃華瑤，結綏韜杠。中者錯鑣塗采，珥靳飛軨。」又云：「今縣官多畜奴婢，坐稟衣食，私作產業爲姦利。百姓無斗筲之儲，官奴累百金，黎民昏晨不釋事，奴婢垂拱敖游也。」此車馬奴婢浮侈之證。

汪繼培潛夫論箋自序

王符潛夫論行於今者，有明程榮本、何鏜本。何本出於程，不爲異同。別有舊本，與白虎通德論、風俗通義合刻。風俗通義卷首題云「大德新刊」，三書出於同時，蓋元刻也。

元刻文字視程本爲勝，邊議、巫列、相列、夢列、釋難諸篇，簡編脫亂，不如程本，以意屬讀，得其端緒，因復是正文字，疏通事辭，依采經書，爲之箋注。其務本、遏利、慎微、交際、明忠、本訓、德化、志氏姓諸篇，各本脫亂並同。

謹案王氏精習經術，而達於當世之務。其言用人行政諸大端，皆按切時勢，令今可行，不爲卓絕詭激之論。其學折中孔子，而復涉獵於申、商刑名，韓子雜説，未爲醇儒。然符以邊隅一縫掖，閔俗陵替，發憤增歎，未能涉大庭與論議，以感動人主，又不得典司治民，以效其能，獨蓄大道，托之空言，斯賈生所爲太息，次公以之略觀者已。

是本以元刻爲據，其以別本及他書所引改補者，曰「舊作某，據某本某書改」，「舊脱某，據某本某書補」。其以己意改補者，止曰「舊作某」、「舊脱某」。采獲衆説，各稱名以別之。嘉慶十有九年歲在甲戌三月汪繼培序

黄丕烈士禮居藏明刻本潛夫論跋

潛夫論以此本爲最古，明人藏弄率用此。余舊藏本爲沈與文、吳岫所藏。馮己蒼所藏，即從此出。中有缺葉，出馮抄之後所補，故取馮抄校之，已多歧異。頃從坊間購此，首尾完好，適五柳主人應他人之求，遂留此輈彼。丙寅夏蕘圃識（此書今藏北京圖書館，跋亦見士禮居藏書題跋記。鐸識。）

費士璣跋

予讀潛夫論數周，所讀係程榮刻本，中間譌謬不少，輒以意簽於上方，惜無善本可證。今假羲翁所藏此本校之，得十之二三：「稷契」作「稷嵩」，「嵩」即「契」字也，程本誤作「稷禹」；「砥矢」者，「砥矢」也，「矢」古「矢」字，即詩「周道如砥，其直如矢」，程刻改作「砥勵」。又按此本並無缺葉，板心八十九者，即八十七也，係誤刻，其九十頁雖缺，仍不缺，文理皆貫，特誤空一葉葉數耳。道光二年十二月十二日震澤費士璣記

「稷嵩」見三式篇。　「砥矢」見德化篇。

附録三 著録

隋書經籍志子部：潛夫論十卷，後漢處士王符撰。

舊唐書經籍志子錄儒家類：潛夫論十卷，王符撰。

唐書藝文志子錄儒家類：王符潛夫論十卷。

宋史藝文志子類儒家類：王符潛夫論十卷。

崇文總目儒家類：潛夫論十卷，王符撰。

郡齋讀書志子部儒家類：潛夫論十卷。

右後漢王符撰。在和、安之世，耿介不同於俗，遂不得進，隱居著書三十餘篇，以譏當時失得，不欲彰顯其名，故號曰「潛夫」。范蔚宗取其忠貴、浮侈、實貢、愛日、述赦五篇，以爲足以觀見當時風俗，頗潤益其文。後漢愈亦贊其述赦旨意甚明云。

中興館閣書目儒家：王符潛夫論十卷。

直齋書錄解題雜家類：潛夫論十卷，漢安定王符節信撰。

四庫全書總目提要子部儒家類：潛夫論十卷。

漢王符撰。符字節信，安定臨涇人。後漢書本傳稱：「和、安之後，世務游宦，當塗者更相薦引，而符獨耿介不同於俗，以此遂不得升進，志意蘊憤，乃隱居著書二十餘篇，以譏當時得失，不欲章顯其名，故號曰潛夫論。」

今本凡三十五篇，合敍錄爲三十六篇，蓋猶舊本。卷首讚學一篇，論勵志勤修之旨，卷末五德志篇，述帝王之世次；志氏姓篇，考譜牒之源流，其中卜列、相列、夢列三篇，亦皆雜論方技，不盡指陳時政。范氏所云，舉其著書大旨爾。

符生卒年月不可考。本傳之末，載度遼將軍皇甫規解官歸里，符往謁見事。規解官歸里，據本傳在延熹五年，則符之著書在桓帝時，故所說多切漢末弊政。惟桓帝時，皇甫規、段熲、張奐諸人屢與羌戰，而其救邊、邊議二篇乃以避寇爲憾，殆以安帝永初五年嘗徙安定、北地郡，順帝永建四年始還舊地，至永和六年又內徙，符安定人，故就其一鄉言之耶？然其謂「失涼州則三輔爲邊，三輔內入則宏農爲邊，宏農內入則洛陽爲邊，推此以

相況，雖盡東海猶有邊」，則灼然明論，足爲輕棄邊地之炯鑒也。

范氏録其忠藎、浮侈、實貢、愛日、述赦五篇入本傳，而字句與今本多

不同，晁公武讀書志謂其有所損益，理或然歟？

范氏以符與王充、仲長統同傳，韓愈因作後漢三賢贊。今以三家之書

相較，符書洞悉政體似昌言，而明切過之，辨別是非似論衡，而醇正過之，

前史列之儒家，斯爲不愧。惟賢難篇中，稱鄧通吮癰爲忠於文帝，又稱其

欲昭景帝之孝反以結怨，則紕謬最甚，是其發憤著書，立言矯激之過，亦不

必曲爲之諱矣。

四庫全書簡明目録子部儒家類：潛夫論十卷。

漢王符撰。凡三十五篇，又敍録一篇。符遭逢亂世，以耿介忤俗，發

憤著書。然明達治體，所敷陳多切中得失，非迂儒矯激務爲高論之比也。

鄭堂讀書記子部儒家類：潛夫論十卷，漢魏叢書本。

漢王符撰。符字節信，安定臨涇人。四庫全書著録，隋志、新、舊唐

志、崇文目、讀書志、通考、宋志俱載之。晁氏稱其「在和、安之世，耿介不同

於俗，遂不得進，隱居著書三十六篇，以譏當時失得，不欲彰顯其名，故號曰

『潛夫』。范蔚宗取其忠貴、浮侈、實貢、愛日、述赦五篇，以爲足以觀見當時風俗，頗潤益其文。後韓愈亦贊其述赦旨意甚明云」。今案末卷敘録，自讚學以迄志氏姓，本三十五篇，稱三十六篇者，連敘録在内也。以其本傳考之，『節信之著書，當在桓帝之世。雖以耿介忤時，發憤著書，然明達治體，所敷陳多切中漢末弊政，非迂儒矯激務爲高論比也。所以蔚宗作傳，並録入忠貴以下五篇，與王充、仲長統傳合爲一卷，而統論之，亦取其皆以著書名世耳。其實是書兼有論衡，昌言之長，故唐、宋人著録皆列之儒家云。

鄭堂讀書記補逸子部儒家類：潛夫論箋十卷，湖海樓叢書本。

國朝汪繼培箋。　仕履見史部正史類。　蘇潭續學淵博，考證極精，嘗箋釋鹽鐵、潛夫二論，陳東爲春稱其「鉤稽乙注，眇極繭絲」。惜年未中壽而没。其鹽鐵論箋未有成書，此編亦僅初稿，未經釐訂，然引證詳覈，深得旨趣。又所據者，爲元時白虎通德論、風俗通義及此書合刊本，參校程榮、何鏜諸本、及他書所引，或改補，或存疑，俱詳注於下，真善本也。其前自序，作於嘉慶甲戌，至己卯秋，東爲得其遺書，屬王晚聞紹蘭審定而付之梓。晚聞爲序，並以編中所未及者，條列百餘條，繫所作序後，以爲之補焉。

（汪繼培，清蕭山汪輝祖子，字因可，號蘇潭，嘉慶乙丑進士，官吏部主事。
所校列子亦精，並在湖海樓叢書中。　王紹蘭，字畹馨，號南陔，又王宗炎，
字以除，號晚聞居士，皆蕭山人。　此以晚聞爲紹蘭號，誤。　鐸識。）

附錄四 佚文

仁義不能月昇，財帛而欲日增，余所惡也。意林三。（王仁俊經籍佚文疑此潛夫論佚文。）